개정판

한글과 정서법

|우 형 식 편저|

부산외국어대학교 출판부

필자

• 부산외국어대학교 한국어문화학부 교수

「국어 타동구문 연구」(박이정, 1996)
「국어 동사 구문의 분석」(태학사, 1998)
「격과 결합가 그리고 전산언어학」(한국문화사, 1998)
「한국어 분류사의 범주화 기능」(박이정, 2001)
「국어 문장성분 분류의 역사적 연구」(세종출판사, 2002)
「학습 활동을 겸한 한국어 문법론」(부산외대출판부, 2003)

〈개정판〉

한글과 정서법

1995년 2월 20일 1판 1쇄 발행
1997년 2월 28일 2판 1쇄 발행
1999년 8월 30일 2판 2쇄 발행
2004년 8월 31일 3판 1쇄 발행
2010년 9월 20일 4판 1쇄 발행
2017년 6월 12일 5판 1쇄 발행

필　자/ 우형식
발행인/ 정해린
발행처/ 부산외국어대학교 출판부
등　록/ 제 14-11-15호
주　소/ 46234 부산광역시 금정구 금샘로 485번길 65
전　화/ 051) 509-6465, 6466　팩스/ 051) 509-6468
인터넷/ http://press.bufs.ac.kr
편　집/ 주간 · 김동하, 디자인 · 권병철
인쇄처/ 세종문화사 (051)463-5898
공급처/ 한국출판협동조합 (02) 716-5616~9

ISBN　978-89-8312-427-2　93700

값　19,000원

머 리 말

언어는 인간이 사용하는 의사 전달 수단 중에서 가장 발달된 것이다. 인간의 언어는 크게 청각적인 음성언어와 시각적인 문자언어로 구분된다. 문자언어는 음성언어를 표기하는 부호인 문자를 바탕으로 하지만, 시·공간적인 제약을 뛰어넘을 수 있다는 점에서 음성언어와 구별되는 고유한 속성을 지니고 있다.

인간은 문명이 시작되면서 문자를 고안함으로써 문화의 전달과 계승을 가능케 했다. 또한 인쇄술의 발달은 이러한 문자의 효용을 더욱 높게 해 주었다. 오늘날은 인간의 의사 전달 수단으로 다양한 매체가 등장하고 있지만, 문자가 갖고 있는 문화의 전달과 계승 기능은 그대로 남아 있다. 또한 정보화 사회가 도래하면서 문자의 가치는 더욱 증대되고 있다.

한 언어사회에서는 문자 사용 방법을 통일할 필요가 있다. 문자 사용 방법의 통일은 역사적인 과정을 통해 형성되는 것이기는 하지만, 특정한 시기에 있어서는 -특히 오늘날과 같이 문자의 사용이 확대되는 시대에는- 일반적으로 그 방법을 규범으로 정하여 언어사회의 구성원들이 이에 따르도록 하고 있다. 왜냐하면 구성원들이 정해진 규범에 따라 문자생활을 영위하게 되면 문자를 통한 표현과 이해를 간편하게 하고 동질성을 유지할 수 있기 때문이다. 이러한 취지에서 우리는 「한글 맞춤법」(1988), 「표준어 규정」(1988), 「외래어 표기법」(1986), 그리고 「국어의 로마자 표기법」(2000)을 정해 놓고 문자생활의 규범으로 삼고 있다.

이 책은 주 내용이 위와 같은 통일된 문자생활을 위한 현행 규범들 -이들을 묶어 '정서법'이라 하는데- 을 쉽게 풀어 기술하는 것으로 되어 있다. 이 책은 어떻게 하면 학습자들이 국어 정서법의 제반 규정을 이해하는 데 도움을 줄 수 있을까 하는 문제에 초점을 두었다. 그리하여 규정을 올바로 이해하기 위해서는 정서법의 성격과 문자로서의 한글의 특성에 관한 이해가 앞서야 하기에 이와 관련되는 부분을 먼저 기술하는 방법을 택했다. 그것은 필자가 지난 몇 년 동안 '국어 정서법'을 강의해 오면서 대학에서의 국어 정서법 강의에 적절한 교재의 필요성을 절실하게 느꼈기 때문이다.

이 책은 전문적인 연구서가 아니라 앞선 연구서나 해설서에서 나타나는 다양한 견해를 수용하여 쉽게 재구성하는 데 주안점을 두었다. 따라서 이 책은 대학의 초급 학년 수준에 해당되는 강의 교재로서의 성격을 띨 것인데, 일반들인의 국어 정서법에 대한 이해에도 안내서가 될 수 있을 것으로 생각한다.

이 책은 '제Ⅰ부 이론'과 '제Ⅱ부 자료 및 해설'로 구성되어 있다. 그러나 제Ⅰ부와 제Ⅱ부는 서로 관련되는 것이어서 실제로는 다음과 같이 순서를 조정하여 읽는 것이 좋을 것이다.

제Ⅰ부 제1장, 제2장
제Ⅰ부 제3장 - 제Ⅱ부 「한글 맞춤법」(1988)
제Ⅰ부 제4장 - 제Ⅱ부 「표준어 규정」(1988)
제Ⅰ부 제5장 - 제Ⅱ부 「외래어 표기법」(1986)
제Ⅰ부 제6장 - 제Ⅱ부 「국어의 로마자 표기법」(2000)

이 책은 초판(1995)이 나온 뒤 문제점을 보완하고 판형을 바꾸어 수정·증보판(1997)을 낸 바 있다. 그런데 몇 년 전 로마자 표기법이 개정되면서 또 다시 수정이 필요했으나, 모른 척 미뤄 두고 있었다. 한편으로는 표기법의 개정과 함께 정서법에 관한 새로운 교재들이 출간되었기 때문에 이 책을 다시 내야 하는지에 대해서도 회의적이었다.

이번 판에서는 그저 밀린 숙제를 하듯, 필요한 부분만을 일부 고쳤다. 그러다 보니, 아직도 미비한 점이 많다. 이론적인 설명이나 규정의 해설, [관련예]의 제시 등에서 부족한 점이 있을 것이며, 이번에도 응용 분석이나 연습 문제를 넣지 못했다. 이 부분은 강의에서 과제물로 제시하면서 보완해야 할 것 같다.

이 책이 나오기까지 많은 사람들의 도움을 받아야 했다. 특히 앞서 언급했듯이 이미 앞선 연구서와 해설서들은 이 책의 바탕을 이루는 것임을 인정하지 않을 수 없다. 그리고 이 책을 새로 출판해 준 부산외대 출판부에 감사의 마음을 전하고 싶다.

2004년 8월 편저자

개정판을 내며

국어의 표기 규정은 1980년대에 마련된 이후 그동안 실제 언어생활에서 쓰이는 것과 관련되지 않거나 규정 상호 간에 어울리지 않는 부분에 대해 여러 차례 보완을 해 왔다. 이것은 한글 맞춤법을 비롯하여 표준어 규정, 외래어 표기법, 국어의 로마자 표기법 모두에 해당하는 것이기도 하다.

이러한 일부 수정된 부분을 반영하여 책을 다시 꾸미게 되었다. 따라서 전체적인 구조나 내용은 달라지지 않고 해당되는 부분에만 변화를 주었는데, 이 기회에 구판에서 교정이나 편집에서 부족했던 부분도 함께 보완하였다.

2017년 4월 편저자

차 례

제 I 부 이 론

제 I 부 이 론

사람의 나아감이라 하는 것은 하날의 일을 사람이 알기 쉽고 쓰기에 단게 함을 이름이니, 저로 자란 나무는 하날이오 먹줄을 치어 다듬는 것은 사람이라. 그 다듬는 길을 따르어 사람의 나아감과 덜하고 더함을 얻나니, 사람의 다스림을 받지 아니한 버릇은 저로 자란 나무와 한가지라. 그 버릇이 된 바를 아조 돌아보지 아니할 수가 없다 하겠으되, 엇지 나무를 마르지도 아니하고 그대로 집을 짓겠다 하리오.

— 말의 소리의 긋에 두는 말, 주시경(1914) 「말의 소리」 —

제1장 정서법 개관

1.1 정서법 일반

언어는 인간이 사용하는 가장 발달된 의사 소통의 수단이다. 또한 언어를 통한 의사 소통 능력은 인간이면 누구나 태어날 때부터 갖고 있는 것으로, 인간의 고유한 속성 중의 하나이다.

언어는 표현 수단의 차이에 따라, 말소리를 매개로 하는 청각적 기호로서의 음성언어와, 문자를 수단으로 하는 시각적인 기호로서의 문자언어로 구분된다. 또한 이 둘은 음성언어의 구사 능력이 생득적인 데 비해서, 문자언어의 사용 능력은 후천적이어서 일정한 학습을 거쳐 습득된다는 점에서도 구분된다. 이것은 문자언어가 음성언어의 사용을 전제로 하여 습득되는 것임을 의미한다.

한 언어사회 구성원들의 의사 소통은 그들이 사용하는 언어가 통일되어 있을 때 더욱 효과적이게 된다. 특히 시간과 공간의 제약을 뛰어넘는 문자언어의 통일은 공시적·통시적으로 문화의 흐름을 가능케 하여, 한 사회의 문화 발전의 바탕이 된다고 할 수 있다.

이러한 문자언어의 통일을 위해 한 언어사회 안에서 통용될 수 있는 규범을 세우고 이에 따라 문자언어 생활을 영위하게 된다. 정서법은 바로 한 언어사회의 문자언어 생활의 규범을 의미하는 것이기도 하다. 여기서 구체적인 내용을 살피기에 앞서 우선 정서법과 관련되는 일반적인 문제들을 개략적으로 살펴 보기로 한다.

1) 정의

정서법(正書法)은 영어로 'Orthography'라 한다. 이것은 'ortho—(correct)'와 'graphy(writing)'의 합성어로, 어원적으로 해석하면 '옳게 쓰는 것(correct writing)'(正書, 正字)의 뜻이다. 따라서 정서법은 '음성언어를 문자로 옳게 쓰는 법'에 해당되는 것이다. 여기서 '음성언어'는 대상이고, '문자'는 수단이 됨은 알 수 있으나, '옳게 쓰는'이 뜻하는 바를 구체적으로 설명하는 문제는 쉽지 않다. 이것은 또한 '어떻게 쓰는 것이 옳게 쓰는 것인가?' 하는 방법의 문제에 연결된다.

정서법이 무엇인지를 간략하게 정의하려 하면 여러 형식이 있을 수 있다. 그것은 정서법이 지닌 특성 중에서 어느 것을 특별히 드러내어 정의하느냐에 따라 달라질 수 있기 때문이다. 따라서 정서법에 대한 정의는 대체로 정서법의 연구 대상과 일반적인 특성을 언급하는 것에서 벗어나지는 않는다.

먼저 지금까지 국어 정서법을 논의한 여러 문헌에 나타난 정서법에 대한 정의를 제시하고 그 특징을 살펴 보기로 한다.[1)]

(가) 어떤 言語社會의 規範이 되는 正統的인 表記法(「國語國文學事典」, 新丘文化社, 1980;565)
(나) 한 言語를 表記하는 格式에 있어서 바르다고 인정되는 規則의 體系(金敏洙, 1973;196)
(다) 여러 可能性 중에서 一般的으로 옳다고 公認되고 있는 表記規則의 體系(李基文, 1983;51)
(라) 그 社會에서 올바른 것으로 생각되고 있는 正統的인 表記法(李基文, 1963;1)
(마) 발음되는 말을 표기하기 위하여 사회적으로 채택한 문자사용규칙의 체계(권종성, 1987;201)
(바) 구두발화를 대응되는 서사항(書寫項)으로 이끌어 주는 일종의 다리, 발화를 문자로 정착시키는 규칙의 집합, 성문화된 문자의 운용 규칙(고영근, 1993;66)

위의 여러 정의를 간단히 살피면, 정서법의 여러 성격 중에서 어느 부분을 특별히 강조하고 있음을 보인다. (가)는 규범성(規範性)과 정통성(正統性)을 강조하는 것이다. 즉 정서법은 규범적(prescriptive)이어서 이 규칙에 어긋나는 표기는 옳지 못한 것이 되며, 또한 그 규범은 정통성을 부여받아야 함을 뜻한다. 이것은 정서법의 전통적인 정의 방식에 해당된다. (나)는 바른(正) 격식(格式)을 강조하며 규칙성과 체계성을 내세운다. 따라서 정서법은 한 언어를 바르게 쓰는 규칙으로, 일정한 체계를 지녀야 한다는 것이다. 이러한 정의는 규칙과 체계를 강조함으로써, 정서법을 독자적인 영역을 갖는 연구 대상이 되게 한다.

또한 (다)는 사회성(社會性)을 강조하여 정서법이 사회적으로 공인되는 것이어야 함을 뜻하며, 한 언어를 문자로 표기하는 데에는 여러 방식이 있을 수 있음을 전제하고 있다는 점에서 좀더 개방적이라 할 수 있다. (라)는 사회성과 정통성을, (마)는 사회성과 규칙성, 실용성을 강조하는 것이다.

그리고 (바)는 음성언어를 문자언어로 연결시키는 일종의 교량적 역할을 하는 규칙들의 집합으로 설명한다. 즉 정서법은 음성언어를 문자언어로 표현케 하는 규칙으로, 문자

---

1) 이 책에서는 필요한 경우 한글 표기 다음에 괄호로 묶어 한자를 병기하도록 한다. 그러나 인용된 내용은 원문의 표기대로 함을 원칙으로 하되, 반복되는 경우에는 한글로 표기한다.

중심으로 보면 음성언어를 표현하기 위한 문자 운용의 규칙이 되는 것이다.

위의 여러 정의를 참고해 볼 때, 간단히 추상적으로 말하면, 정서법은 문자 표준어(written standard language)라 할 수 있다. 다시 말하면 음성언어에 표준 어휘와 표준 발음법이 있듯이, 문자언어로서 표준적으로 규정된 것이라는 뜻이다. 그러므로 정서법은 인위적인 요소가 가미되기도 하며, 규칙의 체계로 집약되어야 한다. 결국 좀더 구체적으로 말하면, 정서법은 한 언어를 한 문자로 표기하는 표준적인 규칙의 체계라고 정의할 수 있다.

2) 용어

'정서법'은 일반적으로 정통성과 규범성이 내포되어 있는 용어이다. 실제로는 정서법과 관련하여 여러 용어들이 쓰이고 있는데, 이것을 정리하면 다음과 같다.(李翊燮, 1992;11-19)

(1) 정자법(正字法) ; 이것은 글자 하나하나를 어떻게 쓸 것인가에 중점을 둔 용어이다. 따라서 이것은 엄밀히 말하면, 글자의 표기만을 다루는 것으로, 한 단어나 문장을 쓰는 데 필요한 띄어쓰기, 문장부호 등은 해당되지 않는다.

(2) 철자법(綴字法) ; 이것은 영어의 'spelling'을 번역한 것으로(또는 용자법(用字法)이라 번역하기도 한다), 단어를 표음문자로 표기하는 경우에 그 문자의 배열과 순서에 관련하여 쓰는 용어이다. 즉 문자를 이어붙여 단어를 적는 방식을 말한다. 이도 역시 문자언어 중심이며, 문장의 표기와 관련되는 띄어쓰기나 문장부호 등은 해당되지 않는다.

(3) 맞춤법 ; 이것은 철자법을 순수 고유어로 새로 만들어 쓰는 용어이다. 현행 「한글 맞춤법」(1988)에서도 이 용어를 쓰고 있다. 이것은 엄밀히 따지면 한자를 사용하지 않음을 전제로 하여 한글의 표기에만 관련되며, 음성언어보다는 문자언어에 중점을 두는 것이 된다.

(4) 표기법(表記法) ; 이것은 일정한 규범성과 사회성을 강조하지 않는 것으로, 국어의 경우 20세기 이전의 역사적 표기 방식을 지칭하는 데 적당한 용어라 할 수 있다. 왜냐하면 이 시기에는 국어를 적는 규범적인 규칙이 없이 그때그때 적당히 적어 왔기 때문이다.[2] 이와 같은 뜻으로 때로는 '서기법(書記法)'이라는 용어도 쓰인다.

---

2) 그렇다고 하여 개인에 따라 아무렇게나 썼던 것은 아니다. 왜냐하면 표기법은 전시대로부터 물려받은 역사적인 전통일 뿐만 아니라, 당시대에 통용되는 사회적인 산물이기 때문이다.

정서법은 글자 그대로 '옳게 쓰는 법'이므로 전통적인 정의 방식을 따르는 용어라 할 수 있다. 그것은 전통적인 면에서 항상 규범적인 성격이 강조되어 왔기 때문이다.[3] 이러한 입장에서 이 책에서는 '정서법'이라는 용어로 통일하여 쓰기로 한다.[4] 그러나 때로는 '표기법'이라는 용어도 쓸 것인데, 이것은 규범성이 내포되지 않은 의미에서 지칭할 때로 한정될 것이다. 그것은 '정서법'이 '옳게 쓰는 법'이라면, '표기법'은 '옳게'가 빠진 '쓰는 법'이라는 개념으로 이해되기 때문이다.

3) 성격

정서법은 음성언어를 문자언어로 표기하는 일정한 규칙을 담고 있는 것이므로 음성언어적 속성과 문자언어적 속성을 두루 갖고 있다. 그러나 그 중에서도 문자언어에 관련되는 것이 많으며, 둘 사이의 관계에 관련되는 부분도 있다. 다음에서 그 특성을 제시하고 설명하기로 한다.

㈎ 추상성(抽象性) ; 정서법은 넓은 의미에서 보면 음성언어를 문자언어로 표기하는 방법이라 설명될 수 있다.[5] 그런데 이것은 음성 기호(발음 기호)와 같이 문자와 음성 사이에 1자(字) 1음(音)의 엄밀한 대응이 요구됨을 뜻하는 것은 아니다. 따라서 엄밀한 음성 전사(音聲轉寫)가 아니라, 음운 체계를 고려하는 추상적인 표음법(表音法)이다.[6] 그러므로 특정의 한 문자는 한 음성이 아니라 한 음운을 나타내는 것을 원칙으로 하여 '일 문자 일 음소 대응(one letter per phoneme)의 원리'에 충실하게 된다.

㈏ 규범성(規範性) ; 정서법은 올바른 언어생활을 위하여 정해진 규칙에 따를 것을 명령하는 뜻을 내포하고 있다. 그것은 정해진 것이 더 아름답고, 바르고, 곱다는 의미를 지니기 때문이다. 즉 정서법은 언어생활의 규칙을 기술(description)하는 것이 아니라 옳고 그름을 가려 처방(prescription)하는 기능을 갖는다. 따라서 정해진 규칙에서 어긋나는 것은 옳지 못한 것이 되어 옳게 사용하도록 규율을 받게 된다.

---

3) 규범성을 강조하는 것은 서양의 경우 전통적인 언어에 대한 생각이기도 했다. 서양에서 '문법(grammar)'은 'art of reading and writing'으로 정의했는데, 이는 글(문장)을 쓰는 기술을 뜻하는 것으로, 역시 규범성을 강조하는 것이다.

4) 따라서 '정서법'은 '맞춤법'을 포함하는 용어로 보는 것이다.(다음의 1.2절 참조)

5) 앞의 1.1.절 1)항의 ㈓ 참조

6) 이것은 음소문자의 형성 원리이기도 하다.(다음의 2.1.4절 2)항 참조) 그리고 음성전사와 음운표기에 대해서는 다음의 5.1.2절 외래어 표기의 일반 원칙과 6.1.2절 로마자 표기의 일반 원칙에 관한 부분에서 다시 언급될 것이다.

㈐ 역사성(歷史性) ; 정서법은 특정 시기에 특정 기관에 의해 제정될 수 있는 것이기는 하지만, 실제적으로는 역사적인 과정을 통해 형성된다. 따라서 일시에 전면적으로 바꾼다든지 역사적인 표기의 전통과 동떨어진 생소한 규정을 마련하는 것은 불가능하다.[7] 따라서 정서법을 마련할 때는 역사적인 현상을 고려하게 되는데, 특히 역사적인 성격이 강한 것을 역사적 표기법이라고 한다.

㈑ 사회성(社會性) ; 정서법은 음성언어와 마찬가지로 일단 정해지면 사회적인 구속력을 갖는다. 따라서 정서법은 이러한 구속력을 지니게 하기 위해서 권위를 인정받는 기관(일반적으로는 국가기관이나 공인된 단체)에서 정하게 된다. 또한 정서법의 변개(變改)는 사회적인 공인(公認)을 받지 않으면 안 된다. 따라서 개인에 의한 변개도 역시 받아들여지지 않는다.

㈒ 보수성(保守性) ; 정서법은 한번 제정되어 한 언어사회의 문자생활에 구속력을 갖게 되면, 사용의 범위가 넓어지면서 쉽사리 바뀌지 않으려는 경향을 띤다. 이것은 문자의 보수성과도 관련되는 것으로, 문자는 시각적 기호이므로 고정된 시각적 형태가 변하면 쉽게 이질감을 느끼기 때문이다.[8]

㈓ 시각성(視覺性) ; 음성언어는 청각(聽覺)을 바탕으로 하고, 문자언어는 시각(視覺)을 바탕으로 한다. 다시 말하면, 문자는 시각적인 언어기호로서 인간이 사용하는 의사소통의 도구가 된다.

문자의 시각성은 일상의 언어생활에서 '쓰기'와 '읽기'에 관련되는데, 이 중에서 정서법이 어느 것에 중점을 두는가에 따라 선해가 다를 수 있다. 따라서 정서법은 '쓰기'에 합당한 것과 '읽기'에 합당한 것 중에서 선택이 요구되기도 한다. 일반적으로 '쓰기' 중심으로 보면 음성언어의 소리 그대로(소리나는 대로) 쓰는 것이 쉬울 것이나, '읽기' 중심으로 보면 한 단어의 형태를 고정시켜 언제나 똑같이 표기함으로써 이해에 도움을 줄 수 있는 것이다. 이에 따라 정서법은 '쓰기' 중심의 음소주의적 표기법과 '읽기' 중심의 형태주의적 표기법으로 나뉘기도 한다.[9]

㈔ 실용성(實用性) ; 정서법은 한 언어사회의 언어 생활과 관련되는 실용적인 것이다. 따라서 지나치게 학문적이면 일반인은 너무 어려워서 사용하기에 불편하므로, 가능하면

---

7) 언어의 변화에서 음성언어의 변화는 언중(言衆)들 사이에서 무의식적으로 일어나지만, 문자언어의 변화는 표기 방식의 의식적인 개정이라는 점에 차이가 있다.

8) 언어가 시간의 흐름에 따라 변화하는 것은 당연하지만, 문자언어는 음성언어에 비해 변화의 속도가 느리다는 데 특징이 있다.

9) 정서법 또는 표기법에서의 음소주의적 방법과 형태주의적 방법에 대해서는 다음의 3.1.9절 1)항에서 언급될 것이다.

간편하도록 정해야 한다.[10] 언어학에서 보면 응용언어학(Applied Linguistics)의 한 분야에 속한다.

(아) 규칙성(規則性) ; 정서법은 간편할수록 좋은 것이겠으나, 이것은 일정한 규칙으로 설명될 수 있어야 한다. 한 언어의 정서법이 일반화된 규칙으로 설정되지 않고 개별적인 현상으로 처리된다면, 기억하는 데에 큰 부담이 될 뿐만 아니라 규정 그 자체가 불가능할 것이다. 그러므로 정서법은 관련되는 현상을 묶어 간편하게 규칙화하고, 규칙에서 벗어나는 것은 예외적인 현상으로 처리하게 된다.

(자) 음성언어 의존성 ; 정서법은 특정의 음성언어를 표기하는 것이므로, 그 표기 대상이 되는 언어에 따라 다를 수 있다. 예를 들어, 서양의 언어는 대부분이 로마자로 표기하지만, 각 개별언어에 따라 표기방식은 서로 다른 점이 있다. 그것은 동일한 문자로 표기하더라도, 언어가 다르면 쓰는 규칙도 다를 수 있기 때문이다.

특히, 정서법의 '역사성, 사회성, 보수성'은 긍정적인 면과 부정적인 면을 모두 갖고 있다. 긍정적인 면으로는, 일단 정해진 표기 체계를 지킨다는 점을 들 수 있다. 그리고 정서법이 바뀌지 않으면 오래 전에 쓰인 문헌을 부담 없이 쉽게 읽을 수 있다는 장점도 있다. 부정적인 면으로는, 불합리한 표기법을 고치려는 데에 방해 요소가 되기도 한다는 점이다. 특히 음성언어는 변화하는데, 그것을 표기하는 방법이 이에 뒤따르지 못하는 경우가 있어서 구어(口語)와 문어(文語) 사이의 간격이 확대되기도 한다. 예를 들면, 영어에서 'knight'의 'k, gh'처럼 소리가 나지 않는데도 표기하는 경우가 있고, 'apple, all, around, ace'의 'a'처럼 한 글자가 발음이 달라지는 경우도 있으며, 'right, write, wright' 처럼 같은 발음의 단어가 달리 표기되는 경우도 있다.[11] 이것은 소리가 변했는데도 과거의 표기 방식대로 쓰고 있기 때문에 나타나는 현상이다.

한 언어사회에서 정서법을 마련하기 위해서는 위와 같은 정서법의 여러 성격을 고려해야 한다. 국어 정서법도 이런 점을 고려하여 마련되는 것이다.

---

10) '쓰기' 중심으로 보았을 때, 가장 이상적인 정서법은 보통 의무교육을 받은 일반인이 사용할 때 최소 70% 이상 옳게 쓸 수 있어야 한다고 설명한다.(金敏洙, 1987)

11) 이것은 동음이철어(同音異綴語)에 해당된다.

1.2 국어 정서법의 구성

1) 국어 정서법의 여러 분야

정서법은 하나의 언어를 하나의 문자로 적는 규정을 뜻한다.[12] 따라서 국어 정서법은 음성언어인 국어를 문자언어인 한글로 적는 법칙이 된다.

국어 정서법이 마련되려면 우선 그 표기의 대상이 되는 국어가 무엇인지가 정해져야 한다. 그것은 통시적·공시적으로 국어의 범위를 정해서 그것을 표기해야 하는 것이기 때문이다. 통시적으로는 현대 국어가 대상이 될 것이다. 그런데 공시적으로는 국어가 지역과 계층에 따른 방언으로 분화되어 있으며, 고유어뿐만 아니라 다른 언어로부터 유입된 외래어도 포함되어 있다. 따라서 국어를 국자(國字)인 한글로 표기하는 것은 고유어를 표기하는 것, 여러 방언 중에서 어느 하나를 정해 표기하는 것, 그리고 외래어를 표기하는 것 등으로 표기 대상이 되는 국어의 하위 구분에 따라 나뉠 수 있다. 이에 따라 '한글 맞춤법, 표준어 규정, 외래어 표기법'이 마련되는 것이다.

'한글 맞춤법'은 원칙적으로 고유어를 한글로 표기하는 규정에 해당되는 것이지만, 국어의 현실을 고려하여 한자어와 귀화어까지를 포괄하여 규정이 마련된다.[13] '표준어 규정'은 표준어와 표준 발음을 규정하는 것이다.[14] 실제로 표준어는 어휘와 발음만이 아니라 문법까지도 포함되어야 하지만, 방언 사이의 문법적인 차이는 크게 나타나지 않는 것이 보통이다. 그리고 표준어는 본래 음성언어적인 성격을 띠는 것이지만, 이 역시 문자언어의 표기 대상이 된다. '외래어 표기법'은 국어 속의 외래어를 표기하는 규정이다.[15] 특정 언어는 끊임 없이 다른 언어와의 다양한 접촉을 하게 된다. 따라서 국어 속에는 수많은 외래어가 들어 있고 이들도 국어생활에 사용되고 있다. 외래어도 넓은 의미의 국어의 범주에 들어가므로, 한글로 표기될 필요가 있다. 따라서 이도 역시 국어 정서법의 규정에 포함되어야 하는 것이다.

위의 셋은 표기 수단이 국자(國字)인 한글이라는 점에서 공통된다. 그런데 역으로 국어를 외국 문자로 표기할 필요가 있어 이에 대한 규정을 마련하게 되는데, 이것이 '국어의 로마자 표기법'이다.[16] 이것은 말 그대로 국어를 로마자로 표기하는 규정이다. 외래

12) '적는' 것과 '쓰는' 것은 그 대상에 의해 표현상 구분될 수 있다. 여기서는 모두 '음성언어를 문자로 표기한다'는 뜻으로 사용하기로 한다.

13) '한글 맞춤법'은 다음의 3장에서 자세히 언급될 것이다.

14) '표준어 규정'은 다음의 4장에서 자세히 언급될 것이다.

15) '외래어 표기법'은 다음의 5장에서 자세히 언급될 것이다.

어의 한글 표기와는 반대로, 한글을 모르는 외국인을 위해서나 국어의 국제화를 위해서 국어를 국제적으로 인정되는 문자로 표기할 수 있는 방법도 필요하게 된다. 이를 위해 로마자는 현재 가장 널리 쓰이는 문자이므로, 국어를 로마자로 표기하는 규정이 마련된다.

좁은 의미에서 국어 정서법은 위의 네 분야 중에서 국어를 한글로 표기하는 '한글 맞춤법'을 지칭하는 것이지만, 넓은 의미에서 보면 '표준어 규정, 외래어 표기법, 국어의 로마자 표기법' 등이 모두 포함되는 것이다.

2) 국어 정서법의 가치

국어 정서법이 마련될 필요성과 그 가치는 일상의 언어생활과 관련하여 여러 측면에서 살필 수 있을 것이다. 그것은 정서법이 일상의 언어생활과 직접 관련된다는 점에서 비롯되는 것이다. 이것은 몇 가지 항목으로 나누어 제시할 수 있다.[17]

첫째로, 정서법은 한 언어사회의 언어와 문자 생활의 길잡이가 된다. 정서법은 통일된 언어생활을 가능케 하기 때문이다. 반대로 정서법이 마련되지 않으면, 언어생활에 혼란이 일어나 서로의 의사소통이 불편해지는 것은 당연한 일이다. 따라서 국어 정서법은 언어와 문자 생활을 통일하는 규범의 역할을 하게 된다.

둘째로, 사전의 편찬에 필요하다. 사전 편찬을 위해서는 먼저 사전에 올릴 어휘(즉, 올림말)를 선정하고 그것을 표기하는 방법이 마련되어야 한다. 그리고 올림말이 선정되면, 이것을 어떤 순서로 실어야 하는지가 정해져야 한다. 따라서 국어사전을 편찬하기 위해서는 이들을 규정하는 한글 맞춤법, 표준어 규정, 외래어 표기법이 반드시 선행되어야 하는 것이다.

셋째로, 정서법은 교육을 위한 길잡이가 된다. 모든 교과는 국어로 교육하므로, 국어는 모든 교과에서 공통적으로 사용되는 도구교과이다. 따라서 통일된 국어 정서법은 교육의 바탕이 되는 것이다.

넷째로, 정서법이 마련되면, 국어를 사용하는 데 노력경제(努力經濟)의 효과를 거둘 수 있다. 왜냐하면 한 어휘를 특정한 방식으로 정해서 적고, 한 뜻을 나타내는 여러 방

16) '국어의 로마자 표기법'은 다음의 6장에서 자세히 언급될 것이다.

17) 여기에 제시되는 것은 허웅(1988)을 참고한 것이다. 이 외에도 더 포함될 수 있는 항목이 있을 것이다.

언 중에서 특정의 하나를 표준으로 정해 쓰므로, 여러 어휘를 기억해야 할 필요가 없기 때문이다.

다섯째로, 한 언어사회의 일체감을 기할 수 있다. 특히 이것은 한 민족이 한 언어를 사용하는 사회에서 두드러지게 나타날 수 있다.

여섯째로, 국어의 정리, 보존, 순화에 기여한다. 정해진 규정대로 씀으로써 국어를 올바로 정리하여 보존하고, 잘못 쓰이는 것을 고칠 수 있게 되는 것이다.

이러한 필요성과 가치에 따라서 맞춤법, 표준어, 외래어 표기, 로마자 표기 등의 국어 정서법을 마련하여 일상의 언어생활을 원활하게 하고, 또 한편으로는 국어를 아름답게 갈고 닦아 나아가게 되는 것이다.

[**참고**] '정서법'은 규범적 성격이 두드러지는 것으로, 음성언어로서의 국어와 문자인 한글의 표기와 관련한 광범위한 대상을 지칭하는 용어이다. 따라서 '정서법'에 대한 정의도 매우 포괄적이게 될 수밖에 없다. 그리고 이와 관련되는 여러 용어들에 대해서는 李翊燮(1992) 제1장을 참조할 수 있다.

정서법은 실용적이면서도 이론적인 양면성을 지닌다. 그것은 정서법이 일정한 체계를 갖춘 것이면서도 언어생활의 바탕이 되는 것이기 때문이다. 이러한 문제에 대해서는 김경훈(1989), 미승우(1988), 이오덕(1988), 허웅(1988), 李翊燮(1986) 제6장 등을 참조할 수 있다.

제2장 한글의 문자적 성격

국어 정서법은 음성언어로서의 국어를 문자인 한글로 적는 규범이다. 따라서 국어 정서법은 국자(國字)인 한글을 운용하는 규칙에 해당되므로, 국어 정서법을 올바로 이해하기 위해서는 먼저 문자로서의 한글이 갖는 여러 성격들에 대해서 살필 필요가 있다. 이 장에서는 문자의 일반적인 성격을 살피고, 이를 바탕으로 한글의 성격을 문자적 측면과 운용상의 측면으로 나누어 살펴 보기로 한다.

2.1 문자의 발달과 그 유형

문자는 음성언어를 시각적으로 표기하는 일종의 기호(sign, symbol)이다.[1] 오늘날 사용되는 문자는 이와 같은 기호적인 성격이 뚜렷하지만, 과거로 거슬러 올라갈수록 사물을 직접적으로 표상하는 것에 가까웠다. 그것은 역으로 보면 문자가 사물의 직접적 표상에서 점차 간략화된 기호로 발달되어 왔음을 뜻한다.

2.1.1 문자의 일반적 성격

1) 음성과 문자

인간의 보편적인 의사 전달의 수단에는 언어와 몸짓이 있다. 이 중에서 가장 중요한 것은 역시 언어이다. 인간의 언어는 청각적인 음성언어와 시각적인 문자언어로 나뉜다.

구조주의 언어학 이후 음성언어 우위론이 대두되면서 문자언어는 음성언어를 시각화한 부차적인 존재로 보았다. '문자언어는 오직 음성언어를 표상하기 위한 하나의 수단으로서 그 존재 의의를 지니게 된다.'[2]는 견해나, '문자언어는 엄밀한 의미에서 언어가 아니고 단지 시각적인 기호에 의해 언어를 기록하는 수단에 불과하다.'[3]는 견해가 이러한

---

1) Bloch,B. & Trager,G.L.(1942;5)에서는 언어를 다음과 같이 정의한다.

"A Language is a system of arbitrary vocal symbols by means of which a social group cooperates."

- 언어는 자의적 음성 기호의 체계로서, 그것을 수단으로 한 사회 구성원들이 협력한다. -여기서 'symbol'이 언어의 기호성을 표현한 것이다.

2) 吳元教 譯(1973), 「一般言語學講義」(螢雪出版社), (Saussure, 1916, 「Cours de Linguistique Générale」) p.40 참조

생각을 반영하는 것이다.[4)]

그러나 문자언어는 음성언어와는 다른 독자적인 특징을 지닌다. 그것은 문자로 표기하는 데에는 음성언어와는 다른 독특한 체계를 갖고 있기 때문이다.[5)] 즉 문자가 단순히 음성언어의 시각적 기호에 불과한 것이 아니라, 문자를 통한 의미의 이해가 직접적으로 인간의 기억 속에 저장된 의미의 표상과 대응되는 면도 있는 것이다. 특히 한자(漢字)와 같은 표의문자에서는 문자에 의해 직접적으로 의미가 해석되는 특징이 두드러진다. 또한 언어생활에서는 음성언어가 '말하기'와 '듣기'에 관련된다면, 문자언어는 '쓰기'와 '읽기'에 관련되어 독자적인 영역을 형성하고 있는 것이다.

음성언어는 시간과 공간에서 제약을 받는다. 이러한 음성언어의 제약을 극복하기 위해 인간이 만들어 낸 것이 문자이며, 시・공간적인 제약을 극복할 수 있는 것이 문자의 가장 중요한 특징이라 할 수 있다. 어떤 의미에서는 인간은 문자를 사용하면서부터 문명생활을 하게 되었다고 할 수 있다. 이것은 고대 문명의 발생지에서는 모두 문자가 사용되었던 것을 통해서도 알 수 있다. 또한 문자에 의해 인간의 지적 축적물이 후대에 전해지고, 또 전대의 유산이 계승됨으로써, 인간의 생활은 더욱 발달하게 되었던 것이다.(Jensen,H.,1970;19)

2) 문자의 특성

문자는 넓은 의미로는 인간 상호 간의 의사소통을 위한 규약적・인습적인 시각적 기호의 체계를 총칭한다. 이것은 다음의 Gelb,I.J.(1963;12)의 설명으로 이해할 수 있다.

> "Writing is clearly a system of human intercommunication by means of conventional visible marker."
> - 문자는 규약화한 시각적 기호에 의한 인간의 상호전달 체계이다. -

즉 문자는 한 언어사회에서 상호전달에 인습적으로 표기하는 시각적인 기호의 체계라는 것이다. 여기서 기호(marker)나 체계(system) 등은 음성언어를 설명할 때와 동일한 개념으로 쓰인다. 그러나 앞서 살핀 바와 같이 문자언어는 시각적 기호라는 점에서,

---

3) Bloomfield,L.(1933), 「Language」 (Allen and Unwin) p.21 참조

4) Bloch,B. & Trager,G.L.(1942;6)에서는 다음과 같이 설명하고 있다.
"Writing is a secondary visual representation of speech; the visual symbols of writing can in turn be representated by audible symbols, as in the transmission of Morse code, ... "

5) 여기서 '문자언어'는 '음성언어'에 대응되는 개념으로 쓰고, '문자'는 표기 기호의 뜻으로 쓴다. 따라서 지칭 대상은 동일한 것이 된다.

청각적 기호 체계인 음성언어와 다른 독특한 특성을 지니는 것이다.

그런데 문자는 음성언어와 같이 분절성(articulation)이 있어서(즉, 음소, 음절, 단어, 문장 등의 단위로 구분될 수가 있어서), 이렇게 분절된 문자표상(文字表象, graphic image)이 인간의 머리에 기억된다.[6] 이러한 기억된 문자표상이 개념(槪念, concept)과 청각영상(聽覺映像, acoustic image)의 결합체인 언어단위와 결부되어 그 의미가 파악되는 것이다.[7] 이것을 다음과 같이 도표화할 수 있다.

(가)

음성언어		문자언어
개념 청각영상	———	문자표상

예를 들어, 국어의 경우 음성언어에서 『木』이라는 개념은 /namu/라는 청각영상으로 머릿속에 저장되어 있는데, 이것에 대응되는 문자표상 {나무}도 역시 기억되어 있다는 것이다. 즉 이 예를 위 (가)에 대응시키면 다음 (나)와 같이 된다.

(나)

음성언어		문자언어
『木』(개념) /namu/(청각영상)	———	{나무} (문자표상)

이러한 문자의 특성으로 인해 문자언어는 음성언어를 반영하여 표면화한 부차적인 것으로 보기도 하였다. 즉 개념은 1차적으로 음성언어인 청각영상과 대응되는데 문자표상은 청각영상을 거쳐 개념에 대응된다는 것이다. 이러한 입장에서는 '읽기'에 의한 이해 과정에서 문자언어를 일단 음성언어로 바꾼 뒤에 개념을 이해하게 된다고 설명한다. 이것을 음운론적 재기호화 가설(phonological recoding hypothesis)이라 하는데, 그 과정을 간략히 보이면 다음과 같다.(盧命完 외, 1991:149)

음파 → 음성지각
문자 → 문자의 형상 → 글자의 자소
(위 두 과정이 합쳐져) → 음운 체계 → 내용의 이해

---

6) 여기서의 '문자표상'은 구조언어학에서 쓰이는 자소(字素, grapheme)라는 개념에 대응되는 것으로 쓴다. 자소는 동일한 가치를 갖는 다른 모양의 문자를 추상화한 것으로, 이음(異音, allo-phoe)에 대한 음소(音素, phoneme), 이형태(異形態, allo-morph)에 대한 형태소(形態素, morpheme)의 대응 관계와 같다.

7) 여기서 '개념'과 '청각영상'은 Saussure(1916)의 랑그(langue)에 포괄되는 시니피에(signifie)와 시니피앙(signifiant)에 해당된다.(앞의 각주 2) 참조)

그러나 문자는 역으로 음성언어의 본질인 음운, 어휘, 문법 등에 영향을 끼치기도 한다. 왜냐하면 문자표상은 음성언어보다 선명하고 견고하며 영구적일 뿐만 아니라, 현실적으로는 문자의 보수성과 사회성으로 인해 오랜 동안 변화하지 않기 때문이다. 또한 실제적으로는 문어(文語)의 발달과 학교 교육의 영향에 의해 그 가치가 증대되어 문자의 영역은 더욱 넓어지게 되었다. 따라서 근래의 문자론에서는 문자언어를 음성언어에 종속되는 존재가 아니라 독자적인 영역을 갖는 것으로 설명한다. 문자언어의 독자성에서 보면, 위의 도표 ㈎는 다음과 같이 수정된다.

㈐

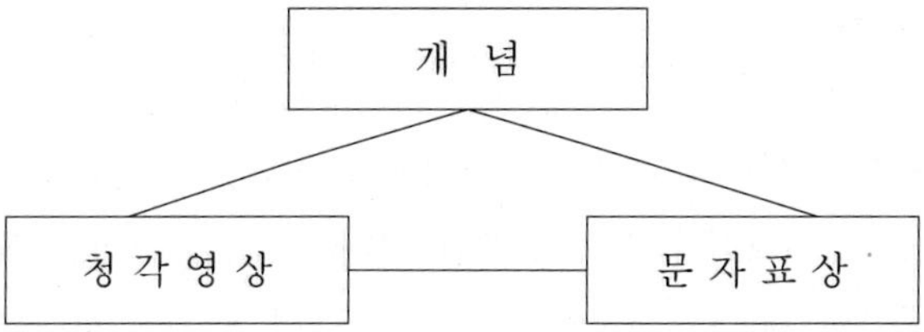

이것은 개념과 청각영상, 그리고 문자표상의 세 영역이 독자적으로 존재하며 서로 대응되는 관계에 있음을 보여 준다. 앞의 예로 설명하면, 개념 『木』은 청각영상 /namu/와 직접 대응되면서 문자표상 {나무}와도 직접적인 환기 관계를 형성하는 것이다. 다시 말하면 『木』이라는 개념은 청각영상의 관여 없이 문자표상 {나무}와 대응될 수 있는 것이다. 따라서 앞의 대응 도표 ㈏는 다음과 같이 수정된다.

㈑

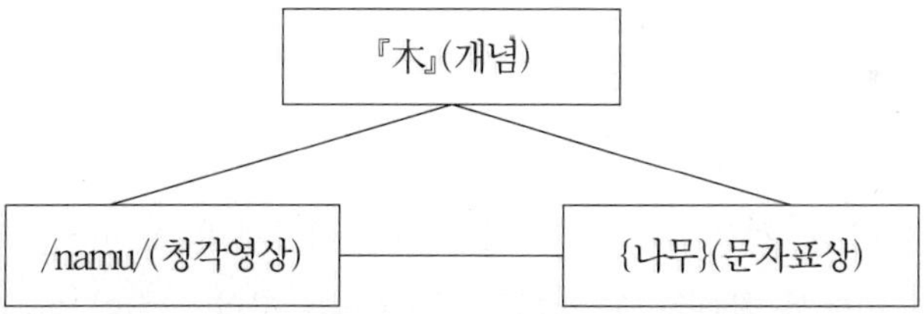

이에 따르면 '읽기'의 이해(즉, 讀解) 과정에서 문자언어가 음성언어의 관여 없이 직접 개념을 연상시키는 것으로 설명된다. 이것을 직접 접근 가설(direct access hypothesis)이라 하는데, 간략히 그 과정을 보이면 다음과 같다.(盧命完 외,1991;148)

음파 → 음성지각 → 음운론적 표상
문자 → 문자의 형상 → 글자의 자소
→ 기억 속의 의미 → 내용의 이해

이 이론에 따르면 문자언어는 음성언어에 종속되는 부차적인 존재가 아니라 독특한 특성으로 독자적인 영역을 이루면서 음성언어에 대응되는 것으로 설명된다.

2.1.2 문자 이전의 단계

인간이 음성언어의 시·공간적인 제약을 극복하기 위해 고안해 낸 여러 수단들이 있다. 문자도 역시 이런 목적으로 고안되었는데, 다른 수단에 비해 상당히 발달된 것이다.[8)]

1) 기억의 보조 수단

문자가 고안되기 이전에 시각적인 보조 수단으로 음성언어의 단점을 보완하려던 예는 여러 가지가 있다. 그 대표적인 것으로 계산 막대(counting stick), 조개 구슬(貝帶, wampum), 새끼 매듭(結繩, quipu writing) 등을 들 수 있다. 계산 막대는 자기가 관리하는 소의 수(數)를 막대에 눈금을 새겨 표시하던 것이며, 조개 구슬은 여러 가지 색깔의 조개 구슬을 꿰어 의사를 전달하는 것이었다. 새끼 매듭은 새끼의 길이나 색깔 등으로 사물의 수(數)를 나타내던 것인데,[9)] 보통 결승문자(結繩文字)라 부르기도 한다.

이러한 방법은 기억의 한계를 극복하기 위해 극히 한정된 것만을 표시할 수 있는 것이었으며, 인간의 전면적인 의사소통을 담당하기에는 너무도 부족하여, 아직 문자의 단계에 이른 것은 아니었다.

2) 그림문자

위의 보조 수단에서 한 걸음 더 나아가 어떤 사건(이야기)을 표현하는 방법으로 발전하는데, 고대 벽화 등에서 찾아볼 수 있다.[10)] 즉 예술로서의 그림이 아니라 어떤 사건을 표현하기 위해 그린 그림인 것이다. 이것을 보통 그림문자(繪畵文字, picture writing)라 한다. 이와 같은 것의 한 예로 다음의 남해도(南海島)의 암각화(岩刻畵)를 제

---

8) 문자의 여러 가지와 그 발달 과정에 대해서는 李翊燮(1986) 제6장과 김진우(1985) 제12장을 참조할 수 있다. 그리고 Jensen,H.(1970)은 세계의 여러 문자에 대해 소상히 설명하고 있으며, 강동일 옮김(1995)는 문자의 역사를 보여 주고 있다.

9) 예를 들어, 흰색은 평화, 검은색은 죽음, 자주색이나 보라색은 전쟁, 녹색은 곡물 등을 뜻하는 것으로 알려졌다.(李翊燮, 1986;223 참조)

10) 이것은 이른바 고대문자설(古代文字說)과 관련하여 국어학사에서도 논의되는 것이기도 하다.(金敏洙, 1980:37-41 참조)

시할 수 있다.(金敏洙, 1980;41)

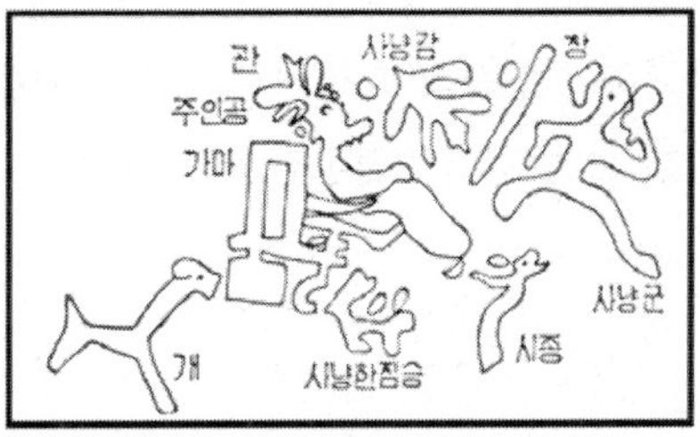

그러나 이것도 엄밀한 의미에서 문자라 할 수 없다. 문자는 어떤 언어 단위와 긴밀한 대응 관계를 나타내야 하는데, 벽화 속의 한 사물의 그림은 언제나 일정한 언어 단위를 대신하는 것이 아니기 때문이다. 예를 들어 '개'의 그림이 '빠르다'나 '달리다', 또는 '물다'의 뜻을 나타내기도 하고, '개가 달리는 길', 또는 '개 그 자체'를 나타내기도 한다면, 문자로서의 구실을 할 수 없는 것이다. 따라서 그림문자는 엄밀한 의미에서 문자가 아니고, 문자가 형성되어 가는 중간 단계에서 나타났던 하나의 표기 수단이라 할 수 있다.

2.1.3 표의문자

문자 하나하나가 어떤 뜻을 가지고 있는 것을 표의문자(表意文字, logographic writing, 또는 ideographic writing)라 하는데, 고유어로는 '뜻글자'라 부르기도 한다. 그리고 이 때 한 문자가 나타내는 뜻은 한 단어가 되기 때문에 단어문자(word writing)라 하기도 한다. 표의문자 중에서 가장 대표적인 것이 상형문자이다.

1) 상형문자

초기의 표의문자는 사물의 모양을 간략한 그림으로 형상화시키는 상형문자(象形文字, pictography)였다. 즉 사물의 모양을 그림으로 본뜬 글자인 것이다. 이것은 그림 하나가 단어 하나의 뜻을 나타내므로 하나의 사건을 표현하는 앞의 그림문자(繪畵文字)와는 다르며, 이에서 한 걸음 더 발전한 것이다.

인류 최초의 문명 발상지에서 나타났던 문자들은 모두 이 상형문자였다. 대표적인 것으로 메소포타미아 지방의 수메르 문자(Summerian writing, B.C.3100년 경), 나일강 유역의 이집트 문자(Egiptian writing, B.C.3000년 경), 중국의 한자(漢字, B.C.1500년 경) 등을 들 수 있다.

이러한 상형문자는 그림문자에 비해 분석적인 것이기는 하나, 역시 그림을 그리는 데 시간이 걸리고 정확성도 떨어진다는 불편이 있다. 그리하여 그림이 점차 획의 모양으로 단순화하여 인습적인 형태로 고정되는데, 여기서 비로소 문자 본연의 모습을 띠게 된다. 이러한 예는 한자(漢字)를 통해 쉽게 이해할 수 있다.(李翊燮,1986;227)

馬 :

目 :

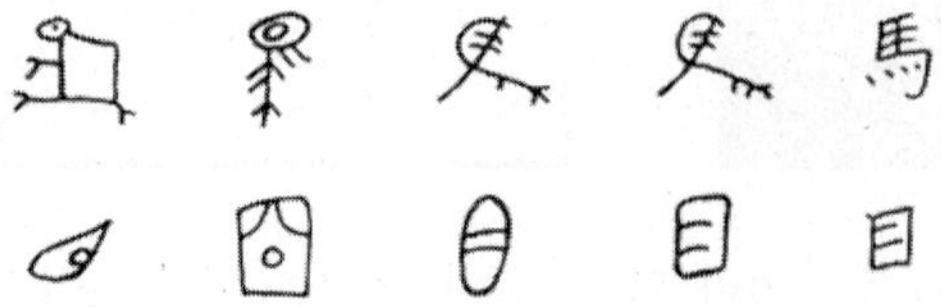

그러나 상형문자는 어떤 사물(thing)을 구별하여 그림으로 나타내야 하기 때문에 많은 문자를 만들어야 한다는 문제가 있다. 또한 '춥다, 밉다, 좋다' 등과 같이 추상적인 개념(concept)을 구체적인 모습의 그림으로 보이는 것은 불가능하다. 따라서 상형문자로 나타낼 수 있는 사물도 그 수(數)에 있어서 한계를 지닐 수밖에 없다.

2) 상형(象形) 이외의 방식에 의한 문자

상형에 의한 표의문자는 인간의 다양한 의사와 감정을 표현하는 데 한계가 있었으므로, 다른 방식이 요구되었다. 한자(漢字)의 경우에 그 제자(制字)의 방식에 따라 이른바 육서(六書)인 '상형(象形), 지사(指事), 회의(會意), 형성(形聲), 전주(轉注), 가차(假借)'가 있는데, 여기서 상형(象形)을 뺀 나머지가 새로 보완된 것이다. 다음에서 이들의 예를 보이기로 한다.

지사(指事) ; 上/下, 一/二/三
회의(會意) ; 鳴(鳥+口), 林(木+木), 明(日+月), 信(人+言)
형성(形聲) ; 城(土+成), 蓮(艸+連), 江(水+工)
전주(轉注) ; 金城(金; '쇠'→'견고하다'), 風水(風; '바람'→'음양술')
가차(假借) ; 釋迦牟尼(Sakyamuni), 露西亞(Russia)

그런데 한자(漢字)의 경우 상형에 의한 것은 전체의 3%에 불과하므로, 이러한 새로운 방식은 문자의 수(數)를 상당히 확대시키게 했던 것이다. 실제로 한자에서 형성(形聲)에 의한 것이 전체의 90%에 이른다.

3) 표의문자의 한계

표의문자는 본래 한 문자가 뜻(meaning, 意)을 갖고 있다는 데에서 지칭된 것이지만, 이도 역시 소리(sound, 音)를 지니고 있다. 예를 들어, 한자에서 '山'은 [san], '江'은 [kaŋ]의 소리를 갖는다. 또한 표의문자는 어떤 사물을 본뜬 것이므로 일정한 모양(form, 形)을 갖는다. 그러므로 표의문자는 모양, 소리, 뜻의 세 요소로 구성된다. 이것을 한자 '山'을 예로 보이면 다음과 같다.

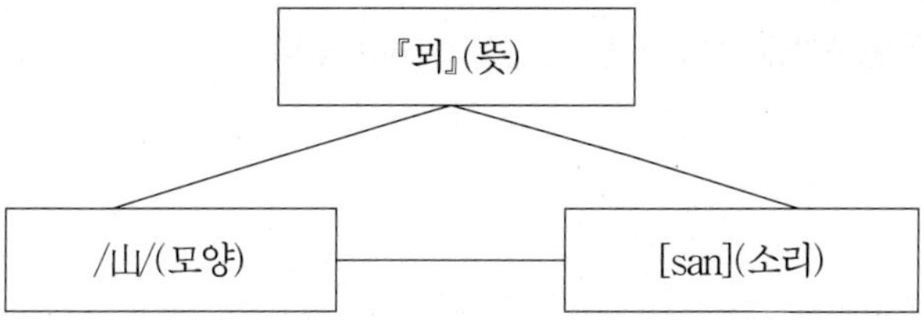

표의문자의 세 구성요소 중에서 뜻(意)이 가장 중요한 요소이다. 왜냐하면 모양(形)과 소리(音)는 달라져도 그 뜻은 변하지 않기 때문이다. 즉 표의문자는 소리(音)의 요소도 갖고 있으니, 중요한 것이 뜻(意)이므로 이에 따라 붙여진 이름이다.

표의문자는 뜻이 중요하므로 뜻에 따라 각기 다른 문자를 만들어야 한다. 그러다 보면 글자의 수가 아주 많아지게 되며, 같은 음을 지닌 다른 뜻의 글자, 즉 동음이의자(同音異意字)도 상당히 많아지게 된다. 따라서 표의문자는 만드는 것도 불편할 뿐만 아니라, 기억에 큰 부담이 아닐 수 없다. 이러한 표의문자의 한계를 극복하기 위해 나타난 것이 글자가 소리(音)만을 대표하는 표음문자이다.

2.1.4 표음문자

표의문자에 대립되는 것에 표음문자(表音文字, phonographic writing)가 있다. 표음문자는 고유어로 '소리글자'라 부르기도 하는데, 표기 대상이 되는 소리의 단위에 따라, 음절을 표기 단위로 하는 음절문자와 음소를 표기 단위로 하는 음소문자로 나뉜다.

1) 음절문자

표음문자로서 처음으로 나타난 것이 한 글자가 한 음절의 소리(音)를 대표하는 음절문자(音節文字, syllabic writing)이다.(또는 철음문자(綴音文字)라고도 한다.) 음절문자는 글자 하나하나가 뜻과는 관계 없이 어떤 한 음절의 소리만을 대표한다. 따라서 글자는 자음과 모음으로 더 나누어지지 않는다. 음절문자는 표의문자의 구성 요소 중에서 소리(音)의 측면을 이용하여 발달된 것이 대부분인데, 일본(日本)의 가나(假名)문자가 이에 속한다.

한자(漢字)	;	阿	伊	宇	江	於
가타카나(片假名)	;	ア	イ	ウ	エ	オ
히라카나(平假名)	;	あ	い	う	え	お

따라서 한자(漢字)의 모양(形)과 소리(音)의 요소를 받아들이고 뜻(意)을 배제하여, 일본 문자의 체계가 음절문자로 이루어진 것임을 알 수 있다.

2) 음소문자

음절문자는 한 언어에 존재하는 음절의 수가 적을 경우에는 그 언어의 음을 충분히 표기할 수 있으나, 국어와 같이 음절이 복잡한 언어를 표기하기에는 불편하다. 왜냐하면 음절에 따라 다른 글자를 만들어야 하므로, 복잡하고 기억에 부담이 되기 때문이다.[11] 여기서 나타난 것이 음소문자(音素文字, phonemic writing)인데, 고유어로는 '낱소리글자'라 하기도 한다.(또는 단음문자(單音文字)라고도 한다.) 이것은 글자 하나하나가 대표하는 소리(音)의 단위가 음소(音素, phoneme)인 데서 지칭하는 것이다. 또 이것을 자모문자(字母文字, alphabetic writing)라고도 하는데, 음소에 따라 자음(子音)과 모음(母音)을 구분하여 만든 글자이기 때문이다.

문자로서는 음소보다 더 작은 언어 단위를 기준으로 하여 만든 것은 없다. 음소는 추상적인 언어 단위로서는 최소의 것이기 때문이다. 따라서 구체적인 음성을 정확히 표기하기 위한 음성전사(音聲轉寫)에 쓰이는 음성기호(발음기호)는 문자라 할 수 없다.

2.2 한글의 특성

한글은 세계에 존재하는 여러 문자 중의 하나이다. 국어 정서법의 표기 수단이 한글이므로, 국어 정서법을 논의하기 전에 한글이 지니고 있는 특징에 대해 알아 볼 필요가

---

11) 국어의 음절 구성을 초성, 중성, 종성으로 3분하여 보면, 대체로 초성이 19개, 중성이 21개, 종성이 7개로 분석된다. 따라서 이들이 모두 모여 구성될 수 있는 음절의 수(數)는 2,793개나 되므로(19×21×7=2,793), 이 만큼의 글자를 만드는 것도 어렵지만, 만든다 해도 유용성을 기대할 수 없는 것이다.

있다. 다음에서 이것을 한글의 문자적인 특징과 국어를 표기할 때의 운용적인 특징으로 나누어 살펴 보기로 한다.

2.2.1 문자적 특징

문자적인 측면에서 한글의 특성을 살피려면, 이 문자가 창제되던 당시의 訓民正音의 제자(制字) 원리(原理)에 대한 이해가 선행되어야 하며, 또한 현대의 문자론과의 관련에서 설명될 필요가 있다.12)

1) 발생적 특징

일반적으로 문자는 그 발달 단계에 따라 초기의 그림문자로부터 점진적으로 발달되어 오늘에 이르는 것이 보통이다. 그런데 한글은 언제, 누가, 어떻게 만들었는지가 분명히 기록으로 전해 온다는 점에서 특이하다.

(1) 조음기관(調音器官) 상형(象形)

잘 알려져 있듯이 한글(창제 당시는 訓民正音)은 발음할 때의 조음기관의 모양을 본떠서 만들었다.

> 正音二十八字　各象其形而制之
> 　　　　　　　　　－「訓民正音」 制字解 －
> 名曰訓民正音　象形而字倣古篆
> 　　　　　　　　　－「訓民正音」 鄭麟趾序 －

자음자(子音字)는 다음의 기록과 같이 기본적으로 어금니(牙), 혀(舌), 입술(脣), 이(齒), 목구멍(喉)의 모양을 본떴다. 그리고 모음자(母音字)는 기본자 'ㆍ, ㅡ, ㅣ'가 天地人의 三才를 본뜬 것이라 하지만, 이도 역시 발음할 때 혀가 오그라들거나 펴지는 등의 혀의 모양과 상당히 관련이 있다.13)

> 初聲凡十七字　牙音ㄱ象舌根閉喉之形　舌音ㄴ象舌附上腭之形　齒音ㅅ象齒形　脣音ㅁ象口形　喉音ㅇ象喉形 ......
> 中聲凡十一字　ㆍ舌縮而聲深　天開於子也　形之圓　象乎天也　ㅡ舌小縮而聲不深不淺

---

12) '한글'은 국어를 표기하는 문자로서의 보편 명칭, 또는 현대적인 의미로 쓰고, '훈민정음(訓民正音)'은 역사적인 명칭으로 구분하여 쓴다.

13) 여기서 자음자는 훈민정음의 初聲字에, 모음자는 中聲字에 해당된다.

地闢於丑也 形之平 象乎地也 ㅣ舌不縮而聲淺 人生於寅也 形之立 象乎人也
-「訓民正音」 制字解 -

여기서 당시에 조음기관을 정확히 분석하여, 그에 따라 자음과 모음을 구분하는 음소문자를 만들었음을 알 수 있다. 이것은 조음위치와 조음방법에 따라 자음과 모음을 분석하는 현대 언어학의 음운 분석 이론에도 부합되는 것으로, 상당히 과학적인 것이라 아니할 수 없다.

(2) 의식적인 창제

한글은 발생적으로 보아 창제의 시기가 명확히 전해 온다는 점에서도 다른 문자의 발생 과정과 다른 특징을 지닌다. 기록에 따르면 訓民正音은 1443년(세종 25년) 12월에 창제되었다.

是月 上親制諺文二十八字 其字倣古篆 分位初中終聲 合之然後 乃成字 凡于文字及本國俚語 皆可得而書 字雖簡要 轉換無窮 是謂訓民正音
-「世宗實錄」 券102 二十五年(1443)十二月 -
癸亥冬 我殿下創制正音二十八字 略揭例義而示之 名曰訓民正音
-「訓民正音」 鄭麟趾序 -

그리고 새로 창제된 문자 訓民正音은 1446년(세종 28년) 9월 그 해설서라 할 수 있는 「訓民正音」 解例를 완성하여 창제의 동기와 원리를 밝히고 있다.

是月訓民正音成 ......
-「世宗實錄」 券113 二十八年(1446)九月 -
...... 正統十一年(1446)九月上澣
-「訓民正音」 鄭麟趾序 -

다시 말하면, 일반적으로 문자는 오래 전부터 쓰여 오던 것이 점차 개량되어 가는 과정으로 오늘날까지 내려 오는 데 비해서, 한글은 특정 시기에 특정인에 의해 창제되었다는 점이 특이한 것이다.

(3) 제자(制字)의 방법

초성자(初聲字)는 발음기관 상형의 원리에 따라 기본자(基本字)를 만들고, 여기에 획을 더하는 가획(加劃)의 방법으로 필요한 글자를 더 만들었다. 이것은 국어의 음운 체계에 맞추어 의식적으로 글자를 만든 것이라 할 수 있다. 그리고 가획에 의해 만들기 곤란한 것은 이체(異體)의 방법을 사용했다.

> ㄴㅁㅇ其聲最不厲　故次序雖在於後　而象形制字則爲之始 ...... ㅋ比ㄱ　聲出稍厲　故加劃　ㄴ而ㄷ　ㄷ而ㅌ　ㅁ而ㅂ　ㅂ而ㅍ　ㅅ而ㅈ　ㅈ而ㅊ　ㅇ而ㆆ　ㆆ而ㅎ　其因聲加劃之義皆同　而唯ㆁ爲異　半舌音ㄹ半齒音ㅿ　亦象舌齒之形異其體　無加劃之義焉
>
> －「訓民正音」 制字解 －

이 기록에 따라 가획자(加劃字)와 이체자(異體字)의 관계를 보이면 다음과 같다.

<기본자>		<가획자>				<이체자>
ㄱ	→			ㅋ	—	ㆁ
ㄴ	→	ㄷ	→	ㅌ	—	ㄹ
ㅁ	→	ㅂ	→	ㅍ		
ㅅ	→	ㅈ	→	ㅊ	—	ㅿ
ㅇ	→	ㆆ	→	ㅎ		

그런데 초성자는 위의 17자만으로 충분했던 것은 아니어서, 당시 국어의 음을 정확히 표기하기 위해 필요한 글자들을 위의 것을 바탕으로 하여 연서(連書)와 병서(竝書) 등의 방법으로 더 만들었다. 먼저 연서자(連書字)를 보면 다음의 예가 있다.

> ㅇ連書脣音之下　則爲脣輕音者　以輕音脣乍合而喉聲多也
>
> －「訓民正音」 制字解 －
>
> 半舌有輕重二音　然韻書字母唯一　且國語雖不分輕重　皆得成音　若欲備用　則依脣輕例　ㅇ連書ㄹ下　爲半舌輕音　舌乍附上腭
>
> －「訓民正音」 合字解 －

이에 따라 순경음자(脣輕音字)와 반설경음자(半舌輕音字)가 만들어진다.[14]

> 순경음자　; ㅱ ㅸ ㆄ ㅹ
>
> 반설경음자 ; ᄛ

병서자(竝書字)는 각자병서(各自竝書)와 합용병서(合用竝書)의 두 방법에 의해 만들어진다.

> 全淸竝書則爲全濁　以其全淸之聲凝則爲全濁也　唯喉音次淸爲 全濁者　盖以ㆆ聲深不爲之凝　ㅎ比ㆆ聲淺　故凝而爲濁也
>
> －「訓民正音」 制字解 －
>
> 初聲二字三字合用竝書　如諺語ᄯᅡ爲地　ᄧᅡᆨ爲雙　ᄢᅳᆷ爲隙之類
>
> －「訓民正音」 合字解 －

---

14) 그러나 창제 당시 실제로 국어의 표기에 쓰인 것은 'ㅸ'자뿐이었다.

이에 따라 각자병서자(各自竝書字)와 합용병서자(合用竝書字)가 만들어진다.[15]

각자병서자 ; ㄲ ㄸ ㅃ ㅆ ㅉ ㆅ
합용병서자 ; ㅺ ㅻ ㅼ ㅽ
ㅲ ㅳ ㅶ ㅷ
ㅴ ㅵ

중성자(中聲字)는 天, 地, 人의 삼재(三才)를 본떠 기본자 ‘ㆍ, ㅡ, ㅣ’를 만들고, 여기에 역학(易學)의 원리를 원용하여 삼재(三才)의 상호 결합을 기본자의 겹침으로 나타내어 필요한 문자를 더 만들었다.

ㅗ與ㆍ同而口蹙　其形則ㆍ與ㅡ合而成　取天地初交之義也
ㅏ與ㆍ同而口張　其形則ㅣ與ㆍ合而成　取天地之用發於事物待人而成也
ㅜ與ㅡ同而口蹙　其形則ㅡ與ㆍ合而成　亦取天地初交之義也
ㅓ與ㅡ同而口張　其形則ㆍ與ㅣ合而成　亦取天地之用發於事物待人而成也
－「訓民正音」 制字解 －

ㅛ與ㅗ同而起於ㅣ　ㅑ與ㅏ同而起於ㅣ　ㅠ與ㅜ同而起於ㅣ　ㅕ與ㅓ同而起於ㅣ　ㅗ ㅏ ㅜ ㅓ 始於天地爲初出也　ㅛ ㅑ ㅠ ㅕ 起於ㅣ 而兼乎人爲再出也
－「訓民正音」 制字解 －

이를 통해 이루어진 초출자(初出字)와 재출자(再出字)는 다음과 같다.[16]

초출자 ; ㅗ ㅏ ㅜ ㅓ
재출자 ; ㅛ ㅑ ㅠ ㅕ

중성자도 합용병서에 의해 문자의 수가 늘어난다.

中聲二字三字合用　如諺語과爲琴柱　홰爲炬之類
－「訓民正音」 合字解 －

二字合用者　ㅗ如ㅏ同出於故合而ㅘ　ㅛ如ㅑ同出於ㅣ　故合而ㆇ　ㅜ如ㅓ同出於ㅡ　故合而ㅝ　ㅠ如ㅕ同出於ㅣ　故合而ㆊ ......
一字中聲之如ㅣ相合字十ㆎ ㅢ ㅚ ㅐ ㅟ ㅔ ㆉ ㅒ ㆌ ㅖ 是也
二字中聲之如ㅣ相合字四　ㅙ ㆈ ㅞ ㆋ 是也
－「訓民正音」 中聲解 －

여기서 이루어지는 중성의 합용병서자를 동출합용자(同出合用字)와 ‘ㅣ’상합자(相合字)

15) 각자병서자 중에서 당시에 고유어의 표기에 쓰인 것은 ‘ㅆ, ㆅ, ㆀ’ 등인데, ‘ㆀ’은 위의 체계에 없는 것이다.

16) 창제 당시의 모양은 ‘ㆍ’자가 점으로 이용되었으므로 현재와는 달랐다.

로 나누어 보이면 다음과 같다.

동출합용자 ; ㅘ ㆇ ㅝ ㆊ
'ㅣ'상합자 ; ㆎ ㅢ ㅚ ㅐ ㅟ ㅔ ㆉ ㅒ ㆌ ㅖ
ㅙ ㆈ ㅞ ㆋ

훈민정음의 문자 체계에서 종성자(終聲字)는 따로 만들지 않았다.

終聲復用初聲

-「訓民正音」 例義 -

이것은 당시 한 음절을 초·중·종의 3성(三聲)으로 분석하고도 종성은 따로 글자를 만들지 않고 초성으로 다시 쓴다는 것으로 풀이된다.[17] 그것은 종성이 초성과 변이음(allo-phone)의 관계에 있는 것으로 올바로 파악한 결과이다. 그러나 실제의 운용에 있어서는 초성의 모든 글자가 종성에 다 쓰였던 것은 아니다.[18]

(4) 문자의 형성 방법

문자의 형성 방법의 측면에서 보면, 한글의 자모의 형성 방법은 여러 각도에서 설명될 수 있다. 이것을 자음자와 모음자로 나누어 살피기로 한다.[19]

우선 자음자(子音字)는 가획과 이체, 그리고 문자 겹치기의 방법이 쓰였다. 가획과 이체는 앞서 설명한 바와 같은 것이고, 문자 겹치기는 이미 하나의 문자로 제정된 것을 다시 겹쳐 새로운 글자를 만드는 방식으로,[20] 병서자(並書字)에서 나타나는 것이다. 그런데 이러한 제자(制字)의 방법이 아주 체계적으로 나타난다는 점에 특징이 있다. 이것이 바로 한글의 과학성과 체계성을 뜻하는 것이다. 자음자를 제자의 방법에 따라 체계적으로 보이면 다음과 같다.

---

17) 훈민정음 창제의 바탕이 된 당시 중국의 음운학(성운학, 聲韻學)에는 한 음절을 성모(聲母)와 운모(韻母)로 2분하는 이른바 반절법(反切法)이 있었다. 그런데 훈민정음은 성운학의 2분법 체계를 그대로 따르지 않고, 초·중·종의 3분법의 분석 원리를 창안했던 것이다. 이것은 훈민정음의 독창성과도 관련된다.

18) 이 문제에 대해서는 다음의 2.2.2절에서 상세히 다루어진다.

19) 이 문제에 대해서는 권종성(1987;47-53)을 참조할 수 있다.

20) '문자 겹치기'는 특히 한자에서 두드러지게 많이 나타난다.('林, 森, 蟲, 姦')

<기본자>		<가획자>				<문자 겹치기>		<이체자>
ㄱ	→			ㅋ	→	ㄲ	—	ㆁ
ㄴ	→	ㄷ	→	ㅌ	→	ㄸ	—	ㄹ
ㅁ	→	ㅂ	→	ㅍ	→	ㅃ		
ㅅ	→	ㅈ	→	ㅊ	→	ㅆ, ㅉ	—	ㅿ
ㅇ	→	ㆆ	→	ㅎ	→	ㆅ		

위에서 가획은 동일한 조음위치에서 조음방법에 따라 달라지는 소리에 해당되는 글자를 만드는 방법이다. 즉 소리가 세게 나올 때마다 한 획을 더하는('聲出稍厲 故加劃') 방법이다. 따라서 더해진 획은 현대 음운론에서 보면, 새로운 음성자질(phonetic feature)이 더해지는 것을 뜻하는 것으로 과학적이라 할 수 있다. 예를 들어 'ㄴ'에서 가획된 'ㄷ'은 [-voiced]의 자질이 더해지고, 'ㄷ'에서 가획된 'ㅌ'은 [+aspirated]의 자질이 더해진 것이다. 따라서 가획에서 더해진 획 하나는 음성자질 하나가 더해짐을 뜻한다. 또한 이러한 가획의 제자 원리는 동일한 조음위치에서 나는 소리를 나타내는 글자들이 서로 비슷한 모양이 되게 했다. 이것 역시 한글의 특징 중의 하나다.[21]

다음으로, 모음자(母音字)는 문자 합치기와 뒤집기, 거울 비치기 등의 여러 가지 방법이 쓰였다.[22] 다음에서 그 방법을 보인다.

문자 합치기(음(陰)·양(陽)과 원(圓)·평(平)의 대립)

ㅗ ; ㆍ + ㅡ (원순)
ㅏ ; ㅣ + ㆍ (평순)
ㅜ ; ㅡ + ㆍ (원순)
ㅓ ; ㆍ + ㅣ (평순)

뒤집기(원순)		거울 비치기(평순)	
ㅗ :	ㅜ	ㅏ :	ㅓ
ㅛ :	ㅠ	ㅑ :	ㅕ
(양성)	(음성)	(양성)	(음성)

모음자의 경우도 기본자에 포함되는 'ㆍ'를 획으로 본다면, 그 제자(制字)도 가획(加劃)의 원리로 설명할 수 있다.

---

21) 결과적으로, 훈민정음의 글자들은 모양이 비슷한 것은 그 음가(音價)도 비슷하게 되었다.

22) '문자 합치기'는 서로 다른 두 문자를 합쳐 한 문자를 만드는 방법으로, 라틴문자의 'œ, æ'나 한자(漢字)에서 많이 나타난다.('明, 信, 城, 功' 등) '뒤집기'는 라틴문자의 'n, b, d'와 'u, q, p', 아라비아 숫자의 '6'과 '9'에서처럼 180도 돌렸을 때 서로 대응되는 것에서 예를 찾아볼 수 있다. 또 '거울 비치기'는 라틴문자의 'b, p'와 'd, q' 등에서처럼 거울로 비쳤을 때 서로 대응되는 것이 그 예가 된다.

<기본자>		<가획자>			
ㅡ	→	ㅗ	→	ㅛ	(양성, 원순)
ㅡ	→	ㅜ	→	ㅠ	(음성, 원순)
ㅣ	→	ㅏ	→	ㅑ	(양성, 평순)
ㅣ	→	ㅓ	→	ㅕ	(음성, 평순)
		(初出字)		(再出字)	

위와 같이 한글은 제자의 처음부터 단계적으로 만드는 것을 원칙으로 했음을 알 수 있다. 이렇게 문자의 모양을 단계적으로 만든 것은 음성자질과 관련하여 매우 현명한 것이다. 그것은 앞서 설명한 대로 다른 모든 음성자질은 같은데, 여기에 또 다른 하나의 음성자질이 더해질 때 새로운 모양의 글자를 만들지 아니하고 이미 있는 것에 획을 더해 줌으로써, 같은 계열의 음성자질을 갖는 글자는 서로 비슷한 모양을 하게 되기 때문이다. 예를 들어, 'ㄴ-ㄷ-ㅌ'과 'ㅁ-ㅂ-ㅍ'은 조음위치는 같으나 조음방법이 달라 그 음성자질이 비슷하다. 이 때 글자의 모양도 비슷하여 이들 글자는 같은 계열에 속하는 것임을 쉽게 알 수 있게 된다.

2) 유형론적 특징

문자 유형론에서 보면 한글은 음소문자(자모문자)에 속한다. 그것은 앞의 1)항에서 살폈듯이, 자음과 모음이 서로 다른 글자로 구별될 뿐만 아니라, 하나하나의 글자가 음의 단위인 음소를 대표하기 때문이다. 실제로 Gelb,I.J.(1963)의 문자 분류 체계를 보면 다음과 같다.[23)]

Full Writing: Phonography

Word-Syllabic:	Syllabic:	Alphabetic:
Sumerian	Hebrew	Greek
Egyptian	Arabic	Latin
Chinese	Kana	English
		Korean

위의 체계에서 한글은 Greek, Latin, English 등과 함께 자모문자(alphabetic writing)로 분류되어 있다.

---

23) 이것은 李翊燮(1992;28)에 제시된 도표를 인용하여 간략히 보인 것이다.

3) 모양상의 특징

「訓民正音」 解例의 설명에 의하면 초성자는 발음기관을 상형하고, 중성자는 天, 地, 人의 삼재(三才)를 본떴다 했으니, 글자의 모양은 각각 그 상형의 대상에서 비롯된 것임을 알 수 있다. 그리고 상형의 대상이 된 사물 또는 개념을 선(線)이나 점(點)으로 단순하게 형상화했다.

그런데 창제 당시의 기록에는 이 글자의 모양이 고전자(古篆字)를 모방했다고 하기도 한다.

> 象形而字倣古篆
>
> -「訓民正音」 鄭麟趾序 -
>
> 是月 上親制諺文二十八字 其字倣古篆 分位初中終聲 合之然後乃成字
>
> -「世宗實錄」 券102 二十五年(1443)十二月 -
>
> 字形雖倣古之篆文
>
> - 崔萬理 反對上疎文 -

이는 훈민정음이 한자(漢字)의 서체(書體)의 일종인 전자(篆字)를 그대로 모방했다는 것이나, 실제로는 창제 당시의 사정을 반영하는 것으로 해석된다.[24)]

창제 당시의 기록과 관련 없이 현재 쓰이고 있는 한글의 모양을 보면 특이한 면이 있다. 즉 자음자의 모양은 직각형('ㄱ, ㄴ, ㄷ, ㄹ, ㅋ, ㅌ'), 네모형('ㅁ, ㅂ, ㅍ'), 두 사선이 한 점에 모인 형('ㅅ, ㅈ, ㅊ'), 둥근형('ㅇ, ㅎ') 등 여러 가지인데, 모음자는 가로(기본자 'ㅡ') 또는 세로(기본자 'ㅣ')의 획이 단일한 것에서 혼합된 것으로 되어 있는 것이다.(훈민정음 창제 당시에는 점(기본자 'ㆍ')도 있었다.) 따라서 자음자와 모음자가 그 모양에서 명백히 다르게 되어 있다.

이렇게 자음자와 모음자를 아주 다른 모양으로 만든 것은 그 쓰이는 위치와 한 음절 글자의 모양을 고려한 것으로 보인다.

> ㆍㅡㅗㅜㅛㅠ 附書初聲之下 ㅣㅏㅓㅑㅕ 附書於右
>
> -「訓民正音」 例義 -

다시 말하면, 모음자는 자음자의 아래나 오른쪽에 쓰이도록 했는데, 이는 다음 절에서 설명하겠지만, 문자의 실제 운용에서 초·중·종성을 한 음절 단위로 모아 정방형(正方

24) 즉 창제 반대론자를 억누르기 위해 훈민정음이 본래 새로운 문자가 아니라 한자(漢字)의 古字體에서 유래한 것이라 해명한 것으로 이해된다.(金敏洙, 1980;122)

形)이 되도록 하기 위해, 자음자와 모음자의 모양을 분명히 다르게 했던 것이다.

2.2.2 운용상(運用上)의 특징

한글은 음소문자이면서 음절 단위로 모아 쓴다는 점에 특징이 있다. 이러한 문자 운용상의 특징을 모아쓰기, 또는 음절식 합자법(音節式 合字法)이라 한다.[25]

1) 모아쓰기의 기원

한글은 기본적으로 음소문자이면서 각 글자를 운용하여 음성언어를 적을 때에는 음소 단위로 풀어 쓰지 않고, 음절 단위로 모아서 쓰도록 되어 있다. 따라서 운용상에서 보면, 한글은 음절문자의 특징을 지니고 있는 것이다. 예를 들어, 다음과 같은 두 가지 표기가 가능하다.

㈎		㈏
'한글'	:	'ㅎㅏㄴㄱㅡㄹ'

위에서 ㈎와 같이 음절 단위로 적는 것을 '모아쓰기'라 하고, ㈏와 같이 음소 단위로 적는 것을 '풀어쓰기'라 한다. 그런데 실제로 訓民正音 창제 당시부터 ㈎처럼 한 음절로 모아 쓰도록 했으며, ㈏처럼 풀어 쓰지 않았다.

이러한 모아쓰기의 운용방식은 훈민정음 창제 당시의 음절 중심의 음운이론에서 기인한다. 당시의 음운론인 성운학(聲韻學)에서 보면 언어의 소리 단위는 음절이었다. 음절의 분석에서는 한자(漢字)의 경우 한 음절을 성모(聲母)와 운모(韻母)로 나누는 2분법(반절법, 半切法)이었으나, 훈민정음은 독특하게도 초성(初聲), 중성(中聲), 종성(終聲)의 3분법을 채택했다.(앞의 각주 17) 참조) 여기서 특이한 것은 초성과 종성을 구체적으로 실현되는 소리는 다를지라도 추상적으로는 동일한 것으로 처리하여 종성의 글자를 따로 만들지 않고 초성을 다시 쓰도록 했다는 것이다.

> 終聲復用初聲 ...... 初聲合用則竝書 終聲同
>
> -「訓民正音」 例義 -

결국 훈민정음의 자음자는 초성과 종성에 같이 쓰이고 모음자는 중성에 쓰이게 되었다.[26]

---

25) 이에 대해 고영근(1993:57)에서는 '묶어쓰기'라는 용어를 사용하고 있다.

초성, 중성, 종성이 모아져야 비로소 한 음(음절)을 이룬다는 것도 「訓民正音」에 나타난다.

> 初聲有發動之義 天之事也 終聲有止定之義 地之事也 中聲承初之生接終之成 人之事也
>
> -「訓民正音」 制字解 -
>
> 凡字必合而成音
>
> -「訓民正音」 例義 -
>
> 初中終三聲 合而成音
>
> -「訓民正音」 合字解 -

또한 앞 절에서 설명한 바와 같이 글자의 모양에서 보아도, 훈민정음은 한 음절로 모아 쓰도록 자음자와 모음자의 모양이 분명히 구별되어 있다. 그것은 이들이 쓰이는 자리가 다르기 때문이다. 그리하여 초성은 중성의 왼쪽이나 위에, 중성은 초성의 오른쪽이나 아래에 쓰고, 종성은 초성과 종성의 아래에 쓰도록 함으로써, 한 음절 단위의 모아쓰기가 이루어지게 되었다.

> 初聲或在中聲之上 或在中聲之左 如君字ㄱ在ㅜ上 業字ㆁ在ㅓ左之類 中聲則圓者橫者在初聲之下ㆍ ㅡㅗㅛㅜㅠ是也 縱者在初聲之右 ㅣㅏㅑㅓㅕ是也 如呑字ㆍ在ㅌ下 則字ㅡ在ㅈ下 侵字ㅣ在ㅊ右之類 終聲在初中之下 如君字ㄴ在구下 業字ㅂ在어下之類
>
> -「訓民正音」 合字解 -

이러한 음절 단위의 모아쓰기(音節式 合字法) 방법은 한자(漢字)의 영향을 받은 것이라 할 수 있다. 한자는 한 음절을 이루는 글자를 정방형(正方形)으로 쓰도록 되어 있는데, 이의 영향으로 훈민정음도 비록 음소문자이기는 하지만, 각 음소에 해당되는 글자를 음절 단위로 모아 쓰도록 한 것이다. 이렇게 하면, 훈민정음이 음소문자로 창제되더라도, 표의문자인 한자(漢字)와 같이 표의성(表意性)을 살릴 수 있다고 생각했던 것으로 보인다.

이러한 모아쓰기 방식은 문자 체계로서는 음소문자이면서도 그 운용방식에서 음절문자와 같이 쓰이게 되어, 결과적으로는 한글이 음소음절문자(phonosyllabic writing)의 특징을 갖게 한다.

---

26) 위의 '終聲復用初聲'은 2.2.1절 1)항에서처럼 제자상(制字上)의 원리로도 해석할 수 있다. 위에서는 운용상(運用上)의 원리로 해석한 것이다.

2) 모아쓰기의 특징

앞서와 같이 한글의 운용 방식인 음절 단위의 모아쓰기는 음소문자이면서 음절문자와 같이 쓰이는 것이므로, 한글로 하여금 두 가지 문자 유형의 특징을 모두 갖게 한다고 설명된다. 그러므로 한글은 음소문자와 음절문자의 특징을 공유하는 특이한 문자라 할 수 있다.

모아쓰기는 한 음절을 묶어 표기하는 것이므로, 음절보다 상위의 언어 단위인 형태소의 모양이 고정될 수 있다. 특히 형태소는 최소의 유의미적인 언어 단위이기 때문에, 모아쓰기에 의한 형태소의 고정은 의미 단위를 고정시키는 효과를 갖게 한다. 즉 표의문자적인 기능을 부여하는 것이다. 따라서 한글은 음소문자이면서 그 운용 방식에서 표의문자와 같은 효과를 기대할 수 있는 것이다. 한 예를 들어 보면 다음과 같다.

	㈎	㈏	㈐	㈑
(마음을)	졸이다	ㅈㅗㄹㅣㄷㅏ	반듯이	ㅂㅏㄴㄷㅡㅅㅣ
(생선을)	조리다	ㅈㅗㄹㅣㄷㅏ	반드시	ㅂㅏㄴㄷㅡㅅㅣ

위에서 '졸이다'와 '조리다'는 그 의미와 쓰임이 다르다. 그것은 이들의 형태론적 구성에서 차이가 있기 때문이다. 즉 전자는 '졸-이-다'로 후자는 '조리-다'로 구성되어 있다. 따라서 ㈎와 같이 각각의 형태를 밝혀 형태소에 따라 음절 단위에서 모아 쓰면, 그 의미를 이해하기 쉽다. 그런데 이것을 모아 쓰지 않고 ㈏와 같이 풀어 쓰면, 똑같이 'ㅈㅗㄹㅣㄷㅏ'로 되어 형태가 구별되지 않아 의미 파악에 장애가 된다.[27] 이것은 ㈐와 '반듯이'와 '반드시'의 관계에서도 마찬가지이다.

따라서 모아쓰기는 최소의 유의미적인 단위인 형태소를 음절 단위로 형태를 고정시켜 표기하게 함으로써, 의미의 파악을 쉽게 하는 것이다.(李翊燮, 1985) 국어는 언어유형론에서 형태적으로 교착어(agglutinative language)에 속한다.(또는 첨가어 adding language 라고도 한다.) 교착어는 의미 요소인 어간(stem)에 문법 요소인 아주 다양한 어미(ending)가 첨가되는 특징을 지닌다. 따라서 한 어휘가 문장에서 쓰일 때에는 어간과 어미(체언과 조사 포함)에 의한 최소한 두 개의 형태소의 결합형으로 나타난다. 이때 어간의 형태와 어미의 형태를 구별하여 표기할 수 있는 것은 모아쓰기 방식의 효과에 의한 것이다.

---

27) 이것은 국어 표기법의 끊어적기(분철, 分綴)와도 관련되는 문제이다. 한글 풀어쓰기에 대해서는 최현배(1947)과 김정수(1989)를 참조할 수 있다.

(용언 어간 '먹-' + 어미)		(체언 '집' + 조사)	
㈎	㈏	㈎	㈏
먹으니	머그니	집이	지비
먹으면	머그면	집을	지블
먹어서	머거서	집에	지베
먹고	먹고	집도	집도

위에서 어미 '-으니, -으면, -어서, -고' 등과 조사 '-이, -을, -에, -도' 등이 용언 어간 또는 체언에 첨가될 때, ㈎와 같이 모아 쓰면, 실질 형태소인 용언 어간의 '먹-'과 체언의 '집'뿐만 아니라, 문법 형태소인 어미와 조사의 표기 형태가 고정되어, 의미가 쉽게 파악될 수 있다.

결국 모아쓰기는 글자를 선적(線的)으로 배열하는 것이 아니라, 조합식(組合式) 배열 방식을 취하는 것이었다.(이를 '조합식 합자법'이라고도 한다.) 따라서 소수(小數)의 자모(字母) 글자를 가지고 다양하게 조합하여 상당히 복잡한 국어 음절의 표기를 가능케 했던 것이다. 이것은 일차적으로 자모(字母)를 만들고, 그것을 운용할 때에는 다시 음절로 모아 쓰는 2원적 구성 방식을 채택했음을 뜻하는 것이다. 이러한 음절 단위의 모아쓰기 방식은 복잡한 굴절 체계를 가진 국어의 특성에도 부합하는 운용 방식이라 할 수 있다.(李翊燮, 1992;419) 왜냐하면 이것은 위의 예에서처럼 실질 형태소와 문법 형태소를 구별하여 기본형을 밝혀 표기할 수 있기 때문이다. 또한 이러한 표기 방식은 음소문자이면서 형태를 고정시키는 표의문자의 특성을 살릴 수 있는 것이기도 하다.

[참고] '한글'은 세계에 존재하는 여러 문장 중의 하나이다. 따라서 한글에 대한 올바른 이해는 일반 문자론에 바탕을 두어야 객관적으로 기술할 수 있다.

일반 문자론에 관해서는 Gelb,I.J.(1963), Jensen,H.(1970), Sampson,G.(1985), Vachek,J.(1976, 1989), 강동일 옮김(1995) 등을 참조할 수 있는데, 이들 대부분은 李翊燮(1992) 제1장에 소개되어 있다. 그리고 국어학과 관련한 문자론은 李翊燮(1986) 제6장과 김진우(1985) 제12장을 참조할 수 있고, 특히 권종성(1987)은 한글과 관련한 문제에 대해 참조할 수 있다.

훈민정음(訓民正音)에 관한 일반적인 해설은 여러 가지가 있으나, 문고판인 兪昌均(1982)가 비교적 간략하면서도 체계적으로 되어 있다. 그리고 일반 국어학사의 서술에서 제시된 것으로는 兪昌均(1993) 제3편 제1장과 金敏洙(1980) 제4장을 참조할 수 있다. 훈민정음의 운용상의 특징인 모아쓰기에 대해서는 李翊燮(1985)와 李翊燮(1992) 제9장 등을 참조할 수 있다. 그리고 모아쓰기에 대응되는 풀어쓰기에 관한 것은 구체적으로 최현배(1942)와 김정수(1989)를 참조할 수 있는데, 金敏洙(1973) 제5장 附論에는 이와 관련된 문제들이 정리되어 있다.

제 3 장 한글 맞춤법

이 장부터는 국어 정서법의 하위 분야를 하나씩 살피려고 한다. '한글 맞춤법'은 국어를 국자(國字)인 한글로 적는 법을 규정한다. 용어상에서 '한글 맞춤법'은 현대 국어의 표기법을 가리키는 것으로, 특정 공인 기관에서 제정하는 것으로 되어 있다. 그러나 역사적으로는 이러한 규정이 특별히 마련되지 못한 시기도 있었으므로, 넓은 의미의 다른 용어로는 '국어 표기법'이라 할 수 있다.[1)]

먼저 국어 표기법의 역사적 변천을 간략히 서술하고, 현행 「한글 맞춤법」(1988)에 대해 알아 보기로 한다.

3.1 국어 표기법의 역사적 변천

국어를 문자로 표기하는 것은 오랜 역사를 지나면서 상당한 변화를 겪었다. 우선 표기 수단에서 訓民正音이 창제되기 이전에는 한자를 빌려 쓰기도 했다. 훈민정음의 창제는 이 문자에 의한 국어의 전면적인 표기를 가능케 했지만, 이 역시 시간이 흐르면서 많은 변화를 보였다.

문자에 의한 국어의 표기는 역사적으로 한자 차용 표기로부터 시작되는 것으로 보는 것이 일반적인 견해이다. 논의에 따라서는 국어 표기법사의 기점(起點)을 달리 잡기도 하지만, 문자에 의한 국어의 표기라는 측면에서 한자 차용 표기로부터 시작되는 것으로 보기로 한다.[2)]

한자 차용에 의한 국어의 표기는 불완전한 것이었고, 훈민정음이 창제됨으로 해서 비로소 국어의 전면적인 표기가 가능해질 수 있었다. 훈민정음이 창제된 후에도 이두(吏讀)나 구결(口訣) 등의 한자에 의한 차용 표기가 있었다 하더라도 표기 문자의 차이에서 보아 국어 표기법사는 훈민정음의 창제를 분수령으로 하여 크게 양분될 수 있을 것이다. 훈민정음에 의한 표기는 창제 당시로부터 현재에 이르기까지 550여 년이 지나면서 상당한 변화를 겪었다. 따라서 이 기간도 역시 시대를 하위구분할 필요가 있다.

---

1) 용어상의 문제에 대해서는 앞의 1.1절 2)항 참조

2) 고대문자(古代文字)가 있었다는 논의에 따르면 국어 표기법사의 기점은 더 소급될 수 있을 것이다.(金敏洙, 1980;36-41) 또한 훈민정음이 창제됨으로써 비로소 문자에 의한 국어의 표기가 시작되었다고 보는 견해도 있다.(李翊燮, 1992;1-2)

여기서는 잠정적으로 다음과 같이 구분하여 국어 표기법의 변천을 살펴 보기로 한다.[3]

한자 차용 표기 시대
　고대 ; ~ 15세기
訓民正音 표기 시대
　중세 ; 15세기
　근대 ; 16세기 ~ 18세기
　개화기 ; 19세기(1910년 이전까지)
　일제 강점기 ; 20세기(1910년 ~ 1945년)
　현대 ; 20세기(1945년 이후 ~ 현재)

다음에서 국어 표기법의 변천 과정을 위의 시대 구분에 따라 간략히 기술하기로 한다. 그리고 각 시기의 명칭에 '국어'를 넣어, '중세 국어 표기법, 근대 국어 표기법' 등으로 쓰도록 할 것이다.

3.1.1 고대 국어 표기법

고대 국어 시기에는 고유 문자가 없었으므로, 한자를 빌려서 국어를 표기했다. 따라서 이 시기의 국어 표기법은 한자 차용 표기법(漢字借用表記法)에 해당된다.

1) 한자(漢字)의 전래

한자의 전래 시기에 대해서는 명확한 기록이 남아 있지 않으나, 고적(古蹟)에 따르면 대략 B.C. 3세기경으로 추정된다. 이것은 위만조선(衛滿朝鮮, B.C. 194-108)과 한사군(漢四郡, B.C. 108-313)의 존재가 한자의 전래를 의미하기 때문이다. 한자가 전래되어 쓰이고 이에 익숙해지면서 표의문자인 한자의 소리와 뜻을 빌려 국어를 표기하려는 노력이 이어지게 된다.[4]

---

3) 국어 표기법사의 시대 구분은 국어학사와 국어사의 시대 구분을 참고할 수 있을 것이다. 그러나 구분의 기준은 어디까지나 표기법의 변화가 현저하게 나타나는 것에서 찾아야 할 것이다. 위에서의 시대 구분은 그 기준을 제시하지 않았으며, 또한 세기나 연대별로 명확하게 구분되는 것도 아니라는 점에 문제가 있다. 따라서 위의 구분은 국어 표기법사를 기술하기 위한 방편으로 설정된 것이어서, 수정될 여지가 남아 있다.

4) 한자 차용 표기에 대해서는 金敏洙(1980:41-47)과 유창균(1993:34-56)을 참조할 수 있다.

2) 한자 차용 표기의 단계

(1) 외국어로서의 한문(漢文)의 차용

한문이 전래된 초기에는 한문 그대로가 외국어로서 차용되어 음독(音讀)으로 읽혀졌을 것으로 추정된다. 이의 모방을 통한 습득의 과정에서 한문에 의한 자신의 생각이나 감정을 표현하게 되었을 것이다. 이에 대한 초기 자료는 주로 금석문(金石文)에 전하는데, 대표적인 것으로 백제(百濟)의 七支刀銘文(日本 石上神宮 소장)을 들어본다.

泰和四年九月十六日丙午正陽　造百錬鐵七支刀 ......
(泰和 4(396)년 9월 16일 丙午 한낮에 百錬鐵의 七支刀를 만들었다. ......)

이것은 자신의 일을 한문 문장 그대로 쓴 것으로, 당시의 한문 구사 능력이 상당했음을 보여 주는 것이다.

(2) 고유 명칭(固有名稱)의 표기

초기에는 위와 같이 한문을 그대로 쓰다가, 한문과 국어가 음운, 어휘, 문법 등에서 서로 다르다는 사실을 깨닫고, 한자를 이용하여 국어를 표기하려는 노력이 시작된다. 한자를 차용한 표기의 첫 시도는 한자의 음을 빌려(음차, 音借) 인명(人名), 지명(地名), 관직명(官職名)과 같은 국어의 고유 명칭(고유 명사)을 표기한 것이었다. 그것은 사상이나 감정은 한문을 그대로 사용하여 표현할 수 있지만, 고유 명칭의 표기는 한문으로 표기하는 것이 불가능했기 때문이다. 따라서 이 고유 명칭만을 차자 표기(借字表記)로 적었던 것이다. 처음에는 한자의 음을 빌려 표기했다가, 후에는 음과 훈(訓)을 모두 빌려 표기하는 방식도 있었다. 예를 들면, 「三國史記」나 「三國遺事」 등에 다음과 같은 기록이 있다.

㈎ 吉同郡一云永同郡　密城郡本推火郡
㈏ 赫居世王 或作弗矩內王 言光明理世也
㈐ 伊伐湌　或云伊罰干　或云伊伐翰　或云角干　或云角湌 或云舒發翰 或云舒弗邯

위에서 ㈎의 '吉同'과 '永同'은 같은 지명을 표기하는 것으로, '吉'은 음차에, '永'은 훈차에 해당된다.('密'과 '推'도 같은 관계로 대응된다.) ㈏의 '赫居世'와 '弗矩內'도 전자는 훈차에, 후자는 음차로 서로 대응되는 동일 인명의 다른 표기에 해당된다. 그리고 ㈐의 '伊伐湌, 伊罰干, 伊伐翰, 角干, 角湌, 舒發翰, 舒弗邯'도 동일 관직명의 다른 표기에 해당된다.

(3) 서기체(誓記體)

이것은 한자의 훈독(訓讀)에 따라 한자를 국어의 어순(語順)으로 나열한 것으로(이런 의미에서 다른 용어로는 '내리글'이라고도 한다.), 고유 명칭만을 차용 표기로 적던 단계에서 일보 진전하여 훈차(訓借) 표기법으로 국어의 문장을 표기하는 방법으로 이루어진 것이다. 서기체의 예로는 1940년 경주 석장사지 부근에서 발견된 壬申誓記石(552년 또는 612년)을 통해 볼 수 있다.

> 壬申年六月十六日　二人幷誓記　天前誓　今自三年以後　忠道執持過失牙誓　若此事失　天大罪得誓　若國不安大亂世　丁寧行誓之 又別先辛未年七月二十二日大誓　詩尚書禮傳倫得誓　三年
> (壬申年 6월 16일 두 사람은 함께 맹세한다. 하늘 앞에 맹세한다. 지금부터 삼 년 이후 忠道를 잡아 쥐고 過失이 없기를 맹세한다. 만약 이 일을 어기면 하늘로부터 큰 罪를 얻을 것이라고 맹세한다. 만약 나라가 不安하고 큰 亂世가 되더라도 丁寧行할 것을 맹세한다. 또 따로 일찍이 申未年 7월 22일에 크게 맹세했다. 詩, 尙書, 禮, 傳을 倫得하기로 맹세하기를 삼 년으로 했다.)

이것은 한자의 뜻을 빌려 국어의 어순대로 배열했으므로 한자의 뜻만 알면 쉽게 이해될 수 있는 것이다. 그러나 한자를 우리 어순에 따라 배열 했을 뿐, 문법적 관계를 나타내는 요소의 표시가 없기 때문에 완전한 문장의 표기로 보기는 어렵다.[5)]

(4) 이두(吏讀)

이두(吏讀)는 앞의 서기체를 보완하기 위해서 국어 문장을 표기하는 한자 사이에 적당한 문법 형태소를 삽입하여 문맥을 연결하는 방법으로 음차와 훈차를 합쳐 발전시킨 것이다. 이 표기법은 원칙적으로 훈차자(訓借字)로는 의미 요소(실질 형태소)를 표기하고, 음차자(音借字)로는 형식 요소(문법 형태소)를 표기하는 것이었다.

이러한 이두(吏讀)는 조선시대까지 쓰였던 것인데, 초기의 것으로 신라(新羅)의 南山新城碑(591)의 일부와 「大明律直解」(1395)의 한 구절을 예로 보인다.

> (가) 南山新城作節(디위)　如法以(으로)作　後三年崩破者(는) 罪敎(이신)　事爲(ᄒᆞ야)　聞敎(이샤)　令(시켜)　誓事之(이오)
> (南山新城을 만들제 法대로 만들었다. 後三年 崩破는 罪주실 것을 命令하여 맹서하오.)
>
> (나) 本罪律乙(을)　依良(따ᄅᆞ)　施行爲齊(ᄒᆞ제)

---

5) 여기서 '丁寧行誓之'의 '之'는 훈차가 아니라 문장의 종결을 나타내는 종결어미 '이오'를 표기한 것으로 보인다. 이러한 표기는 다음의 이두(吏讀) 표기와 관련되는 것이다.

(本罪律을 따라 시행할 것)

(다) 夜間更直使令亦(이) 造心不冬(아니ᄒᆞ야) 逢賊爲在乙良(ᄒᆞ거늘랑)

(夜間更直使令이 造心하지 아니하여 도적을 만나거든)

이두는 주로 이문(吏文)에 사용되었는데, 향약서(鄕藥書)에서 향약의 이름을 표기하는 데 쓰이기도 했으며, 한문을 번역하는 데 쓰여 번역문(飜譯文)의 시초가 되기도 했다.

(5) 향찰(鄕札)

향찰(鄕札)은 한자의 음(音)과 훈(訓)으로 온전한 국어를 표기했던 것으로, 차자 표기의 완성이라 할 수 있다. 그것은 향찰(鄕札)이 문어체(文語體)인 이두에 비해 구어체(口語體)에 해당되며, 국어의 실질 형태소까지를 한자의 음과 훈을 차용하여 표기한 것이기 때문이다.

향찰(鄕札) 표기의 예에는 향가(鄕歌) 25수가 있는데, 「三國遺事」에 나오는 薯童謠(579-631년)를 예로 보인다.

善化公主主隱　他密只　嫁良置古　薯童房乙　夜矣卯乙　抱遺去如

(善化公主니믄 ᄂᆞᆷ그ᅀᅳ지 얼어두고 맛둥방ᄋᆞᆯ 바ᄆᆡ 몰 안고 가다)

향찰 표기는 고려 초까지 나타났으나 그 후 쇠퇴되기에 이른다. 그것은 국어의 음절 구조가 복잡하여 한자를 빌려 표기하는 데에는 한계가 있을 뿐만 아니라, 당시 차용 표기되던 한자에도 동음이의자(同音異意字)가 상당히 존재하고 있어서, 표기상의 통일을 기하기 어려웠기 때문이다.

(6) 구결(口訣)

한문(漢文)을 국어식으로 훈독(訓讀)하거나 음독(音讀)할 때 나타나는 문법 형태소에 해당되는 부분을 한문 구절(句節)의 끝에 한자의 음((音)과 훈(訓)을 빌려 토(吐)를 붙여 읽는 방법이 발달했는데, 이것을 표기한 것이 구결(口訣)이다.(다른 용어로는 '입겿'이라고도 한다.) 따라서 이것은 한문(漢文)의 토착화(土着化)를 의미하는 것이기도 하다. 구결(口訣)도 후세에 계속 쓰였던 것인데, 다음에서 「童蒙先習」과 「地藏經」(1558)의 일부를 예로 보인다.

(가) 父母隱(ᄂᆞᆫ)　天性之親是羅(이라)　生而育之爲古(ᄒᆞ고) 愛而教之爲旀(ᄒᆞ며)　奉而承之爲古(ᄒᆞ고)　孝而養之爲飛尼(ᄒᆞᄂᆞ니)

(父母는 天性之親이라 生而育之하고 愛而教之하며 奉而承之하고 孝而養之하나니)

(나) 如是我聞爲兒五尼(ᄒᆞ아오니) 一時佛伊(이) 爲母說法爲加示尼(ᄒᆞ거시니)
(如是我聞하오니 一時佛이 爲母說法하시더니)

이 구결은 후에 한자를 약자(略字)로 쓰기도 했으며, 訓民正音 창제 이후에는 한글 구결도 나타났다.

3.1.2 중세 국어 표기법

세종 25년(1443년) 12월 훈민정음의 창제는 이 문자를 통한 국어의 전면적인 표기를 가능케 했다.[6] 창제 당시의 구체적인 표기법은 「訓民正音」 解例의 설명이나 당시 문헌의 실제 표기를 통해 살펴 볼 수 있다. 그러나 오늘날의 「한글 맞춤법」(1988)과 같은 명확한 규정이 없이 전통적인 표기 관습을 따랐던 것이며, 당시에도 시간의 흐름이나 문헌에 따라 상당한 변화가 있었으므로, 당시의 표기 방법은 간단히 규명되지는 않을 것이다. 따라서 다음에서는 당시의 표기에서 문제가 되었던 항목 몇 가지를 들어 그 표기 양상을 살펴 보는 데 한정할 것이다.

1) 이어적기(連綴)의 정착

훈민정음은 음소문자이면서도 음절 단위로 모아 쓰도록 했고, 한 음절도 초성, 중성, 종성으로 나누어 이들이 모두 합해져야 이루어지는('初中終三聲 合而成音') 것으로 보았다. 여기서 종성(終聲, 받침)의 표기 문제가 나타난다. 종성은 새로 글자를 만들지 아니하고 초성을 다시 쓰되('終聲復用初聲'), 한 음절로 모아쓸 때에는 초성과 중성의 아래에('終聲在初中之下') 쓰도록 했다.[7]

그런데 국어는 발음상에서 뒤 음절이 모음으로 시작되는 것이 따라오는 경우, 앞 음절의 종성이 뒤 음절의 초성으로 발음되는 연음(連音, 닿소리 이어나기) 현상이 있다. 이 때 다음과 같이 종성을 받침으로 적을 것인가, 아니면 다음 음절의 첫소리로 적을 것인가 하는 문제가 생긴다.[8]

---

6) 이 문제는 제자(制字)의 원리와 관련하여 앞의 2.2.1절에서 기술했다. 따라서 여기서의 관심은 창제된 문자를 이용한 표기 방식의 문제에 관련된다.

7) 앞의 2.2.1절 (3)항 참조

8) 이 문제는 근본적으로 훈민정음의 표기상 운용 방식인 모아쓰기에서 비롯되는 것이다.(앞의 2.2.2절 참조)

㈎			㈏	
사람이	사람을	:	사라미	사라믈
먹어	먹을	:	머거	머글

위에서 ㈎와 같이 받침으로 적으면, 실질 형태소인 '사람, 먹-' 등이 그 형태가 고정되고, 문법 형태소인 조사 '-이, -을'과 어미 '-어, -을' 등이 시각적(視覺的)으로 분리 표기되어, '읽기'(독해, 讀解)에서 이해가 빠르고 표기 방식도 질서정연하게 된다. 그러나 각 형태소의 기본형이 무엇인지에 대한 의식이 선행되어야 한다는 점에서 문자의 '쓰기'(표기, 表記) 단계에서 어려움이 있다. 이것은 최소의 유의미적 단위인 형태소별로 음절에서 구분하여 표기하는 끊어적기(分綴) 방식이다.

한편 ㈏와 같이, '사라미, 사라믈, 머거, 머글'처럼 실질 형태소와 문법 형태소를 구분하지 않고, 발음 그대로 앞 음절의 종성을 다음 음절의 초성으로 적으면, '쓰기'는 쉬우나 형태가 고정되지 않는다는 점에서 독해에는 불편이 따른다. 이것은 형태소 단위를 구분하여 표기하지 않는 이어적기(連綴) 방식이다.

끊어적기와 이어적기는 간단히 보면 종성을 받침으로 적을 것인가 첫소리로 적을 것인가의 문제이지만, 그 운용상의 차이는 아주 큰 것이라 할 수 있다. 그리하여 전자는 형태소의 기본형을 고정시키는 특성으로 형태주의적(形態主義的) 표기법에 해당되고, 후자는 음소를 바탕으로 소리나는 대로 표기하는 것으로 음소주의적(音素主義的) 표기법에 해당된다.[9]

훈민정음 창제 당시에는 한 음절 단위를 초, 중, 종성을 모아 쓴다고 되어 있었으나, 음절과 음절을 표기할 때 나타나는 끊어적기와 이어적기의 구별 문제에 대해서는 명확히 규정되어 있지 않았다. 그리하여 문헌에 따른 차이가 나타나게 되었다. 「月印千江之曲」(1447)은 당시의 끊어적기의 대표적인 문헌인데,[10] 몇 예를 보이면 다음과 같다.

㈎ 눈에
㈏ ᄃᆞᆯ이, ᄆᆞᆯᄋᆞᆯ, 믈이, 비늘을, 아ᄃᆞᆯ이, 일을
㈐ 몸이, 일훔이, ᄉᆞᆱ을, ᄂᆞᆷᄋᆞᆯ, 아바님이
㈑ 즁ᄋᆞᆯ, 딮동ᄋᆞᆯ, 三동이
㈒ 즈ᇫ을
㈓ 안아, 남아, 담아, 감아ᄂᆞᆯ

9) 표기법의 두 원리에 대해서는 다음의 3.1.8절 1)항에서 다시 언급될 것이다.
10) 「月印千江之曲」(1447)의 끊어적기의 특징에 대해서는 許雄, 李江魯 共著(1963), 「註解 月印千江之曲 上」(新丘文化社) pp.10-16을 참조할 수 있다.

위에서 ㈎-㈒는 '체언 + 조사'의 형식으로 된 것인데, 체언의 마지막 음절의 받침이 'ㄴ, ㄹ, ㅁ, ㆁ, ㅿ' 등의 유성 자음일 때 끊어적기의 방식으로 표기된 예이다. 이에 비해서 ㈓는 '용언의 어간 + 어미'의 형식에서 용언 어간의 마지막 음절의 받침이 'ㄴ, ㅁ' 등일 때 끊어적기의 방식으로 표기된 것이다. 여기서 「月印千江之曲」의 끊어적기는 위와 같이 음운론적·형태론적 조건이 충족되면 예외 없이 나타났다는 점에 특징이 있다. 그러나 이것은 오늘날의 표기와 같은 전면적인 현상은 아니었다. 그것은 체언이 용언에 비해 많이 나타났으나, 종성이 유성 자음일 때만으로 제한이 있었기 때문이다.

이러한 끊어적기 표기법은 15세기 당시 「月印千江之曲」에서는 제한적이나마 비교적 철저한 것이었으나, 그 밖의 문헌에서는 거의 이어적기로 나타났다. 비슷한 시기의 문헌인 「龍飛御天歌」(1447)와 「釋譜詳節」(1448)은 물론 그 후의 15세기 언해류(諺解類)에서는 거의 모두가 이어적기로 되어 있다.

㈎ 소ᄂᆞ로, 도ᄂᆞ로,
㈏ 가ᄆᆞ래, 사ᄅᆞᆯ, 므른, ᄃᆞᄅᆞᆯ
㈐ ᄉᆡ미, 나ᄆᆞᆫ, 말ᄊᆞᄆᆞᆯ, 마ᅀᆞ미, 구루미
㈑ 죠이라
㈒ ᄀᆞᅀᅢ, 즈ᅀᅵ
㈓ 아나, 나마, ᄌᆞᄆᆞ며

따라서 「月曲」의 끊어적기의 표기 방식은 특이한 것이었고, 15세기 당시는 이어적기 표기 방식이 중심이었다고 할 수 있다.[11] 당시의 이어적기 표기 방식은 앞에서 기술한 바와 같이 소리나는 대로의 음운현상을 표기에 그대로 반영하는 것이므로, 음소주의적 표기법에 해당된다.

2) 8종성법(八終聲法)의 형성

「訓民正音」 例義에서 종성(終聲)은 새로 글자를 만들지 아니하고 초성(初聲)을 다시 쓰도록 되어 있다. 이것은 제자상(制字上)의 원리이겠으나 표기법의 측면에서 보면 종성에 초성의 글자를 그대로 다시 쓰는 것은 모든 초성이 종성에 다 쓰일 수 있음을 뜻하는 것으로 이해된다. 그러나 終聲解에서는 이른바 8종성(八終聲)으로 제한되어 있다.

11) 그러나 이들 문헌이 철저한 이어적기 방식으로 표기된 것은 아니다. 상당히 드물기는 하지만, 몇몇 문헌에서는 끊어적기 표기도 나타나기 때문이다. 예로 「法華經諺解」(1463)의 경우 '몸이니, 마ᅀᆞᆷ으로, 힘으로, 밤애, 사ᄅᆞᆷ애, 돌애, 밧가락으로' 등의 끊어적기가 나타난다.

終聲復用初聲

- 「訓民正音」 例義 -

然 ㄱㆁㄷㄴㅂㅁㅅㄹ 八字可足用也 如빗곶爲梨花 여ᇫ의갗爲狐皮 而ㅅ字可足用 故只用ㅅ字 ......

- 「訓民正音」 終聲解 -

즉 위의 예에서 '곶, 여ᇫ, 갗' 등의 종성 'ㅈ, ㅿ, ㅊ'은 'ㅅ'으로 하여 '곳, 엿, 갓' 등으로 쓸 수 있다는 것이다.

이와 같은 두 원칙, 즉 '終聲腹用初聲'과 '八字可足用'은 15세기 당시 어느 하나로 정해져 있었던 것은 아니다. 어떤 의미에서는 전자가 기본 규정이고 후자가 일종의 허용 규정이라고 해석할 수 있겠으나, 실제로 당시의 문헌에서는 후자의 표기법이 아주 넓게 나타나고 있다. 따라서 당시로서는 이 두 원칙 중에서 어느 것을 정했다기보다는 모두 시험해 보다가 결국 후자인 八終聲 制限(8종성법)으로 결론지었던 것이 아닌가 하는 해석이 온당하게 여겨진다.(李翊燮, 1992;41-43)

訓民正音에 의한 초기 문헌인 「龍飛御天歌」(1447)와 「月印千江之曲」(1447)은 8종성법에 해당되지 않는 특징이 있다.

㈎ 곶됴코(2), 처ᇫ나래(12), 깊고, 높고(34), 좇거늘(36), 빛나(80), 새 닢(84), 앞이(103)

- 「龍歌」 -

㈏ 곶(7,42), 낮과(16), 세 낱 붚섄(40), 놓고비(49), 앒뒤(70), 높고도(99), 비ᇫ여(49)

- 「月曲」 -

위에서 「龍歌」에는 'ㅈ, ㅊ, ㅿ, ㅍ' 등이, 「月曲」에는 'ㅈ, ㅊ, ㅿ, ㅍ, ㅌ' 등이 종성으로 쓰이고 있음을 보인다. 그러나 이러한 표기는 「釋譜詳節」(1447) 이후에서는 모두 8종성법을 따른다.

㈐ 곳(6,30), 첫(9,36), 깁고(13,17), 좃ᄌᆞᄫᅡ(13,60), 낫(13,53), 앏뒤(11,21)

- 「釋譜」 -

이것은 위 「龍歌」, 「月曲」의 두 문헌 이후로부터 8종성법으로 굳어져 이것이 당시 하나의 종성 표기의 원리로 정착되었던 것임을 알게 한다.

8종성법은 국어의 음운 법칙에 충실한 표기였다. 국어에는 받침소리규칙(중화 현상)이 있어서 당시에 받침(종성)에서 소리가 8개(현대 국어에서는 7개)로 제한되는 특징이 있었던 것으로, 이러한 음운 현상이 표기에 그대로 반영된 것이다. 이것은 추상적인 기저음운(기본 형태소의 받침 소리)을 표기하는 것이 아니라, 변이음(變異音, allophone)을

표기하는 음소주의적 표기법의 하나가 되는 것이다.(우형식, 1993ㄱ)

3) 그 밖의 경우

그 밖에 당시 표기법의 특징을 자세히 열거하려면 상당한 부분을 차지하게 될 것이다. 다음에서 몇 가지 항목만을 간략히 제시하기로 한다.

(1) 訓民正音에 의해 표기된 창제 당시의 문헌은 띄어쓰기나 문장 부호가 전혀 쓰이지 않았다.

블휘기픈남ᄀᆞᆫᄇᆞᄅᆞ매아니뮐ᄊᆡ곶됴코여름하ᄂᆞ니
ᄉᆡ미기픈므른ᄀᆞᄆᆞ래아니그츨ᄊᆡ내히이러바ᄅᆞ래가ᄂᆞ니
- 「龍歌」 2章 -

위에서는 띄어쓰기가 전혀 나타나지 않는다.12)

(2) 사잇소리의 표기에 'ㄱ, ㄷ, ㅂ, ㅅ, ㆆ, ㅸ, ㅿ' 등이 쓰이다가 'ㅅ'으로 단일화되었다.(우형식,1993ㄴ)

(가) 兄ㄱᄠᅳ디(龍 8), 몃間ㄷ지븨(龍 110), 사,ᄅᆞᇝᄠᅳ디리잇가(龍 15), 즘겟가재(龍 7), 先考ㆆᄠᅳᆮ(龍 12), 斗두ᇢ字ᄍᆼ(訓諺), 오ᇗ나래(龍 16)
(나) 光明ㅅ소비니라(南明 下 50), 聖人ㅅ道理(釋譜 6, 3), 하ᇗ고지(月曲 14), 精舍ㅅ 겨ᄐᆞ로(月釋 1, 6), ᄆᆞᅀᆞᇝ사ᄅᆞ미(月釋 10, 25)

위에서 (가)의 「龍飛御天歌」(1447)와 「諺解本 訓民正音」에는 여러 사잇소리 표기 방식이 보이는데, 그 밖의 문헌인 (나)에서는 'ㅅ'으로 단일화되어 나타난다.

(3) 된소리 표기에 병서자(竝書字)를 사용했는데, 각자병서가 폐지되어 점차 ㅅ계 합용병서로 단일화되어 갔다.13)

(4) 음소주의로 굳어지면서 소리나는 대로 쓰는 것이 대원칙이었으나, 형태소가 결합할 때 두 자음 사이의 동화(同化) 현상은 표기에 반영되지 않았다.

(가) 먹ᄂᆞᆫ, 잡ᄂᆞᆫ다, 빗나시며
(나) *멍ᄂᆞᆫ, *잠ᄂᆞᆫ다 *빈나시며

즉 (가)처럼 표기되었는데, 실제로 소리나는 대로 쓰면 (나)와 같이 되는 것이다. 이것은

12) 그런데 문헌상에는 권점(圈點)이 보이기도 한다. 이것은 두 가지로, 가운데에 있는 것은 휴지(休止)를, 오른쪽에 있는 것은 종지(終止)를 뜻하는 것으로 해석된다.

13) 이 문제에 대해서는 李基文(1963;85-98)과 池春洙(1986;81-90)을 참조할 수 있다.

당시의 표기법이 음소주의적으로 굳어진 것이었으나, 언제나 소리나는 대로 표기하는 철저한 음소주의는 아니었음을 뜻한다.[14)]

3.1.3 근대 국어 표기법

1) 시대적 특징

16세기에 들면서, 훈민정음(당시에는 '諺文')은 특별한 표기 규정이 마련되지 못하고 전 시대부터 이어져 오는 관용을 따르는 것에 만족했다. 그러나 이 시기에는 국어에 상당한 음운 변화가 있었다. 그러므로 전 시대의 표기법은 당시의 음운 변화를 만족스럽게 표기할 수 없는 것이었다. 따라서 이 시기는 국어 표기법사에서 음운과 문자가 대응되지 못하고 표기 규정도 마련되지 못한 혼란과 표류의 시기였다고 보는 게 일반적인 견해이다.

문자와 표기법은 역사성을 갖는 것이며, 또한 한번 정해지면 고치기 어려운 보수성(保守性)의 특징도 있다.[15)] 따라서 근대 국어 표기법은 표기법의 보수성으로 인한 전 시대의 선동을 이이받았으나, 당 시대의 음운 변화를 충실히 반영하지 못하여 문자와 음성 사이의 불일치를 초래하게 되었다.

또한 근대 국어 시기에는 일정한 표기 규정이 없어, 문헌상의 표기가 개별적으로 이루어짐으로써 혼란이 가중되었다. 여기에 한글(당시에는 '諺文')은 국가 정책의 대상이 되는 공식 문자가 아니었으므로, 그 표기법은 관행(慣行)에 맡기거나 자연적 변화의 추세대로 방임하였다. 실제로 당시의 언문은 서민층(庶民層)의 문자였고, 문헌에서의 교정(校正)은 한자음(漢字音)에서만 이루어졌던 것이다. 이러한 국어 표기법의 표류(漂流)는 20세기 초에 이르기까지 계속되었다.

2) 문자 체계의 변화

근대 국어 시기에 들어오면서 음운 현상의 변화와 함께 문자 체계의 변화가 나타났다. 그 주요한 것만을 시기별로 나누어 보이기로 한다.

16세기에는 'ㆆ'자가 전면적으로 사라지고, 'ㅇ'자는 초성에 쓰이지 않았다.('ㅸ'자는 이

---

14) 사실 절대적 의미에서의 음소주의 또는 형태주의적 표기법은 현실적으로 성립되기 어렵다.(다음의 3.2.2절 2)항 참조)

15) 앞의 1.1.1절 3)항 참조

미 15세기에 사라졌다.) 또한 받침(종성)에서 'ㄷ'과 'ㅅ'의 구별이 문란해지고, 초성의 병서(竝書) 표기가 'ㅅ'으로 단일화되었다. 그리고 사성(四聲)을 표시하는 방점(傍點)의 표기가 사라졌다.

17세기에는 임진왜란(壬辰倭亂)을 고비로 하여 문자 체계에도 많은 변화가 있었다. 우선 'ㅿ'자가 사라지고, 'ㆁ'자가 'ㅇ'자로 통합되기에 이른다. 그리고 다음에서 살필 것이지만, 받침에서 'ㅅ'과 'ㄷ'이 'ㅅ'으로 단일화되고, 어두(語頭)의 합용병서(合用竝書)가 'ㅅ'계로 단일화되어 된소리 표기에 쓰였다.

3) 언문 자모(諺文字母)식 문자 체계

16세기 들어 훈민정음(즉, 당시의 '諺文')에 대한 관심이 줄어들 때, 최세진은 한자 학습서인 「訓蒙字會」(1527)에서 언문의 자모 체계를 훈민정음 체계와는 다른 방식으로 정리한다. 이것을 원문대로 인용하면 다음과 같다.

諺文字母 俗所謂反切二十七字

初聲終聲通用八字

ㄱ其役 ㄴ尼隱 ㄷ池末 ㄹ梨乙 ㅁ眉音 ㅂ非邑 ㅅ時衣 ㆁ異凝

㊟末 ㊟衣 兩字 只取本字之釋俚語爲聲

其尼池梨眉非時異 八字用於初聲 役隱末乙音邑衣凝 八字用於終聲

初聲獨用八字

ㅋ箕 ㅌ治 ㅍ皮 ㅈ之 ㅊ齒 ㅿ而 ㅇ伊 ㅎ屎

箕字亦 只取本字之釋俚語爲聲

中聲獨用十一字

ㅏ阿 ㅑ也 ㅓ於 ㅕ余 ㅗ吾 ㅛ要 ㅜ牛 ㅠ由

ㅡ應 不用終聲 ㅣ伊 只用中聲ㆍ思 不用初聲

이것을 문자 분류에 따라 체계화하면 다음과 같다.

初聲終聲通用八字 ; ㄱ ㄴ ㄷ ㄹ ㅁ ㅂ ㅅ ㆁ

初聲獨用八字 ; ㅋ ㅌ ㅍ ㅈ ㅊ ㅿ ㅇ ㅎ

中聲獨用十一字 ; ㅏ ㅑ ㅓ ㅕ ㅗ ㅛ ㅜ ㅠ ㅡ ㅣ ㆍ

이것은 당시에 관행으로 전해 오던 것으로 정리한 것이겠으나,[16] 전 시대로부터의 8종성법의 전통을 그대로 수용하고 있음을 알 수 있다. 왜냐하면 전 시대에 비해 상당한 음운의 변화를 겪었으므로, 당시의 음운 현상으로 보면 위의 것은 상당 부분 수정되어

16) 이미 成俔(1439-1504)의 「慵齋叢話」에도 初終聲八字와 初聲八字의 구별에 관한 기록이 있다.

야 하기 때문이다.[17] 그러나 자모의 배열 순서가 바뀌었다든가,[18] 자모의 명칭이 분명히 제시되었다[19]는 점에서는 「訓民正音」(1446)과는 다른 면모를 보여 주기도 한다.

4) 7종성법의 형성

8종성법은 「訓蒙字會」(1527) 이후에도 하나의 전형적인 원리로 굳어졌다. 그러나 16세기 당시에도 종성에서 'ㅅ'과 'ㄷ'은 구별되지 않았던 것으로 보여,[20] 문헌상에 상당한 혼기(混記)가 나타났다.

표기상에서 8종성('ㄱ, ㄴ, ㄷ, ㄹ, ㅁ, ㅂ, ㅅ, ㆁ') 중에서 없어진 것은 'ㄷ'이었는데, 이것은 음운 현상과 표기 사이의 불일치를 보이는 것이었다. 왜냐하면 종성에서 'ㅅ'과 'ㄷ'은 'ㄷ' 소리로 중화(中和)되는 것이었으나, 표기상으로는 'ㅅ'으로 썼기 때문이다. 이것은 'ㅅ'이 본래의 음가(音價)와는 달리 다양한 용법으로 쓰였던 당시의 상황을 반영한 것이 아닌가 본다.[21]

8종성 중에서 표기상 'ㄷ'이 사라지고 7종성법이 형성되는 것은 일시적으로 이루어진 현상이 아니라 점차적으로 변해 가는 것이었는데, 전면적으로 나타났던 것은 17세기 후반의 「朴通事諺解」(1677)로부터였나.(李翊燮, 1992:333) 8종성법으로부터 7종성법으로의 변화는 체언으로부터 용언 어간으로 확대되는 과정을 보였다. 다음에 예를 몇 가지 제시한다.[22]

---

17) 실제로 李基文(1963:85)에서는 이것을 자음자의 경우 다음과 같이 수정하고 있다.
初聲終聲通用六字 ; ㄱㄴㄷㄹㅁㅂ
初聲獨用九字 ; ㅅㅋㅌㅍㅈㅊㅿ ㅇㅎ
終聲獨用一字 ; ㆁ

18) 「訓民正音」(1446)의 자모 배열 순서는 조음위치에 따라 牙, 舌, 脣, 齒, 喉, 半舌, 半齒로 크게 나누고, 그 속에 全淸, 次淸, 不淸不濁의 순으로 되어 있다. 즉 'ㄱㅋㆁ ㄴㄷㅌ ㅁㅂㅍ ㅅㅈㅊ ㅇㆆㅎ ㄹㅿ'의 순이었다.

19) 위의 인용문에서 보듯, 「訓蒙字會」(1527)의 자모 명칭은 자모의 용법을 제시하는 방식으로 한 자음을 이용하여 부여되었다. 예를 들면, 初聲終聲通用八字에 속하는 'ㅁ'은 '未音'으로, '未(미)'는 초성에, '音(음)'은 종성에 이 자모가 쓰이는 예를 보이는 것이다. 그리고 初聲獨用八字는 초성에 쓰이는 예만을 보임으로써 명칭이 한 음절로 되었다. 예를 들면, 'ㅌ'은 '治(티)'로 초성에 쓰이는 예를 보이는 것이다. 중성자는 음가를 그 대로 명칭으로 부여했다.

20) 즉 종성에서 'ㅅ'과 'ㄷ'의 중화(中和) 현상이 일어난다는 것이다.

21) 이와 같이 본래의 음가(音價)와는 달리 쓰이는 문자를 간접문자(indirect graphy)라 한다. 당시 국어 표기법에서 'ㅅ'은 사잇소리와 된소리의 표기에도 쓰였다.

22) 괄호 속의 上, 下는 용례의 출전인 「朴通社諺解」(1677)의 上卷, 下卷을 뜻한다.

㈎ 뜻(上10), 벗(上29), 곳(下39), 비단갓(下47)
㈏ 엇고져(下54), 밋지(上45), 듯디(上58), 뭇디(上40), 것ᄂᆞᆫ다(下8)

이들은 본래 받침이 'ㄷ'으로 쓰였던 것이다.

㈐ ᄠᅳᆮ(龍8), 벋(龍90), 곧(釋譜13), 갇(訓正)
㈑ 얻논디(釋譜13), 미드며(龍16), 듣ᄌᆞᄫᅡ(龍97), 묻ᄌᆞᆸ고(釋譜13), 걷고(月曲130)

위의 ㈎, ㈏와 ㈐, ㈑의 두 예를 서로 대비해 보면, 받침에서 'ㄷ'이 'ㅅ'으로 바뀌었음을 알 수 있다.

5) 끊어적기(分綴)의 확대

근대 국어 표기법에서는 전 시대에 굳어진 이어적기(連綴)가 끊어적기(分綴)로 바뀌는 모습을 보였다. 이도 역시 점진적인 변화 양상을 띠는 것이었는데, 「小學諺解」(1587)에서 확대되다가 「朴通事諺解」(1677)에 이르러 본격화되었다.(李翊燮,1992:261) 또한 이어적기에서 끊어적기로의 변화는 '체언 + 조사'의 형식에서 '용언 어간 + 어미'의 형식으로 확대되어 갔다.

㈎ 곧올(小4-33), ᄠᅳᆮ이면(小5-9), 눈을(朴下-19), 뿍으로(朴上-35),
㈏ 굽으며(小2-7), 열어(小5-11), 삼으니(朴中-30), 먹어(朴上-1)

위에서 ㈎는 '곧-올, 뿍-으로' 등과 같이 '체언 + 조사'의 형식에서, ㈏는 '굽-으며, 열-어' 등과 같이 '용언 어간 + 어미'의 형식에서 끊어적기로 된 것이다.

이러한 끊어적기의 확대는 국어 표기법에서 실질 형태소와 문법 형태소를 구분하는 문법 의식(文法意識)이 확대되어 가는 것을 반영하는 것으로 풀이된다. 다시 말하면 국어에서 복잡하게 나타나는 굴절 체계에서 어간 의식(語幹意識)이 확대되는 것이라 할 수 있다. 그것은 표기법에서의 문법적인 의식이 점차 확대되어 감을 뜻한다. 또한 전 시대의 소리나는 대로 적는 음소주의적 표기법에서 형태소의 기본형을 밝히고 고정시켜 표기하는 형태주의적 표기법이 대두되는 것임을 뜻하기도 한다.

이어적기에서 끊어적기로의 변화의 중간 단계에 겹쳐적기(重綴) 방식도 나타났다. 겹쳐적기는 음소주의와 형태주의의 중간에 속하는 일종의 과도적(過渡的)인 표기법이라 할 수 있다. 그것은 소리나는 대로의 현상을 반영함과 함께, 형태소의 기본형에 대한 의식이 나타나는 것이기 때문이다.

	(가)	(나)	(다)
'체언 + 조사' ;	사ᄅᆞ미	사ᄅᆞᆷ미	사ᄅᆞᆷ이
'어간 + 어미' ;	머거	먹거	먹어

위에서 (가)는 이어적기, (나)는 겹쳐적기, (다)는 끊어적기에 해당된다. 겹쳐적기 방식은 이어적기와 끊어적기의 복합적인 성격을 띤다. 그것은 형태적으로는 기본형 '사ᄅᆞᆷ'에 조사 '-이'가 붙은 것뿐만 아니라, 음성적(音聲的)으로 받침 'ㅁ'이 다음의 모음에 이어나는 것까지 표기에 반영한 것이기 때문이다. 따라서 겹쳐적기는 선행 음절의 받침과 후행 음절의 첫소리에 동일한 문자가 겹쳐 표기되는 현상인 것이다.

3.1.4 개화기 국어 표기법

1) 시대적 특징

개화기에 들면서 국문(國文)에 대한 관심이 새롭게 대두되었으나, 전 시대로부터 이러한 관심을 따를 수 있는 표기법은 마련되어 있지 않았으므로 혼란은 계속되었다. 그러나 갑오경장(甲午更張, 1894)과 함께 국문에 대한 의식이 점차 고조되면서, 구체적인 국문 표기법을 마련하고자 하는 시도가 이루어지게 되었다.[23]

우선 이 시기에는 전 시대로부터 계속되어 온 한문(漢文)식 표기 방식의 전통이 새로운 국문 표기로 바뀌어야 한다는 데에서 논란이 있었다. 그것은 주시경이 혁신적인 순국문(純國文) 표기를 주장했고, 「독립신문」(1896)처럼 실제 순국문 표기를 사용하기도 한 것에서 알 수 있다. 그러나 현실적으로는 당시의 입장에서 순국문의 국문전용론(國文專用論)보다는 유길준이나 이광수 등의 국한문 표기(국한문혼용론, 國漢文混用論)가 받아들여졌다.

구체적인 국문 표기법에 대해서는 연구자에 따라 다른 주장을 하기도 했다. 주시경은 받침을 확대하여 형태의 원형을 밝히는, 당시로서는 획기적이라 할 수 있는 형태주의적 표기법을 주장하기도 했으나, 당시에는 전통적인 7종성법(또는 8종성법)에서 벗어나지 못하는 분위기였다.[24]

23) 여기서 '국문'은 당시까지 사용되던 '諺文'이라는 명칭을 새로이 바꾼 것이다.
24) 문헌상에 나타나는 개화기 국어 표기법에 대해서는 정길남(1987ㄱ,ㄴ)을 참조할 수 있다.

2) 國文研究所의 설치와 「國文研究 議定案」(1909)

(1) 國文研究所의 설치

당시 표기법 논의에서 가장 큰 쟁점은 'ㆍ'자의 표기 문제였다. 이 당시에는 'ㆍ'가 음가(音價)가 이미 소실되었는데도 문자의 보수성으로 인해 계속 표기되었기 때문에, 이것을 처리하는 문제가 대두되었던 것이다. 지석영은 「新訂國文」(1905)에서 'ㆍ'자를 버리고 대신에 '='라는 새로운 글자를 만들어 쓸 것을 주장했고, 당시 학부(學部)에서는 이것을 공식적으로 채택했다. 이에 대해 많은 반발이 일어나기 시작하자 학부에서는 그 안에 1907년 國文研究所를 세우게 되었다. 학부의 國文研究所에서는 당시에 표기법에 관심이 있는 사람을 위원으로 위촉하여 2년여 동안 연구하게 하여 그 결과를 「國文研究」(1909)로 각각 제출케 하고, 이를 바탕으로 23회의 회의를 거듭하여 연구소의 통일안을 확정하여 발표하였는데, 이것이 「國文研究 議定案」(1909)이었다.

당시 國文研究所의 위원으로 활동한 사람들은 중간에 바뀌기도 했으므로, 일률적으로 제시할 수는 없겠으나, 최종적으로 「國文研究」를 제출한 사람은 다음과 같다.

魚允迪, 李能和, 周時經, 權輔相, 宋綺用, 池錫永, 尹敦求, 李敏應

위 8명의 최종안을 받침 표기에 한정하여 비교하면, 지석영의 8종성과 이민응의 7종성으로 음소주의적 표기 원리가 있기도 했으나, 그 나머지 모두가 모든 초성자를 종성에 쓸 수 있도록 하는 형태주의적 표기 원리를 채택하고 있다.

(2) 「國文研究 議定案」(1909)의 결정

國文研究所 위원들이 최종적으로 결정한 내용은 이른바 주어진 십제(十題)에 대한 개별적인 연구를 바탕으로 하는 것이었다. 여기서 십제(十題)와 함께 그 최종 결론을 보이기로 한다.[25]

一. 國文의 淵源과 字體及 發音의 沿革 (可)
二. 初聲中 ㆁ ㆆ ㅿ ◇ ㅱ ㅸ ㆄ ㅹ 八字의 復用 當否 (否)
三. 初聲의 ㄲㄸㅃㅆㅉㆅ 六字 竝書의 書一定 (可, ㆅ은 폐기)
四. 中聲中ㆍ字廢止, =字創製의 當否 (否)
五. 終聲의 ㄷㅅ二字用法及 ㅈㅊㅋㅌㅍㅎ六字도 終聲에 通用 當否 (可)
六. 字母의 七音과 淸濁의 區別 如何 (五音과 淸,激,濁音으로 區分)
七. 四聲票의 用否及 國語音의 高低法 (四聲票는 不用,長音左肩一點)

---

25) 내용은 金敏洙(1980;209)에서 인용한다.

八. 字母의 音讀 一定
九. 字順行順의 一定 (初聲 牙舌脣齒喉와 淸激의 順,中聲 「字會」의 順)
十. 綴字法 (「訓民正音」 例義대로 모아쓰기)

이상의 십제(十題)에 대해서 國文硏究所는 연구위원(硏究委員) 8명에게 독자적인 연구 결과를 제출케 하고, 이것을 다시 종합하고 조정하여 그 최종 통일안으로서 위의 괄호 속에 정리된 바와 같은 결정을 하게 된 것이었다.

그런데 이 안(案)은 당시의 혼란된 표기에서 통일된 표기법을 마련하고자 하는 시대적인 요청에 따라 신속히 처리된 것으로, 표기법에 불필요한 내용까지도 담고 있다.(一, 二, 六題) 그러나 된소리를 각자병서로 쓴다든지(三題), 당시 논란이 되었던 '='자를 폐지하기로 한다든지(四題), 종성(終聲)에 쓰이는 글자를 확대하기로 하는 것(五題) 등은 획기적인 것이었다. 특히 받침을 확대하는 것(五題)은 전통적인 7종성법에서 벗어나 형태주의적 표기법으로 바뀌는 것을 의미하는 것으로,[26] 국어 표기법사에서 특별한 평가를 받을 수 있다.

결국 「國文硏究 議定案」(1909)은 전 시기로부터 표류되어 오던 표기법을 새로운 방법으로 규정함으로써, 현대적인 국어 표기법의 효시(嚆矢)가 되었으며, 또한 그 후의 한글 마춤법 통일안」(1933)이나 오늘날의 「한글 맞춤법」(1988)의 모태(母胎)가 되었던 것이다. 그러나 이것은 당시의 정치적 상황 속에서 일제(日帝)에 국권을 빼앗기면서 시행되지 못하여 아쉬움을 남겼다.

3.1.5 일제(日帝) 강점기 국어 표기법

개화기의 국문 정리는 문제만 논의되고 실질적으로는 아무런 해결도 없이 방치(放置)된 결과가 되고 말았다. 일제 강점기가 되면서, 국어 표기법에 관련된 어문 정책도 朝鮮總督府에 의해 이루어지게 되었다. 당시에 국어 표기법으로 처음 제정된 것이 「普通學校用 諺文綴字法」(1912)이었다.[27] 이것은 종전의 大韓帝國 보통학교 교과서의 표기법이 번잡하여 교육상 학습에 불편한 점이 있음을 인정하고, 이를 평이(平易)하게 정하려고 朝鮮總督府 學務局 주재 아래 마련된 것이었다. 그리고 이것은 뒤에 「普通學校用 諺文綴字法 大要」(1921)와 「諺文綴字法」(1930)으로 두 번에 걸쳐 개정되었다.[28]

---

26) 위의 인용문에서 ( ) 안의 내용은 최종 결론을 뜻하는 것으로, 주로 주시경의 주장이 받아들여진 것으로 보인다.

27) 일제 강점기가 되면서 당시까지 써 오던 '국문(國文)'이라는 명칭이 '諺文'으로 바뀌었다.

28) 이들 세 규정의 전문은 金允經(1942:567-601)과 金敏洙(1973;711-727)에 실려 있다.

1) 「普通學校用 諺文綴字法」(1912)

이것은 일제(日帝)에 의해 마련된 최초의 국어 표기법으로 그 제정의 경위를 간략히 보이면 다음과 같다.

㈎ 경과 ; 1911. 7월 ~ 11월 5차에 걸친 회의
1912. 4월 발표
㈏ 참여 인물 ; 鹽川一太郞, 小倉進平, 李完應, 魚允迪, 玄櫽 등

이 규정의 주요 내용을 보면 다음과 같다.

㈎ 아래아(ㆍ)의 폐기 (예; ᄂᆞᆫ>는, ᄅᆞᆯ>를)
㈏ 된ㅅ의 채택 (예; ᄭᅩᆺ, ᄯᅳ)
㈐ 받침을 10개(ㄱ, ㄴ, ㄹ, ㅁ, ㅂ, ㅅ, ㅇ, ㄺ, ㄻ, ㄼ)로 제한
㈑ 左便一點의 長音 표시 (예; ˊ고)

이 규정은 받침을 10개로 제한하여 전통적인 7종성법과 겹받침 3개('ㄺ, ㄻ, ㄼ')만을 쓰도록 하여 음소주의적 표기법이 되었다. 또한 한자음은 운(韻)을 문란케 할 우려가 있다 하여 종전대로 두었고, 아래아('ㆍ')는 국어의 표기에서는 제외했으나 한자어의 표기에서는 사용하게 하여 이원적(二元的)인 것이 되었다. 그리고 된소리를 ㅅ계 합용병서(된ㅅ)로 쓰게 하였는데, 이들은 모두 앞의 「國文硏究 議定案」(1909)과는 상대되는 것으로 전통적인 철자법으로 회귀하는 것이었다. 그러나 이 규정은 당시 보통학교용 「朝鮮語及漢文讀本」에 채용되었고, 朝鮮總督府에서 편찬한 「朝鮮語辭典」(1920)의 표기 기준이 되어 당시에 적지 않은 영향을 끼쳤다.

2) 「普通學校用 諺文綴字法 大要」(1921)

초기의 「普通學校用 諺文綴字法」(1912)은 교육과 사전 편찬 등에 실제로 적용되면서 미진한 부분이 많이 나타나 수정과 보완이 불가피하게 되었다. 이에 따라 당시 學務局은 1921년 2월 綴字法調査會를 설치하고 學務局案을 바탕으로 심의하여 개정안으로 「普通學校用 諺文綴字法 大要」(1921)를 마련했는데, 그 경위를 보면 다음과 같다.

㈎ 경과 ; 1921. 3월 4차에 걸친 회의
1921. 3월 발표
㈏ 참여 인물 ; 金澤庄三郞, 藤波義貫, 田中德太郞, 魚允迪, 玄櫽, 申基德, 池錫永
權悳奎 등

그리고 그 주요 내용은 다음과 같다.

㈎ 제1회 규정의 일부 수정과 보충
(長音 부호의 폐지, 「朝鮮語辭典」(1920)의 편찬에 따른 보완)
㈏ 사이시옷의 표기 위치 규정
('上語의 末, 又는 下語의 初'에 붙여씀. 예; 동짓달, 외양깐)
㈐ 새 받침에 대한 논의
('ㄷ, ㅌ, ㅈ, ㅊ, ㅍ, ㄲ, ㄳ, ㄵ, ㄾ, ㄿ, ㅄ'의 11개를 새로 쓸 것을 논의했으나 이 받침의 발음과 교수상의 난이 등의 이유로 다음의 연구과제로 하기로 함.)

그런데 이 규정에서 특기할 사항은 ㈐ 항목의 당시 쓰지 않기로 했던 11개의 새 받침 사용을 논의했던 사실이다. 새 받침을 허용하는 문제에 대하여 아주 신중한 태도로 이 받침의 발음이나 교수상의 어려움 등의 이유를 들어 후일의 연구를 기다리기로 하고 보류되기는 했으나, 이것은 음소주의적 표기법의 틀 안에서 형태주의적 표기법을 논의했다는 점에 주목된다. 이는 당시 참여 인물의 구성으로 보아 魚允迪, 權悳奎 등 주시경파에 의해서 제기되었을 것으로 짐작된다. 비록 수의 과부족으로 보류되었겠으나, 이는 다음의 「諺文綴字法」(1930)에서 시행되기에 앞서 나타난 것으로 주목된다.

3) 「諺文綴字法」(1930)

1920년대 후반기로 들어서면서, 이른바 철자운동(綴字運動)이 활발히 전개되는 과정에서 형태주의적 표기법에 대한 주장이 높아지기 시작했다. 여기에서 나타난 것이 「諺文綴字法」(1930)이다. 우선 그 제정의 경위를 보면 다음과 같다.

㈎ 경과

1928. 9월 ~ 1929. 1월	1차 調査會에서 學務局案 심의, 원안 작성
1929. 5월 ~ 7월	12차 調査會에서 원안 심의 결정
1930. 2월 5일	개정안을 中樞院에 넘겨 부결되었으나, 다음 주(2월 12일)에 통과
1931. 2월	개정안 공표, 같은 해 4월 실시

㈏ 참여 인물 ; 西村眞太郎, 高橋亨, 小倉進平, 藤波義貫, 張志暎, 李完應, 權悳奎, 鄭烈模, 崔鉉培, 申明均, 沈宜麟 등

이 규정은 다음에서 보듯, 당시의 「普通學校用 諺文綴字法 大要」(1921)에 비해 획기적인 변화를 내포하고 있었으므로, 시행 과정에서 많은 반대에 부딪혔다. 그것은 상당한 부

분에서 형태주의적 표기법이 반영되어 당시의 규정과는 상당히 달라졌기 때문이다. 이는 그 위원의 분포로 보아 반수에 가까운 주시경파 인사의 작용이 컸던 것으로 짐작된다.

이 규정은 처음에는 구파의 거센 항의에 부딪혀 실시되지 못하다가, 1930년 2월 12일 中樞院 회의에서 철자법은 전문가의 연구에 맡기는 것이 좋다는 이유로 원안이 그대로 통과되기에 이르렀다. 그리하여 이듬해인 1931년 2월에 공표되었고, 4월부터 단계적으로 교과서에 적용해 가서 1939년에야 비로소 그 개정이 완결되었다.

이 규정의 주요 내용은 다음과 같다.

㈎ 분명한 原辭의 표시 (예; 웃음, 깊이, ...)
㈏ 사이ㅅ의 채용과 표기 위치 개정 (예; 동짓달, 일ㅅ군, 문ㅅ자, ...)
㈐ 10개 받침 이외의 새 받침 사용
(「普通學校用 諺文綴字法」(1912)에서 제정된 10개의 받침, 즉 'ㄱ, ㄴ, ㄹ, ㅁ, ㅂ, ㅅ, ㅇ, ㄺ, ㄻ, ㄼ' 외에 「普通學校用 諺文綴字法 大要」(1921)에서 논의되기만 했던 'ㄷ, ㅈ, ㅊ, ㅌ, ㅍ, ㄲ, ㄳ, ㄵ, ㄾ, ㄿ, ㅄ'의 11개를 더 쓰기로 함. 결국 받침이 모두 21개로 늘어나게 됨.)
㈑ 구개음화의 부인 (예; 같이-같치, 밭이-밭치)
㈒ 漢字音의 表音化 (예; 뎍당(適當)>적당, 회녕(會寧)>회령)
㈓ 된소리의 쌍글자 채택
(된ㅅ 표기를 각자병서 'ㄲ, ㄸ, ㅃ, ㅆ, ㅉ'으로 개정함.
예; ㅺㅏ지>까지, ㅴㅐ>때)

위의 내용은 이전의 규정과 상당 부분에서 달랐다. 그것은 ㈎와 ㈐ 항목과 같이 형태소의 기본형을 표기하는 형태주의적 표기법이 상당히 반영된 사실에서 이전의 음소주의적 표기법에 배치되는 것이었다. 그리고 된소리의 표기도 종전의 ㅅ계 합용병서(된ㅅ)에서 각자병서로 바뀐 점도 특이한 것이었다.[29] 이 규정은 실제로 다음에 기술되는 朝鮮語學會의 「한글 마춤법 통일안」(1933)을 이루는 기본 바탕을 마련했던 것으로 평가된다.[30]

3.1.6 조선어 학회와 「한글 맞춤법 통일안」(1933)[31]

朝鮮語學會는 1921년 朝鮮語硏究會로 발족되어 1931년 1월에 개칭된 것이다. 이 학회

29) 이렇게 된소리를 각자병서로 표기하려는 의도는 앞의 3.1.5절의 「國文硏究 議定案」(1909)에서도 있었다.
30) 이는 두 규정의 참여 인물에서 민간학자의 대다수가 겹침을 통해서도 알 수 있다.
31) 이는 시기별로 보면 일제 강점기에 나타난 것이나, 현대 국어 표기법 원리의 직접적 모태가 되는 것이기에 따로 한 절을 마련하여 살피기로 한다.

의 중심 사업은 당시에 숙원이었던 朝鮮語辭典의 편찬에 있었다. 이를 위해 먼저 착수한 것이 한글 맞춤법과 표준어, 그리고 외래어 표기법의 제정이었는데, 이 과정에서 「한글 마춤법 통일안」(1933)이 탄생되었다. 우선 그 제정의 경위를 간략히 보이면 다음과 같다.[32)]

㈎ 경과

1929. 12월　　사전 편찬 계획을 세움.
1930. 1월부터　사전 편찬을 위한 활동을 시작함.
1930. 12월　　한글 마춤법의 統一案을 제정키로 함.
1932. 12월　　원안 작성
1932. 12. 25일 ~ 1933. 1. 4일　第1讀會
1933. 7. 25일 ~ 8. 3일　　第2讀會
1933. 10. 19일 임시총회에서 의결, 「한글 마춤법 통일안(朝鮮語綴字法 統一案)」 발표 및 간행

㈏ 참여 인물 ; 1차 - 權悳奎, 金允經, 朴顯植, 申明均, 李克魯, 李秉岐, 李允宰, 李熙昇, 張志暎, 鄭烈模, 鄭寅燮, 崔鉉培
2차(추가) - 金善琪, 李鉀, 李萬珪, 李常春, 李世楨, 李鐸

이 규정은 總論 3項과 各論 7章 65項, 附錄으로 되어 있는데, 이것은 오늘날 「한글 맞춤법」(1988)의 직접적인 기원이 되는 것이다. 먼저 總論의 규정을 그대로 옮기면 다음과 같다.

一. 한글 마춤법(綴字法)은 표준말을 그 소리대로 적되, 語法에 맞도록 함으로써 原則을 삼는다.
二. 표준말은 大體로 現在 中流 社會에서 쓰는 서울말로 한다.
三. 文章의 各 單語는 띄어 쓰되, 토는 그 웃 말에 붙여 쓴다.

위의 一.항은 이 규정의 전체적인 원리를 명시한 것으로, '소리대로'의 음소주의적 표기법과 '語法에 맞도록'의 형태주의적 표기법이 모두 수용되어 있음을 보인다. 그런데 여기서의 '소리대로'는 비역사주의를 표방하는 것으로 현실음을 바탕으로 표기한다는 것을 의미하기도 한다. 따라서 한글 맞춤법의 대원리는 현실음을 소리대로 적는데, 이 때에는 '語法에 맞도록' 적어야 한다는 것으로 해석된다. '語法에 맞도록'은 체언과 조사, 용언 어간과 어미, 때로는 어근과 접미사를 적을 때에 각각의 형태소의 기본형을 밝혀

32) 한글 학회(1989), 「한글 맞춤법 통일안(1933-1980)」에 수록된 「한글 마춤법 통일안」(1933)의 머리말을 참조한다.

표기한다는 것을 뜻한다. 따라서 구체적 표기에 있어서는 '소리대로'의 원리보다는 '語法에 맞도록'의 원리가 크게 작용하는 것이다.

이러한 표기 방식은 최소의 의미 단위인 형태소의 기본형을 밝혀 표기하면, 형태소의 표기가 고정되어 언제나 동형(同形)을 유지함으로써 표의문자와 같은 효과를 얻을 수 있는 것이기 때문이다.[33] 이것은 또한 한글의 표기상의 운용 방식에서 나타나는 모아쓰기와 관련되는 것이기도 하다.[34]

各論은 章과 節, 項으로 나뉘어 있는데, 그 구체적인 내용은 생략하고 목차만을 보이면 다음과 같다.

第一章　字母
　第一節　字母의 數와 그 順序
　第二節　字母의 이름
第二章　聲音에 關한 것
　第一節　된소리
　第二節　舌側音 ㄹ
　第三節　口蓋音化
　第四節　ㄷ바침 소리
第三章　文法에 關한것
　第一節　體言과 토
　第二節　語幹과 語尾
　第三節　規則 用言
　第四節　變格 用言
　第五節　바침
　第六節　語源 표시
　第七節　品詞 合成
　第八節　原詞와 接頭辭
第四章　漢字語
　第一節　홀소리만을 變記할것
　第二節　닿소리만을 變記할것
　第三節　닿소리와 홀소리를 함께 變記할것
第五章　略語
第六章　外來語 表記
第七章　띄어쓰기

33) 당시 철자 특집을 다루었던 「한글」 1권 3호에 실린 김선기의 '철자법 원리'를 보면, 이와 같은 의미를 '표음문자를 고정화하여 표의하는 것'이라 설명하고 있다.

34) 앞의 2.2.2절 참조

이 규정의 주요 내용을 第三章으로 한정하여 보면,[35] 체언과 조사, 용언 어간과 어미, 그리고 어근과 접사를 각각 그 형태를 밝혀 적도록 하여 형태주의적 표기법이 중심이 되어 있음을 알 수 있다. 그러나 변칙 용언과 원형을 밝히기 어려운 어근과 접사의 표기는 소리대로 쓰는 음소주의적 표기법의 원리가 채택되어 있다.

특히 받침 표기에서는 고유어의 경우 'ㄱ, ㄴ, ㄷ, ㄹ, ㅁ, ㅂ, ㅅ, ㅇ, ㅈ, ㅊ, ㅋ, ㅌ, ㅍ, ㅎ'의 홑받침 14개와 'ㄺ, ㄻ, ㄼ, ㄳ, ㄾ, ㄿ, ㅀ, ㄲ, ㅆ, ㄵ, ㄶ, ㄳ, ㅄ, ㅭ'의 겹받침 14개를 쓰도록 하여 받침이 모두 28개가 되기에 이르렀다. 이것은 형태소의 원형을 밝혀 표기한다는 원칙에 부합하기 위한 것으로 해석된다.[36]

이 규정은 당시 민간학자를 중심으로 만들었다는 점도 중요하지만 오늘날 「한글 맞춤법」(1988)의 근간을 이룬다는 점에서 그 의의가 있다. 또한 형태소의 원형을 표기한다거나, 받침의 경우에서 「諺文綴字法」(1930)의 21개보다 더 늘어나서 모두 28개를 쓰도록 함으로써, 형태주의적 표기법이 확대되었음을 알 수 있다.

이 「한글 마춤법 통일안」(1933)은 그 후 국어 표기법의 중심이 되면서 다음과 같은 몇 차례의 수정이 있었다.

1937. 3. 1일　1차 수정
1940. 6. 15일　원안 일부 개정(2차 수정)
1946. 9. 8일　다시 일부 개정(3차 수정)
1948. 10. 9일(한글날)　한글판 발행
1958. 2. 20일　용어 수정판 발행
1980. 2. 28일　새 판으로 수정 (「한글 맞춤법」)

2차 수정에서 '마춤법'이란 용어가 '맞춤법'으로 고쳐졌고, 사이ㅅ이 앞말과 뒷말 사이에 쓰이게 되었다. 용어 수정판은 1947년 7월 문교부에서 통일된 문법 용어를 제정함에 따라 이 용어로 고쳐진 것이다. 오늘날 한글 학회의 최종안인 새 판 「한글 맞춤법」(1980)에서 28개 받침 중 'ㅭ'이 사라졌는데, 이는 대체로 1946년 3차 수정안이 그 중심이 되는 것이다.

---

35) 이 규정은 현행 「한글 맞춤법」(1988)의 근간이 되는 것이므로 여기서 내용을 제시하지는 않기로 한다. 자료는 한글 학회(1989)와 金敏洙(1973;727-777), 그리고 이희승・안병희(1989;158-195)에 실려 있다.

36) 이러한 규정은 일찍이 주시경이 「國文硏究」(1909) 등에서 주장한 받침의 확대 표기가 실현된 것임을 의미한다.(앞의 3.1.5절 2)항 참조) 받침의 확대는 「訓民正音」 例義의 '終聲復用初聲'에 부합되는 것이다.(앞의 2.2.1절 1)항 참조) 그러나 한자어에서는 받침이 소리대로 적는 원칙에 따라 'ㄱ, ㄴ, ㄹ, ㅁ, ㅂ, ㅇ'의 6개로 제한되었다.

3.1.7 현대 국어 표기법

1) 한글 파동(波動)과 「한글 簡素化 方案」(1954)

광복 이후의 한글 표기법은 조선어 학회의 「한글 마춤법 통일안」(1933)의 3차 개정인 한글 학회의 「한글 맞춤법 통일안」(1946)을 따르는 것이었다. 이 표기법은 주지하는 바와 같이 형태주의적 표기법을 따름으로써 난해하다는 비판을 받았다.[37]

1950년대 들어 대통령의 담화(1953. 4월)로부터 시작된 이른바 한글 파동(波動)은 정경해 등의 大韓語文研究會에서 구역 성경(舊譯聖經)의 표기법을 바탕으로 한 이른바 「한글 簡素化 方案」(1954. 7월)을 발표하기에 이른다. 이 규정은 한글 파동이 끝나면서(1954. 9월) 사라지게 되었으나, 표기 규정의 과거로의 회귀라는 데 특징이 있었다. 이 규정의 대원칙만을 원문대로 제시하면 다음과 같다.[38]

> 一. 바침은 끗소리에서 발음되는 것에 한하여 사용한다. 따라서 종래에 사용하던 바침 가운데 ㄱ, ㄴ, ㄹ, ㅁ, ㅂ, ㅅ, ㅇ, ㄺ, ㄻ, ㄼ 등 十개만을 허용한다. 다만 바침으로 사용될 때의 「ㅅ」의 음가는 「ㄷ」의 음가를 가지는 것으로 하고 「ㄷ」은 바침으로는 아니 쓴다.
> 二. 명사나, 어간이 다른 말과 어울려서 딴 독립된 말이 되거나, 뜻이 변할 때에 그 원사(原사), 또는 어원(語源)을 밝키어 적지 아니한다.
> 三. 종래 인정되어 쓰이던 표준말(標準語) 가운데 이미 쓰이지 안커나, 또는 말이 바뀌어진 것은 그 변천된 대로 적는다.

즉 내용을 보면, 우선 받침을 종래의 전통적 표기법인 'ㄱ, ㄴ, ㄹ, ㅁ, ㅂ, ㅅ, ㅇ, ㄺ, ㄻ, ㄼ'의 10개로 제한한다는 데 특징이 있다. 이것은 음소주의적 표기법으로, 결과적으로 일제(日帝)의 「普通學校用 諺文綴字法」(1912)과 같은 것이 되었다. 따라서 이것은 당시의 형태주의적 표기법이 난해하다는 데에서 비롯되어 역사적인 음소주의 표기법으로 회귀하는 것이었으나, 결국 반대에 부딪혀 시행되지 못하였다.

2) 國語國文學會의 「國語正書法案」(1971)

당시 표기 규정의 난해함에 대한 비판은 계속되었다. 이에 따라 앞의 「한글 簡素化 方案」(1954)과 같은 맥락에서 1970년대에 또 다시 나타난 것이 國語國文學會의 「國語正

37) 당시의 비판은 주로 받침의 수가 많다거나, 원형을 밝혀 쓰기에 어려움이 있다는 데 모아졌다.
38) 내용은 국어국문학회 編(1983:48)에서 인용한다.

書法案」(1971)이다. 그 경과를 보면 다음과 같다.[39]

1971. 4월 제1차 國語正書法硏究委員會 (硏究委員長 李應百, 起草委員 9명, 起草委員長 南廣祐)
1971. 5월 제2차 會議에서 토의 (體言과 토의 區別表記, 用言의 語幹·語尾 區別表記, 받침의 數)
1971. 6월 제3차 會議에서 國語正書法 草案 축조 심의
1971. 6월 「國語正書法案」 발표

이것은 한 학회(學會)의 개별안으로 발표되어 공식적으로 쓰이지는 않았다. 그 주요 내용 중에서 총론(總論)만을 보이면 다음과 같다.[40]

> 국어정서법은 우리말을 표음문자의 본질과 표의성의 장점을 조화시켜 적는 것을 원칙으로 한다.

위는 「한글 맞춤법 통일안」(1946) 1항의 '소리대로 적되, 어법에 맞도록 함'을 '표음문자의 본질과 표의성의 장점을 조화'시키는 것으로 표현한 것이다. 그러나 그 구체적인 내용에 있어서는 상당한 차이를 보인다. 특히 받침의 경우 전통적인 표기법을 존중하고 사용 빈도수가 적은 것을 제외한다는 원칙에 따라 'ㄱ, ㄴ, ㄷ, ㄹ, ㅁ, ㅂ, ㅅ, ㅇ, ㅈ, ㅊ, ㅌ, ㅍ, ㄺ, ㄻ, ㄼ'의 15개로 한정하고 있다.[41] 또한 형태소의 원형을 밝혀 표기함을 원칙으로 하나, 그렇지 않은(소리대로 표기하는) 범위가 상당히 확대되었다. 이것은 좀더 쉬운 표기법을 만들려는 시도에서 비롯된 것이기는 하나, 결과적으로는 당시 쓰이고 있던 형태주의 표기법과 역사적인 음소주의적 표기법의 절충안이 된 것이었다.

3.1.8 국어 표기법사의 쟁점

1) 형태주의적 표기법과 음소주의적 표기법

국어 표기법의 역사는 형태주의적 표기법과 음소주의적 표기법의 논쟁으로 이어진다. 형태주의적 표기법이란 동일 형태소(morpheme)의 여러 이형태(allo-morph) 중에서

---

39) 이것은 국어국문학회 編(1983;127)을 참조한다.

40) 이 규정의 내용은 國語國文學會의 「國語國文學」 52호(1971;123-146)에 전문이 실려 있다.

41) 이렇게 받침의 수가 결정되기에는 역사적 표기와 빈도수가 중요한 요인이 된 것으로, 당시로 보면 「개정한 한글 맞춤법 통일안」(1946)의 28개와 「한글 簡素化 方案」(1954)의 10개를 절충한 것으로 평가된다. 구체적인 설명은 國語國文學會 編(1983;131-134)과 南廣祐1976;28-31)에 제시되어 있다.

대표 형태를 세우고 발음과 관계 없이 이 대표 형태를 표기하는 방법을 말한다. 이러한 표기 방법은 표의문자가 발음이 달라져도 글자의 모양이 바뀌지 않고 고정되어 표기되는 것과 같은 이치로서, 표의주의적 표기법(표의적 표기법)이라고도 한다. 또 이것은 한 형태소를 표기 단위로 하여 그 모양을 고정시키는 방법이 되므로, 형태소적 원리에 의한 표기법 또는 형태적 표기법이라고도 한다.

예를 들어 체언의 '잎'과 용언의 어간 '낚-'은 조사나 어미가 첨가될 때 음운 환경에 따라 발음이 달라진다.

(가)	(나)
잎-이[이피]	낚-아서[나까서]
잎-도[입도]	낚-다[낙다]
잎-만[임만]	낚-는[낭는]

위 (가)에서 '잎, 입, 임'의 이형태가 나타나는데, 이 때 '잎'을 대표 형태로 삼아 언제나 이것으로 형태를 고정시켜 표기한다. (나)에서도 '낚-, 낙-, 낭-'의 이형태 중에서 '낚-'을 대표 형태로 삼아 표기한다.

음소주의적 표기법은 형태주의적 표기법과는 달리 발음에 충실하게 표기하는 방법이다. 따라서 이것을 표음주의적 표기법(표음적 표기법)이라고도 한다. 한 형태소가 환경에 따라 달리 실현되는 이형태를 그대로 표기하므로 형태가 고정되지 않는다. 이것은 또한 음소적 원리에 충실한 것이어서 음소적 표기법이라고도 한다.

예를 들어, 위의 (가)는 '잎'이 '입도, 임만'으로 표기되어 환경에 따라 음소 'ㅍ'이 'ㅂ, ㅁ'으로 바뀌는 현상이 그대로 표기에 반영된다. (나)의 경우도 '낚-'이 '낙다, 낭는'으로 표기되어 음소 'ㄲ'이 'ㄱ, ㅇ'으로 바뀌는 대로 표기된다.

형태주의적 표기법은 형태소의 기본형을 밝혀서 언제나 이를 고정시켜 표기한다는 점에서 '쓰기'보다는 '읽기'(讀解)에 도움을 주는 표기 방법이다. 동일한 의미를 갖는 이형태들이 언제나 같은 형태로 표기되므로 의미의 파악이 수월하기 때문이다. 이에 반해서 음소주의적 표기법은 '쓰기'에 편리하다. 그것은 소리대로 적는 것이어서, 형태소의 기본형은 기억해야 하는 부담이 없기 때문이다. 그러나 형태가 고정되지 않으므로 '읽기'(讀解)에는 큰 부담이 된다.

국어 표기법에서 형태주의적 표기법은 받침의 확대('終聲復用初聲'), 끊어적기, 모아쓰기 등과 관련된다. 위의 예 '잎, 낚-다'에서 'ㅍ, ㄲ'이 받침으로 쓰이고, '잎-이, 낚-아서'의 경우처럼 끊어 적으며, 한 음절 단위로 모아 씀으로 해서 형태가 고정되어 표기될 수 있는 것이다. 음소주의적 표기법은 받침의 제한('八終聲可足用'), 이어적기 등과 관련된다. 위의 예에서 '입도, 임만'과 '낙다, 낭는' 등의 표기는 'ㅍ, ㄲ'의 받침 표기가 제한되고, '이피, 나까서' 등과 같이 이어 적어 표음에 충실하게 되는 것이다.

2) 국어 표기법사에서의 두 원리

앞에서 기술한 국어 표기법사의 각 시기에 나타났던 여러 표기법들은 이 두 원리의 범주 안에서 정리해 볼 수 있다. 위에서 제시된 두 원리의 구분은 여러 측면에서 가능할 것이나, 간단히 받침 표기를 중심으로 해서 표기법 안(案)의 역사적인 변천을 보이면, 다음과 같이 요약 정리될 수 있다.(우형식, 1993)

(가) 「訓民正音」(1446)의 例義의 형태주의 표기법과 解例의 음소주의 표기법
(나) 國文硏究所 「議定案」(1909)에서의 형태주의 표기법 대두
(다) 「普通學校用 諺文綴字法」(1912)의 음소주의 표기법과 「普通學校用 諺文綴字法 大要」(1921)에서의 형태주의 표기법 논의
(라) 「諺文綴字法」(1930)의 형태주의 표기법의 반영
(마) 「한글 마춤법 통일안」(1933)의 형태주의 표기법 확립
(바) 「한글 簡素化 方案」(1954)의 음소주의 표기법으로의 회귀
(사) 「國語正書法案」(1971)의 절충적 표기법
(아) 현행 「한글 맞춤법」(1988)의 형태주의 표기법 계승

받침의 측면에서 보면, 형태주의적 표기법은 형태소의 기본형을 밝혀 언제나 고정시켜 표기하는 것이므로, 음소주의적 표기법에 비해 받침의 수(數)가 많다. 「訓民正音」(1446) 例義는 '終聲復用初聲'으로 解例의 '八終聲可足用'에 비해 받침의 제한이 없으므로, 더욱 폭 넓게 형태의 기본형을 밝혀 표기할 수 있다. 따라서 전자가 형태주의적 표기 원리에 해당된다면, 후자는 음소주의적 표기 원리를 따르는 것이 된다.

근대 국어 시기에는 일정한 규정이 없이 解例의 8종성법이 지켜지다가 7종성법으로 굳어지는데, 이는 음소주의적 표기법에 해당된다. 그러나 그 사이 끊어적기의 확대와 같은 형태주의의 인식이 나타나기도 했으나, 國文硏究所의 「議定案」(1909)에 이르러 받침이 「訓民正音」(1446) 例義의 '終聲復用初聲'의 원리를 채택함으로써 형태주의적 표기법이 대두되기에 이른다.

일제 강점기에는 「普通學校用 諺文綴字法」(1912)에서 받침이 전통적인 7종성법에 따라 10개로 제한되어 음소주의적 표기법으로 돌아갔으나, 「普通學校用 諺文綴字法 大要」(1921)에서 받침의 확대가 고려되다가, 「諺文綴字法」(1930)에서 21개가 쓰여 형태주의

원리가 실제로 반영되고, 다시 朝鮮語學會의 「한글 마춤법 통일안」(1933)에 이르러 28개로 더욱 확대되어 가장 많은 수(數)의 받침이 쓰이게 되었다.

이는 다시 「한글 簡素化 方案」(1954)에서 전통적인 10개 받침으로 제한되어 음소주의로 회귀하는 듯하기도 했고, 「國語正書法案」(1971)에서는 받침을 15개로 제한하는 절충적 입장이 제시되기도 했으나, 이들은 실행되지는 않았다. 따라서 해방 후 현재까지는 형태주의적 표기법에 따르고 있는 것이며, 이러한 맥락에서 현행 「한글 맞춤법」(1988)은 '한글 마춤법 통일안'의 28개 받침 중에서 'ㅭ'을 뺀 27개를 인정하고 있다.

3.2 현행 「한글 맞춤법」(1988) 해설

3.2.1 맞춤법 개정 경위

1) 개정의 필요성 및 문제점

국어의 표기 규칙으로 사용되고 있는 朝鮮語學會의 「한글 마춤법 통일안」(1933)이 제정된 지도 근 50여 년이 지났다. 그 동안 「한글 맞춤법 통일안」은 몇 차례 바뀌면서 국어의 어문 생활(語文生活)에 상당한 역할을 해 온 것이 사실이지만, 50여 년 간을 적용해 오면서 여러 가지 현실적인 문제점이 드러나게 되어 개정의 필요성이 심각하게 제기되었다. 그 문제점들은 다음과 같다.[42]

(1) 현재에 와서는 불필요한 조항이 생기게 되었다.
- □ '빨내'를 '빨래'로 적도록 한 규정
- □ '놀앟다'를 '노랗다'로 적도록 한 규정
- □ 'ᄋᆞ동'을 '아동'으로 적도록 한 규정
- □ '븍방'을 '북방'으로 적도록 한 규정
- □ '긔차'를 '기차'로 적도록 한 규정

(2) 규정의 미비로 인하여 표기상의 혼란을 일으키는 경우가 있다.
- □ 한글 자모를 사전에 올릴 적의 순서에 대한 규정이 없어 사전마다 표제어의 배열 순서가 다름
- □ 한자음의 두음 법칙에 관한 세부 규정이 없음
  家庭欄 가정란 : 가정난
  東九陵 동구릉 : 동구능

42) 이것은 국어 연구소(1987), 「국어생활」 13호에 실린 '맞춤법 및 표준어 개정 경위'를 참고한 것이다.

□ 된소리로 나는 접미사의 표기에 관한 세부 규정이 없음
일꾼 : 일군
빛깔 : 빛갈

(3) 현실 표기에 있어서 잘 지켜지지 않거나 사용상의 불편을 겪는 규정이 있다.

□ 불규칙 용언 중 어간의 끝 'ㅂ'이 '우'로 바뀔 적의 표기
가까와 : 가까워
고마와 : 고마워

□ 종결형의 어미 '-오'의 표기
이것은 책이요. : 이것은 책이오.
저것은 붓이 아니요. : 저것은 붓이 아니오.

□ 한자어에서의 사이시옷의 표기
총뭇과 : 총무과
대깃권 : 대기권

□ 준말의 표기
그렇잖다 : 그렇잖다
변변찮다 : 변변찮다
시행ㅎ고자 : 시행코자

□ 띄어쓰기
(보조 용언) 읽어 본다 : 읽어본다
(성명) 최 치원 : 최치원
(성명 이외의 고유 명사) 한국 대학교 사범 대학 : 한국대학교 사범대학
(전문 용어) 중거리 탄도 유도탄 : 중거리탄도유도탄

2) 개정 추진 경위

현행 「한글 맞춤법」(1988)은 다음과 같은 과정으로 나타나게 되었다.(주요 사항만을 보인다.)[43)]

1970. 4월	심의회에서 국어조사연구위원회를 구성 - 한글 학회 등 7개 어문 연구 단체 참여 - 한글 맞춤법 개정 및 표준말 재사정 연구를 위탁
1972. 12월	국어조사연구위원회에서 맞춤법 개정 초안 제출
1979. 12월	시안 마련, 확정 보류
1981. 5월	표기법 개정 사업 학술원으로 업무 이관
1984. 1월 21일	문교부, 개정된 국어의 로마자 표기법 확정 고시 (문교부 고시 제 84-1호, 관보 제9648호)
1984. 12월	학술원, 어문 표기법 개정 사업 결과 보고

43) 국어 연구소(1987), 「국어생활」 13호 참조(앞의 각주 42) 참조)

1985. 2월 국어 연구소에 동 개정안 재검토 · 보완 · 연구 위탁
1986. 1월 7일 문교부, 개정된 외래어 표기법 확정 고시 (문교부 고시 제 85-11호, 관보 제10232호)
1987. 4~6월 언론기관의 보도를 통한 여론 수렴 및 검토 위원회 개최
1987. 10~12월 국어 심의회에서 동 안을 최종 심의
1987. 12월 한글 맞춤법 및 표준어 규정 시행안 마련
1988. 1월 19일 문교부, 한글 맞춤법 및 표준어 규정 확정 고시 (문교부 고시 제88-1호 · 한글 맞춤법, 문교부 고시 제88-2호 · 표준어 규정, 관보 제10837호)

위에서 보면 「한글 맞춤법」(1988)은 약 18년을 지나면서 이루어진 것이다. 물론 이것이 마련되는 과정에서 개정에 반대하는 의견도 적지 않았으며, 여러 차례의 우여곡절을 겪은 것도 사실이다. 위의 과정을 보면, 크게 세 부분으로 구분된다.

(가) 문교부 안 (1979. 12월)
(나) 학술원 안 (1983. 12월)
(다) 국어 연구소 안 (1987. 12월)

여기서 국어 연구소 안(1987. 12월)을 중심으로 최종 확정된 「한글 맞춤법」(1988)은 1988년 1월 19일 확정 · 고시되고, 1989년 3월 1일부터 시행되었다.

3.2.2 「한글 맞춤법」(1988)의 구성과 기본 원리

1) 전체적 구성

「한글 맞춤법」(1988)은 본문 6장 57항과 문장 부호에 관한 '부록'으로 구성되어 있다. 그 차례를 보이면 다음과 같다.

제1장 총칙
제2장 자모
제3장 소리에 관한 것
 제1절 된소리
 제2절 구개음화
 제3절 'ㄷ'소리 받침
 제4절 모음
 제5절 두음 법칙
 제6절 겹쳐 나는 소리

제4장 형태에 관한 것
제1절 체언과 조사
제2절 어간과 어미
제3절 접미사가 붙어서 된 말
제4절 합성어 및 접두사가 붙어서 된 말
제5절 준말
제5장 띄어쓰기
제1절 조사
제2절 의존 명사, 단위를 나타내는 명사 및 열거하는 말 등
제3절 보조 용언
제4절 고유 명사 및 전문 용어
제6장 그 밖의 것
[부록] 문장 부호

위에서 '제1장 총칙'은 표기의 원칙을 규정한 것이고, '제2장 자모'는 현용 한글 자모의 명칭과 배열 순서 등을 규정한 것이다. 그리고 '제3장 소리에 관한 것'은 음운(음성) 변화 현상이 일어나는 경우를 표기하는 규정이고, '제4장 형태에 관한 것'은 굴절과 파생, 합성의 형태론적 현상과 준말의 표기에 관련된다. '제5장 띄어쓰기'는 단어별로 띄어 쓰는 것을 원칙으로 하면서 경우에 따라 붙여 쓰는 것도 허용하는 규정을 담고 있다.

2) 기본 원리

현행 「한글 맞춤법」(1988) 규정의 원칙은 앞에서 기술한 대로 '제1장 총칙'에 제시되어 있다. 이것을 인용하면 다음과 같다.[44]

제1항 한글 맞춤법은 표준어를 소리대로 적되, 어법에 맞도록 함을 원칙으로 한다.
제2항 문장의 각 단어는 띄어 씀을 원칙으로 한다.
제3항 외래어는 '외래어 표기법'에 따라 적는다.

위의 '제1항'은 「한글 맞춤법」(1988) 규정의 가장 기본적인 원칙을 담고 있는 것이다. 이것은 크게 대상과 방법으로 나누어 볼 수 있는데, 표기 대상은 '표준어'이고, 표기 방법은 '소리대로 적되, 어법에 맞도록' 한다는 것이다. 여기서 표기 대상으로서의 표준어는 「표준어 규정」(1988)로 따로 마련된다.[45]

---

44) 「한글 맞춤법」(1988)의 전문과 해설은 다음의 제2부 자료편에서 제시하기로 한다. 그리고 이것은 앞 3.1.7절의 朝鮮語學會의 「한글 맞춤법 통일안」(1933) 總論과 비교할 수 있다.
45) 「한글 마춤법 통일안」(1933)에서는 표준어와 관련된 항목이 들어 있었으나, 현행의 「한글 맞춤법」

표기 방법은 '소리대로' 적는 음소주의적 표기법과 '어법에 맞도록' 적는 형태주의적 표기법이 공존한다. 어떤 의미에서는 전자가 근본 원칙이고 후자가 조건이라고 해석될 수 있다.[46] 그러나 실제로는 후자의 원칙이 먼저 적용되고 이에 따를 수 없는 경우에는 전자의 원칙이 적용된다. 즉 '어법에 맞도록' 형태의 기본형을 밝혀 적도록 하지만, 이에 따를 수 없는 경우에는 소리대로 적는다는 것이다.[47]

또한 '소리대로'는 현실음을 기준으로 한다는 것을 의미하기도 한다. 따라서 역사적 표기법을 고려하기는 하지만, 그 자체를 고수하지 않고 현실음을 충실히 반영하는 표기 방법을 채택한다는 것이다. 따라서 '제1항'은 현실음을 소리대로 표기하되 기본형을 밝혀 표기하는 것을 원칙으로 하고, 이에 따를 수 없는 경우에는 현실음대로 표기한다는 의미로 해석되는 것이다. 이에 관한 구체적인 규정은 '제3장, 제4장'에서 마련된다.

위의 '제2항'은 띄어쓰기에 관한 것으로 단어별로 띄어 쓰는 것을 원칙으로 한다는 것이다. 이에 관한 구체적인 규정은 '제5장'에서 마련된다. '제3항'은 국어 속에 들어 있는 외래어의 한글 표기에 관련되는 것으로, 이에 관한 구체적인 규정은 「외래어 표기법」(1986)에 마련되어 있다.

[참고] 국어 표기법의 역사에 관한 연구는 부문별, 시대별로 상당히 진척되어 왔다. 부문별 연구로는, 받침에 관한 우형식(1993ㄱ), 사이시옷에 관한 우형식(1993ㄴ), 띄어쓰기에 관한 리의도(1983) 등이 비교적 전반적인 기술을 하고 있다. 그리고 李翊燮(1992)는 제2부와 제3부에서 부문별 표기법의 변천을 묶어 정리하고 있는데, 우형식(1993ㄷ)은 이에 관한 서평이다.

시대별 연구로는 중세 국어 표기법에 관해서는 허웅(1987), 池春洙(1986), 李基文(1963) 등을, 근대 국어 표기법에 관해서는 洪允杓(1986, 1987) 등을, 개화기 국어 표기법에 관해서는 李基文(1970), 정길남(1987ㄱ,ㄴ) 등을, 일제 강점기 국어 표기법에 관해서는 이응백(1987) 등을 참조할 수 있다. 그리고 표기법의 역사 전반에 관한 것으로는 金敏洙(1973) 제5장과 안병희(1988), 李基文(1980, 1983) 등을 참조할 수 있는데, 특히 金敏洙(1987)은 표기법에 관한 논쟁사 중심으로 기술되어 있다.

현행 「한글 맞춤법」(1988)이 시행되기 전까지의 현대 국어 표기법에 관해서는 김희보(1980), 南廣祐(1976), 류영남(1986), 申昌淳(1977, 1992), 이희승(1959), 정인승(1950) 등을 참조할 수 있고, 구체적인 자료는 金敏洙(1973) 資料 제5장과 國語國文學會(1983), 그리고 한글 학회(1971, 1989) 등을 참조할 수 있다. 그리고 현행 한글 맞춤법은 표준어 등 다른 규정과의 조화를 위해 일부 용례와 표기를 바꾸기도 하였는데, 이에 대해서는 국립국어원 누리집(http://www.korean.go.kr)에서 확인할 수 있다.

(1988)은 이것을 「표준어 규정」(1988)으로 옮기고, '제3항'에 외래어와 관한 사항이 들어 있다.

46) 이러한 해석은 국어 연구소(1988:38)에 나타나 있다.

47) 그러나 이와 같이 해석하더라도 '소리대로' 적는 것이 더 포괄적인 근본 원칙이 된다는 점을 인정할 수 있다.

제 4 장 표준어 규정

이 장에서는 국어 정서법의 두번째 분야로, 표준어 규정에 대해 다루려고 한다. '표준어'는 직접적으로는 음성언어에 관련되는 것이지만, 음성언어는 문자언어의 표기 대상이 되므로, '쓰기'와 '읽기'의 문제에도 연결된다. 다음에서 표준어의 일반적인 문제들을 검토하고, 국어 표준어 규정의 역사를 개관한 뒤, 현행 「표준어 규정」(1988)에 대해 알아보기로 한다.

4.1 표준어 일반

4.1.1 표준어의 개념

1) 개념

일반적으로 표준어(標準語, standard language)는 어떤 언어사회의 규범이 되는 언어를 말한다. 다시 말하면 표준어는 한 언어사회에서 현실적으로 지역(地域)이나 사회 계층(階層) 등에 따라 쓰고 있는 언어가 다르기 때문에 이것을 통일하여 원만한 언어・문자생활을 영위케 하기 위해 인위적(人爲的)으로 제정한 것이다.

2) 용어

표준어와 유사한 용어에 공통어(共通語, common language)와 공용어(公用語)가 있다. 이들을 서로 비교하면 표준어에 대해 이해할 수 있다.

(1) 공통어 ; 이것은 한 언어사회에서 현실적으로 두루 통용되고 있는 언어를 가리킨다. 따라서 공통어가 자연발생적인 것이라면, 표준어는 한 언어사회 안에서 공통적으로 의사를 교환할 수 있도록 인위적으로 다듬어 설정한 것이라는 점에서 차이가 있다. 그러나 표준어는 전혀 이질적인 새로운 것이 아니라, 이미 존재하는 공통어를 바탕으로 이루어진다. 즉 표준어는 공통어를 바탕으로 제정되는 것이지만, 바르고 고운 말이어야 한다는 규범성을 띠며 자연발생적인 것이 아니라 인위적으로 정해진다는 점에서 차이

가 있다.

좁은 의미에서의 공통어는 한 국가 안에서 여러 종족(種族)이나 민족(民族)들 사이에 널리 퍼져 사용되는 제3국어(第三國語)를 가리키기도 한다. 예를 들면, 필리핀은 타가로그(Tagarog) 어가 표준어인데, 이것보다는 영어가 널리 공통어로 쓰이고 있다. 인도(印度)의 경우 힌디(Hindi) 어가 표준어이지만 실제로는 영어가 공통어로 쓰인다. 이러한 공통어는 표준어가 한 언어사회에서 제 구실을 다하지 못하기 때문에 부득이 선택된 것이라 할 수 있다.

(2) 공용어 ; 이것은 어떤 절차에 의해 공식적으로 규정한 언어를 말한다. 일반적으로 국어는 공통어이며 공용어가 되지만, 반드시 일치하는 것은 아니다. 예를 들면, 일제 강점기에 일본어(日本語)는 공통어는 아니었으나 공용어로 쓰였고, 미군정(美軍政) 시대에는 영어가 공용어가 되기도 했다.

역사적으로 보면, 여러 민족으로 구성된 국가가 식민지 시대를 거치면서 식민지 시대에 공용어로 사용되었던 언어가 공통어로 굳어지는 것이 보통이다.

3) 특징

표준어는 자연발생적인 공통어를 기반으로 형성되는 것이나, 그와는 다른 몇 가지 특성이 있다.

(가) 규범성(規範性) ; 표준어는 바르고 고운 것으로, 정해진 것은 한 언어사회 안에서 구속력을 갖는다. 따라서 공공의 언어생활은 이에 따르도록 되어 있다.

(나) 인위성(人爲性) ; 표준어는 현실에 존재하는 여러 지역이나 계층의 방언 중에서 의사 소통에 편리하도록 인위적으로 다듬어서 정해지는 것이다. 그러나 표준어가 인위적 성격을 띠기는 하지만, 방언의 공통성을 살릴 수 있어야 통용력(通用力)이 높아짐은 당연하다.

(다) 당위성(當爲性) ; 표준어는 한 언어사회의 언어생활을 위해 인위적으로 다듬은 것이므로, '있는 그대로의 말'이 아니라 '있어야 할 말'이 된다. 즉 표준어는 현실 생활에서 개인이 쓰는 실재적(實在的)인 방언(方言)과는 달리, 이상적(理想的)인 말이 되는 것이다. 그러나 표준어가 이상적인 것이라 해도 현실의 방언에 바탕을 두어야 함은 물론이다.

(라) 역사성(歷史性) ; 표준어는 통시적인 변화를 겪는 언어의 일반적인 속성에 따라, 또

는 표준어 설정의 기준이 되는 언어 중심지의 이동에 따라 시간이 지나면서 달라지게 된다.

(마) 순정성(醇正性) ; 표준어는 실제 쓰이고 있는 방언에 비해 깨끗하고 아름다우며, 바르고 고운 것으로 받아들여진다. 이는 언어 순화의 문제와 관련된다.

4) 기능

표준어는 언어·문자생활과 관련하여 여러 기능을 갖고 있다. 이 중 몇 가지를 살피면 다음과 같다.(이익섭, 1983;44-45)

(가) 통일(統一)의 기능 ; 방언 사이의 이질성으로 의사 소통이 불편한 개인이나 소수 집단들이 표준어를 사용함으로써 보다 큰 공통된 집단을 이룰 수 있다.

(나) 독립(獨立)의 기능 ; 표준어로 통일된 언어생활을 함으로써 한 언어사회 구성원들이 소속감과 일체감을 가질 수 있다.

(다) 우월(優越)의 기능 ; 표준어는 우위(優位)의 사회 계층에서 쓰는 것으로 정함이 일반적이므로, 이것을 씀으로써 우위 계층과의 일치감을 느낄 수 있다.

(라) 준거(準據)의 기능 ; 표준어의 구사 능력에 따라 언어 규범에의 순응(順應) 정도를 파악할 수 있다.

따라서 궁극적으로 표준어는 국어 사랑과 규범의 존중이라는 문화적 태도를 고양시키는 기능과도 관련되는 것이다.

4.1.2 국어의 표준어 규정

1) 표준어 규정의 목적

표준어는 지역이나 사회 계층에 따른 방언의 차이를 극복하여 통일된 언어생활을 위해 제정된다. 어떤 면에서는 표준어가 방언에 비해 모범적이고 완전하며 우수한 말이라는 측면도 있으나, 이것보다는 공통어이며 공용어라는 점에 중점을 두어 인식할 필요가 있다. 왜냐하면 표준어의 제정이 방언을 없애기 위한 것이 아니라, 방언의 차이에 의한 불통(不通)을 없애고 서로의 의사 소통에 능률과 편리를 위해 인위적으로 만드는 한 언어사회의 공통공용어(共通公用語)이기 때문이다.

결국 표준어 제정의 목적은 언어의 통일에 있는 것이며, 방언을 부정하거나 없애기 위한 것은 아니다.

2) 표준어 규정의 영역

일반적으로 표준어는 어휘를 지칭한다. 그리하여 종래에는 여러 방언을 조사하여 표준어(어휘)를 선정(選定)해 왔다.(따라서 이것은 어휘 하나하나에 대한 선정 작업이 필요한 것이다.) 그러나 표준어는 발음과 문법의 영역까지 포함되어야 한다. 왜냐하면 한 언어사회 안에서 통용력이 있으려면, 어휘뿐만 아니라 발음과 문법적인 면에서의 통일도 어휘에 못지 않게 중요한 것이기 때문이다. 따라서 표준어는 어휘, 발음, 문법의 언어의 제반 부문에 관련되는 것이다.(현행 「표준어 규정」(1988)에는 '표준 발음법'이 포함되어 있다. 실제로 국어에서 방언 사이의 문법적 차이는 크게 다르지 않기 때문에 문법 항목은 들어 있지 않다.)

또한 표준어는 1차적으로 '말하기, 듣기'와 같은 음성언어에 관련되는 것이지만, 문자언어의 표기 대상이 되므로, '쓰기, 읽기'와도 관련이 있다. 그것은 일반적인 언어생활에서 문자언어의 표기 대상은 표준어이기 때문이다.[1)]

3) 표준어 규정의 기준

표준어는 실제로 존재하는 방언을 바탕으로 시대, 지역, 사회 계층의 기준을 세워 만들어진다. 과거 朝鮮語學會의 「한글 마춤법 통일안」(1933)에서는 '總論' 二項에 다음과 같이 규정했다.

> 二. 표준말은 大體로 現在 中流 社會에서 쓰는 서울말로 한다.

여기서는 '現在, 中流 社會, 서울'이 표준어를 정하는 데 있어 각각 시대, 사회 계층, 지역의 기준으로 설정된 것이다. 그런데 현행 「표준어 규정」(1988)의 '제1부 표준어 사정 원칙'의 '총칙' 1항에는 다음과 같이 기준이 제시되어 있다.

> 제1항 표준어는 교양 있는 사람들이 두루 쓰는 현대 서울말로 정함을 원칙으로 한다.

---

1) 이 문제는 국어의 한글 표기뿐만 아니라, 국어의 로마자 표기에도 해당된다. 실제로 「국어의 로마자 표기법」(2000)은 제1항에 "국어의 로마자 표기는 국어의 표준 발음에 따라 적는 것을 원칙으로 한다."고 규정하고 있다.(다음의 6.3.2절 참조)

따라서 오늘날의 표준어 규정의 기준은 시대로는 '현대', 지역으로는 '서울', 사회 계층으로는 '교양 있는 사람들'로 되어 있는 것이다.

4.2 국어 표준어 규정의 역사

국어학사에서 보면, 표준어에 대한 규정은 개화기 이후에 구체적으로 나타난다. 따라서 그 이전에는 명문화된 것은 없고, 여러 문헌에 단편적으로 그 의식(意識)이 나타나는 기록들이 있을 뿐이다. 다음에서 의식사(意識史)를 포함한 국어 표준어 규정의 역사를 간단히 살피기로 한다.

4.2.1 표준어에 대한 의식

1) 「訓民正音」(1446)의 기록

「訓民正音」 解例에는 '正音, 國之語音, 諺語, 國語, 方言, 俚語' 등의 표현이 있는데 이들은 한양 지역어 중심의 당시 표준어를 가리키는 것으로 이해할 수 있다. 그런데 合字解에는 'ㆍ, ㅡ'에 'ㅣ'가 선행하여 이중모음이 형성될 때의 표기를 다음과 같이 보이고 있다.

ㆍㅡ起ㅣ聲　於國語無用　兒童之語　邊野之語　或有之　當合二字而用 與ᆝ ᆜ之類
其先縱後橫　與他不同

즉 아동(兒童)의 말이나 변야(邊野)의 말에서 'ᆝ, ᆜ'로 쓸 수 있는 음이 있음을 보이는 것으로, 여기서 '兒童之語'는 계층의 기준에서, '邊野之語'는 지역의 기준에서 표준어가 아닌 것을 뜻한다.

2) 실학 시대의 방언(方言) 수집

실학 시대에 국학에 대한 관심이 일어나면서 백과사전식의 자료집에 어휘를 수집 정리하는 일면에 방언이 들어 있는 경우가 있었다.[2)]

(1) 洪良浩(1724-1802)의 「北塞記略」

이 책에 실린 '孔州風土記'에 함경도 방언을 수집한 예가 나타난다. 몇 예를 보면 다

2) 예는 유창균(1993;305-306)에서 인용한다.

음과 같다.

巫覡 - 師, 門 - 烏剌, 南 - 前, 北 - 後, 民 - 鄕徒

즉 함경도 방언에서 '스승'은 '巫覡'을, '앞'은 '南쪽'을, '뒤'는 '北쪽'을 뜻한다는 것이다.

(2) 李德懋의 「靑莊館全書」(1775~1780)

이 책에 실린 '寒竹堂涉筆'의 新羅方言條에 다섯 개의 어휘에 대한 예가 나타나는데, 이것은 당시의 경상도 방언의 어휘를 적은 것으로 이해된다.

羅洛 - 稻, 請伊 - 箕, 丁支間 - 庫

즉 경상도 방언에서 '나락(羅洛)'은 벼(稻)이고, '청이(請伊)'는 키(箕)이며, '정지간(丁支間)'은 창고(庫)라는 것이다.

여기서 서울 지역어를 중심으로 하여 다른 지역어를 설명하고 있다는 점에서 서울말이 표준어가 된다는 의식이 내재되어 있는 것으로 보인다.

3) 표준어 중심지의 이동

표준어는 정치와 문화의 중심지의 말로 제정되는 것이 일반적이다. 이것은 오늘날 표준어의 제정이 국어가 서울 지역어로, 프랑스 어가 파리 지역어로, 일본어가 도쿄 지역어로 되어 있음을 보아서도 알 수 있다.

역사적으로 보면, 국어의 표준어도 시대에 따른 중심지의 말로 되었다고 할 수 있다. 따라서 정치, 문화의 중심지가 이동되면서 표준어가 형성되는 중심 지역어도 달라졌던 것이다. 이것을 간략하게 보이면 다음과 같이 된다.

<분화> <통일> <분화>
삼국 시대 → 신라의 삼국 통일 → 고려 건국 → 조선 건국 → 남북 분단
(경주) (개성) (한양) (서울-표준어)
(평양-문화어)[3]

이것은 삼국 통일에 의해 분화되어 있던 국어가 경주 지역어를 중심으로 통일되었고, 고려 건국 이후 경기 지역어가 오늘날 표준어의 기반이 되었음을 보여 준다. 그러나 남북의 분단과 함께 다시 분화의 길을 걷고 있다.[4]

---

3) 북한은 해방 후 서울 중심의 '표준어'를 쓰다가 1960년대 후반 들어 평양 지역어를 중심으로 하여 '문화어'를 세웠다.

4.2.2 표준어의 규정

1) 개화기의 표준어

훈민정음(訓民正音)이 창제된 당시에도 이 글자는 공문서(公文書)에 사용되지 못하였다. 그러나 개화기에 들어서면서, 우리말과 우리글에 대해 종래 언문(諺文), 속어(俗語) 또는 방언(方言)이라 하여 천시하던 것에서 국어(國語), 국문(國文)이라 부르게 되었다.

그리하여 갑오경장(1894) 직후인 그 해 7월 「軍國機務處進議案」에서 공사(公私) 문서를 모두 국문으로 번역할 것을 규정하고, 그 해 11월에는 고종의 칙령(勅令) 제1호 '公文式 第十四條'에서 다음과 같이 국문(國文)을 본(本)으로 한다는 것을 규정했다.[5]

法令勅令 總以國文爲本 漢文附譯 或混用國漢文

이는 국문 또는 국한문을 공용어로 채택한 최초의 공식적인 조처였다.

이러한 시대의 흐름에 따라 당시의 공용어는 국한혼용문(國漢混用文)으로 정착되었다. 특히 관보(官報)의 간행이나 교과서의 간행에서 이 문체가 쓰임으로써 더욱 확산되기에 이르렀다. 그리고 당시의 국한혼용체는 한문(漢文)에 토(吐)를 다는 정도로 한문 중심이었으나, 점차 개혁되어가기 시작했다. 이와 함께 당시의 시대적 흐름은 급진적인 국문전용론(國文專用論)까지 나타나게 했다.[6]

2) 일세 강점기의 표준어

표준어에 대한 명문화된 규정은 朝鮮總督府의 「普通學校用 諺文綴字法」(1912) '緖言(1)'에서 나타난다.[7]

京城語를標準으로함.

이것은 당시의 철자법의 규정 대상을 경성(京城) 지역어를 바탕으로 한다는 조항이었는데, 실제적으로는 표준어 규정의 기준에서 지역을 명시하는 것으로 이해된다.(그러나

---

4) 남쪽의 표준어는 신라어를 기층(基層)으로 한다고 보지만, 북쪽은 문화어를 고구려어 기층설로 설명한다.

5) 자료는 金敏洙(1980:202)에서 인용한다.

6) 이러한 주장의 대표적인 사람은 주시경이었다.(앞의 3.1.4절 1)항 참조)

7) 「普通學校用 諺文綴字法」(1912)은 일제 강점기에 일제에 의해 맨먼저 이루어진 국어 표기 규정이다.(앞의 3.1.5절 참조)

여기서는 시대와 사회 계층에 관한 언급은 없다.) 이에 따라 그들에 의해 국어의 최초의 본격적인 사전인 「朝鮮語辭典」(1920)이 간행되었다.

3) 조선어 학회의 표준어 규정

1921년 창립된 朝鮮語學會는 국어사전의 편찬 계획을 세우고, 1929년에는 朝鮮語辭典編纂會를 조직한다. 여기서 사전 편찬을 위해 맞춤법(1933), 표준어(1936), 외래어(1940)에 관한 규정을 마련했다.

朝鮮語學會는 1935년 1월부터 朝鮮語標準語查定委員會를 구성하고 「한글 마춤법 통일안」(1933)의 '總論' 二項에 다음과 같은 규정을 두었다.

> 표준말은 大體로 現在 中流社會에서 쓰는 서울말로 한다.

이에 따라 73명(경기 출신 37명, 지방 출신 36명)의 위원이 참여하여 표준어를 사정하고, 그 결과를 「사정한 조선어 표준말 모음」(1936)으로 공표하였다. 이 책의 내용을 보면 다음과 같이 구성되어 있다.[8)]

첫째 같은말(同義語)
둘째 비슷한말(近似語)
세째 준말(略語)
附錄 索引

위에서 세 항목은 본문으로 모두 9,547개의 어휘를 사정했는데, 이것은 비록 적은 수였으나(실제 표준어로 선정된 것은 6,231개였고, 나머지는 비표준어 3,082개, 준말(略語) 134개, 한자어 100개였다.), 정식으로 표준어를 사정한 최초의 것이라는 데 역사적 의의가 있다. 이것은 당시 조선어 학회에서 계획하던 사전 편찬의 원칙과 기준이 되었다.

4) 미군정기

1945년 9월 미극동군(美極東軍) 사령관 맥아더의 '포고(布告) 1호'에서 미군정(美軍政)의 실시와 더불어 군정 기간 동안 공용어, 공용문이 영어, 영문(英文)임을 천명했다.[9)]

---

8) 내용은 한글 학회(1971;210-211)을 참조한다.
9) 자료는 金敏洙(1980;275)에서 인용한다.

> 軍政期間中 英語를 가지고 모든 목적에 사용하는 公用語로 함.
> 英語와 朝鮮語 또는 日本語間에 해석 또는 定義가 不明 또는 不同이 생한 때에는 英語를 기본으로 함.

이것은 일제(日帝) 강점기에 일본어가 공용어이었는데, 다시 영어로 바뀐 것을 의미한다.(그러나 당시에 각급 학교에서는 해방과 함께 국어 교육이 다시 시작되어 국어의 보급이 확산되기에 이르렀다.) 그리고 당시의 공용어는 다시 미군정청(美軍政廳)이 과도정부(過渡政府)로 바뀌면서, 조선어(朝鮮語)가 공용어로 되었다. 따라서 당시에 영어가 공용어로 된 것은 미군정 기간에 해당된다.

5) 한글 학회의「큰사전」간행

표준어의 제정은 철자법의 통일과 함께 사전 편찬의 바탕이 된다. 그런데 1930년대의 조선어 학회의 사전 편찬 작업은 1942년 이른바 조선어 학회 사건으로 중단되고 말았다. 해방 후에 국어 정책을 주도한 조선어 학회는 사전 편찬 사업을 계속하여 1947년 10월에「조선말 큰사전」1권을 간행했다. 이것을 이루는 근간은 일제 강점기에 나온「한글 마춤법 통일안」(1933)과「조선어 표준말 모음」(1936)이었다.

그 후 물자 부족으로 미국 록펠러 재단의 원조를 받아 1949년 5월 제2권이 속간되고, 1949년 10월 학회의 명칭이 한글 학회로 바뀌면서 사전도 명칭을「큰사전」으로 바꿔 1950년 6월 제3권을 간행했다. 그러나 사전 편찬 사업은 다시 6. 25로 중단되었다가, 1957년 10월 한글날에 제4·5·6권을 간행함으로써 전 6권의「큰사전」이 완간되기에 이르렀다. 이로써 비로소 표준어를 모은 온전한 우리말 사전 편찬이 이루어지게 되었다.

4.3 현행「표준어 규정」(1988) 해설

4.3.1 표준어 규정의 개정 경위

1) 개정의 필요성과 문제점[10)]

현재 쓰고 있는 표준어는 1936년 조선어 학회에서 사정, 공표한「조선어 표준말 모음」에 뿌리를 두고 있는 것으로, 현재까지 우리말 사용의 척도가 되어 왔다. 그러나 그 후 8.15 광복과 6.25를 거치면서 50년이 흐르는 동안 국어가 많이 달라지는 등 여러 가지 문

---

10) 이 부분은 국어 연구소「국어생활」13호(1988;110-111)에서 인용한다.

제점이 나타나 개정의 필요성이 제기되었다. 그 문제점들은 다음과 같다.

(1) 생활의 급격한 변화로 당시 사정한 말 중에는 현재 쓰이지 않는 말이 다수 있고, 말소리의 변화로 현대 국어에서 그대로 표준어라 할 수 없는 말도 많다.

(표준말 모음의 표준어)	(현실어)
빼기다	빼개다(두 쪽으로 가르다)
미력	미륵

(2) 현재 출판된 시중의 여러 국어 사전들은 「조선어 표준말 모음」을 그대로 따르지 않고 각 사전 나름대로 표준어를 잡고 있어서, 각 국어 사전의 표준어가 일치되지 않는 수가 많다.

(ㄱ사전)	(ㄴ사전)
나팔꽃	나발꽃
가마니뙈기	가마니때기

(3) 표준어 사정 원칙이 체계적으로 정리되어 있지 않고 「한글 맞춤법 통일안」의 한 항과 부록으로 되어 있어 일관된 체계를 갖추고 있지 않으며 표준 발음법이 없다. 특히 표준 발음법이 없기 때문에 국어 사전들이 제각기 달리 발음을 정해 국어 교육의 현장에서 발음 교육을 제대로 실시하지 못하고 있다.

2) 개정 추진 경위[11)]

「큰사전」의 편찬 이후 여러 사전이 나오면서 당시 표준어 사정의 기준이 되었던 「조선어 표준말 모음」(1933)은 모순과 미흡한 점이 나타나게 되었다. 여기서 표준어 재사정(再查定)의 필요성이 나타났다.

1970년 완전한 한글 전용으로 정책이 정해지자, 문교부는 한글 학회를 주축으로 國語調査研究委員會를 만들어 3년 계획으로 작업에 들어갔다. 그 후 다시 國語調査委員會를 구성하여 16,000여 어휘를 사정하고, 1979년 「표준말 재사정 시안」을 간행하였으나, 당시의 정치 사정으로 인해 중단되었다.

국어 정책이 문교부에서 학술원(學術院)으로 이관되면서 1983년 학술원 안인 「표준어 개정안」이 발표되었다. 그리고 국어 연구소가 설립되면서, 여기서 1987년 학술원 안을 수정한 국어 연구소 안인 「표준어 규정안」을 국어 심의회(國語審議會)에서 심의하여, 1988년 1월 19일 문교부 고시 제88-2호로 현행의 「표준어 규정」(1988)을 공표하고, 1989년 3월 1일부터 시행하기로 했다.[12)]

11) 이 부분은 국어 연구소 「국어생활」 13호(1988;111-112)에서 인용하여 요약한다.

12) 이것은 「한글 맞춤법」(1988)의 개정 추진 경위와 관련된다.(3.2.1절 2)항 참조)

4.3.2 「표준어 규정」(1988)의 구성과 기본 원리

1) 전체적 구성

현행 「표준어 규정」(1988)은 어휘에 관련되는 '제1부 표준어 사정 원칙'과 발음에 관련되는 '제2부 표준 발음법'의 두 부문으로 구성되어 있다. 그리고 전자는 다시 3장 26항으로, 후자는 7장 30항으로 되어 있다. 그 목차만을 보이면 다음과 같다.13)

제1부 표준어의 사정 원칙
  제1장 총칙
  제2장 발음 변화에 따른 표준어 규정
    제1절 자음
    제2절 모음
    제3절 준말
    제4절 단수 표준어
    제5절 복수 표준어
  제3장 어휘 선택의 변화에 따른 표준어
    제1절 고어
    제2절 한자어
    제3절 방언
    제4절 단수 표준어
    제5절 복수 표준어
제2부 표준 발음법
  제1장 총칙
  제2장 자음과 모음
  제3장 소리의 길이
  제4장 받침의 발음
  제5장 소리의 동화
  제6장 된소리되기
  제7장 소리의 첨가

'제1부 표준어의 사정 원칙'은 어휘로서의 표준어를 정하는 원칙을 예를 통해 제시하고 있는 것이다. 이는 다시 발음의 변화에 따른 것과 어휘의 변화에 따른 것으로 나누어 규정하고 있다. 특히 여기서는 '단수 표준어'와 '복수 표준어' 항목이 설정되어 있어 이 둘이 구분되는 것임을 보이고 있다.

---

13) 세부 항목의 내용과 해설은 다음의 제Ⅱ부에서 보이기로 한다.

'제2부 표준 발음법'은 종전에 없던 것으로, 표준어 규정에서의 음운 부문에 관련되는 것이다.[14] 이것은 장단(長短), 절음(絶音), 동화(同化), 경음화(硬音化), 첨가(添加) 등의 현대 국어의 음운(음성) 규칙에 따른 발음상의 문제를 규정한 것이다.

2) 기본 원리

현행 「표준어 규정」(1988)의 기본 원리는 어휘와 발음의 두 부문 모두 각각 '제1장 총칙' 항목에 들어 있다. 먼저 '제1부 표준어 사정 원칙'의 경우를 보면 다음과 같다.

> 제1항 표준어는 교양 있는 사람들이 두루 쓰는 현대 서울말로 정함을 원칙으로 한다.
> 제2항 외래어는 따로 정한다.

이것은 표준어의 사정 원칙에서 계층으로는 '교양 있는 사람들', 시대로는 '현대', 지역으로는 '서울'이 기준이 됨을 명시한 것이다.[15] 이 기준은 표준어가 공용어를 바탕으로 언어생활의 통일을 위해 마련되는 것으로, 이것의 사용은 교양의 문제와도 연결되며, 또한 오늘날의 정치와 문화의 중심인 서울 지역어를 표준어로 정한다는 것을 뜻한다. '제2항'은 외래어도 국어 속에 쓰이므로 표준어 규정의 대상이 되는 것이지만, 이에 관한 문제는 따로 정한다는 뜻이다. 외래어에 관련된 구체적인 규정은 「외래어 표기법」(1986)에 마련되어 있다.

'제2부 표준 발음법'의 총칙은 다음과 같다.

> 제1항 표준 발음법은 표준어의 실제 발음을 따르되, 국어의 전통성과 합리성을 고려하여 정함을 원칙으로 한다.

이것은 표준 발음이 '표준어의 실제 발음을 따른다.'는 근본 원칙과 '국어의 전통성과 합리성을 고려한다.'는 조건으로 구분된다. 따라서 표준 발음은 현행 표준어의 현실음을 따르는 것이 근본 원칙이 된다는 것이다. 이는 역사적 발음법이 아닌 현실음을 바탕으로 한다는 의미가 된다.

그런데 조건에서 '전통성'을 고려한다 하여, 역사적 발음법의 전통을 완전히 포기하는 것이 아님을 보인다. 이에 따라 특히 장단음(長短音)의 경우 현실음에서는 잘 구별되지

---

14) 이와 관련해서는 앞의 4.1.2절 2)항에서 언급되었다.

15) 이것은 조선어 학회의 「한글 마춤법 통일안」(1933) 총론 제2항의 '표준말은 대체로 현재 중류 사회에서 쓰는 서울말로 한다.'는 것을 표현상에서 개정한 것이다.

않더라도 역사적 발음법을 고려하여 표준 발음법에서 규정하게 된다. 그리고 '합리성'을 고려한다는 것은 국어의 음운(음성) 법칙 또는 규칙에 맞게 표준 발음법을 정한다는 것이다. 그리고 규칙에서 벗어나는 발음 현상은, 원칙은 아니지만 때로는 허용하도록 규정하게 된다.

[**참고**] 표준어에 관한 일반적인 문제에 대해서는 金敏洙(1973) 제2장과 李翊燮(1983)을 참조할 수 있다. 그리고 표준어 규정의 역사에 대해서는 역시 金敏洙(1973) 제2장과 李翊燮(1988) 등에 정리되어 있고, 그 자료로는 조선어 학회(1945)를 참조할 수 있다. 한편, 표준어 규정이 실제 언어생활과 부합하도록 하기 위해 2011년 이후 4차례에 걸쳐 표준어를 추가하여 왔는데, 이에 대해서는 국립국어원 누리집(http://www.korean.go.kr)에서 확인할 수 있다.

제5장 외래어 표기법

이 장에서는 국어 정서법의 세번째 분야로, 외래어 표기에 관한 문제를 다루려고 한다. 외래어는 다른 언어에서 들어와서 국어 속에서 쓰이는 어휘로서, 한글의 표기 대상이 된다. 다음에서 외래어의 일반적인 문제들을 검토하고, 외래어 표기의 역사를 개관한 뒤, 현행 「외래어 표기법」(1986)의 규정에 대해 알아 보기로 한다.

5.1 외래어와 그 표기

5.1.1 외래어 일반

1) 정의

일반적으로 외래어(外來語)라 하면 자국어가 빌려 쓰고 있는 다른 언어의 어휘를 말한다. 학술 용어로는 차용어(借用語, loan word)라 하기도 하지만 이것은 그 지칭하는 범위가 외래어에 비해서 좁다. 따라서 일반 용어로는 외래어(고유어로는 '들온말')가 많이 쓰인다.

2) 성격

어떤 어휘가 외래어인지를 규정하기 위해서는 다음의 조건을 살펴야 한다.(金敏洙, 1973; 103-104)

㈎ 외국어에서 들어와야 한다. 문화나 문물은 서로 교류되는 게 당연한데, 이 때 문물과 함께 관련되는 어휘가 함께 따라오게 된다. 즉 외래어는 자국어가 아니라 외국어로부터 유입된 것이어야 한다는 것이다.

㈏ 수입되어야 한다.

㈐ 자국어 속에 들어와야 한다. 즉 외국어 문장에 쓰이는 것이 아니라 자국어의 문장에서 일정한 문법적 기능과 의미를 나타내면서 쓰여야 한다는 것이다.

㈑ 사용되어야 한다. 즉 자국어의 언어 사용자들이 이를 수용하여 실제 사용해야 한다는 것이다.

㈒ 단어라야 한다. 즉 하나의 문장이나 구가 아니라 단어로 수입되어 자국어의 어휘 체계에 맞게 쓰여야 한다는 것이다.

따라서 외래어는 외국어로부터 자국어에 들어와서 자국어의 체계에 맞도록 사용되는 어휘를 지칭하는 것이다.

3) 용어

외래어와 관련하여 쓰이는 것에 외국어(外國語), 차용어(借用語), 귀화어(歸化語), 고유어(固有語) 등이 있는데, 이들은 서로 구별될 수 있다.

⑴ 외국어 ; 외국어는 그 발음이나 문장 속에서의 문법적 기능이 외국어에서 쓰이는 대로 나타나게 되는 것이 특징이다. 따라서 넓은 의미에서 외래어와 외국어는 이론상으로 소속된 언어 체계에서의 사회적인 허용의 유무로 구분된다. 즉 실제로는 사용자의 국어 의식에 따라 주관적으로 구별되는 것이다. 결국 외국어는 이론적으로는 발음이나 문법적 특징에서 소속된 언어 체계로 변화를 입지 않은 것이지만, 실제로는 언어 사용자가 외국어로 의식하는가의 여부가 크게 작용한다는 것이다.

⑵ 차용어 ; 외국어에서 들어온 것이기는 하지만, 아직 고유어로 익지 않아서 언어 사용자에게 외국어라는 의식이 남아 있는 것을 말한다. 그러나 발음이나 문법적 현상 등은 자국어에 맞도록 변하는 것이 차용어의 특징이다. 학술적으로 쓰는 외래어는 보통 이 차용어에 해당된다. (예; 뷔페(buffet, 불어), 타이어(tyre, 영어) 등)

⑶ 귀화어 ; 다른 언어에서 들어온 뒤에 오랜 동안 쓰임에 따라 발음이나 문법에서뿐만 아니라 언어 사용자의 의식 속에서도 고유어에 동화된 것을 말한다. 따라서 이것은 외래적인 것인지를 일반 언어 사용자들은 거의 의식하지 못하는 경우가 많다.(예; 고무(gomu, 폴란드 어), 붓(筆, 중국어), 구두(クツ, 일본어), 냄비(ナベ, 일본어) 등)

⑷ (좁은 의미의) 외래어 ; 넓은 의미에서 보면 외국어를 뺀 차용어와 귀화어는 외국어에서 들어온 것이므로 외래어에 포함된다. 그러나 자국어에 어느 정도 동화되었고, 언어 사용자들이 어느 정도로 외래적인 의식을 갖고 있는가에 따라 차용어, 귀화어보다는 외국어로서의 의식이 강하게 남아 있는 것을 지칭할 때 좁은 의미로 외래어라 하기도 한다.(예; 커피(koffij, 폴란드 어), 카스텔라(castella, 포루투갈 어), 아르바이트(Arbeit, 독일어), 템포(tempo, 이탈리아 어), 스시(スシ, 일본어), 아이스 크림(ice creame, 영어) 등)[1]

1) 실제로 이러한 예들은 차용어라 할 수도 있을 것이다.

외래어를 넓은 의미로 사용하면 외래적인 요소를 갖는 차용어와 귀화어를 포괄할 수 있다. 이 경우에는 외래적인 요소가 전혀 없는 고유어와 대립되는 용어가 될 것이다. 그러나 위와 같이 좁은 의미로 한정하여 쓸 때에는 외래어는 차용어, 귀화어와도 구분된다. 또한 외래어와 외국어는 위와 같이 주관적인 기준으로 구분되는 경우가 있으므로, 한계를 명확히 하기에 어려움이 따른다.

4) 범위

앞에서와 같이 외래어를 넓은 의미로 규정할 것인가 아니면 좁은 의미로 한정할 것인가의 문제는 쉽게 결정되지 않는다. 그것은 구체적인 어휘를 두고 이것이 외국어인지 외래어인지를 구분하는 것이 쉽지 않기 때문이다. 특히 좁은 의미에서의 외래어를 말할 때 귀화어, 차용어와의 구분은 더욱 어렵기 때문이기도 하다. 또한 이론상으로는 소속된 언어 체계와 언어 사용자들의 수용 여부에 따라 구별되는 것이기는 하지만, 외국어란 의식의 여하에 따라 구분될 가능성이 적지 않기 때문이다. 따라서 외래어의 범위를 정하는 것은 여러 방식이 있을 수 있다. 이것을 다음에서 표로 보이기로 한다.

```
외국어: ┌ 발음 기타 변화 없음 ──────────┐
        └ 외국어란 의식 있음            │ 외래어 ③┐
(좁은 의미의) 외래어 ① ──────┐          │         │
차용어: ┌ 발음 기타 변화 있음 │ 외래어 ② ┘         │ 외래어 ④
        └ 외국어란 의식이 있음 ┘                   │
귀화어: ┌ 발음 기타 변화 있음                      │
        └ 외국어란 의식이 없음 ────────────────────┘
고유어(本國語)
```

위에서 보면 (좁은 의미의) 외래어①은 외래적인 요소가 있는 외국어, 차용어, 귀화어에 대립되는 개념으로 쓰이는 것이다. 그런데 외래어의 범위를 확대해 보면 차용어를 포함하는 외래어②와 외국어까지를 포함하는 외래어③, 그리고 귀화어까지를 포함하는 외래어④를 생각할 수 있다. 그런데 일반적으로는 이는 외국어와 외래어의 구분이 분명치 못하다는 점에서 학술적으로는 외국어와 고유어를 뺀 나머지로 외래어의 범위를 설정하는 것이 보통이다.(그런데 현행 [외래어 표기법](1986)은 언어 현실의 실제적인 문제로서, 외래어③을 표기 대상으로 한다.)

5) 구분

외래어는 도입 시기나 경로 등의 기준에 의해 나눌 수 있다. 국어의 경우 도입 시기로 보면, 근대화 시기를 기점으로 하여 근대화 이전과 이후로 구분하는 것이 보통이다. 왜냐하면 근대화가 되면서 외래어가 급증했고 또 도입의 근원지가 다변화했기 때문이다. 따라서 근대화 이전에는 주로 중국을 비롯한 대륙의 주변 민족어에서 유입되었는데, 근대화 이후에는 대부분 일본어와 서양어 등에서 유입되었다.

그리고 도입 경로로 보면, 원어 사용지로부터의 직접적인 도입과 제삼국어를 통해 굴절된 것을 받아들이는 간접적인 도입이 있다. 국어에서 '고뿌'(cup)나 '담배'(tabacco) 등은 일본어로, '佛蘭西, 露西亞' 등은 중국어로 굴절된 것을 간접적으로 도입한 것에 해당된다.

6) 특징

외래어는 자국어의 언어 체계에 따라 변형되는 특징이 있다. 따라서 음운, 문법, 의미 등에서 자국어화한다. 이러한 경향은 점차 귀화어로 되면서 외래어의 의식이 소멸되어 가기에 이른다. 다음에서 국어의 경우에 나타나는 몇 예를 살피기로 한다.

(1) 음운의 변화

자국어에 없는 외래어 받음은 자국어의 음운 중에서 가장 가까운 음(音)으로 바뀌고, 음절 구성의 방식도 자국어처럼 바뀐다. 한자음의 경우는 중국음에 비슷한 국어의 음운으로 발음하는 것에서 많은 예가 나타나는데, 영어에서 온 것을 중심으로 몇 예를 보이면 다음과 같다.

㈎ radio 라디오(나지오), lamp 램프(남포)
㈏ fry 프라이(후라이)
㈐ coffee 커피(코피)
㈑ strike 스트라이크
㈒ apartment 아파트, professional 프로

위에서 ㈎는 /l/과 /r/이 국어에서 /ㄹ/ 또는 /ㄴ/으로 바뀌고, ㈏는 /f/가 /ㅍ/ 또는 /ㅎ/로 바뀌는 것을 보여 준다. 그리고 ㈐는 모음의 /ɔ/는 /ㅓ/ 또는 /ㅗ/로 바뀌는 것이다. 한편 음절수(音節數)가 변화하는 것에서 ㈑는 늘어나는 현상을, ㈒는 줄어드는 현상을 보여 준다.

(2) 문법의 변화

국어에서 보면 외국어를 명사 또는 어근 단위로 차용하여 '-하다' 등을 붙여 동사 또는 형용사로 만들기도 한다. 이것은 단어의 품사적 성격을 바꾸는 것이며 새로운 단어를 형성하는 것이기도 하다.

㈓ 變 변-하다, 善 선-하다, 改定 개정-하다
㈔ hit 히트-하다(히트-치다), wild 와일드-하다, necktie 넥타이-하다

위에서 ㈓는 한자어의 경우, ㈔는 영어의 예에 해당한다.

(3) 의미의 변화

국어에서 본래의 의미가 바뀌어 쓰이는 경우도 있다.

㈕ Arbeit : '일'(독일어), '부업'(국어)
㈖ vacance : '휴가'(프랑스 어), '여름의 휴가 여행, 피서지에서 휴가를 보내는 일'(국어)

위의 ㈕, ㈖의 예는 의미가 바뀌는 것을 보여 준다.

7) 외래어 문제

외래어가 도입되면 앞에서 보듯 자국어의 고유한 음운, 문법, 어휘 체계가 반영되어 변하는 것이 보통이다. 그런데 반대로 외래어는 자국어에 여러 가지 영향을 미치기도 하는데, 국어의 경우 몇 가지를 제시하면 다음과 같다.

(1) 국어의 어휘를 풍부하게 하고, 또 동의어를 증가시킨다.
(2) 외래어식 조어법(造語法)이 발달하며 고유어의 조어 방식이 위축된다.
(3) 두자어(頭字語) 등으로 동음어가 증가한다.(예; '프로'는 'professional, programme, proletariat, prozent'의 여러 뜻으로 쓰인다.)
(4) 국어의 음운 체계에 없는 발음이나 고유한 음운 규칙에서 벗어나는 발음도 가능하게 한다.(예; '라이터(lighter), 레코드(record)' 등은 어두에서 'ㄹ'이 발음된다.)

이러한 외래어의 영향은 국어의 어휘를 풍부하게 하여 다양한 표현을 가능케 한다는 긍정적인 면과 함께, 고유어의 위축을 가져온다는 부정적인 면을 모두 지닌다.

5.1.2 외래어 표기의 일반 원칙

외래어는 자국어에 유입되어 실제로 쓰이는 어휘를 지칭하므로, 자국어 문자로 표기

되어야 한다. 이에 따라 국어의 경우에도 외래어 표기법을 마련하게 된다. 그런데 외래어가 자국어의 체계로 바뀌는 특성이 있다 하더라도, 그것을 자국어의 문자로 표기할 때에는 몇 가지 원칙이 세워져야 한다. 이것은 외래어 표기를 규정할 때 반드시 먼저 결정되어야 할 문제로 다음의 경우가 제시된다.

(1) 당시에 쓰이고 있는 문자만으로 한정할 것인지, 또는 새로운 부호를 사용할 것인지가 결정되어야 한다. 이것은 외국어와 자국어의 음운 체계의 불일치에서 비롯되는 것이 대부분이지만, 음절 형성의 방식 차이나 장단이나 고저와 같은 초분절적(supra segmental)인 요소의 차이에도 기인하는 것이다.

(가) fry[frai](영어) : 후라이, 프라이, 퐁라이
(나) ink[iŋk](영어) : 잉ㅋ, 잉크
(다) start[sta:t](영어) : 스타-트, 스타아트, 스타트

위에서 (가)는 음운 체계의 불일치에서 비롯되는 것이며, (나)는 음절 형성의 방법의 차이에서 비롯되는 것이고, (다)는 초분절 요소인 장음(長音) 표기 문제와 관련되는 것이다. 따라서 이 중에서 어떤 것을 선택할 것인지가 결정되어야 한다.

(2) 표음주의의 선택 여부가 결정되어야 한다. 이것은 문자 대 문자의 대응 표기를 할 것인지, 소리를 중심으로 표기할 것인지가 결정되어야 함을 뜻한다.

(라) Marx[marks](독일어) : 맑스, 마르크스, 맑스, 막스'
(마) book[buk](영어) : 북, 부크, 북

위 (라), (마)에서 제시된 예 중에서 어떤 방식을 채택할 것인지를 결정해야 한다. 특히 문자 대 문자의 대응 체계로 쓸 때에는 'charm[ʧa:m]'과 같이 국어에서 음절을 이루지 못하는 경우는 그 표기가 아주 곤란하게 된다.

(3) 원음(原音)주의 표기 여부가 결정되어야 한다. 외래어가 간접적으로 도입되어 제삼의 언어에 의해 굴절된 것이 있을 경우에 본국어의 음을 표기할 것인지, 굴절된 언어의 음을 표기할 것인지가 결정되어야 한다는 것이다.

(바) europe(영어) : 유럽(영어), 구라파(歐羅巴, 중국어)
(사) Egipt(영어) : 이집트(영어), 애급(埃及, 중국어)

위 (바)에서 영어의 음으로 쓰면 '유럽'이 되지만, 중국음에 따라 쓰면 '으우러빠', 또는 한국 한자음에 따라 '구라파'가 될 것이다. (사)도 'Egipt'가 '이집트', 또는 중국어('埃及')에

따라 '애지, 애급' 중에서 선택의 여지가 있는 것이다.

(4) 관용적으로 표기되어 오는 것을 존중하여 그대로 인정할 것인지의 여부도 결정되어야 한다.

> ㈀ cut(영어) : 커트, 컷, 컽
> ㈁ 東京(일본어) : 토쿄, 토오쿄오, 도쿄, 동경

위에서 관용적으로 영어의 'cut'은 '커트, 컷, 컽' 등과 같이 한 음절과 두 음절로 표기되기도 했는데, 이것은 서로 다른 의미로 쓰이는 것이다. 그리고 '東京'은 일본 한자음뿐만 아니라 한국 한자음에 따라 '동경'으로도 널리 쓰이고 있다. 이렇게 관용화되어 널리 쓰이는 것은 어느 하나만으로 정할 것인지, 아니면 두루 허용할 것인지가 결정되어야 하는 것이다.

5.2 국어 외래어 표기법의 역사

국어 속에는 오랜 역사를 지나면서 주변 민족의 언어로부터 유입된 많은 어휘들이 존재하고 있다. 그러나 아주 오래된 것은 고유어와의 구분이 어려울 정도로 귀화되었을 것으로 추정되며, 이들이 외래어라는 의식이 전혀 없이 쓰이는 것도 있다.

외래어 표기는 문자가 준비됨으로써 가능하다. 국어 표기법의 역사에서 한자 차용 표기 시대가 있기는 하지만, 온전한 표기 수단으로서의 문자는 훈민정음(訓民正音)의 창제에서 비롯된다고 할 수 있다. 다음에서 훈민정음 창제 이후 이 문자에 의한 외래어 표기의 역사를 세 단계로 나누어 간략히 살피기로 한다.

5.2.1 훈민정음 창제 시기의 외래어 표기

훈민정음(訓民正音)의 창제는 국어의 전면적인 표기뿐만 아니라 당시의 중국 한자음과 우리 한자음을 모두 표기하는 발음 부호로도 쓰였다. 게다가 문헌에 따라서는 주변 민족 언어의 어휘를 표기한 예도 나타난다.

1) 「龍飛御天歌」(1447)의 예

「龍飛御天歌」(1447)에 나타나는 외래어 표기의 예를 몇 가지 보이면 다음과 같다.[2)]

---

2) 예는 金敏洙(1980;122-3)에서 인용한다.

兀良哈	오랑캐(一 7)	豆滿江	투먼(一 8)
童巾	퉁건(一 8)	圍仍浦·	이싱개(一 31)
加乙頭	갈두(一 38)	吹螺赤	츄라치(一 47)
阿其拔都	아기바톨(七 10)	海西	히ᄉᆞ(七 22)

이는 당시 한자로 표기하던 외래어의 발음을 본래의 음을 따라 훈민정음으로 정확히 표기하려 한 것이다.

2) 문헌에 두루 보이는 예

「訓蒙字會」(1627) 등의 문헌에 두루 산재되어 있는 외래어 표기의 예는 여러 가지 있는데, 대개 국어음으로 바뀐 대로 되어 있는 게 특징이다. 다음에 몇 가지 예를 보인다.[3)]

미순(滿洲語, 醬) → 며주(「訓蒙字會」(1627) 中 21)
숑코르(滿洲語, 鷹) → 숑골(「訓蒙字會」 上 15)
모리(蒙古語, 馬) → 뭘(「龍飛御天歌」 34)
무시(蒙古語, 麮) → 미시(「訓蒙字會」 中 20)
기ᄉᆞ미(日本語, きざみ 煙草) (「青丘永言」 大學本 100)

이를 보면 외래어를 표기하기 위해 새 글자나 부호를 따로 만들어 쓰지 않고, 국어의 발음 범위에서 훈민정음으로 표기했음을 알 수 있다.

5.2.2 개화기의 외래어 표기

개화기 이후 국어에 유입되는 외래어는 서양의 여러 언어나 일본어가 주류를 이루었다. 이것은 그 이전의 중국어나 주변 민족 언어로부터의 유입과는 다른 현상이다. 이 때의 번역 성경에 나타나는 몇 예를 보이면 다음과 같다.[4)]

Abraham → 압라함 David → 다빗 Isaac → 이삭
Jacob → 야곱 Joseph → 요셉 (「예수셩교전서」 1)

그러나 이 당시에는 외래어와 외국어를 분명히 구분하지 않고, 모두 원음(原音)에 충실하려는 원칙으로 표기하려 했던 것이 특징이다.

---

3) 예는 金敏洙(1973:116)에서 인용한다.
4) 예는 金敏洙(1973:116)에서 인용한다.

5.2.3 조선어 학회의 「외래어 표기법 통일안」(1941)

조선어 학회는 맞춤법, 표준어 외에 「외래어 표기법 통일안」(1941)을 마련했다. 조선어 학회는 1938년 '외래어 표기법', '일본 말소리 표기법', '우리말 소리의 로마자 표기법', '우리말 소리의 만국 음성 기호 표기법' 등의 네 가지 원안을 작성했다. 그리고 1940년 확정하고, 1941년 1월 발간했다.

이것은 다음과 같은 「한글 마춤법 통일안」(1933) 제60항의 외래어 표기법의 일반 원칙에 따른 것이었다.

> 第六〇項 外來語를 表記할적에는 다음의 條件을 原則으로 한다.
> (一) 새 文字나 符號를 쓰지 아니한다.
> (二) 表音主義를 取한다.

이것은 외래어와 외국어를 구분하는 것이며, 외래어의 표기는 원음보다는 국어의 음을 따라 적되, 새 문자나 부호를 사용하지 않고 당시 쓰이고 있던 우리 문자만을 사용한다는 것이다. 그러나 이러한 원칙에도 불구하고 당시 여러 견해가 대립되어 1938년 원안이 이루어지고, 1940년 6월에 결정되었다. 그리고 1941년 1월에 결정된 통일안이 간행되어 나왔는데, 그 원칙은 다음의 총칙에 나타나 있다.[5)]

> 一. 외래어를 한글 표기함에는 원어의 철자나 어법적 형태의 어떠함을 묻지 아니하고 모두 표음주의로 하되, 현재 사용하는 한글의 자모와 자형만으로써 적는다.
> 二. 표음은 원음의 발음을 정확히 표시한 만국음성기호를 표준으로 하며, 아래의 대조표에 의하여 적음을 원칙으로 한다.

이것은 표음적 표기를 원칙으로 하되, 새로운 부호나 글자를 사용하지 않고 현용 한글 자모만으로 표기하는 것이었다. 그러나 일제 강점기 말이라는 당시의 사정으로 널리 쓰이지는 못했다.

5.2.4 문교부의 표기법

1) 「外來語表記法」(1948)

해방 후 문교부 주관 아래에 「外來語表記法」(1948)이 나왔는데, 이것은 조선어 학회

---

5) 자료는 한글 학회(1971;235)에서 인용한다. 그리고 대조표는 다음의 5.2.5절에서 다른 규정과 함께 묶어 보이기로 한다.

의 통일안과는 달리 당시 최현배 개인의 안을 대폭 수용한 것이었다.[6] 이것은 학술 용어 제정 위원회 제20분과 언어 과학 위원회에서 제정한 것으로, 내외국인이 두루 참여했다. 이 규정의 취지는 '머리말'을 통해 이해할 수 있는데, 일부를 보이면 다음과 같다.[7]

> 외국말이 우리 나라에 들어와 쓰이는 것의 소리냄(發音)을 똑바로 적어내기는, 어떻게 보면, 아주 쉬운 듯하지만, 그 실은 극히 어려운 일에 붙는다. 각 나라의 소리냄이 각각 유다름이 있고, 또 그것을 듣는 우리 각개 사람의 귀도 또한 경험과 지식과 버릇 들을 따라 서로 다름이 크다. 그러므로, 이 문제를 처결함에는 각 개인이 가지고 있는 주관적 견해로서 할 것이 아니라, 모름지기, 첫째로, 한글(우리말의 소리) 그것의 본연의 바탈과 로오마 자 및 나라 사이의 소리표(國際音聲記號,International phonetic sign)의 본연의 바탈과 그 역사적 사용법을 밝히고, 두째로 서양인 동양인 학자들의 한글과 외국음과의 비교 연구 결과를 참조하여서, 객관적으로 두루딱맞음성(普遍妥當性)이 있도록 규정하지 않으면 안 될 것이니, 왜냐하면, 대저 말소리란 것은 객관적 자연 과학적 사실이기 때문에 내 나라말이라고 해서, 그에 대한 나의 견해가 반드시 외국인의 견해보다 바르다고 말할 수는 없는 까닭이다.

결국은 외국어의 발음과 한글의 음(국어의 음운 체계)을 철저히 비교하여 대응시킬 수 있는 표기안을 만들어야 한다는 것이다.

따라서 이 표기법의 특징을 보면, 음성 기호를 문자로 바꿔 적는 정밀 표기의 음성 전사(音聲轉寫) 방식으로, 한글 자모 외의 글자와 부호를 사용하고, 장음(長音)을 같은 모음으로 거듭 적었다. 따라서 이와 같은 방식은 너무 전문적인 것이어서 일반인이 사용하기에는 상당한 어려움이 있었다. 또한 당시에 쓰이지 않던 다음과 같은 전통적인 문자를 새로 쓰기도 했다.

[f] : ㆄ [v] : ㅸ [z] : ㅿ [l] : ㄹㄹ

또한 장모음(長母音)의 경우 같은 모음을 중복 표기함으로써, 'New York'을 '뉴우요오크'로 적도록 되어 있었다.

2) 「로마자의 한글화 표기법」(1958)

문교부는 당시의 외래어 표기법의 혼란을 해결하기 위해 1956년부터 국어 심의 위원

6) 이하의 문교부 표기법에 관한 것은 金敏洙(1973:120-123)에서 인용한다.
7) 자료는 金敏洙(1973:641-642)에서 인용한다.

회 외래어 표기 분과 위원회를 두어, 1957년 8월「로마자의 한글화 표기법」을 마련하고, 1958년 9월에 확정한 뒤 같은 해 10월 20일 발표하였다. 그 기본 원칙을 보면 다음과 같다.

1. 외래어 표기에는 한글정자법(正字法)에 따른 현용 24자모만을 쓴다.
2. 외래어 1음운은 원칙적으로 1기호로 표기한다.
3. 받침은 파열음에서는 ㅂ, ㅅ, ㄱ, 비음(鼻音)에서는 ㅁ, ㄴ, ㅇ, 유음(流音)에서는 ㄹ만을 쓴다.
4. 영어, 미어(美語)가 서로 달리 발음될 때에는 그것을 구별하여 적는다.
5. 이미 관용된 외래어는 관용된 대로 적는다.

이것은 새 글자나 부호를 쓰지 않는다는 점에서 1948년의 문교부 안이 폐기되고, 1940년의 조선어 학회 안이 부활됨을 의미하는 것이다. 그러나 이도 역시 불완전한 것이어서 여러 차례의 수정을 하게 되는데, 특히 문제가 되었던 것은 '뉴우요오크'와 같은 국어에 없는 장모음의 중복 표기였다.

3)「외래어의 한글 표기법」(1969)

이것은 앞의「로마자의 한글화 표기법」(1958)의 문제점을 보완한 것으로, 1969년 3월부터 국어 심의 위원회에서 심의되어 같은 해 5월 한글 전용 연구 위원회에서 결정되었다. 그러나 시행되지 못하고 보류된 상태로 묻혀졌다. 그 주요한 수정된 부분은 다음과 같다.

(1) 長音表示를 폐기한다.
(2) 佛語의 p, t, k를 ㅃ, ㄸ, ㄲ로 쓴다.

장모음의 중복 표기법의 폐지로 '뉴우요오크→뉴욕'과 같이 국어 표기법과 일치하게 되었으나, '앙케트→앙께뜨, 쿠데타→꾸데따, 아베크→아베끄' 등의 불어(佛語)의 된소리 표기는 새로운 문제를 제기하는 것이었다.

5.2.5 표기 일람표의 대조

앞서 서술한 세 가지의 외래어 표기 규정, 즉 조선어 학회의「외래어 표기법 통일안」(1941)과 문교부의「외래어 표기법」(1948), 그리고「로마자의 한글화 표기법」(1958)의 표기 일람표를 간략히 하여 서로 대조해 보면 다음과 같다.

<자음자>

	1941	1948	1958
ph	ㅍ	ㅍ	
p	ㅍ	ㅂ	ㅍ
p'	ㅃ	ㅃ	
b	ㅂ	ㅃ	ㅂ
f	ㅍ	퐁	ㅍ
v	ㅂ	봉	ㅂ
th	ㅌ	ㅌ	
t	ㅌ	ㄷ	ㅌ
t'	ㄸ	ㄸ	
d	ㄷ	ㄸ	ㄷ
Θ	ㄷ	ㄷ	ㄷ
ð	ㄷ	ㄷ	ㄷ
kh	ㅋ	ㅋ	
k	ㅋ	ㄱ	ㅋ
k'	ㄲ	ㄲ	
g	ㄱ	ㄲ	ㄱ
s	ㅅ	ㅅ	ㅅ
s'	ㅆ	ㅆ	
ʃ	ㅅ	ㅅ	시
z	ㅈ	△	ㅈ
ʒ	ㅈ	△	지
dz	ㅈ	ㅉ	쯔
ʤ	ㅈ	ㅉ	지
ʤ'	ㅉ	ㅉ	
ch	ㅊ	ㅊ	
t	ㅊ	ㅈ	츠
t	ㅊ	ㅈ	치, ㅊ
m	ㅁ	ㅁ	ㅁ
n	ㄴ	ㄴ	ㄴ
l	ㄹ	ㄹㄹ	ㄹ
r	ㄹ	ㄹ	ㄹ
ŋ	ㅇ	ㅇ	ㅇ
h	ㅎ	ㅎ	ㅎ

<모음자>

	1941	1948	1958
a	ㅏ	ㅏ	ㅏ
ʌ	ㅏ	ㅓ	ㅓ
ə	ㅓ	ㅓ	ㅓ
o	ㅗ	ㅗ	ㅗ
ɔ	ㅗ	ㅗ	ㅗ
u	ㅜ	ㅜ	ㅜ
i	ㅣ	ㅣ	ㅣ
æ	ㅐ	ㅐ	ㅐ
e	ㅔ	ㅔ	ㅔ
ɛ	ㅔ	ㅔ	ㅔ
ø	ㅚ	ㅚ	ㅚ
y	ㅟ	ㅟ	ㅟ
j	(ㅣ)	(ㅣ)	ㅣ)
w	ㅜ	ㅜ	ㅗ(ㅜ)

<자음자> 표기에서 가장 큰 문제는 외래어와 한글 자모 사이의 음운 체계의 차이에 있다. 즉 국어가 '평음(예사소리):격음(거센소리):경음(된소리)'의 3지적 대립을 이루는 데 비해서, 영어 등의 서구어는 '평음:유성음'의 2지적 대립을 이루는 것이다. 따라서 한글은 'ㄱ:ㅋ:ㄲ'의 대립 관계가 성립하지만, 무성의 [k]와 유성의 [g]의 구별 표기가 불가능하다. 이러한 불일치를 처리하는 방법에서 자음자의 표기 체계가 크게 달라진다.

「통일안」(1941)은 격음과 평음을 'ㅋ'로, 경음을 'ㄲ'로, 유성음을 'ㄱ'로 대응시키는데, 「外來語 表記法」(1948)은 격음을 'ㅋ'로, 평음을 'ㄱ'로, 경음과 유성음을 'ㄲ'로 대응시켜 표기한다. 이에 비해 「한글화 표기법」(1958)은 무성음을 'ㅋ'로, 유성음을 'ㄱ'로 표기하고, 'ㄲ'는 사용하지 않는다. 결국 위의 세 안은 자음자의 표기를 위해 '격음·평음:경음:유성음'으로 묶는 방안, '격음:평음:경음·유성음'으로 묶는 방안, 그리고 '평음:유성음'으로 단순화하는 방안으로 서로 구별된다.

순치음의 [f]와 [v]는 평음과 유성음으로 구별되는 것이나, 이에 대응되는 한글 자모는 마련되어 있지 않다. 이것에 대해 「통일안」(1941)과 「한글화 표기법」(1958)은 각각 'ㅂ'과 'ㅍ'에 대응시켜 표기하는데, 「外來語 表記法」(1948)은 당시 사용되지 않는 글자인 'ᇴ'와 'ㅸ'로 표기한다. 이러한 방식은 [z]와 [ʒ]를 'ㅿ'로 표기하거나, [l]를 'ㄹㄹ'로 표기하는 데에서도 나타난다. 이것은 「外來語 表記法」(1948)이 비교적 철저한 음성 전사법이었음을 알려 주는 것이기도 하다. 그 밖에 구개음(口蓋音)의 표기에서는 「한글화 표기법」(1958)이 'ㅣ'모음을 붙여 표기하는 특징을 보인다.

<모음자> 표기에서는 큰 차이를 보이지는 않으나, [ʌ]의 경우 「통일안」(1941)이 'ㅏ'로, 「外來語 表記法」(1948)과 「한글화 표기법」(1958)이 'ㅓ'로 표기한다거나, 반모음 [w]를 「통일안」(1941)과 「外來語 表記法」(1948)이 'ㅜ'로, 「한글화 표기법」(1958)이 'ㅗ/ㅜ'로 표기한다는 점에서 약간의 차이가 있다.

실제로 위의 세 안에 따라 구체적인 표기의 예 몇 가지를 대조하여 보이면 다음과 같다.

	1941	1948	1958
pulp[pʌlp]	팔프	펄프	펄프
bible[baibl]	바이블	빠이쁠	바이블
film[film]	필름	필름	필름
left[left]	레프트	레ᇴ뜨	레프트
Cambridge[keimbridʒ]	케임브리지	게임브리찌	케임브리지
game[geim]	게임	께임	게임
mark[mɑ:k]	마크	마악	마크

이러한 차이는 서로 다른 음운 체계를 표기상에서 어떻게 대응시키는가의 차이에서 연유하는 것이다.

5.3 현행 「외래어 표기법」(1986) 해설

5.3.1 외래어 표기법의 개정 경위[8)]

현재의 외래어를 표기하는 방법은 1958년 '국어 심의회'에서 제정하고 문교부에서 공포 시행한 '로마자의 한글화 표기법'을 근간으로 하고, 그것을 부분적으로 보완한 편수자료 제 3.4집에 바탕을 두고 실시되는 바, 각급 학교 교과서는 물론 대다수 사서 및 일

8) 이 부분은 「국어생활」 4호(1986)에 실린 내용을 그대로 옮기되, 추진 경위 부분은 간략히 요약하기로 한다. 따라서 현행 표기법에서 어긋나는 것이 있을 수 있다.

반 서적들도 이 원칙에 따라 적고 있다.

그러나 일부 학계 및 언론계에서는 현행 표기법은 첫째로 표기의 원칙과 세칙이 분산되어 있어 그 체계에 일관성이 결여되어 있으며, 둘째로 외래어 표기 방법이 국어의 음운 체계로 보아 무리가 있는 점이 있고, 셋째로 외국어의 특성이 고려된 표기의 세칙이 미흡하다는 비판과 더불어 동 표기법의 일부 규정을 따르지 않는 사례가 적지 않아 표기상의 혼란이 야기되어 표기법의 개정이 필요하게 되었다.

또한 '86 아시안 게임과 '88 서울 올림픽 등 국제 행사를 앞두고 외국의 인명, 지명 등 외래어 표기법의 필요성이 점증하는 이 시점에서 표기법의 통일은 어문 정책적 차원에서 시급히 해결해야 할 필요성이 있어 현행 표기법의 문제점과 미비점에 대한 보완을 강구하게 되었다.

그리하여 문교부에서는 다음과 같은 개정 사업을 추진하여 1985년 12월 28일에 이 '외래어 표기법'을 확정 고시하게 되었다.

그 간의 경위를 보면 다음과 같다.

1977. 2월	현행 외래어 표기법의 문제에 대한 연구를 검토 위원에게 위촉
1978. 5~6월	국어 심의회 전문 위원, 동 표기법 문제점 분석 연구
1978. 8~11월	국어 심의회(표기법 분과) 심의
1978. 12월	개정 시안 발표
1978. 12~1979. 7월	공청회 및 여론 조사
1979. 7~8월	여론 분석 및 국어 심의회 재심
1979. 8월	개정 시안의 수정안 발표
1979. 10~11월	국어 심의회 재심
1979. 11월	국어 표기법안 마련
1981. 5월	학술원에 '79 개정안 검토를 의뢰
1982. 1월	학술원 어문 연구 위원회 구성
1982. 10~1983. 10월	개정안의 문제점 및 보완
1982. 10~1984. 10월	공청회 및 설문 조사,일부 수정
1984. 11월	외래어 표기법 개정안 보완
1984. 12월	문교부에 보고
1985. 2월	국어 연구소에 '84개정안 재검토 보완 의뢰
	국어 연구소에 외래어 표기법 심의 위원회 구성
1985. 2~1985. 8월	공청회 및 수정 보완
1985. 9월	국어 연구소 최종안(해설서 포함) 마련
1985. 10월	국어 심의회(표기법 분과)에서 국어 연구소의 개정안 심의
1985. 11월	외래어 표기법 최종 시행안 마련
1985. 12월 28일	외래어 표기법 확정 고시

5.3.2 「외래어 표기법」(1986)의 구성과 기본 원리

1) 전체적 구성

현행 「외래어 표기법」(1986)은 다음의 목차와 같이 4장으로 구성되어 있다.

제1장 표기의 기본 원칙
제2장 표기 일람표
제3장 표기 세칙
제4장 인명, 지명 표기의 원칙

'제1장'은 외래어 표기의 기본 원칙을 정한 것이고, '제2장'은 국제 음성 기호, 에스파냐어, 이탈리아어, 일본어의 가나, 중국어의 주음 부호(注音符號) 등과 한글을 대조하는 대조표가 제시되어 있다. '제3장'은 각 언어의 구체적 표기 세칙을 보이는 것으로, 영어, 독일어, 프랑스어, 에스파냐어, 이탈리아어, 일본어, 중국어 등의 표기에 관한 항목이 제시되어 있다. '제4장'은 동·서양의 인·지명 표기와 바다, 섬, 강, 산 등의 고유 명사 표기 세칙이 제시되어 있다.

2) 기본 원리

현행 「외래어 표기법」(1986)의 기본 원리는 다음과 같이 '제1장 표기의 기본 원칙'에 5개항으로 제시되어 있다.[9)]

제1항 외래어는 국어의 현용 24 자모만으로 적는다.
제2항 외래어의 1음운은 원칙적으로 1기호로 적는다.
제3항 받침에는 'ㄱ, ㄴ, ㄹ, ㅁ, ㅂ, ㅅ, ㅇ'만을 쓴다.
제4항 파열음 표기에는 된소리를 쓰지 않는 것을 원칙으로 한다.
제5항 이미 굳어진 외래어는 관용을 존중하되, 그 범위와 용례는 따로 정한다.

'제1항'은 외래어의 표기를 위해 특별한 기호나 글자를 만들지 않는다는 뜻이다. 따라서 음성 전사 방식과 같은 철저한 원음주의는 아닌 것이다. '제2항'은 이른바 'one letter per phoneme'의 원리에 충실한 것으로, 문자와 음운의 일 대 일 대응에 의한 표음주의 표기를 의미한다. 그러나 두 언어 사이의 불일치에 따라 이러한 원칙의 적용이 철저할 수 없음을 인정하고 있다.

---

9) 이것은 앞의 5.1.2절에서 기술된 외래어 표기의 일반 원칙과 관련된다.

'제3항'은 국어의 이른바 말음 규칙을 표기에 적용한 것으로, 현대 국어의 7종성 체계와 관련된다. 그런데 여기서 'ㄷ'을 쓰지 않고 'ㅅ'을 쓰는 것은 외래어의 현실 발음을 존중하는 태도이다.[10] '제4항'은 파열음에서의 된소리 표기, 즉 'ㅃ, ㄸ, ㄲ'는 외래어 표기에 사용되지 않는다는 것으로, 따라서 'ㅂ:ㅍ, ㄷ:ㅌ, ㄱ:ㅋ'의 2원 체계로 표기됨을 의미한다. 이것은 원음에 충실하려는 것보다는 규칙성과 간결성을 살리기 위한 하나의 방편으로 이해된다. 그러나 'ㅆ, ㅉ의 표기는 인정하고 있다.

'제5항'은 관용화된 표기를 인정하는 것이다. 그러나 이러한 관용화의 한계를 어떻게 정할 것인가의 문제가 있는데, 이에 대해서는 따로 규정을 마련한다는 것이다.

[참고] 외래어에 관한 일반적인 문제를 정리한 것으로는 金敏洙(1973) 제3장을 참조할 수 있는데, 金敏洙(1984)와 서정수(1988)에서는 구체적인 문제가 지적되어 있다. 외래어 표기법의 역사도 역시 金敏洙(1973) 제3장을 참조할 수 있다.

현실의 언어생활에서 가장 오류가 많이 나타나는 것 중의 하나가 외래어 표기에 관한 것이다. 그것은 간판 표기의 오류를 조사 분석한 우형식(1998)에서 지적하고 있는 것처럼 외래어 표기가 고유어가 아닌 언어와 관련된다는 점에서 일반인들의 관심이 그 만큼 적다는 것을 뜻한다. 현행 외래어 표기법은 대상 언어가 크게 확대되어 있는데, 이에 대해서는 국립국어원 누리집(http://www.korean.go.kr)에서 확인할 수 있다.

10) 이것은 「한글 맞춤법」(1988) 제7항과도 관련된다.

제6장 로마자 표기법

이 장에서는 국어 정서법의 네번째 분야로, 국어의 로마자 표기법에 대해 다루려고 한다. 국어는 대내적으로 한글로 표기되지만, 대외적으로는 국제적인 문자인 로마자로 표기되어야 하는 경우가 있다. 다음에서 로마자 표기에 관련되는 일반적인 문제를 검토하고, 국어의 로마자 표기 규정의 역사를 개관한 뒤, 현행 「국어의 로마자 표기법」(2000)에 대해 알아 보기로 한다.

6.1 로마자와 그 표기

6.1.1 로마자 일반

1) 용어상의 문제

로마자 표기(Romanization)라 하면 자국어나 자국 문자를 로마(Roma)자(字)를 사용하여 표기 또는 철자하는 것을 말한다. 이와 유사한 것에 로마자화(Romanizing)라는 것도 있는데, 이것은 로마자 이외의 문자를 사용하는 언어사회에서 새로이 로마자를 국자(國字)로 채택하여 사용하는 것을 말한다. 단순히 라틴화(Latin化)라고도 한다. 로마자화는 국민 각자의 문자에 대한 부담을 줄이고, 사회적인 소통을 원활히 하기 위한 목적으로 이루어진다.

로마자 표기는 로마자화와는 다르다. 로마자화가 자국 문자를 버리고 로마자로 자국어를 표기하려는 것이라면,[1] 로마자 표기는 자국 문자로 자국어를 표기하면서 자국어의 국제화와 보편화를 위해 로마자를 이용하는 것이기 때문이다. 따라서 현행 「국어의 로마자 표기법」(2000)은 후자에 해당되는 것이다.

---

1) 예를 들면, 터키는 1928년부터 종래의 아라비아 문자를 폐지하고 로마자를 채용하여 개정을 거듭한 끝에 성공을 거둔 바가 있다. 중국에서는 한자(漢字)의 폐해로 인해 주음 부호(注音符號)로서 '국어 로마자'라는 로마자 철자법이 1928년 공포되어 사서(辭書) 등에 이용되기도 했으며, 1929년에는 '라틴화 신문자'라는 로마자화 방법이 강구되기도 했다. 일본(日本)에서는 난부(南部義壽)의 '수국어론(修國語論)'을 시초로 로마자화 운동이 전개된 이후 20세기 초반까지 논쟁이 이어져 왔으나, 현재에는 쇠퇴한 상태이다.

2) 로마자의 형성

로마자는 표음문자에 속한다.(앞의 2.2.1절 참조) 즉 로마자의 각 문자는 한자와 같은 표의문자와는 달리, 모양(形)과 소리(音)는 있으나 뜻(義)을 갖고 있지 않다. 또한 로마자는 표음문자 중에서도 한글의 기본 성격과 마찬가지로 음소문자에 해당된다. 따라서 문자의 수가 음절문자보다도 적은 특징이 있다.

로마자는 라틴 어의 문자로서 라틴 문자 또는 라틴 알파벳이라고도 하는데,[2] 본래는 페니키아 문자에서 유래했다.(페니키아 문자는 이집트 문자에서 유래한 것이다.) 페니키아 문자는 그 후 여러 종류로 파생되어 갔는데, 그 중 가장 발달된 것이 3천여 년 전에 이미 표음문자로 고안된 지방 셈계(Semic)의 문자를 바탕으로 이루어진 그리스 문자였다. 로마자는 그리스 문자 중에서 B.C. 7세기 경에 서방(西方) 그리스의 유비아(Euboea) 문자가 식민(植民)과 함께 로마인에게 전해지면서부터 시작된 것이다.([國語國文學事典], 新丘文化社, 1980;207)

로마자는 문자 하나하나가 뜻을 갖고 있지 않은 음소문자이지만,[3] 처음에는 일정한 뜻을 상형(象形)한 유래를 갖고 있다.[4] 그러나 점점 상형의 의식은 사라지고, 자형(字形)도 바뀌었다. 또한 자모의 수(數)에서도 여러 변화를 겪었다. B.C. 3세기 경에 C에서 G가 파생되고, B.C. 2세기 경에 그리스 문자에서 다시 X, Y, Z를 수입하여 기원 전후에는 23자모를 이루었다가, 15세기에 J, U가 파생되고, U가 겹쳐진 W가 나와 현재의 26 자모 체계를 갖추게 되었다.([國語國文學事典], 新丘文化社, 1980;207)[5]

3) 로마자 표기의 이유

로마자는 근본적으로는 음소문자이면서, 오랜 동안 쓰이면서 수(數)는 적지만, 문자의 모양이 다양하면서도 조화와 아름다움이 들어가게 되었다. 그리하여 많은 언어사회에서

---

2) 알파벳(alphabet)이란 이름은 페니키아 어의 'alef bet'에서 온 것으로, 이것은 'alpha beta'로서 글자의 이름을 순서대로 부르는 것이었다. 즉 한글을 '가나다라'로 말하는 것과 유사하다.

3) 그러나 실제 운용상(運用上)으로 보면, 로마자는 묵음자(默音字)가 적지 않을 뿐만 아니라, 동음이철(同音異綴) 현상이 많아 표의성이 나타나기도 한다.(예를 들면 영어의 night와 knight, 프랑스 어의 est와 et, on과 ont 등이 있다.)

4) 예를 들어, A(alpha)는 소의 머리(head of ox)를, B(beta)는 집(house)을, C(gamma)는 낙타(camel)를 상형한 것이라 한다.

5) 현재의 모양으로만 보면, W자는 V자가 문자 겹치기의 방법으로 만들어진 것이라 할 수도 있다. 한글에서의 병서자와 유사하다.(앞의 2.2.1절 1)항 참조)

이 문자를 사용하여 자국어를 표기하여 국제성(國際性)을 띠게 되었을 뿐만 아니라, 원래부터 이 문자로 표기하던 라틴 어가 사어화(死語化)되면서 무국적성(無國籍性)을 갖기에 이르렀다. 이러한 로마자의 국제성과 무국적성은 이 문자가 로마 또는 서양의 글자만이 아니라, 문명 세계의 글자가 되도록 하였다.[6]

이러한 점을 중심으로 자국어의 표기에서 로마자가 채택되게 된 이유(국어의 로마자 표기를 포함하여)를 정리하면 다음과 같이 될 것이다.(金敏洙, 1973;286)

(1) 로마자는 60여 나라에서 쓰이므로 국제 교류에 적합하다.
(2) 로마자는 역사적으로 오랫 동안 사용되었다.
(3) 수학, 화학, 물리 등의 학문에서 많이 쓰인다.
(4) 자수(字數)가 적어 배우기 쉽다.
(5) 문자의 기계화가 쉽다.

그러나 로마자가 이러한 이점(利點)이 있다 하더라도, 자국어와 로마자 사이의 음운 체계가 일치하는 것을 아니기 때문에, 실제의 이용에서는 따로 규정을 마련하지 않으면 혼돈이 일어날 여지가 있다.

4) 로마자 표기의 목적

로마자를 자국어의 표기에 이용하는 것은 앞서 본 것과 같이 대외적(對外的)으로 필요한 로마자 표기(Romanization)와 자국 문자를 버리고 적극적으로 자국어의 전반적 표기로 하는 로마자화(Romanizing) 등이 있다. 또한 로마자는 자국어의 정확한 발음을 전사(轉寫)하기 위해 쓰이기도 한다. 이들을 로마자를 채택하여 자국어를 표기하는 목적에 따라 분류하면 다음과 같이 될 것이다.(金敏洙, 1973;186)

언어 표기	→	국자(國字)	:	대내적
발음 전사	→	기호(記號)	:	대내외적
로마자 표기	→	만국자(萬國字)	:	대외적

위에서 언어 표기는 이미 있는 문자를 버리고 로마자로 자국어를 전면적으로 표기하는 것을 말한다. 터키나 베트남 등에서 쓰이고 있는 것에 해당된다. 발음 전사는 국자(國字)의 보조 기호로서 표준 발음이나 외국인의 자국어 학습 또는 언어학적 음소

6) 그러나 로마자가 모든 방면에서 국제성을 띠는 것은 아니다. 예를 들면 숫자(數字)를 표기하는 것에서는 'Ⅰ, Ⅱ, Ⅲ, Ⅳ, Ⅴ' 등보다는 '1, 2, 3, 4, 5' 등의 인도(印度)에서 아라비아를 거쳐 유럽에 전파된 아라비아 숫자가 널리 쓰이고 있다.

분석 등의 필요에 따라 이용하는 것을 의미한다. 따라서 이것은 음성 전사(phonetic transcription)에 해당한다. 로마자 표기는 자국어의 문자가 국제적으로 통용되지 못할 때 필요한 것이다. 따라서 다음에 설명되는 현행 「국어의 로마자 표기법」(2000)은 이에 해당된다.

6.1.2 로마자 표기의 원칙

서로 이질적인 두 언어는 그 음운 체계가 다르므로, 서로 음역(音譯)하는 데에는 일대 일의 대응이 되지 않는 점이 상당히 많다.[7] 또한 같은 로마자라 해도 영어식, 불어식, 또는 독어식으로 그 문자를 이용하는 점에 차이가 있다. 이런 문제는 자국어의 로마자 표기가 일정하게 규범적으로 정해져야 함을 내포한다.

로마자 표기를 정함에 있어 가장 중요한 것은 음성 표기(音聲表記)와 음소 표기(音素表記)의 결정에 있다. 음성 표기는 이음(異音, allo-phone)을 가려 적어 실제의 자국어 발음에 가까운 표기이며, 음소 표기는 이음을 무시하고 음소(音素, phoneme)를 대상으로 적는 것으로 자국어의 철자(綴字)를 거의 그대로 옮겨 놓은 것이다. 이 두 방법을 비교하여 다음과 같이 보일 수 있다.(金敏洙, 1973:288)

음성 표기 ; 표음주의적이어서 외국인의 발음에 편리하나, 언어 구조가 나타나지 않는다.

음소 표기 ; 표의주의적이어서 언어 구조를 나타냄에는 유리하나, 외국인이 자국어의 음운 규칙에 따라 발음하기 어렵다.

현행 「국어의 로마자 표기법」(2000)은 음성 표기를 채택한 것으로, 발음대로 표기하도록 되어 있다. 그러나 문교부 안으로 나왔던 「한글의 로마자 표기」(1959)는 음소 표기였다. 이 두 표기 방식의 차이를 예로 들어 보이면 다음과 같다.

		㈎	㈏
독립문	:	Dongnimmun	Doglibmun
속리산	:	Songnisan	Sogrisan

위에서 ㈎는 음성에 따라 실제의 발음을 중시하여 표기한 것이며, ㈏는 음운에 대응하여 표기한 것이다.

로마자 표기 규정에서 결정되어야 할 문제 중에는 로마자 문자 외에 새로운 부호를

---

7) 이 점은 외래어 표기의 문제와도 관련된다.(앞의 5.1.2절 참조)

만들어 쓸 것인지에 관한 것도 있다. 대개 1음소 1문자의 대응(one letter per phoneme correspondence)을 원칙으로 하여도 자국어와 로마자 사이의 음소 체계가 다를 뿐만 아니라, 초분절 음소에서도 차이가 나타나기 때문이다. 종전의 「국어의 로마자 표기법」(1984)은 반달표(˘)와 어깨점(')의 사용을 규정하고 있으나,[8] 현행 「국어의 로마자 표기법」(2000)은 전혀 부호를 사용하지 않았다. 이 두 표기 방식의 차이를 예로 보이면 다음과 같다.

		㈐	㈑
추풍령	:	Ch'up'ungnyŏng	Chupungryeong
현충사	:	Hyŏnch'ungsa	Hyeonchungsa

위에서 ㈐는 국어의 표기에 쓰이지 않는 새로운 부호인 어깨점(')과 반달표(˘)를 사용하여 표기한 것이고, ㈑는 국어의 표기에 맞게 부호를 쓰지 않고 표기한 것이다.

결국 로마자 표기를 규정함에 있어서 선행되어야 할 문제로는 어떤 문자의 표기 체계를 따를 것인지, 발음 또는 음소 표기의 선택, 새로운 부호의 사용 여부 등이 결정되어야 하는 것이다.

6.2 국어 로마자 표기법의 역사

국어의 로마자 표기는 서양인의 국어에 대한 관심으로부터 시작되어 그 후 개인의 안과 통일안에 이르기까지 상당한 방안들이 나타났다. 다음에서 이들 중에서 중요한 것을 몇 항으로 나누어 살피기로 한다.

6.2.1 서양인의 안

서양인의 국어의 로마자 표기는 18세기로부터 20세기 중엽에 이르기까지 이어졌다.[9] 초창기에는 주로 한글을 로마자와의 문자상의 대응 관계로 표기안을 세우는 것이 일반적이어서 음소 표기에 치중되었다. 그러나 19세기 후반에 들면서 음성 표기로 전환된다.

서양인의 안 중에서 대표적인 것은 「McCune-Reischauer System」(1939)이다. 이것은 당시 California 대학의 G. M. McCune과 Harvard 대학의 E. O. Reischauer가 공동으로 제안한 것인데, 국외에서 널리 쓰였던 것이다.

8) 물론 생략을 허용하고 있기는 하다.(「국어의 로마자 표기법」(1984) 제3장 제8항 참조)
9) 20세기 들어서는 일본인의 안도 나타났다.

이 안의 표기 원리 중 일부를 보이면 다음과 같다.10)

1. The McCune-Reischauer System aims at representing the pronunciation and not the spelling of the Korean. It is not a method of transcribing Korean script, letter by letter, into the Latin alphabet, but takes full account of euphonic changes in the pronunciation of Korean letters.
3. Since Korean has more vowels than the Latin alphabet, it is impossible to avoid the use of diacritical marks without causing other complications. However only one is used; the micron over o and u.
5. Strongly aspirated consnants are indicated by the addition of the apostrophe; e.g. 칭찬 is romanized *ch'ingch'an*(praise).

이 안의 특징은 음소 표기이며(1), 어깨점(')과 반달표(˘) 등의 부호를 사용하는 것이었다.(3, 5) 그러나 새로운 부호를 사용하는 것에 문제가 제기되었다.

6.2.2 조선어 학회의 안

조선어 학회는 1940년 6월에 발표한 「외래어 표기법 통일안」의 附錄 二에 '朝鮮語音羅馬字表記法'을 마련했다. 이것은 '總則, 朝鮮語音羅馬字對照表', 그리고 細則 7개항으로 되어 있는데, 그 '總則'을 보면 다음과 같다.11)

> 朝鮮語音을 羅馬字로 表記함에는 아래의 朝鮮語音羅馬字對照表에 의하여 적음을 원칙으로 한다.

이 안의 특징은 자음에서 유성자음을 중심으로 표기하는 점에 있었는데, 이러한 표기 방법은 당시에 비판을 받고 있던 것이었다. 그리고 備考에서 언급하고 있듯이 고유 명사 표기를 목적으로 한 것이었다.

> 備考. 本案은 主로 固有名詞의 表記를 目的으로 하되, 一般 語音의 경우도 考慮한 것이다.

따라서 이 안은 일제 강점기 말기로서의 당시의 시대 상황과 함께, 유성자음 중심 표기의 부정적 견해 등으로 널리 쓰이지 못했다.

---

10) 이하의 자료는 金敏洙(1973;835-859)에서 인용한다.
11) 대조표는 6.2.4절에서 다른 규정과 묶어 보이기로 한다.

6.2.3 문교부의 안

1) 「한글을 로오마자로 적는 법」(1948)

이것은 해방 후 문교부의 학술 용어 제정 위원회 제20분과 언어 과학 위원회에서 첫 번째 정부 안으로 결정된 것이다. 이는 「M-R System」(1939)와 비슷한 음소 표기였는데, '총칙, 한글과 로오마자와의 맞댐틀(對照表)', 그리고 세칙 8개항으로 되어 있다. 그 총칙을 보면 다음과 같다.

> 한글을 로오마 자로 적음에는, 다음의 한글과 로오마 자의 맞댐틀(對照表)에 따름을 원칙을 한다.

이 안의 작성에는 내외국인이 두루 참여했다.

2) 「한글의 로마자 표기법」(1959)

문교부는 1948년의 안에도 불구하고 여러 개인안이 나오면서 로마자 표기법이 혼란되자, 1959년 2월 두번째 규정인 「한글의 로마자 표기법」(1959)을 결정했다. 이것은 1957년 7월부터 8월까지 국어 심의 위원회 외래어 분과 위원회의 심의 결과로 채택된 것이었다. 그 기본 원칙은 다음과 같다.

> (1) 한글의 현행 표기법을 로마자식으로 표기한다.(正字法)
> (2) 로마자 이외의 부호는 가급적 사용치 않는다.
> (3) 일 음운 일 기호의 표기를 원칙으로 하되, 자음에 있어서는 이 기호를 허용한다.

이 안은 규정 당시부터의 잡음으로 문제가 있었던 데다가,[12] 외국 기관은 「M-R System」(1939)을 쓰고 있었으므로, 일반화되기에는 어려움이 뒤따랐다.

3) 「로마자로 한국말 적기」(1972)

이것은 당시 문교부의 「한글의 로마자 표기법」(1959)이 「M-R System」(1939)과 혼용됨에 따라 전자를 권고하는 것으로, '우리 나라 주요 지명 일람표'와 '대한 민국 지도'가 이 표기법에 따라 로마자로 표기되어 배포되었다. 이 안에 들어 있는 '문교부 표기법의 원칙'을 보이면 다음과 같다.

---

12) 이 문제에 대해서는 金敏洙(1973:299-300)을 참고할 수 있다.

1. 한글 24자모를 기준으로 하고, 이를 로마자로 표기합니다.
2. 부호의 사용은, 연속적으로 쓰인 철자가 두 가지 이상으로 발음되는 것을 피하기 위하여 "-"(hyphen)을 사용하는 것에 한합니다.
3. 되도록이면 한 개의 음운을 하나의 기호로 표시하도록 합니다.

이것은 결국 「한글의 로마자 표기법」(1959)과 같은 것이다. 위 2.항에서 짧은줄표('-')의 사용은 「한글의 로마자 표기법」(1959)에서도 있었으나, 그 범위가 약간 확대된 것이었다.

4) 「국어의 로마자 표기법」(1984)

이 표기법은 당시 문교부에서 1983년 6월 최종 시안을 마련하고, 1984년 1월 고시하여 시행된 것으로, 시대적으로는 1986년 서울 아시안 게임을 앞두고 발표된 것이기도 하다. 이 표기법의 '제1장 표기의 기본 원칙'을 제시하면 다음과 같다.

제1항 국어의 로마자 표기는 국어의 표준 발음에 따라 적는다.
제2항 로마자 이외의 부호는 되도록 사용하지 않는다.
제3항 1음운 1기호의 표기를 원칙으로 한다.

'제1항'은 로마자 표기의 대상을 규정한 것으로, 문자인 한글에 대응하는 표기가 아니라 음성언어로서의 국어를 표기 대상으로 한다는 것이다. 로마자 표기의 대상이 되는 국어의 음은 표준 발음에 따를 때, 이와 관련되는 것은 「표준어 규정」(1988)의 '제2부 표준 발음법'이다.

'제2항'은 새로운 부호나 글자를 사용하지 않음을 원칙으로 한다는 것이나, 실제로는 격음에서의 어깨점(')과 모음 'ㅓ, ㅡ'에서의 반달표(˘)를 사용하였다. 그것은 음운 체계가 다른 두 언어 사이에서 일어나는 문제로, 이미 M-R System(1939)에서 사용한 바 있었다.

'제3항'은 'one letter per phoneme'의 음소적 원리에 충실한 것으로, 원칙적으로 하나의 글자는 하나의 음운을 표기하도록 한다는 것이다. 그러나 실제로는 음운 대응상의 문제로 경음(된소리) 'ㄲ(kk), ㄸ(tt), ㅃ(pp), ㅆ(ss), ㅉ(tch)' 등과 파찰음 'ㅈ(ch)', 비음의 'ㅇ(ng)' 등에서는 두 문자 이상으로 하나의 음운을 표기하기도 한다.

6.2.4 표기 일람표의 대조

앞서 제시되었던 「McCune-Reischauer System」(1939), '朝鮮語音羅馬字表記法'(1940),

「한글을 로오마자로 적는 법」(1948), 「한글의 로마자 표기법」(1959)의 네 가지 안의 표기 대조표를 간략히 묶어 보이면 다음과 같다.

<자음자>

	1939	1940	1948	1959	1984
ㄱ	k(g)[k]	g[g]	k(g)[k]	g[g]	k(g)[k]
ㅋ	k'	k[g]	kh[kh]	k[g]	k'
ㄲ	kk	gg[g]	gg[gg]	gg[g]	kk
ㄷ	t(d)[t]	d[d]	t(d)[t]	d[d]	t(d)[t]
ㅌ	t'	t[d]	th[th]	t[d]	t'
ㄸ	tt	dd	dd	dd	tt
ㅂ	p(b)[p]	b[b]	p(b)[p]	b[b]	p(b)[p]
ㅍ	p'	p[b]	ph[ph]	p[b]	p'
ㅃ	pp	bb	bb	bb	pp
ㅅ	s(s)[t]	s[d]	s(s)[t]	s[d]	s(s)[t]
ㅆ	ss	ss[d]	ss[t]	ss[d]	ss
ㅈ	ch(j)[t]	z[d]	ch(j)[t]	j[d]	ch(j)[t]
ㅊ	ch'	cz[d]	chh[t]	ch[d]	ch'
ㅉ	tch	zz	dch	jj	tch
ㄴ	n[n]	n[n]	n[n]	n[n]	n[n]
ㄹ	r[l]	r[l]	r[r]	r[l]	r[l]
ㅁ	m[m]	m[m]	m[m]	m[m]	m[m]
ㅇ	[ng]	[ng]	[ng]	[ng]	[ng]
ㅎ	h(h)[t]	h[d]	h(h)[t]	h[d]	h(h)[t]

* ( )안은 유성음 표기
[ ]안은 받침 표기

<모음자>

	1939	1940	1948	1959	1984
ㅏ	a	a	a	a	a
ㅑ	ya	ya	ya	ya	ya
ㅓ	ŏ	ŏ	ŏ	eo	ŏ
ㅕ	yŏ	yŏ	yŏ	yeo	yŏ
ㅗ	o	o	o	o	o
ㅛ	yo	yo	yo	yo	yo
ㅜ	u	u	u	u	u
ㅠ	yu	yu	yu	yu	yu
ㅡ	ŭ	ŭ	ŭ	eu	ŭ
ㅣ	i	i, yi	i	i, yi	i
ㅐ	ae	e	ai	ae	ae
ㅒ	yae	ye	yai	yae	yae
ㅔ	e	e	e	e	e
ㅖ	ye	ye	ye	ye	ye
ㅘ	wa	wa	wa	wa	wa
ㅙ	wae	we	wai	wae	wae
ㅝ	wo	wo	wo	weo	wo
ㅞ	we	we	we	we	we
ㅚ	oe	oe	oe	oe	oe
ㅟ	wi	wi	wi	wi	wi
ㅢ	ŭi	ŭi	ŭi	eui	ŭi

<자음자> 표기에서는 국어 자음 체계에서의 '평음(예사소리):격음(거센소리):경음(된소리)'의 3지적 조직을 '유성음:무성음'의 2지적 조직으로 되어 있는 로마자와 어떻게 구분하여 대응시켜 표기하는가 하는 점이 가장 큰 문제이다.13) 예를 들어, 'ㄱ:ㅋ:ㄲ'의 경우 M-R 안(1939)과 문교부 안(1984)은 'k:k':kk'로, 조선어 학회 안(1940)은 'g:k:gg'로, 문교부 안(1948)은 'k:kh:gg'로, 문교부 안(1959)은 'g:k:gg'로 되어 있다. 특히 조선어 학회 안(1940)과 문교부 안(1959)이 'g'를 기본으로 하고 있다는 점에서 다른 안과 차이가 있으며, 유기음에서 M-R 안(1939)과 문교부 안(1984)은 어깨점(')을 사용하고 문교부 안

13) 이것은 외래어 표기의 문제와 관련되는 것이다.(앞의 5.2.5절 참조)

(1948)은 'h'를 덧붙여 씀이 특이하다. 특히 위의 대조표에서 보면, 마찰음 'ㅈ:ㅊ:ㅉ'의 표기는 상당한 차이를 보여 네 안이 모두 다르다. 이것은 이 계열에 해당되는 로마자가 따로 마련되어 있지 않기 때문이기도 하다.[14]

또한 국어의 받침은 말음(末音) 현상이 일어나므로 이의 표기가 따로 예비되어야 하는데, 이 부분에 유성음과 무성음 중 어느 계열의 글자로 쓸 것인지에서도 차이를 보인다. 그리고 'ㄹ'은 어두에서 'r'로, 받침에서 'l'로 표기되는 것이 일반적이나, 문교부 안(1948)은 모두 'r'로 씀이 다르다.

<모음자> 표기에서는 로마자에 없는 'ㅓ'와 'ㅡ'의 음을 표기하는 데 문제가 있다. 즉 M-R 안(1939)과 조선어 학회 안(1940), 문교부 안(1948), 문교부 안(1984)은 반달표(˘)를 사용하여 각각 'ŏ'와 'ŭ'로 표기하는데,[15] 문교부 안(1959)은 부호를 사용하지 않고 각각 'eo'와 'eu'와 같이 두 글자를 겹쳐 표기하는 점에서 다르다. 그리고 'ㅐ'의 표기는 'ae, e, ai' 등과 같이 달리 나타나는데, 그 결과 'ㅒ'와 'ㅙ'의 표기도 달라지게 된다.

실제로 위의 네 안의 체계에 따른 구체적인 표기의 예를 보이면 다음과 같다.

	1939	1940	1948	1959	1984
'사라'	chara	zara	chara	jara	chara
'감자'	kamja	gamza	kamja	gamja	kamja
'김치'	kimch'i	gimczyi	kimchhi	gimchyi	kimch'i
'한글'	hangŭl	hangŭl	hangŭr	hangeul	hangŭl
'꿀'	kkul	ggul	ggur	ggul	kkul
'펵'	p'ŏk	p'ŏg	phŏk	peog	p'ŏk

이러한 차이는 음운 조직의 대응을 어떻게 할 것인가와 관련되는 것이다.

6.3 현행「국어의 로마자 표기법」(2000) 해설

6.3.1 로마자 표기법의 개정 경위[16]

종전의 로마자 표기법이 당시 '86 아세안 게임과 '88 올림픽에 임박하여 제정된 것이

14) 개인의 견해인 박창해 안(1960)에서는 'ㅈ'를 'c'로 표기하기도 한다.

15) 개인의 안인 박창해 안(1960)에서는 'ㅐ, ㅚ, ㅟ'를 두 점 부호를 사용하여 'ä, ö, ü' 등으로 표기한다.

16) 김세중(2000)에서 발췌하여 요약한다.

었으므로, 시행상에서 여러 문제가 지적되었다. 특히 컴퓨터의 보급이 확산되면서 로마자 이외의 부호를 사용하는 것은 가장 큰 걸림돌이 되었다. 이러한 문제로 하여 1991년부터 국어 심의회 표기법분과위원회를 중심으로 로마자 표기법 개정에 관한 문제가 논의되기 시작하였다.

1996년 들어 국립국어연구원을 중심으로 로마자 표기법 개정안을 마련하기 위한 기초 조사가 시작되었다. 여기서는 종전 표기법에 따른 사용 실태와 함께 개선 방안에 대한 설문 조사도 이루어졌다. 그리하여 1997년 1월 로마자 표기법 개정 실무위원회가 발족되어 개정 시안을 마련하기에 이르렀다. 그러나 이 시안에 대한 논의가 분분하여 여론 수렴을 통해 통일하려고 노력하였다.

1999년부터 로마자 표기법 개정이 문화관광부의 중요한 사업의 하나로 인식되면서 그 작업이 탄력을 받게 되었다. 그 해 4월 국어 심의회가 개최되었으며, 관련 소위원회를 중심으로 활동하였으나 결국 복수안으로 일단락되었다. 그 후 토론회, 여론 조사 등을 거치면서 10월에 통일된 개정 시안을 작성하고 11월에 공개하기에 이르렀다. 그리고 다시 공청회와 토론회를 거치고, 2000년 초에는 지방을 순회하면서 여론을 수렴하기도 하였다.

이러한 여론 수렴을 결과를 반영하여 2000년 4월 개정 시안을 부분적으로 수정하였다. 그리고 같은 해 6월에 최종적인 토론회를 열고, 6월 26일 국어 심의회(표기법분과위원회)에서 개정안을 확정하였다. 이 안은 국무회의를 거쳐 2000년 7월 7일 문화관광부 고시 2000-8호로 게재됨으로써 시행에 들어가게 되었다.

6.3.2 「국어의 로마자 표기법」(2000)의 구성과 기본 원리

1) 전체적 구성

현행 「국어의 로마자 표기법」(2000)은 3장으로 되어 있는데, 그 목차만을 보면 다음과 같다.

제1장 표기의 기본 원칙
제2장 표기 일람
제3장 표기상의 유의점
[부칙]

'제1장'은 로마자 표기의 기본 원칙을 제시한 것이며, '제2장'은 국어의 음운과 로마자를 대응시켜 표기의 일람표를 보이고 있다. '제3장'은 구체적 표기에 있어서의 문제를 규정한 것이다.

2) 기본 원리

현행 「국어의 로마자 표기법」(2000)의 기본 원리는 '제1장 표기의 기본 원칙'에 2개항으로 제시되어 있다. 이것을 옮기면 다음과 같다.

> 제1항 국어의 로마자 표기는 국어의 표준 발음법에 따라 적는 것을 원칙으로 한다.
> 제2항 로마자 이외의 부호는 되도록 사용하지 않는다.

'제1항'은 로마자 표기의 대상을 규정한 것으로, 문자인 한글에 대응하는 표기가 아니라 음성언어로서의 국어를 표기 대상으로 한다는 것이다.[17] 로마자 표기의 대상이 되는 국어의 표준 발음은 「표준어 규정」(1988)의 '제2부 표준 발음법'과 관련된다.[18]

'제2항'은 새로운 부호나 글자를 사용하지 않음을 원칙으로 한다는 것이다. 종전의 「국어의 로마자 표기법」(1984)는 격음에서의 어깨점(')과 모음 'ㅓ, ㅡ'에서의 반달표(˘)를 사용하였으나, 이 표기법은 이들은 인정하지 않는다. 다만, 발음상 혼돈의 우려가 있을 때나 행정 구역의 표기에서 붙임표(-)를 넣는 것은 인정한다.

[참고] 로마자에 관한 일반적인 문제에 대해서는 金敏洙(1973) 제6장에 정리되어 있다. 그 구체적인 표기 문제는 김세중(1991, 1997), 이상억(1982), 이익섭(1997)을 참조할 수 있다. 그리고 로마자 표기법의 역사적 변천의 자료는 金敏洙(1973) 資料 제6장과 국어심의위원회(1957), 한글 학회(1971), 정희원(1997) 등을 참조할 수 있다. 현행 국어의 로마자 표기법에서는 실제 언어생활을 반영하여 일부 수정되었는데, 이에 대해서는 국립국어원 누리집(http://www.korean.go.kr)에서 확인할 수 있다. 특히 공공 용어의 영어 번역을 위한 지침도 마련되었는데, 이에 대해서는 문화체육관광부 누리집(http://www.mcst.go.kr)에서 확인할 수 있다.

---

17) 따라서 그 명칭에 있어서도 '한글의 로마자 표기법'이 아니라 '국어의 로마자 표기법'이 된다.
18) '표준 발음법'에 대해서는 앞의 4.3.2절에서 언급되었다.

제 Ⅱ 부 자료 및 해설

[한글 맞춤법](1988)
[표준어 규정](1988)
[외래어 표기법](1986)
[국어의 로마자 표기법](2000)

우리는 세계 인류를 사랑하여야 한다. 그러나 그보다 먼저 제 겨레, 제 동포를 사랑하지 않으면 안 된다. 우리는 인류 문화를 존중하여야 한다. 그러나 그보다 먼저 제 겨레 문화를 존중하지 않으면 안 된다. 한글은 배달 겨레의 장구한 역사 생활에서 창조된 최선의 문화, 최대의 보배인 동시에, 또 최량의 생활의 무기, 문화의 무기로서 배달 겨레의 영구한 장래에 밝은 광명을 던져 주는 것임을 깊이 깨쳐야 한다.

— 최현배(1970), 「한글만 쓰기의 주장」 유고 —

[한글 맞춤법](1988)

일러두기

1. 이 한글 맞춤법은 개정된 규정에 따라 표기하였다.
2. 이 한글 맞춤법은 본문 6장과 '부록'으로 되어 있다.

   제1장 총칙
   제2장 자모
   제3장 소리에 관한 것
   제4장 형태에 관한 것
   제5장 띄어쓰기
   제6장 그 밖의 것
   [부록] 문장 부호

3. 각 장은 절로 나누고, 각 절은 다시 항으로 나누어, 각기 원칙에 따르는 예시어들을 제시하였다.
4. 문법 체제와 용어는 '학교 문법 용어'(문교부 제정)를 따랐다.
5. 의미의 혼동을 줄 우려가 있는 경우에 한하여 한자를 병기하였다.
6. '다만'과 [붙임]은 다음과 같은 경우에 썼다.

   다만: 규정의 본문에 해당되지 않는 예외 사항을 제시하는 경우
   [붙임]: 규정의 본문에 포함하여 설명하기 어려운 사항을 보충할 경우

제1장 총 칙

제1항 한글 맞춤법은 표준어를 소리대로 적되, 어법에 맞도록 함을 원칙으로 한다.
제2항 문장의 각 단어는 띄어 씀을 원칙으로 한다.
제3항 외래어는 '외래어 표기법'에 따라 적는다.

[해설] **제1항**은 한글 맞춤법의 기본 원리를 기술한 것이다. 이것은 다음과 같이 분석된다.

표기 대상 ; 표준어
표기 방법 ; ① 소리대로 적는다.
② 어법에 맞도록 적는다.

한글 맞춤법의 표기 대상인 표준어는 「표준어 규정」(1988)으로 따로 마련되었다. 여기서 문제는 표기 방법으로, ①의 '소리대로'와 ②의 '어법에 맞도록'에 있다. 왜냐하면 ①은 한글이 음소문자이므로, 자음과 모음의 결합 방식을 소리대로 표기한다는 것으로 음소주의적 표기법에 해당되는데, ②는 어법, 즉 언어 조직의 법칙(또는, 언어의 운용 법칙)에 맞게 형태소의 원형을 밝혀 적는 것으로 형태주의적 표기법에 해당되어 서로 대립되는 것이기 때문이다.

한글 맞춤법은 음소주의적 표기법과 형태주의적 표기법의 모순이 나타나지만, 사실은 이 두 표기 원리의 조화를 목표로 한다.(이 책의 제Ⅰ부 3.2.2절 참조) 그것은 극단적으로 어느 하나의 원리를 따를 수 없을 뿐만 아니라, 특정의 표기에서는 둘 중 어느 하나를 선택해야 하는 것이기 때문이다. 따라서 실제의 표기 규정에서는 이 둘이 구분되는 것이다.

(원형)	(표기형)	(발음형)	(원형)	(표기형)	(발음형)
'꽃-이'	꽃이	[꼬치]	'찾-아'	찾아	[차자]
'꽃-과'	꽃과	[꼳꽈]	'찾-고'	찾고	[찯꼬]
'꽃-나무'	꽃나무	[꼰나무]	'찾-는'	찾는	[찬는]

위는 형태주의적 표기법을 따르는 것으로, 표기형이 형태소의 원형을 밝혀 표기하여

발음형과 다르게 되어 있다.

(원형) (표기형) (발음형)	(원형) (표기형) (발음형)
'말-소' - 마소 - [마소]	'갈-는' - 가는 - [가는]
'울-짖다'-우짖다-[우짇다]	'굽-어' - 구워 - [구워]
'이틀-날'-이튿날-[이튼날]	'긋-어' - 그어 - [그어]
'설-달' - 섣달 - [섣달]	'이르-어'-이르러-[이르러]

위는 음소주의적 표기법을 따르는 것으로, 표기형이 형태소의 원형을 밝히지 않고 발음형으로 되어 있다.

제2항은 단어별 띄어쓰기를 규정한 것이다. 이것은 의미적 단위인 단어별로 띄어 씀으로써 의미 파악에 시각적인 효과를 주기 위한 것인데, 따라서 단어별 띄어쓰기는 음소문자인 한글에 표의성을 살리는 한 방법이 된다.(金敏洙(1973;206-211), 리의도(1983) 참조)

또한 띄어쓰기는 의미 해석의 중의성(ambiguity)을 피할 수 있게 한다.

나물좀다오. ; '나 물 좀 다오.', '나물 좀 다오.'
아기가방에들어간다. ; '아기가 방에 들어간다.', '아기 가방에 들어간다.'
오늘밤나무사온다. ; '오늘 밤나무 사 온다.', '오늘밤 나무 사 온다.'

위는 띄어쓰기가 문장의 의미 해석에서 나타날 수 있는 중의성을 해소시켜 줌을 보인다.

띄어쓰기는 의미 해석의 문제와 관련되므로, 띄어쓰기의 단위는 의미를 갖는 언어 단위인 문장, 구, 어절, 단어, 형태소 등이 될 수 있다. 이 중에서 한글 맞춤법은 일반적으로 이해할 수 있는 단어별 띄어쓰기를 채택한 것이다. 단어별 띄어쓰기는 단어가 최소의 자립 형식(minmal free form)이라는 구조주의 언어학의 정의에도 부합한다. 따라서 자립 형태소에 따라 띄어 쓰게 되어 형식적인 측면에서도 효용성이 있는 것이다. 그런데 체언은 자립 형식이나 조사는 의존 형태이므로, 조사는 체언에 붙여 쓰게 된다.(학교 문법에서는 조사를 단어로 설정한다.)

제3항은 외래어를 한글로 표기하는 것에 관한 규정이다. 외래어는 국어화한 외국어이므로 한글의 표기 대상이 되기 때문이다. 외래어 표기에 관한 규정은 「외래어 표기법」(1986)으로 따로 마련되어 있다.(이 책의 제Ⅰ부 5장, 제Ⅱ부 「외래어 표기법」(1986) 참조))

제2장 자 모

제4항 한글 자모의 수는 스물넉 자로 하고, 그 순서와 이름은 다음과 같이 정한다.

ㄱ(기역) ㄴ(니은) ㄷ(디귿) ㄹ(리을) ㅁ(미음)
ㅂ(비읍) ㅅ(시옷) ㅇ(이응) ㅈ(지읒) ㅊ(치읓)
ㅋ(키읔) ㅌ(티읕) ㅍ(피읖) ㅎ(히읗)
ㅏ(아) ㅑ(야) ㅓ(어) ㅕ(여) ㅗ(오)
ㅛ(요) ㅜ(우) ㅠ(유) ㅡ(으) ㅣ(이)

[붙임1] 위의 자모로써 적을 수 없는 소리는 두 개 이상의 자모를 어울러서 적되, 그 순서와 이름은 다음과 같이 정한다.

ㄲ(쌍기역) ㄸ(쌍디귿) ㅃ(쌍비읍) ㅆ(쌍시옷) ㅉ(쌍지읒)
ㅐ(애) ㅒ(얘) ㅔ(에) ㅖ(예) ㅘ(와)
ㅙ(왜) ㅚ(외) ㅝ(워) ㅞ(웨) ㅟ(위)
ㅢ(의)

[붙임2] 사전에 올릴 적의 자모 순서는 다음과 같이 정한다.

자음 ㄱ ㄲ ㄴ ㄷ ㄸ ㄹ ㅁ ㅂ ㅃ ㅅ ㅆ ㅇ ㅈ ㅉ ㅊ ㅋ ㅌ ㅍ ㅎ
모음 ㅏ ㅐ ㅑ ㅒ ㅓ ㅔ ㅕ ㅖ ㅗ ㅘ ㅙ ㅚ ㅛ ㅜ ㅝ ㅞ ㅟ ㅠ ㅡ ㅢ ㅣ

[해설] **제4항**은 한글 자모의 수(數)와 명칭 및 배열 순서를 정한 것이다. 훈민정음(訓民正音) 창제 이후 이 글자의 수, 명칭, 배열 순서가 바뀌어 오면서 현재에 이르렀는데, 그 과정을 몇 문헌을 중심으로 보면 다음과 같다.

① 「訓民正音」(1446)
初聲 ; ㄱㅋㆁ ㄷㅌㄴ ㅂㅍㅁ ㅅㅈㅊ ㆆㆆㅎ ㄹㅿ
中聲 ; ㅡㅣ ㅗㅏ ㅜㅓ ㅛㅑ ㅠㅕ

② 崔世珍의 「訓蒙字會」(1527)
→ (이 책의 제1부 3.1.3절 2)항 참조)

③ 洪啓禧의 「三韻聲彙」(1751)
初聲終聲通用八字 ; ㄱ ㄴ ㄷ ㄹ ㅁ ㅂ ㅅ ㅇ
初聲獨用六字 ; ㅈ ㅊ ㅌ ㅋ ㅍ ㅎ

④ 리봉운의 「국문졍리」(1897)
ㄱ그윽 ㄴ느은 ㄷ드읏 ㄹ르을 ㅁ므음 ㅂ브읍 ㅅ스읏 ㅇ으응

⑤ 池錫永의 「新訂國文」(1905)
初聲終聲通用八字 ; ㄱ기윽 ㄴ니은 ㄷ디읃 ㄹ리을 ㅁ미음 ㅂ비읍 ㅅ시읏 ㅇ이응
初聲獨用八字 ; ㅈ지 ㅊ치 ㅋ키 ㅌ티 ㅍ피 ㅎ히
中聲獨用十一字 ; ㅏ 아 ㅑ 야 ㅓ 어 ㅕ 여 ㅗ 오 ㅛ 요 ㅜ 우 ㅠ 유 ㅡ 으 =(이으合音) ㅣ 이

⑥ 兪吉濬의 「大韓文典」(1909)
母音 十一字 ; ㅏ 아 ㅑ 야 ㅓ 어 ㅕ 여 ㅗ 오 ㅛ 요 ㅜ 우 ㅠ 유 ㅡ 으 ㅣ 이
父音 十七字 ; ㄱ극 ㄴ는 ㄷ듣 ㄹ를 ㅁ믐 ㅂ븝 ㅅ슷 ㅇ응 ㅈ즈 ㅊ츠 ㅋ크 ㅌ트 ㅍ프 ㅎ흐 ㆆ ㅿ ㆁ
(注意) 最下 三字 近時에 使用치 아니ᄒᆞᄂᆞᆫ 者이다.

⑦ 金枓奉의 「조선말본」(1916) -- *자음자의 경우만 제시한다.
ㄱ기윽 ㄴ니은 ㄷ디읃 ㄹ리을 ㅁ미음 ㅂ비읍 ㅅ시읏 ㅇ이응
ㅈ지읒 ㅎ히읗

⑧ 朝鮮總督部의 「諺文綴字法」(1930) -- *子音의 號法
ㄱ기역 ㄴ니은 ㄷ디귿 ㄹ리을 ㅁ미음 ㅂ비읍 ㅅ시옷 ㅇ이응
ㅈ지읒 ㅊ치읓 ㅋ키윽 ㅌ티읕 ㅍ피읖 ㅎ히읏

⑨ 조선어학회의 「한글 맞춤법 통일안」(1933)
ㄱ기역 ㄴ니은 ㄷ디귿 ㄹ리을 ㅁ미음 ㅂ비읍 ㅅ시옷 ㅇ이응
ㅈ지읒 ㅊ치읓 ㅋ키읔 ㅌ티읕 ㅍ피읖 ㅎ히읗
ㅏ 아 ㅑ 야 ㅓ 어 ㅕ 여 ㅗ 오 ㅛ 요 ㅜ 우 ㅠ 유 ㅡ 으 ㅣ 이

⑩ 북한의 「조선말 규범집」(1988)
ㄱ기윽 ... ㄷ디읃 ... ㅅ시읏 ... (나머지는 ⑨와 같음)

[**붙임**1]은 둘 또는 그 이상의 자모를 어울려서 한 글자가 되는 것을 규정한 것이다.

두 개 합한 것
자음 5자 ; ㄲ ㄸ ㅃ ㅆ ㅉ
모음 9자 ; ㅐ ㅒ ㅔ ㅖ ㅘ ㅚ ㅝ ㅟ ㅢ
세 개 합한 것
모음 2자 ; ㅙ ㅞ

이것은 문자 형성의 문제이기 때문에, 대응되는 음운과의 관계는 다르다. 예를 들어, 모음에서 'ㅐ'는 글자로는 두 개가 어울려 된 것이나, 음운상으로는 하나의 음소에 해당되기 때문이다. 자음자의 명칭은 북한의 「조선말 규범집」(1988)에서는 다음과 같이 달리 정하고 있다.

ㄲ된기윽 ㄸ된디읃 ㅃ된비읍 ㅆ된시읏 ㅉ된지읒

[**붙임**2]는 한글 표기에서 보이는 자음 19개와 모음 21개에 대한 사전에서의 자모 배열 순서를 정한 것이다. 그런데 북한의 「조선말 규범집」(1988)에서는 다음과 같이 달리 정하고 있다.

ㄱ ㄴ ㄷ ㄹ ㅁ ㅂ ㅅ ㅇ ㅈ ㅊ ㅋ ㅌ ㅍ ㅎ ㄲ ㄸ ㅃ ㅆ ㅉ
ㅏ ㅑ ㅓ ㅕ ㅗ ㅛ ㅜ ㅠ ㅡ ㅣ ㅐ ㅒ ㅔ ㅖ ㅚ ㅟ ㅢ ㅘ ㅝ ㅙ ㅞ

즉 자음자는 된소리 글자를 맨뒤에 배열하고, 모음자는 글자의 모양에 따라 한 글자로 된 것, 두 글자가 어울려 된 것, 세 글자가 어울려 된 것의 순으로 배열한 것이다.

받침의 배열 순서는 규정이 없으나 초성을 원용하여 마련될 수 있다. 이것을 북한의 「조선말 규범집」(1988)과 대비하면 다음과 같다.

「한글 맞춤법」 ; ㄱ ㄲ ㄳ ㄴ ㄵ ㄶ ㄷ ㄹ ㄺ ㄻ ㄼ ㄽ ㄾ ㄿ ㅀ ㅁ ㅂ ㅄ ㅅ
ㅆ ㅇ ㅈ ㅊ ㅋ ㅌ ㅍ ㅎ

「조선말 규범집」 ; ㄱ ㄳ ㄴ ㄵ ㄶ ㄷ ㄹ ㄺ ㄻ ㄼ ㄽ ㄾ ㄿ ㅀ ㅁ ㅂ ㅄ ㅅ ㅇ
ㅈ ㅊ ㅋ ㅌ ㅍ ㅎ ㄲ ㅆ

즉 「조선말 규범집」(1988)은 된소리 받침을 초성과 마찬가지로 맨 뒤에 배열한다.

그리고 고어(古語)일 경우에는 'ㅄ, ㅂ, ㅅ'계 합용병서자에 대해서는 자음군설과 된소리설이 있으므로, 간단히 규정할 수 없어서 편찬자의 재량에 맡기게 되었다.(이희승·안병희(1989;23-37), 최현배(1959), 남기심(1988), 이은정(1899;21-26), 이은정(1992;91) 참조)

제 3 장 소리에 관한 것

제 1 절 된소리

제5항 한 단어 안에서 뚜렷한 까닭 없이 나는 된소리는 다음 음절의 첫소리를 된소리로 적는다.

1. 두 모음 사이에서 나는 된소리
   소쩍새 어깨 오빠 으뜸 아끼다 기쁘다 깨끗하다 어떠하다
   해쓱하다 가끔 거꾸로 부썩 어찌 이따금
2. 'ㄴ, ㄹ, ㅁ, ㅇ' 받침 뒤에서 나는 된소리
   산뜻하다 잔뜩 살짝 훨씬 담뿍 움찔 몽땅 엉뚱하다

다만, 'ㄱ, ㅂ' 받침 뒤에서 나는 된소리는, 같은 음절이나 비슷한 음절이 겹쳐 나는 경우가 아니면 된소리로 적지 아니한다.

국수 깍두기 딱지 색시 싹둑(-싹둑) 법석 갑자기 몹시

[해설] 여기서 '한 단어 안'은 한 형태소의 내부를 뜻하며, '뚜렷한 까닭 없이'는 국어의 음운 변동의 규칙성이 적용되지 못함을 뜻한다. 일반적으로 국어의 된소리되기(硬音化)는 다음의 조건에서 성립된다.

① 파열음 받침 뒤의 'ㄱ, ㄷ, ㅂ, ㅅ, ㅈ'
② 관형사형 '-ㄹ' 뒤의 'ㄱ, ㄷ, ㅂ, ㅅ, ㅈ'
③ 사잇소리 현상
④ 용언 어간 받침 'ㄴ, ㅁ' 뒤의 어미 'ㄱ, ㄷ, ㅂ, ㅅ, ㅈ' 첫소리
(예; 안고, 담지, ...)

제5항은 이와 같은 조건 외에서 일어나는 된소리되기 현상의 표기에 관련되는 것이다.

1.은 국어에서 두 모음 사이에서는 일반적으로 무성 자음이 유성음화되는데, 한 형태소 내부에서의 두 모음 사이에서 된소리로 나는 경우에는 그대로 표기한다는 것이다. 제시된 예들을 보면, '소쩍'은 '솟-적'으로, '으뜸'은 '읏-듬'으로 등과 같이 분석되지 않는 하나의 형태소이고 된소리로 나므로, 소리대로 된소리로 적는 것이다.

[관련예] 꾀꼬리 메뚜기 미꾸라지 미끄러지다 부뚜막 새끼 서까래 아가씨
오뚝이 자빠지다 가꾸다 부쩍 가깝다 대뜸 이따금 여쭈다

그리고 '기쁘다, 나쁘다, 미쁘다, 바쁘다'도 소리대로 적는데, 이들은 '깃-브다, 낮-브다, 믿-브다, 밭-브다'로 분석되지 않아(통시적으로는 분석이 가능하더라도), 한 형태소 내부에서의 된소리 현상에 해당되기 때문이다. 그러나 '숫제'는 '숫-제'로 분석되는 것으로 보아 이에 해당되지 않는다.

2.는 유성 자음(ㄴ, ㄹ, ㅁ, ㅇ) 뒤의 무성 자음도 유성음화되는데, 된소리로 나면 그대로 적는다는 것이다.

[관련예] 단짝 번쩍 물씬 듬뿍 함빡 절뚝거리다 굴뚝 날짜 활짝 글쎄 골짜기

다만은 'ㄱ, ㅂ'은 된소리의 규칙(위의 ①)에 부합되기 때문에 당연히 된소리로 나므로, 된소리로 적지 않음을 뜻한다.

[관련예] 늑대 낙지 접시 납작하다 꼭두각시

그러나 한 형태는 내부에서 같거나 비슷한 음성이 반복될 때에는 같은 형식으로 적기 때문에(제13항 참조), 된소리가 반복될 때에는 된소리로 적게 된다.

[관련예] 꼭꼭 싹싹 딱딱 씁쓸하다 쌉쌀하다 짭짤하다

그리고 한자어는 한 글자가 한 형태소이어서 합성어 또는 이에 준하는 구조로 다루어 각 글자의 본음(本音)을 밝혀 적음이 원칙이므로, 위의 규정에서는 벗어난다.

[관련예] 인권(人權) 물가(物價) 감법(減法) 방세(房貰)

결국 이 규정은 국어의 된소리에 관련되는 표기에 관한 것이다.(崔泰榮(1989;18-19), 국어 연구소(1988;8-10), 이은정(1989;27-29) 참조)

제 2 절 구개음화

제6항 'ㄷ, ㅌ' 받침 뒤에 종속적 관계를 가진' -이(-)'나 '-히-'가 올 적에는 그 'ㄷ, ㅌ'이 'ㅈ, ㅊ'으로 소리 나더라도 'ㄷ, ㅌ'으로 적는다.(ㄱ을 취하고, ㄴ을 버림.)

ㄱ	ㄴ	ㄱ	ㄴ
맏이	마지	핥이다	할치다
해돋이	해도지	걷히다	거치다
굳이	구지	닫히다	다치다
같이	가치	묻히다	무치다
끝이	끄치		

[해설] 여기서 '종속적(從屬的) 관계'란 형태로의 연결에서 체언, 어근, 용언의 어간 등의 실질 형태소에 조사, 접미사, 어미 등의 형식 형태소가 결합하는 것을 뜻한다. 국어에서 구개음화는 실질 형태소의 받침 'ㄷ, ㅌ'이 뒤따라 오는 형식 형태소의 'ㅣ'모음

의 영향으로 'ㅈ, ㅊ'으로 바뀌거나, 받침 'ㄷ'에 접미사 '-히-'가 뒤따라 올 때 '-치-'로 소리나는 현상이다. 이것을 간단히 보이면 다음과 같다.

① { ㄷ / ㅌ } + { ㅣ / 딴ㅣ } → { ㅈ / ㅊ } + { ㅣ / 딴ㅣ }

② { ㄷ } + { -히- } → { ㅊ }

그러나 이 경우에 위 규정에 따라 소리대로 적지 않고 실질 형태소와 형식 형태소의 원형을 밝혀 적는 것이다.

[관련예] 곧이 미닫이 씨받이 굳히다 낱낱이 피붙이 훑이다

특히 '맏이(昆)'는 '맏-아들, 맏-형'에서 형태소 '맏'이 확인되는 것이기도 하다.(국어연구소(1988ㄱ;11) 참조)

제 3 절 'ㄷ'소리 받침

> **제7항** 'ㄷ' 소리로 나는 받침 중에서 'ㄷ'으로 적을 근거가 없는 것은 'ㅅ'으로 적는다.
> 덧저고리 돗자리 엇셈 웃어른 핫옷 무릇 사뭇 얼핏 자칫하면
> 뭇(衆) 옛 첫 헛

[해설] 'ㄷ' 소리로 나는 받침은 국어의 설음(絶音) 현상에 의해 'ㅅ, ㅆ, ㅈ, ㅊ, ㅌ' 등이 [ㄷ]으로 소리나는 경우에 해당된다.

옷[옫] 옷-이[오시]
있다[읻따] 있-어[이써]
젖[젇] 젖-이[저지]
꽃[꼳] 꽃-이[꼬치]
밭[받] 밭-이[바티 → 바치]

위에서 어말(語末)이나 자음 앞에서는 절음 현상이 일어나서 [ㄷ]으로 발음되지만, 모음으로 시작되는 형식 형태소가 뒤따라오면 받침은 본래의 소리가 유지된다. 따라서 이들은 원형대로 적는 것이다.

그런데 여기서 'ㄷ'으로 적을 근거가 없는 것'은 본래 그 형태소가 'ㄷ' 받침을 가지지 않은 것을 말한다. 의심할 수 있는 것 중에서 'ㄷ' 받침을 가진 것은 다음의 경우가 있다.

① 어원적 형태가 받침이 'ㄷ'인 경우
(예; 곧-장, 굳-건하다, 돋-보다, 맏-상제, 낟-가리)

② 'ㄹ'이 'ㄷ'으로 폐쇄음화된 경우
(예; 반짇-고리, 사흗-날, 숟-가락 (제29항 참조))

위의 것은 'ㄷ'으로 적는다. 그러나 그 밖의 'ㄷ' 소리 받침(즉, 원형에서 받침이 'ㄷ'인지 알 수 없는 것)은 'ㅅ'으로 적는다. 이것은 전통적인 7종성법을 따르는 것으로 표기법의 보수성(保守性)에 의한 역사적 표기법의 하나이다.(제Ⅰ부 3.1.4절 4)항 참조)

[관련예] 갓스물 기껏 놋그릇 덧셈 삿대 짓밟다 풋과일 햇곡식 걸핏하면 빗장

그런데 '밭-상제, 밭-사돈'은 '바깥-주인 → 밭-주인'의 준말 관계로 보아, '밧상제, 밧사돈'처럼 받침을 'ㅅ'으로 적지 않고, 원형을 밝혀 '밭'으로 통일하여 적는다.(국어 연구소(1988:12-13) 참조)

제 4 절 모음

제8항 '계, 례, 몌, 폐, 혜'의 'ㅖ'는 'ㅔ'로 소리 나는 경우가 있더라도 'ㅖ'로 적는다. (ㄱ을 취하고, ㄴ을 버림.)

ㄱ	ㄴ	ㄱ	ㄴ
계수(桂樹)	게수	연몌(連袂)	연메
사례(謝禮)	사레	계집	게집
혜택(惠澤)	헤택	폐품(廢品)	페품
핑계	핑게	계시다	게시다

다만, 다음 말은 본음대로 적는다.

게송(偈頌) 게시판(揭示板) 휴게실(休憩室)

제9항 '의'나, 자음을 첫소리로 가지고 있는 음절의 'ㅢ'는 'ㅣ'로 소리 나는 경우가 있더라도 'ㅢ'로 적는다. (ㄱ을 취하고, ㄴ을 버림.)

ㄱ	ㄴ	ㄱ	ㄴ
의의(意義)	의이	닁큼	닝큼
본의(本義)	본이	띄어쓰기	띠어쓰기
무늬(紋)	무니	씌어	씨어

보늬	보니	틔어	티어
오늬	오니	희망(希望)	히망
하늬바람	하니바람	희다	히다
늴리리	닐리리	유희(遊戱)	유히

[해설] 위 두 규정은 이중모음의 단모음화 현상에 대한 표기를 규정한 것이다.

제8항은 이중모음 'ㅖ'가 단음화하여 'ㅔ'로 발음되지만(「표준 발음법」 제5항 다만 2 참조), 표기는 'ㅖ'로 한다는 것이다. 이것은 전통적으로 익은 표기대로 씀으로써, 표기의 역사성과 독해의 능률을 고려한 것이다.

다만의 한자 '偈, 揭, 憩'는 본음과 현실음 모두 '게'이므로, 그대로 적는 것이다.

[관련예] 게구(偈句) 게양(揭揚) 게재(揭載) 게류(憩流)

그러나 '으례/으레', '켸켸묵다/케케묵다'는 단모음화한 대로 적는다.(「표준어 규정」 10항 참조)

제9항은 이중모음 'ㅢ'가 단모음화하여 'ㅣ, ㅔ'로 발음 될 수 있으나(「표준 발음법」 제5항 다만 3, 4참조. 예; '주의[주의/주이], 우리의[우리의/우리에]'), 표기는 전통에 따라 'ㅢ'로 한다는 것이다.

[관련예] 띄어(←뜨이어) 씌어(←쓰이어) 틔어(←트이어) 희뜩거리다.

그리고 '늬'의 'ㄴ'은 구개음화하지 않은 [n] 음에 해당되는데, 발음은 구개음화된 [ɲ]을 인정하지만, 표기는 전통에 따르는 것이다.(국어 연구소(1988;15), 이희승·안병희(1989 ;50) 참조)

제 5 절 두음 법칙

제10항 한자음 '녀, 뇨, 뉴, 니'가 단어 첫머리에 올 적에는 두음 법칙에 따라 '여, 요, 유, 이'로 적는다.(ㄱ을 취하고, ㄴ을 버림.)

ㄱ	ㄴ	ㄱ	ㄴ
여자 (女子)	녀자	유대(紐帶)	뉴대
연세(年歲)	년세	이토(泥土)	니토
요소 (尿素)	뇨소	익명(匿名)	닉명

다만, 다음과 같은 의존 명사에서는 '냐, 녀' 음을 인정한다.

냥(兩) 냥쭝(兩-) 년(年)(몇 년)

[**붙임**1] 단어의 첫머리 이외의 경우에는 본음대로 적는다.

남녀(男女) 당뇨(糖尿) 결뉴(結紐) 은닉(隱匿)

[**붙임**2] 접두사처럼 쓰이는 한자가 붙어서 된 말이나 합성어에서, 뒷말의 첫소리가 'ㄴ' 소리로 나더라도 두음 법칙에 따라 적는다.

신여성(新女性) 공염불(空念佛) 남존여비(男尊女卑)

[**붙임**3] 둘 이상의 단어로 이루어진 고유 명사를 붙여 쓰는 경우에도 [붙임2]에 준하여 적는다.

한국여자대학 대한요소비료회사

[해설] 두음 법칙(頭音法則)은 어두(語頭)에 특정한 음을 기피하는 현상으로, 국어에는 음운 체계에 의한 것과 습관에 의한 것이 있다.(이희승 · 안병희(1989;51-52), 이은정(1988;37-38) 참조)

(1) 음운 체계에서 제약되는 경우

① 자음군(子音群) 제약 ; 중세 국어에는 'ㅂ, ㅅ, ㅄ'계의 합용 병서가 있어서 'ᄠᅳᆮ, ᄭᅮᆷ, ᄢᅢ' 등의 자음군이 쓰였으나, 현대 국어에서는 모두 '뜯, 꿈, 때'로 되고 어두에서 자음군이 제약된다. 영어의 경우에는 'street, spring' 등의 어두 자음군이 가능하다. 이것은 국어의 음절 구조에서 한 음절의 첫소리에 오는 자음은 하나로 제약되기 때문이다.

② [ŋ]음의 제약 ; 국어에서 [ŋ]음은 받침에만 쓰인다. 중세 국어에서 [ŋ]음은 'ㆁ'자로 쓰였으나 'ㅇ'로 통합되어, 현대 국어에서 받침의 [ŋ]은 'ㅇ'자로 쓰인다.

(2) 습관상 기피되는 경우

① 구개음 'ㄴ[ɲ]'의 기피 ; 구개음 'ㄴ[ɲ]'을 'ㅣ'나 'ㅣ'선행 이중모음 'ㅑ, ㅕ, ㅛ, ㅠ, ㅖ' 앞에서 발음되지 않고 탈락된다.

② 유음 'ㄹ[r, l]'의 기피 ; 이것은 후행 모음에 따라 두 가지 양상을 띠는데, 'ㅏ, ㅓ, ㅗ, ㅜ, ㅡ, ㅐ, ㅚ'의 단모음이 후행하면 'ㄹ[r]'이 'ㄴ[n]'으로 바뀌고, 'ㅣ'모음이나 'ㅣ'선행 이중모음 'ㅑ, ㅕ, ㅛ, ㅠ, ㅖ'가 후행하면 'ㄹ[r]'이 탈락한다.

위의 두음 법칙의 두 유형 중에서 (1)은 현실음에서 전혀 발음되지 않으므로, '소리대로' 적는 표기 규정에서는 문제가 되지 않는다. 그런데 (2)는 습관상의 문제이며, 특히 한자어에서 일어나는 것으로(고유어에는 '녀석'이나 '라면' 등이 가능하고, 특히 '뉴스(news), 니그로(Negro)'나 '라디오(radio), 로켓(rocket)' 등의 외래어에서도 가능하다.), 어떻게 표기할 것인지 규정의 대상이 된다.

제10항은 한자음에서 어두의 경우 'ㅣ'나 'ㅣ' 선행 이중모음 'ㅕ, ㅛ, ㅠ' 앞의 구개음 'ㄴ[ɲ]'이 탈락되는 대로 표기함을 규정한 것이다.

다만은 의존 명사를 두음 법칙에서 벗어나도록 표기함을 규정한다. 의존 명사는 형태적으로는 단어이나, 통사적으로는 의존적이어서 항상 수식어가 앞에 와야 하기 때문에 자립어처럼 어두의 'ㄴ[ɲ]'이 분명하지 못한 성격이 있다.

[관련예] 연도(年度) 일 년(年)

고유어는 두음 법칙의 적용을 받지 않고 표기한다.

[관련예] 녀석 년(고얀 년) 님 닢(동전 한 닢)

[붙임1]은 두음 법칙이 적용되지 않는 위치이므로 본음대로 적음을 규정한 것이다. 그리고 **[붙임2]**는 접두사처럼 쓰인 한자어 뒤나 합성어의 후행 단어가 두음 법칙이 적용되어 표기함을 규정한다. 즉 '신여성'에서의 '신'과 '남존여비'에서의 '남존'을 접두사 또는 어근 요소로 보아, 뒤의 '여성'과 '여비'를 두음 법칙이 적용되도록 표기한다는 것이다. 그런데 '신년도, 구년도'는 각각 '신년-도, 구년-도'로 분석하여 이 규정에서 제외된다.

[붙임3]은 둘 이상의 단어로 된 고유 명사는 붙여 쓸 때 합성어로 보아 두음 법칙이 적용됨을 뜻한다.(제49항 참조) 즉 '한국 여자 대학, 한국여자대학'에서 전자의 '여자'는 두음 법칙이 적용되는 조건이니, 후자는 [붙임 2]에 따라 합성어로 처리하여 두음 법칙을 적용한다는 것이다.

제11항 한자음 '랴, 려, 례, 료, 류, 리'가 단어의 첫머리에 올 적에는 두음 법칙에 따라 '야, 여, 예, 요, 유, 이'로 적는다.(ㄱ을 취하고 ㄴ을 버림.)

ㄱ	ㄴ	ㄱ	ㄴ
양심 (良心)	량심	용궁(龍宮)	룡궁
역사 (歷史)	력사	유행(流行)	류행
예의 (禮儀)	례의	이발(理髮)	리발

다만, 다음과 같은 의존 명사는 본음대로 적는다.

리(里) : 몇 리냐?

리(理) : 그럴 리가 없다.

[붙임1] 단어의 첫머리 이외의 경우에는 본음대로 적는다.

개량(改良) 선량(善良) 수력(水力) 협력(協力)

사례(謝禮) 혼례(婚禮) 와룡(臥龍) 쌍룡(雙龍)
하류(下流) 급류(急流) 도리(道理) 진리(眞理)

다만, 모음이나 'ㄴ' 받침 뒤에 이어지는 '렬, 률'은 '열, 율'로 적는다. (ㄱ을 취하고, ㄴ을 버림)

ㄱ	ㄴ	ㄱ	ㄴ
나열(羅列)	나렬	분열(分裂)	분렬
치열(齒列)	치렬	선열(先烈)	선렬
비열(卑劣)	비렬	진열(陳列)	진렬
규율(規率)	규률	선율(旋律)	선률
비율(比率)	비률	전율(戰慄)	전률
실패율(失敗率)	실패률	백분율(百分率)	백분률

[**붙임**2] 외자로 된 이름을 성에 붙여 쓸 경우에도 본음대로 적을 수 있다.
신립(申砬) 최린(崔麟) 채륜(蔡倫) 하륜(河崙)

[**붙임**3] 준말에서 본음으로 소리 나는 것은 본음대로 적는다.
국련(국제연합) 대한교련(대한교육연합회)

[**붙임**4] 접두사처럼 쓰이는 한자가 붙어서 된 말이나 합성어에서 뒷말의 첫소리가 'ㄴ' 또는 'ㄹ' 소리로 나더라도 두음 법칙에 따라 적는다.
역이용(逆利用) 연이율(年利率) 열역학(熱力學) 해외여행(海外旅行)

[**붙임**5] 둘 이상의 단어로 이루어진 고유 명사를 붙여 쓰는 경우나 십진법에 따라 쓰는 수(數)도 [붙임 4]에 준하여 적는다.
서울여관 신흥이발관 육천육백육십육(六千六百六十六)

[해설] **제11항**은 한자음에서 어두의 경우 'ㅣ' 모음이나 'ㅣ' 선행 이중모음 'ㅑ, ㅕ, ㅖ, ㅛ, ㅠ' 앞의 'ㄹ[r]'이 탈락되는 대로 적음을 규정한다. 이것은 '양(梁), 여(呂), 염(廉), 용(龍), 유(柳), 이(李)' 등의 성씨(姓氏)에도 해당된다.

다만은 제10항처럼 의존 명사는 두음 법칙의 적용을 받지 않음을 규정한다. 그리고 [**붙임**1]은 어두 이외에서는 본음대로 'ㄹ'로 적지만,

[관련예] 쌍룡(雙龍)

다만에서는 '렬(列, 烈, 裂, 劣), 률(律, 率, 栗, 慄)' 등은 선행 음절이 모음 또는 'ㄴ'받침일 경우에는 실제 발음에서 'ㄹ[r]'이 탈락되므로 그대로 적는 것을 규정한다.

[관련예] 서열(序列) 선열(先烈) 분열(分裂) 우열(優劣) 자율(自律) 외율(煨栗)
전율(戰慄) 일렬(一列) 충렬(忠烈) 결렬(決裂) 졸렬(拙劣) 송률(悚慄)
사망률(死亡率) 법률(法律) 출산율(出産率)

[**붙임**2]는 한 음절로 된 이름을 성에 붙여 쓸 때(제48항 참조), 두음 법칙을 적용하지 않고 본음대로 적음을 허용한 것이다. 그것은 역사적 인물의 이름을 현실 발음대로 적음을 뜻한다. 그러나 현대인의 이름이거나 두 음절 이상일 때에는 허용되지 않는다.

[관련예] 방열(放烈) 김용(金龍) 김윤식(金允植) 정인지(鄭麟趾)

그러나 이 문제는 'ㄴ[n]'의 경우에도 해당되며, 다음 제12항에서 'ㄹ[r]'이 'ㄴ[n]'으로 바뀌는 것에도 관련된다.

[관련예] 김영/김녕(金寧) 김유/김뉴(金紐) 김로/김노(金魯) 하락/하낙(河落)

따라서 이 부분은 허용의 한계에서 불명확한 것이다.(이희승 · 안병희(1989;55) 참조)

[**붙임**3]은 준말에서 두음 법칙이 적용되지 않음을 규정한 것이다.

[관련예] 한총련(한국총학생회연합회) 전민련(전국민주화연합회).

그리고 [**붙임**4]는 제10항의 [붙임 2]에 준하는 것이다. 이에 관련되는 예에는 다음과 같은 것이 있다.(국어 연구소(1988;21) 참조)

[관련예] 몰-이해(沒理解) 과-인산(過燐酸) 가-영수(假領收) 등-용문(登龍門)
불-이행(不履行) 사-육신(死六臣) 선-이자(先利子) 청-요리(淸料理)
수학-여행(修學旅行) 무실-역행(務實力行) 낙화-유수(落花流水)

[**붙임**5]는 제10항의 [붙임 3]에 준하는 것이다. 그러나 수사에서 '六'은 현실음이 '륙'이면 그대로 적는다.

[관련예] 오륙도(五六島) 육륙봉(六六峰) 사륙변려체(四六騈儷體)

제12항 한자음 '라, 래, 로, 뢰, 루, 르'가 단어의 첫머리에 올 적에는 두음 법칙에 따라 '나, 내, 노, 뇌, 누, 느'로 적는다. (ㄱ을 취하고 ㄴ을 버림.)

ㄱ	ㄴ	ㄱ	ㄴ
낙원(樂園)	락원	뇌성(雷聲)	뢰성
내일(來日)	래일	누각(樓閣)	루각
노인(老人)	로인	능묘(陵墓)	릉묘

[**붙임**1] 단어의 첫머리 이외의 경우에는 본음대로 적는다.

쾌락(快樂)	극락(極樂)		거래(去來)	왕래(往來)
부로 (父老)	연로(年老)		지뢰(地雷)	낙뢰(落雷)
고루(高樓)	광한루(廣寒樓)		동구릉(東九陵)	가정란(家庭蘭)

[**붙임**2] 접두사처럼 쓰이는 한자가 붙어서 된 단어는 뒷말을 두음 법칙에 따라 적는다.

내내월(來來月) 상노인(上老人) 중노동(重勞動) 비논리적(非論理的)

[해설] **제12항**은 한자음에서 어두의 경우 'ㅏ, ㅐ, ㅗ, ㅚ, ㅜ, ㅡ' 등의 단모음 앞에서 'ㄹ[r]'이 'ㄴ[n]'으로 바뀌는 대로 적는 것을 규정한 것이다.

[**붙임**1]은 어두 이외의 경우 본음대로 적음을 뜻한다. 여기서 '릉(陵)'과 '란(欄)'도 이에 포함되는 것으로 규정했다.

[관련예] 강릉(江陵) 태릉(泰陵) 서오릉(西五陵)
공란(空欄) 답란(答欄) 투고란(投稿欄)

그러나 고유어나 외래어와 함께 합성어를 형성할 때에는 두음 법칙을 인정하여 표기한다.

[관련예] 시사란(時事欄) 비고란(備考欄) 의견란(意見欄) 학습란(學習欄)
어린이난(어린이欄) 고십난(gossip欄)

[**붙임**2]는 제11항의 [붙임 4]에 준한다.(국어 연구소(1988:23) 참조)

[관련예] 반-나체(半裸體) 실-낙원(失樂園) 중-노인(中老人)
육체-노동(肉體勞動) 부화-뇌동(附和雷同) 사상-누각(砂上樓閣)

그런데 '고랭지(高冷地)'는 '고랭-지'로 분석하여, '랭'이 두음 법칙이 적용되지 않는 것으로 본다.

제 6 절 겹쳐 나는 소리

제13항 한 단어 안에서 같은 음절이나 비슷한 음절이 겹쳐 나는 부분은 같은 글자로 적는다. (ㄱ을 취하고 ㄴ을 버림.)

ㄱ	ㄴ	ㄱ	ㄴ
딱딱	딱닥	꼿꼿하다	꼿곳하다
쌕쌕	쌕색	놀놀하다	놀롤하다
씩씩	씩식	눅눅하다	눙눅하다
똑딱똑딱	똑닥똑닥	밋밋하다	민밋하다
쓱싹쓱싹	쓱삭쓱삭	싹싹하다	싹삭하다
연연불망(戀戀不忘)	연련불망	쌉쌀하다	쌉살하다
유유상종(類類相從)	유류상종	씁쓸하다	씁슬하다
누누이 (屢屢-)	누루이	짭짤하다	짭잘하다

[해설] 한 단어 안에서 발음이 동일한 음절이나 유사한 음절이 반복될 때 표기를 동일하게 하면 시각적 효과(독서의 능률)를 높일 수 있다. 위에 제시된 예는 단어 구성의 특징으로 보면 몇 가지 유형으로 나뉜다.

① 첩어(疊語) (예; 딱딱, 쌕쌕 (의성어))
② 첩어적 구성 (예; 연연(-불망), 유유(-상종), 누누(-이) (한자어))
③ 단일 형태소 구성 (예; 씩씩, 꼿꼿(-하다), 놀놀(-하다))

이들은 발음이 동일 또는 유사한 음절이 반복되므로, 표기도 동일하게 하는 것이다. (관련 규정 제5항 다만, 제11항 [붙임 1])

[관련예] 노노법사(老老法師) 요요무문(寥寥無聞) 요요하나(寥寥 —)

그러나 다음의 예는 일반적으로 이에 해당되지 않는다.(국어 연구소(1988ㄱ;24) 참조)

[관련예] 낙락장송(落落長松) 낭랑(朗朗)하다 늠름(凜凜)하다 연년생(年年生)
연년세세(年年歲歲) 냉랭(冷冷)하다 역력(歷歷)하다 적나라(赤裸裸)하다

제4장 형태에 관한 것

제1절 체언과 조사

제14항 체언은 조사와 구별하여 적는다.

떡이	떡을	떡에	떡도	떡만
손이	손을	손에	손도	손만
팔이	팔을	팔에	팔도	팔만
밤이	밤을	밤에	밤도	밤만
집이	집을	집에	집도	집만
옷이	옷을	옷에	옷도	옷만
콩이	콩을	콩에	콩도	콩만
낮이	낮을	낮에	낮도	낮만
꽃이	꽃을	꽃에	꽃도	꽃만
밭이	밭을	밭에	밭도	밭만
앞이	앞을	앞에	앞도	앞만
밖이	밖을	밖에	밖도	밖만
넋이	넋을	넋에	넋도	넋만
흙이	흙을	흙에	흙도	흙만
삶이	삶을	삶에	삶도	삶만
여덟이	여덟을	여덟에	여덟도	여덟만
곬이	곬을	곬에	곬도	곬만
값이	값을	값에	값도	값만

[해설] **제14항**은 실질 형태소인 체언의 형태를 고정시키고, 이에 붙는 조사도 형태를 고정시켜 언제나 동일한 형태로 표기하도록 한다는 것이다. 따라서 체언과 조사가 형태적으로 분명히 구별되도록 적게 된다. 이것은 형태소의 기본형을 고정시키는 표기로 형태주의적 원리에 해당되는 것으로 표음문자로서 표의성을 살려 표기한 방법이 된다.(제Ⅰ부 3.1.9절 참조) 이러한 시각적 효과를 살리는 표기 방법은 읽기(독해)의 능률을 기할 수 있다.

이와 같은 표기는 한글의 문자적 운용 방식인 모아쓰기에 관련되는데(제 I 부 2.2.2절 참조), 음절 단위의 모아쓰기에 의해 형태소의 모양을 고정시킬 수 있게 되는 것이다. 또한 실질 형태소와 형식 형태소 사이의 경계가 분명히 드러나게 되어 끊어적기와도 관련된다.(제 I 부 3.1.3절 1)항 참조). 따라서 모아쓰기와 끊어적기 방식으로 표의성을 살림으로써, 체언과 조사의 본모양과 경계를 분명히 할 수 있어 의미의 파악을 쉽게 하는 것이다.

* 관련사항 ; 위 본문에 제시된 예를 통해 체언에 쓰이는 받침의 종류를 알 수 있다. 그런데 'ㅋ'의 용례는 「표준어 규정」(1988) 제3항에 나온다. 따라서 체언에 쓰이는 받침은 모두 19가지가 된다.

제 2 절 어간과 어미

제15항 용언의 어간과 어미는 구별하여 적는다.

먹다	먹고	먹어	먹으니
신다	신고	신어	신으니
믿다	믿고	믿어	믿으니
울다	울고	울어	(우니)
넘다	넘고	넘어	넘으니
입다	입고	입어	입으니
웃다	웃고	웃어	웃으니
찾다	찾고	찾아	찾으니
좇다	좇고	좇아	좇으니
같다	같고	같아	같으니
높다	높고	높아	높으니
좋다	좋고	좋아	좋으니
깎다	깎고	깎아	깎으니
앉다	앉고	앉아	앉으니
많다	많고	많아	많으니
늙다	늙고	늙어	늙으니
젊다	젊고	젊어	젊으니
넓다	넓고	넓어	넓으니
훑다	훑고	훑어	훑으니

읊다	읊고	읊어	읊으니
옳다	옳고	옳아	옳으니
없다	없고	없어	없으니
있다	있고	있어	있으니

[**붙임**1] 두 개의 용언이 어울려 한 개의 용언이 될 적에, 앞말의 본뜻이 유지되고 있는 것은 그 원형을 밝히어 적고, 그 본뜻에서 멀어진 것은 밝히어 적지 아니한다.

(1) 앞말의 본뜻이 유지되고 있는 것

넘어지다 늘어나다 늘어지다 돌아가다 되짚어가다 들어가다 떨어지다 벌어지다 엎어지다 접어들다 틀어지다 흩어지다

(2) 본뜻에서 멀어진 것

드러나다 사라지다 쓰러지다

[**붙임**2] 종결형에서 사용되는 어미 '-오'는 '요'로 소리 나는 경우가 있더라도 그 원형을 밝혀 '오'로 적는다. (ㄱ을 취하고, ㄴ을 버림.)

ㄱ	ㄴ
이것은 책이오.	이것은 책이요.
이리로 오시오.	이리로 오시요.
이것은 책이 아니오.	이것은 책이 아니요.

[**붙임**3] 연결형에서 사용되는 '이요'는 '이요'로 적는다. (ㄱ을 취하고, ㄴ을 버림.)

ㄱ	ㄴ
이것은 책이요, 저것은 붓이요, 또 저것은 먹이다.	이것은 책이오, 저것은 붓이오, 또 저것은 먹이다.

[해설] **제15항**은 용언의 어미 활용에서 실질 형태소인 용언의 어간과 형식 형태소인 어미의 경계를 분명히 하여 적는다는 것으로, 앞 항의 체언과 조사를 구별하여 적는 것에 평행되는 형태주의적 표기법의 원리를 따르는 것이다. 이것은 교착어인 국어에서 발달된 어미를 표기에 올바로 반영하는 것이기도 하다.

그러나 언제나 어간과 어미의 원형을 밝혀 표기하는 것은 아니다. 이에 해당되는 것에 다음의 경우가 있다. 첫째로, 불규칙 활용에서 나타나는 어간 또는 어미의 변화가 표기에 반영된다.(제18항 참조).

[관련예] (긋-어)그어 (긋-었다)그었다 (끄-어)꺼 (끄-었다)껐다
(싣-어)실어 (싣-었다)실었다 (이르-어)이르러 (이르-었다)이르렀다

둘째로, 모음으로 끝난 어간과 '아/어' 모음으로 시작되는 어미가 붙을 때에는, 어간과 어미가 구별되지 못하고 한 음절로 적는 경우가 있다.(제34항 참조)

[관련예] (가-아)가 (가-았다)갔다 (켜-어)켜 (켜-었다)켰다

셋째로, 모음으로 끝난 어간에 '으'로 시작되는 어미가 붙을 때에도, 어간과 어미가 구별되지 않는다.

[관련예] (가-은)간 (가-으니)가니 (오-을)올 (오-으니)오니

[붙임1]은 두 용언이 합성될 때, 어원 의식을 기준으로 하여 원형을 밝혀 적는지의 여부를 규정한다는 것이다. 일반적으로 용언의 합성은 통사적인 경우와 비통사적인 경우로 구분되는데, 여기서는 통사적인 경우로 두 용언의 어간이 '어간$_1$-아/어 + 어간$_2$-다'와 같이 어미 '-아/어'에 의해 간접적으로 결합된다.(남기심 · 고영근, 1993;215 참조) 이 때 어원 의식의 판정 대상은 선행 용언의 어간에 해당된다. 예를 들어 다음과 같이 분석된다.

㈎	㈏
(넘-어-지-다)넘어지다	(살-아-지-다)사라지다
(늘-어-나-다)늘어나다	(들-어-나-다)드러나다

여기서 ㈎에서 '넘어지다'의 '넘-'은 '넘다'의 본래의 의미와 관련되는 것으로 보아 원형을 밝혀 표기한다. 그러나 ㈏의 '살-아-지-다'에서 '살-'은 '살다'로 의식되지 않으므로 소리대로 적는 것이다. 그러므로 '쓸어지다'와 '쓰러지다'는 다른 의미가 된다. 이 규정은 어원 의식을 기준으로 하여, 의식이 분명하면 형태주의적 표기법을 채택하고, 의식이 불분명하면 음소주의적 표기법을 채택한 결과에 해당된다.

[관련예] 나타나다 바라보다 배라먹다 부서지다 불거지다 부러지다
자라나다 자빠지다

그러나 이러한 의미적인 기준에 따른 판단은 '넘어지다, 접어들다'의 경우처럼 항상 경계가 불분명하다는 문제를 안고 있다.

[붙임2,3]은 종결형과 연결형에서 구분되는 어미에 관한 규정이다. 연결형 어미는 고어(古語) '-이고'에서 'ㄱ' 묵음화(默音化)에 의해 '-이오'로 된 것인데, 이 때의 '이'가 독립 형태소가 아니라, '-이오'가 체언 다음에 붙는 한 형태소이다. 그리고 발음이 '-이요'로 되므로, 소리대로 적는다. 그러나 종결형 어미의 경우는 '-오'가 '하오'체의 높임의 등

급을 갖는 독립된 한 형태소로서 '가오, 가시오, 가십시오' 등이 되므로, 이를 고정시켜 '-오'로 적는 것이다.

* 관련사항 ; 위 본문에 제시된 예를 통해 용언의 어간에 쓰이는 받침의 종류가 모두 23가지 가 됨을 알 수 있다.

제16항 어간의 끝음절 모음이 'ㅏ, ㅗ'일 때에는 어미를 '-아'로 적고, 그 밖의 모음일 때에는 '-어'로 적는다.

1. '-아'로 적는 경우

나아	나아도	나아서
막아	막아도	막아서
얇아	얇아도	얇아서
돌아	돌아도	돌아서
보아	보아도	보아서

2. '-어'로 적는 경우

개어	개어도	개어서
겪어	겪어도	겪어서
되어	되어도	되어서
베어	베어도	베어서
쉬어	쉬어도	쉬어서
저어	저어도	저어서
주어	주어도	주어서
피어	피어도	피어서
희어	희어도	희어서

[해설] **제16항**은 용언 어간과 어미가 연결될 적의 모음 조화 현상을 적는 법에 관한 규정이다. 현대 국어에서의 모음 조화 현상은 중세 국어와는 달리, 양성모음의 어미는 다음과 같이 어간의 끝음절 모음이 'ㅏ, ㅗ'인 경우로 한정된다.

어간 끝음절 모음	어미의 형태
ㅏ, ㅗ	-아(아라, 아서, 아도, 아야) (았, 았었)
ㅐ, ㅓ, ㅔ, ㅚ, ㅜ, ㅞ, ㅟ, ㅡ, ㅢ, ㅣ	-어(어라, 어서, 어도, 어야) (었, 았었)

따라서 '[자버](잡-아), [가터](같-아)'와 같은 모음 조화가 파괴되는 현상으로 실제 발음되고 있으나, 이것은 표기에 인정되지 않는다. 그러나 'ㅂ'불규칙의 경우에는 이러한 경우도 모음 조화 현상의 파괴가 인정된다.(제18항 6. 참조)

제17항 어미 뒤에 덧붙는 조사 '-요'는 '-요'로 적는다.

읽어	읽어요
참으리	참으리요
좋지	좋지요

[해설] '-요'는 문장의 끝에 나타나서 상대방을 높이는 뜻을 더해 주는 종결 보조사이다.(남기심 · 고영근(1993;105) 참조) 따라서 이것은 앞의 제15항 [붙임 2, 3]과는 다른 것이므로, 본래의 형태대로 '-요'로 적는다.

제18항 다음과 같은 용언들은 어미가 바뀔 경우, 그 어간이나 어미가 원칙에 벗어나면 벗어나는 대로 적는다.

1. 어간의 끝 'ㄹ'이 줄어질 적

갈다:	가니	간	갑니다	가시다	가오
놀다:	노니	논	놉니다	노시다	노오
불다:	부니	분	붑니다	부시다	부오
둥글다:	둥그니	둥근	둥급니다	둥그시다	둥그오
어질다:	어지니	어진	어집니다	어지시다	어지오

[붙임] 다음과 같은 말에서도 'ㄹ'이 준 대로 적는다.

마지못하다 마지않다 (하)다마다 (하)자마자
(하)지 마라 (하)지 마(아)

2. 어간의 끝 'ㅅ'이 줄어질 적

긋다:	그어	그으니	그었다
낫다:	나아	나으니	나았다
잇다:	이어	이으니	이었다
짓다:	지어	지으니	지었다

3. 어간의 끝 'ㅎ'이 줄어질 적

그렇다:	그러니	그럴	그러면	그러오
까맣다:	까마니	까말	까마면	까마오

동그랗다: 동그라니 동그랄 동그라면 동그라오
퍼렇다: 퍼러니 퍼럴 퍼러면 퍼러오
하얗다: 하야니 하얄 하야면 하야오

4. 어간의 끝 'ㅜ, ㅡ'가 줄어질 적

푸다:	퍼	펐다	뜨다:	떠	떴다
끄다:	꺼	껐다	크다:	커	컸다
담그다:	담가	담갔다	고프다:	고파	고팠다
따르다:	따라	따랐다	바쁘다:	바빠	바빴다

5. 어간의 끝 'ㄷ'이 'ㄹ'로 바뀔 적

걷다(步): 걸어 걸으니 걸었다
듣다(聽): 들어 들으니 들었다
묻다(問): 물어 물으니 물었다
싣다(載): 실어 실으니 실었다

6. 어간의 끝 'ㅂ'이 'ㅜ'로 바뀔 적

깁다: 기워 기우니 기웠다
굽다(炙): 구워 구우니 구웠다
가깝다: 가까워 가까우니 가까웠다
괴롭다: 괴로워 괴로우니 괴로웠다
맵다: 매워 매우니 매웠다
무겁다: 무거워 무거우니 무거웠다
밉다: 미워 미우니 미웠다
쉽다: 쉬워 쉬우니 쉬웠다

다만, '돕-, 곱-'과 같은 단음절 어간에 어미 '-아'가 결합되어 '와'로 소리 나는 것은 '-와'로 적는다.

돕다(助): 도와 도와서 도와도 도왔다
곱다(麗): 고와 고와서 고와도 고왔다

7. '하다'의 활용에서 어미 '-아'가 '-여'로 바뀔 적

하다: 하여 하여서 하여도 하여라 하였다

8. 어간의 끝음절 '르'뒤에 오는 어미 '-어'가 '-러'로 바뀔 적

이르다(至):	이르러	이르렀다	누르다:	누르러	누르렀다
노르다:	노르러	노르렀다	푸르다:	푸르러	푸르렀다

9. 어간의 끝음절 '르'의 'ㅡ'가 줄고, 그 뒤에 오는 어미 '-아/-어'가 '-라/-러'로 바뀔 적

가르다:	갈라	갈랐다	부르다:	불러	불렀다
구르다:	굴러	굴렀다	이르다:	일러	일렀다
벼르다:	별러	별렀다	지르다:	질러	질렀다
거르다:	걸러	걸렀다	오르다:	올라	올랐다

[해설] 이것은 용언의 어미 활용에서 어간과 어미의 형태가 바뀌는 것을 바뀐 대로 적는 것을 규정한 것이다. 따라서 앞의 형태주의적인 제15항이 원칙이라면, 이 규정은 음소주의적인 것으로 원칙에서 벗어나는 것에 관련된다.

어미 활용의 원칙에서 벗어나는, 즉 이형태가 비자동적으로 교체되는 것을 불규칙 활용이라 하는데, 이것은 대상에 따라 크게 어간의 불규칙, 어미의 불규칙, 어간과 어미의 불규칙으로 나뉘고(남기심 · 고영근(1993;139-150 참조), 그 방법에 따라 탈락과 변이로 구분되기도 한다.

	탈락	변이
어간의 불규칙	ㄹ, ㅅ, ㅎ, ㅜ/ㅡ	ㄷ(→ㄹ), ㅂ(→ㅜ)
어미의 불규칙		-여(← -아), -러(← -어) -라/러(← -아/어)
어간과 어미의 불규칙	르(→ㄹ)	

이들을 다음에서 각각 나누어 기술하기로 한다.

1. 'ㄹ' **불규칙**

환경 ; 어간의 끝 받침 'ㄹ' —— 어미의 첫소리 'ㄴ, ㅅ, -(으)오, -(으)ㄹ'

결과 ; 'ㄹ'의 탈락

[관련예] 살다 : (살-네)사네 (살-세)사세 (살-읍시다)삽시다
(살-으오)사오 (살-을)살

이 현상은 조건이 주어지면 자동적으로 교체되는 것으로(남기심 · 고영근(1993;137) 참조), 어간 끝 음절의 받침이 'ㄹ'인 용언은 모두 이에 해당된다. 그리고 이것은 'ㄹ'탈락 현상과도 관련된다.(제28항 참조)

2. 'ㅅ' **불규칙**

환경 ; 어간의 끝 받침 'ㅅ' —— 어미의 첫소리 모음

결과 ; 'ㅅ'의 탈락

[관련예] 긋다 : (긋-어)그어 (긋-으니)그으니 (긋-으면)그으면

이에 해당하는 용언에는 '낫다, 붓다, 잇다, 잣다, 젓다, 짓다' 등이 있는데, '벗다, 빗다, 빼앗다, 솟다, 씻다, 웃다' 등은 어간 끝 음절의 받침이 'ㅅ'이지만, 이에 해당되지 않는다. 그런데 'ㅅ'불규칙에 해당되는 용언의 어간 끝 받침 'ㅅ'은 실제 발음되는 경우가 없다. 따라서 이것은 앞의 제7항에 따라 'ㅅ'으로 표기하는 것이며 일종의 추상적 형태소(abstract morpheme)를 기본형으로 세워 표기에 반영하는 것이기도 하다.(이익섭 · 임홍빈(1983;114) 참조)

3. 'ㅎ' **불규칙**

환경 ; 어간의 끝 받침 —— 어미의 첫소리 모음, 'ㄴ'

결과 ; 'ㅎ'의 탈락

[관련예] 노랗다 : (노랗-은)노란 (노랗-으니)노라니 (노랗-네)노라네
(노랗-아)노래 (노랗-아지다)노래지다

그런데 어미 '-아/-어'와 결합할 때에는 'ㅎ'이 탈락하고 모음이 '-애/-에'로 나타난다. 따라서 이것은 어간과 어미가 모두 바뀌는 불규칙 현상으로 설명될 수도 있다.(남기심 · 고영근(1993;149-150) 이에 속하는 용언은 어간 끝 받침이 'ㅎ'인 형용사는 '좋다'를 제외하고 모두 해당된다.

그런데 '놓다'의 경우 'ㅎ'이 끊어질 때에는 준 대로 적는다.(제35항 [붙임 1] 참조)

[관련예] 이리 내 놔(놓아) 그냥 놔(놓아) 둬

4. 'ㅜ/ㅡ' **불규칙**

환경 ; 어간 끝 모음 'ㅜ/ㅡ' —— 어미 '-아/-어'

결과 ; 'ㅜ/ㅡ'의 탈락

[관련예] 푸다 : (푸-어)퍼
바쁘다 : (바쁘-어)바빠 (바쁘-어서)바빠서
예쁘다 : (예쁘-어)예뻐 (예쁘-어서)예뻐서

그런데 'ㅜ'불규칙의 예는 '푸다' 외에는 없으며, 'ㅡ'불규칙을 다음의 '러'불규칙과 '르' 불규칙에 해당되는 용언을 빼고는 어간 끝 음절이 모음 'ㅡ'로 끝날 경우 '끄다, 담그다, 따르다, 뜨다, 잠그다, 치르다, 트다, 기쁘다, 나쁘다, 슬프다' 등과 같이 모두 해당되므로, 규칙적 현상에 속한다고 설명할 수도 있다.(남기심 · 고영근, 1993;136 참조)

5. 'ㄷ' **불규칙**

환경 ; 어간 끝 받침 'ㄷ' —— 모음

결과 ; 'ㄷ'이 'ㄹ'로 바뀐다.

[관련예] 깨닫다 : (깨닫-아)깨달아 (깨닫-으니)깨달으니

이에 해당되는 용언에는 '걷다(步), 긷다, 눋다, 닫다(走), 듣다, 묻다(問), 붇다, 싣다, 일컫다' 등이 있다. 그러나 '걷다(收, 撤), 닫다(閉), 돋다, 뜯다, 묻다(埋), 믿다, 받다, 뻗다, 얻다, 곧다, 굳다' 등은 해당되지 않는다. 이것은 'ㄷ'소리 받침이나 'ㄷ'으로 적을 근거가 있으므로 'ㅅ'을 적지 않는다.(제7항 참조) 여기서 'ㄷ'으로 적을 근거는 'ㄷ'과 'ㄹ'이 교체되는 음운현상을 의미한다.(제28항 참조)

6. 'ㅂ' **불규칙**

환경 ; 어간 끝 받침 'ㅂ' —— 모음

결과 ; 'ㅂ'이 '오/우'로 바뀐다.

[관련예] 눕다 : (눕-어)누워 (눕-으니)누우니
곱다 : (곱-아)고와 (곱-으니)고우니

위에서 '곱다'의 경우 '고오니'가 아니라 , '고우니'로 되는데, 이것은 모음 조화 현상이 항상 지켜지는 것이 아님을 뜻한다. 이러한 예에는 '굽다, 깁다, 줍다, 가깝다, 가볍다, 노엽다, 즐겁다, 춥다' 등이 있다 그러나 '꼽다, 뽑다, 씹다, 업다, 잡다, 접다, 집다, 굽다(曲), 좁다' 등은 이에 해당되지 않는다.

다만은 모음 조화의 규칙성을 표기에 절대적으로 반영하지 않음을 뜻한다. 그것은 현실음을 따르는 제1항의 '표준어를 소리대로 적되'에 충실한 것이다.

[관련예] 가깝다 : (가깝-아)*가까와/가까워 (가깝-으니)*가까오니/가까우니
(가깝-았다)*가까왔다/가까웠다
고맙다 : (고맙-아)*고마와/고마워 (고맙-으니)*고마오니/고마우니

(고맙-았다)*고마왔다/고마웠다

이와 같은 예에 속하는 것에는 '아니꼽다, 차갑다, 아름답다, 반갑다' 등의 두 음절 이상으로 된 'ㅂ'불규칙 용언이 있다. 그러나 모음이 'ㅗ'인 단음절 어간에서는 모음 조화 현상을 지켜 표기해야 한다.

[관련예] 돕다 : (돕-아)도와/*도워 (돕-으니)*도오니/도우니
(돕-았다)도왔다/*도웠다
곱다 : (곱-아)고와/고워 (곱-으니)*고오니/고우니
(곱-았다)고왔다/고웠다

따라서 'ㅂ' 불규칙 용언의 표기는 '워'형과 '와'형으로 구분되는데, '와'형은 위의 '돕다, 곱다' 외에는 그 예가 발견되지 않는다.

7. '여' 불규칙

환경 ; 어간 '하-' —— 어미 '-아'
결과 ; 어미가 '-여'로 바뀐다.

[관련예] 하다 : (하-아)하여 (하-아라)하여라 (하-았다)하였다

따라서 '-하다'가 결합된 모든 용언은 이에 해당된다.

8. '러' 불규칙

환경 ; 어간 끝음절 '르' —— 어미 '-어'
결과 ; 어미가 '-러'로 바뀐다.

[관련예] 푸르다 : (푸르-어)푸르러 (푸르-었다)푸르렀다

이에는 '이르다(至), 누르다(黃)' 등의 용언이 있다.

9. '르' 불규칙

환경 ; 어간 끝음절 '르' —— 어미 '-어'
결과 ; 어간 모음 'ㅡ'가 탈락하고 'ㄹ'이 받침으로 되며, 어미도 '-라/러'로 변한다.

[관련예] 나르다 : (나르-어)날라 (나르-었다)날랐다

이에는 '누르다(押), 이르다(告)' 등이 해당된다.

그 밖에 '거라' 불규칙과 '너라' 불규칙도 예상되지만, 이것은 명령형에 한정되므로 규정에서 다루지는 않는다.(국어 연구소, 1988ㄱ;37 참조)

[관련예] 가다 : (가-아라)가라/가거라
오다 : (오-아라)와라/오너라

제3절 접미사가 붙어서 된 말

제19항 어간에 '-이'나 '-음/-ㅁ'이 붙어서 명사로 된 것과 '-이'나 '-히'가 붙어서 부사로 된 것은 그 어간의 원형을 밝히어 적는다.

1. '-이'가 붙어서 명사로 된 것

길이 깊이 높이 다듬이 땀받이 달맞이
먹이 미닫이 벌이 벼훑이 살림살이 쇠붙이

2. '-음/-ㅁ'이 붙어서 명사로 된 것

걸음 묶음 믿음 얼음 엮음 울음 웃음 졸음 죽음 앎

3 '-이'가 붙어서 부사로 된 것

같이 굳이 길이 높이 많이 실없이 좋이 짓궂이

4. '-히'가 붙어서 부사로 된 것

밝히 익히 작히

다만, 어간에 '-이'나 '-음'이 붙어서 명사로 바뀐 것이라도 그 어간의 뜻과 멀어진 것은 원형을 밝히어 적지 아니한다.

굽도리 다리(髢) 목거리(목병) 무녀리
코끼리 거름(비료) 고름(膿) 노름(도박)

[붙임] 어간에 '-이'나 '-음' 이외의 모음으로 시작된 접미사가 붙어서 다른 품사로 바뀐 것은 그 어간의 원형을 밝히어 적지 아니한다

(1) 명사로 바뀐 것

귀머거리 까마귀 뜨더귀 너머 마감 마개
비렁뱅이 쓰레기 올가미 무덤 주검 마중

(2) 부사로 바뀐 것

거뭇거뭇 뜨덤뜨덤 너무 도로 바투 차마
불긋불긋 오긋오긋 비로소 자주

(3) 조사로 바뀌어 뜻이 달라진 것

나마 부터 조차

[해설] **제3절**은 어근(root)에 접미사(surfix)가 붙어 파생된 단어의 표기에 대한 규정이다. 제1항의 '어법에 맞도록 함을 원칙으로 한다.'에 따르면 의미 단위인 형태소로서의 어근과 접미사는 제2절의 체언과 조사, 어간과 어미의 표기와 같이 구별하여 적으면 될 것이다. 그러나 어근과 접미사는 불규칙적인 결합을 보이기 때문에 일률적으로 원형을 밝혀 적을 수 없으므로, 일정한 조건에서 벗어나는 것은 제1항의 '소리대로 적되'에 따르게 된다.

어근과 접미사를 원형을 밝혀(형태주의적 표기법으로) 적을 것인가, 소리대로(음소주의적 표기법으로) 적을 것인가를 구분하는 기준은 분포와 의미에서 찾는다. 즉 접미사의 분포로 보아 여러 어근에 널리 나타나면서 어근의 본래의 의미가 유지되는 것은 원형을 밝혀 적고, 그렇지 않은 것은 소리대로 적는 것이다. 이에 따라 **제19항**은 모음으로 시작되는 접미사 중에서 '-이, -음'이 원형을 밝혀 적는 것에 해당되는데, '-이'는 명사화 접미사와 부사화 접미사에 모두 해당되고, 부사화 접미사 중에서 '-히'는 거센소리되기(激音化)로 흔적을 남기는 'ㅎ'자음의 특성에 따라 원형을 밝혀 적게 된다.

[관련예] 명사화 ; 귀걸이 목걸이 넓이 놀이 달맞이 배앓이 해돋이 점박이
그을음 모질음 삶 앎 만듦 설움 수줍음 일컬음 용솟음
부사화 ; 곧이 덧없이 옳이 적이 밝히 익히 작히

위에서 '앎, 만듦, 삶'은 '알음, 만들음, 살음'이 되지 않고, '적이'는 '저으기'가 아님에 유의해야 한다.([표준어 규정] 제5항 다만, 참조)

다만은 의미적인 기준에서 어근의 의미가 본뜻과 멀어진 것(즉, 어원 의식이 작용될 수 없는 것)은 소리대로 적음을 뜻한다.

[관련예] 너비 두루마기 목도리 빈털터리 턱거리(종기) 거름 노름 어름
망나니 똘마니 설거지

따라서 '목걸이, 턱걸이'는 '목거리, 턱거리'와 구분되며 '걸음(步), 놀음(游), 얼음(氷)'은 '거름(肥料), 노름(賭博), 어름(物界)'과 구분된다.

[붙임]은 '-이, -음' 이외의 모음으로 시작되는 접미사는 분포상의 기준에서 널리 나타나는 것이 아니므로, 어근과 구별하여 적지 않음을 뜻한다. 즉 이어적기를 하는 것이다.

[관련예] 명사 ; (귀먹-어리)귀머거리 (뜯-어귀)뜨더귀 (막-암)마감
(눋-웅지)누룽지 (남-어지)나머지 (돌-앙)도랑
(늙-으막)늘그막 (동글-아미)동그라미
(옭-아미)올가미 (짚-앙이)지팡이

부사 ; (넘-우)너무 (돌-오)도로 (붉-읏붉-읏)불긋불긋
조사 ; (남-아)나마 (붙-어)부터 (좇-아)조차

따라서 '넘어, 참아'는 동사의 활용형이고, '너머, 차마'는 각각 명사화되거나 부사화된 파생어이다.

제20항 명사 뒤에 '-이'가 붙어서 된 말은 그 명사의 원형을 밝히어 적는다.

1. 부사로 된 것

곳곳이 낱낱이 몫몫이 샅샅이 앞앞이 집집이

2. 명사로 된 것

곰배팔이 바둑이 삼발이 애꾸눈이 육손이 절뚝발이/절름발이

[**붙임**] '-이' 이외의 모음으로 시작된 접미사가 붙어서 된 말은 그 명사의 원형을 밝히어 적지 아니한다.

꼬락서니 끄트머리 모가치 바가지 바깥 사타구니
싸라기 이파리 지붕 지푸라기 짜개

[해설] **제20항**은 명사 어근에 접미사 '-이'가 결합하여 부사가 되거나 명사로 되어 뜻만 달라질 때, 어근과 접미사의 원형을 밝혀 적는다. 이 때의 접미사 '-이'는 분포가 그리 넓지 않으나, 앞의 제19항에 대응시키는 것이라 할 수 있다.(제19항은 어근이 용언이다.)

[관련예] 부사 ; 겹겹이 번번이 줄줄이 첩첩이 틈틈이 나날이 구구절절이
명사 ; 각설이 딸각발이 왕눈이

그러나 [**붙임**]은 '-이' 이외의 모음으로 시작되는 접미사는 원형을 밝혀 적지 않도록 규정한다. 이것은 앞의 제19항 [붙임]에 대응된다.

[관련예] (목-아지)모가지 (끝-으머리)끄트머리 (털-억)터럭
(쌀-아기)싸라기 (골-앙)고랑 (굴-엉)구렁

그런데 '모가치'는 '몫-아치'로 구성된 단어이나, '몫아치, 목사치'를 버리고 현실음에 따라 '모가치'로 적는다. 이에 따라 '값어치'는 '갑서치, 가버치'가 연상되나, '-어치'의 성격(의존 명사적 성격)으로 원형을 밝혀 표기한다.(예, '한 푼어치, 10원어치' 등). 또한 '벼슬아치'와 '반빗아치'도 원형을 밝혀 표기하므로, 이들은 위 [붙임] 규정의 예외가 된다. 즉,

원칙 ; 목사치 갑서치 버스라치 반비다치
예외 ; 모가치 값어치 벼슬아치 반빗아치

등이 되는데, 이 중에서 예외의 형식으로 적는 것이다.(국어 연구소, 1988ㄱ;42-43 참조)

제21항 명사나 혹은 용언의 어간 뒤에 자음으로 시작된 접미사가 붙어서 된 말은 그 명사나 어간의 원형을 밝히어 적는다.

1. 명사 뒤에 자음으로 시작된 접미사가 붙어서 된 것
   값지다 홑지다 넋두리 빛깔 옆댕이 잎사귀
2. 어간 뒤에 자음으로 시작된 접미사가 붙어서 된 것
   낚시 늙정이 덮개 뜯게질 갉작갉작하다 갉작거리다 뜯적거리다 뜯적뜯적하다 굵다랗다 굵직하다 깊숙하다 넓적하다 높다랗다 늙수그레하다 얽죽얽죽하다

다만, 다음과 같은 말은 소리대로 적는다.

(1) 겹받침의 끝소리가 드러나지 아니하는 것
할짝거리다 널따랗다 널찍하다 말끔하다 말쑥하다 말짱하다 실쭉하다 실큼하다 얄따랗다 얄팍하다 짤따랗다 짤막하다 실컷

(2) 어원이 분명하지 아니하거나 본뜻에서 멀어진 것
넙치 올무 골막하다 납작하다

[해설] **제21항**은 명사나 용언의 어간이 어근이 되고, 여기에 자음으로 시작되는 접미사가 붙으면, 소리와 관계 없이 어근과 접미사의 원형을 밝혀 적는다.

[관련예] (꽃-답다)꽃답다 (끝-내)끝내 (멋-지다)멋지다 (빚-쟁이)빚쟁이
(숯-장이)숯장이 (옆-구리)옆구리 (늙-다리)늙다리 (엎-지르다)엎지르다

그러나 **다만**의 규정은 소리대로 적는 것으로, (1)은 겹받침 중에서 어근의 끝음절 받침 중에서 뒤엣것이 발음되는 경우에는 원형을 밝혀 적고, 앞엣것만 발음되는 경우에는 소리대로 적는다는 것이다.([표준 발음법] 제 10항, 제11항 참조) 즉,

(넓-적하다) [넙쩌카다] : '넓적하다'
(넓-다랗다) [널따라타] : '널따랗다'

로 되어, 각각 '넓적하다'와 '널따랗다'로 적는다. 위에서 (1)의 예는 '핥-, 넓-, 맑-, 싫-, 얇-, 짧-'등에서 겹받침 중에 앞엣것만 발음되므로, 소리대로 적는 것이다.

그런데 (2)는 의미상의 기준에서 어근의 어원이 불분명하거나 본뜻에서 벌어진 것은 소리대로 적는 것을 뜻한다.

[관련예] (넓-치)넙치 (옭-무)올무 (곯막하다)골막하다 (*납-작하다)납작하다.

특히 '납작하다'는 어근 '*납-'이 예상될 수 없는 것이서 소리대로 적을 수밖에 없다.

제22항 용언의 어간에 다음과 같은 접미사들이 붙어서 이루어진 말들은 그 어간을 밝히어 적는다.

1. '-기-, -리-, -이-, -히-, -구-, -우-, -추-, -으키-, -이키-, -애-'가 붙는 것

맡기다 옮기다 웃기다 쫓기다 뚫리다 울리다
낚이다 쌓이다 핥이다 굳히다 굽히다 넓히다
앉히다 얽히다 잡히다 돋구다 솟구다 돋우다
갖추다 곧추다 맞추다 일으키다 돌이키다 없애다

다만, '-이-, -히-, -우-'가 붙어서 된 말이라도 본뜻에서 멀어진 것은 소리대로 적는다.

도리다(칼로~) 드리다(용돈을~) 고치다 바치다(세금을~)
부치다(편지를~) 거두다 미루다 이루다

2. '-치-, -뜨리-, -트리-'가 붙는 것

놓치다 덮치다 떠받치다 받치다 밭치다 부딪치다
뻗치다 엎치다 부딪뜨리다/부딪트리다 쏟뜨리다/쏟트리다
젖뜨리다/젖트리다 찢뜨리다/찢트리다 흩뜨리다/흩트리다

[붙임] '-업-, -읍-, -브-'가 붙어서 된 말은 소리대로 적는다.

미덥다 우습다 미쁘다

[해설] 위 **제22항**에서 1.에 제시된 접미사는 피동 또는 사동의 문법 범주를 실현하는 것이다. 따라서 이들은 문법에 의한 규칙으로 설명될 수 있는 것이므로 어근과 접미사의 원형을 밝혀 적는 것이다. 그러나 **다만**은 모음 또는 자음 'ㅎ'으로 시작되는 피·사동 접미사 '-이-, -히-, -우-'가 결합된 것으로 해석될 수 있더라도, 본뜻에서 멀어진 것은 소리대로 적는다.

[관련예] (돌 (廻)-이다)도리다 (들(入)-이다)드리다 (곧(直)-히다)고치다
(밀(推)-우다)미루다 (일(起)-우다)이루다

2.는 어느 정도 규칙성이 예상되는 강세 접미사 '-뜨리-/-트리-'가 결합한 형식으로, 자음으로 시작되는 것이므로 앞의 제21항에 따라 원형을 밝혀 적는다.([표준어 규정] 제26항 참조)

[붙임]은 역사적으로는 이른바 'ㅂ'계 접미사에 의한 형용사 파생이 생산성이 있다 하더라도, 공시적인 표준어를 적는 한글 맞춤법에서는 통시적인 사실을 표기에 반영하지 않음을 뜻한다. 또한 '(믿-업다)미덥다, (웃-읍다)우습다'의 '-업-, -읍-'은 제19항과 관련되는 것이기도 하다.

[관련예] (곯-브다)고프다 (깃-브다)기쁘다 (낮-브다)나쁘다 (밭-브다)바쁘다
(슳-브다)슬프다

특히 위의 예에서 '기쁘다, 나쁘다' 등은 제5항과도 관련된다.

제23항 '-하다'나 '-거리다'가 붙는 어근에 '-이'가 붙어서 명사가 된 것은 그 원형을 밝히어 적는다.(ㄱ을 취하고, ㄴ을 버림.)

ㄱ	ㄴ	ㄱ	ㄴ
깔쭉이	깔쭈기	살살이	살사리
꿀꿀이	꿀꾸리	쌕쌕이	쌕쌔기
눈깜짝이	눈깜짜기	오뚝이	오뚜기
더펄이	더퍼리	코납작이	코납자기
배불뚝이	배불뚜기	푸석이	푸서기
삐죽이	삐주기	홀쭉이	홀쭈기

[붙임] '-하다'나 '-거리다'가 붙을 수 없는 어근에 '-이'나 또는 다른 모음으로 시작되는 접미사가 붙어서 명사가 된 것은 그 원형을 밝히어 적지 아니한다.

개구리 귀뚜라미 기러기 깍두기 꽹과리 날라리
누더기 동그라미 두드러기 딱따구리 매미 부스러기
뻐꾸기 얼루기 칼싹두기

제24항 '-거리다'가 붙을 수 있는 시늉말 어근에 '-이다'가 붙어서 된 용언은 그 어근을 밝히어 적는다.(ㄱ을 취하고, ㄴ을 버림.)

ㄱ	ㄴ	ㄱ	ㄴ
깜짝이다	깜짜기다	속삭이다	속사기다
꾸벅이다	꾸버기다	숙덕이다	숙더기다
끄덕이다	끄더기다	울먹이다	울머기다

뒤척이다	뒤처기다	움직이다	움지기다
들먹이다	들머기다	지껄이다	지꺼리다
망설이다	망서리다	퍼덕이다	퍼더기다
번득이다	번드기다	허덕이다	허더기다
번쩍이다	번쩌기다	헐떡이다	헐떠기다

[해설] 의성 또는 의태의 성격을 띠는 어근에 '-하다, -거리다, -이다, -대다'가 붙어, 동사와 형용사가 파생되는 것은 비교적 생산적이다. 또한 그 어근에 '-이'가 붙어 명사가 되기도 한다. 이 때 어근과 접미사의 원형을 밝혀 형태를 고정시켜 적는다는 것이다. 예를 들면,

깜짝-깜짝	삐죽-삐죽
깜짝-하다	삐죽-하다
깜짝-거리다	삐죽-거리다
깜짝-이다	삐죽-이다
깜짝-대다	삐죽-대다
눈-깜짝-이	삐죽-이

에서 '깜짝-'과 '삐죽-'의 원형이 고정되도록 표기하는 것이다. 그러나 접미사 '-하다, -거리다, -이다, -대다', 그리고 '-이'가 붙을 수 있는 조건은 어근에 따라 다르므로(신현숙(1986),「의미분석의 이론과 실제」, 한신문화사, pp.71-147 참조), 제23항과 제24항으로 나누어 규정한 것이다.

제23항 [**붙임**]은 '-하다, -거리다'가 붙을 수 없는 어근은 원형을 밝혀 적지 않음을 뜻한다.

[관련예] (개굴-이)개구리 (랄랄-이)날라리 (누덕-이)누더기 (얼룩-이)얼루기
(뻐꾹-이)뻐꾸기 (맴-이)매미

특히, 위 규정은 종전의 통일안과 표기가 달라진 경우가 많다. 예를 들면, '(*깔쭈기)깔쭉이, (*더퍼리)더펄이, (*삐주기)삐죽이, (*오뚝이)오뚝이, (*푸서기)푸석이, (*홀쭈기)홀쭉이, (*딱다구리)딱따구리'가 이에 해당된다.(앞의 제13항, 「표준어 규정」(1988) 제8항 참조)

제25항 '-하다'가 붙는 어근에 '-히'나 '-이'가 붙어서 부사가 되거나, 부사에 '-이'가 붙어서 뜻을 더하는 경우에는 그 어근이나 부사의 원형을 밝히어 적는다.

1. '-하다'가 붙는 어근에 '-히'나 '-이'가 붙는 경우

   급히 꾸준히 도저히 딱히 어렴풋이 깨끗이

   [붙임] '-하다'가 붙지 않는 경우에는 소리대로 적는다.

   갑자기 반드시(꼭) 슬며시

2. 부사에 '-이'가 붙어서 역시 부사가 되는 경우

   곰곰이 더욱이 생긋이 오뚝이 일찍이 해죽이

[해설] 1.'-하다'가 붙는 어근에 접미사 '-히' 또는 '-이'가 붙어 부사가 될 때(제51항 참조), 접미사의 원형을 밝혀 적는다.(제19항 참조)

[관련예] (나란-하다)나란히 (넉넉-하다)넉넉히
(뚜렷-하다)뚜렷이 (버젓-하다)버젓이

그러나 '-하다'가 붙지 않으면 소리대로 적는다. 따라서 '(*갑작-하다)갑자기, (*슬몃-하다)슬며시'로 되고, '(반듯-하다)반듯이'와 '(*반듯-하다)반드시(必)'는 다르다.

2. 부사에 '-이'가 붙어 다시 부사가 될 때에도 원형을 밝혀 적는다. 따라서 '(더욱-이)*더우기/더욱이, (일찍-이)*일찌기/일찍이'는 통일안의 규정과 달라진 것이다.

제26항 '-하다'나 '-없다'가 붙어서 된 용언은 그 '-하다'나 '-없다'를 밝히어 적는다.

1. '-하다'가 붙어서 용언이 된 것

   딱하다 숱하다 착하다 텁텁하다 푹하다

2. '-없다'가 붙어서 용언이 된 것

   부질없다 상없다 시름없다 열없다 하염없다

[해설] 1.'-하다'가 붙는 어근이 앞 항의 규정에서 원형을 밝혀 적는 것에 대응된다. 여기에서의 어근 '숱-, 착-, 딱-, 텁텁-, 푹-' 등은 '-하다'와만 결합되는 유일 형태소(unique morpheme)에 해당된다.(李翊燮·任洪彬, 1983;109-110 참조) 따라서 어근은 분포가 제한되는 것이다. 그러나 접미사 '하다'가 분포가 넓으므로, 앞의 제21, 23, 25항에 대응하여 어근과 접미사의 원형을 밝혀 적는 것이다.

2.'-없다'는 접미사라기보다는 어근에 가까운 것이나, '부질없이, 상없이, 시름없이, 하염없이' 등의 제한된 용법을 통해 접미사로 보게 된다. 이 때에는 '-이' 이외의 모음으로 시작되는 것이기는 하나(제19, 20항 참조), 형용사 '없다'와 의미적인 연관성이 있어

원형을 밝혀 적도록 한 것이다.

제 4 절 합성어 및 접두사가 붙은 말

제27항 둘 이상의 단어가 어울리거나 접두사가 붙어서 이루어진 말은 각각 그 원형을 밝히어 적는다.

국말이	꺾꽂이	꽃잎	끝장	물난리
밑천	부엌일	싫증	옷안	웃옷
젖몸살	첫아들	칼날	팥알	헛웃음
홀아비	홑몸	흙내	값없다	겉늙다
굶주리다	낮잡다	맞먹다	받내다	벋놓다
빗나가다	빛나다	새파랗다	샛노랗다	시꺼멓다
싯누렇다	엇나가다	엎누르다	엿듣다	옻오르다
짓이기다	헛되다			

[붙임1] 어원은 분명하나 소리만 특이하게 변한 것은 변한 대로 적는다

할아버지 할아범

[붙임2] 어원이 분명하지 아니한 것은 원형을 밝히어 적지 아니한다.

골병 골탕 끌탕 며칠 아재비 오라비

업신여기다 부리나케

[붙임3] '이(齒, 蝨)'가 합성어나 이에 준하는 말에서 '니' 또는 '리'로 소리 날 때에는 '니'로 적는다.

간니	덧니	사랑니	송곳니	앞니	어금니
윗니	젖니	톱니	틀니	가랑니	머릿니

[해설] 위 **제27항**은 어근인 실질 형태소가 결합한 합성어와 어근에 접두사가 결합한 파생어에서 어근과 어근, 접두사와 어근의 원형을 밝혀 표기함을 규정한 것이다. 이것은 두 형태소가 만나 발음의 변화가 일어나도 형태소의 본 모양을 밝혀 표기함으로써 그 의미가 분명히 드러나도록 하는 형태주의적 표기법에 해당된다.

그리고 접두사 '새-/시-, 샛-/싯-'은 다음과 같이 구분한다.(국어 연구소, 1988ㄱ;53-54 참조)

① 뒤에 된소리, 거센소리(또는 'ㅎ')인 자음이 오는 경우, 모음이 양성이면 '새-'로, 음성이면 '시-'로 표기한다.

[관련예] 새까맣다 새빨갛다 새파랗다 새하얗다 시꺼멓다 시뻘겋다
시퍼렇다 시허옇다.

② 뒤에 ① 외의 유성 자음이 오는 경우, 모음이 양성이면 '샛-'으로, 음성이면 '싯-'으로 표기한다.

[관련예] 샛노랗다 : 싯누렇다

[붙임]1]은 고어(古語)에서 '큰'이라는 뜻을 갖는 '한'이 '아버지, 아범' 등과 결합할 때, '할'로 변했는데(일종의 활음조, euphony), 이것은 어원은 분명하나 소리가 특이하게 변한 실질 형태소이므로, 소리대로 적는다는 것이다.

[관련예] 할머니 할멈

[붙임2]는 어원이 분명히 의식되지 않는 것은 소리대로 적음을 규정한 것이다.

[관련예] 골병 ; '골(골수)-병(病), 곯-병(病), 골(骨)-병(病)'으로 불분명
끌탕 ; '끓-탕(湯), 끓-당'으로 불분명
며칠 ; '몇(幾)-일(日)'이 아님.(발음이 [면닐]로 되지 않는다.)
이틀 ; '잇(?)-흘'로 분석할 수 없음.('사흘, 나흘'의 '-흘'과 동일하지만, '잇-'이 무엇인지 알 수 없다.)
아재비 ; '아ᅀᆞ(弟) + 아비(父) → (앗아비)아ᅀᆞ비 → 아자비(叔父) → 아재비('아저씨'의 낮춤말)'의 분석은 고어에서의 문제이고, 현대어에서는 '앚-애비'로 분석되지 않는다.
오라비 ; '올(?)-아비'가 아님.('올-'이 '올-벼, 올-해'의 '올-'과 관련되지 않고, 무엇인지 알 수 없다.)
업신여기다 ; '없-이-여기다'로 보면, 'ㄴ'첨가 현상이 설명되지 않는다.
부리나케 ; '불-이-낳-게'와 관련되나 그 의미 '화급(火急)하게'와 관계가 없다. 또한 '불-이-나-게'와의 관련도 인정되지 않는다.

[붙임3]은 합성어에서 '이(齒)'와 '이(蝨)'가 뒤의 어근이 되는 경우에, 예외적으로 소리대로 적음을 규정한 것이다.

[관련예] 송곳니 머릿니 옥니 삭은니 금니 톱니 틀니 뻐드렁니
사랑니 젖니

이것은 원형을 밝혀 '송곳이, 사랑이, 머리이'로 적으면, 주격 조사 '-이'와 혼동되는 등의 이유로 뜻이 분명히 드러나지 않기 때문에, 소리대로 'ㄴ' 첨가 현상을 반영하여

적는다.

제28항 끝소리가 'ㄹ'인 말과 딴 말이 어울릴 적에 'ㄹ' 소리가 나지 아니하는 것은 아니 나는 대로 적는다.

다달이(달-달-이)	따님(딸-님)	마되(말-되)
마소 (말-소)	무자위(물-자위)	바느질(바늘-질)
부삽(불-삽)	부손(불-손)	싸전(쌀-전)
여닫이(열-닫이)	우짖다(울-짖다)	화살(활-살)

제29항 끝소리가 'ㄹ'인 말과 딴 말이 어울릴 적에 'ㄹ' 소리가 'ㄷ' 소리로 나는 것은 'ㄷ'으로 적는다.

반짇고리(바느질~)	사흗날(사흘~)	삼짇날(삼질~)	섣달(설~)
숟가락(술~)	이튿날(이틀~)	잗주름(잘~)	푿소(풀~)
섣부르다(설~)	잗다듬다(잘~)	잗다랗다(잘~)	

[해설] **제28항**은 합성어, 또는 파생어 형성에서 두 형태소가 붙을 때, 앞 형태소의 받침 'ㄹ'이 탈락되는 경우 소리대로 적음을 규정한 것이다. 이 때의 'ㄹ' 탈락은 위의 예 '(불-나비)부나비, (열-닫이)여닫이, (불-삽)부삽, (울-짖다)우짖다'에서 보듯이 대체로 뒤에 오는 소리가 'ㄴ, ㄷ, ㅅ, ㅈ'일 경우이다.(제18항 1. 참조)

[관련예] (날-날이)나날이 (물-좀)무좀 (밀-닫이)미닫이 (아들-님)아드님
(줄-낚)주낚 (찰-돌)차돌 (찰-지다)차지다 (찰-조)차조

또한 한자어 '不'도 첫소리 'ㄷ, ㅈ' 앞에서 'ㄹ'이 탈락되면 탈락되는 대로 적는다.

[관련예] 부단(不斷) 부당(不當) 부동(不同, 不動) 부정(不正, 不定)
부조리(不條理) 부주의(不注意) 부득이(不得已)

제29항은 'ㄹ' 받침의 어근이 다른 어근이나 접미사를 만날 때, 'ㄷ'으로 바뀌면 바뀐 대로 'ㄷ'으로 적음을 규정한 것이다.(제7항 참조) 국어에서는 통시적으로나 공시적으로 'ㄷ'과 'ㄹ'은 서로 바뀌는 관계가 나타나는 특징이 있는데, 이것을 표기에 반영한다.

① 'ㄷ→ㄹ'
(이-도다) → 이로다 (이-더라) → 이러라
(걷-어) → 걸어 (듣-으면) → 들으면 (제18항 참조)

② 'ㄹ→ㄷ'
(설-달) → 섣달 (이틀-날) → 이튿날 (잘-주름) → 잗주름

위 ②는 폐음절화(非入聲 音節의 入聲化) 현상으로 이것을 표기에 반영하는 것이다.

[관련예] (나흘-날)나흗날 (잘-갈다)잗갈다 (잘-달다)잗달다 (풀-솜)푿솜

제30항 사이시옷은 다음과 같은 경우에 받치어 적는다.

1. 순우리말로 된 합성어로서 앞말이 모음으로 끝난 경우

(1) 뒷말의 첫소리가 된소리로 나는 것

고랫재 귓밥 나룻배 나뭇가지 냇가 댓가지
뒷갈망 맷돌 머릿기름 모깃불 못자리 바닷가
뱃길 볏가리 부싯돌 선짓국 쇳조각 아랫집
우렁잇속 잇자국 잿더미 조갯살 찻집 쳇바퀴
킷값 핏대 햇볕 혓바늘

(2) 뒷말의 첫소리 'ㄴ, ㅁ' 앞에서 'ㄴ' 소리가 덧나는 것

멧나물 아랫니 텃마당 아랫마을 뒷머리 잇몸
깻묵 냇물 빗물

(3) 뒷말의 첫소리 모음 앞에서 'ㄴㄴ' 소리가 덧나는 것

도리깻열 뒷윷 두렛일 뒷일 뒷입맛 베갯잇
욧잇 깻잎 나뭇잎 댓잎

2. 순우리말과 한자어로 된 합성어로서 앞말이 모음으로 끝난 경우

(1) 뒷말의 첫소리가 된소리로 나는 것

귓병 머릿방 뱃병 봇둑 사잣밥 샛강
아랫방 자릿세 전셋집 찻잔 찻종 촛국
콧병 탯줄 텃세 핏기 햇수 횟가루
횟배

(2) 뒷말의 첫소리 'ㄴ, ㅁ' 앞에서 'ㄴ' 소리가 덧나는 것

곗날 제삿날 훗날 툇마루 양칫물

(3) 뒷말의 첫소리 모음 앞에서 'ㄴㄴ' 소리가 덧나는 것

가욋일 사삿일 예삿일 훗일

3. 두 음절로 된 다음 한자어

곳간(庫間) 셋방(貰房) 숫자(數字) 찻간(車間) 툇간(退間) 횟수(回數)

[해설] **제30항**은 사이시옷 표기를 규정한 것이다. 사이시옷은 두 어근이 어울려 합성명사를 이룰 적에 나타나는 음운 현상이다.(우형식, 1993ㄴ 참조)

위 규정 1,2를 바탕으로 사이시옷이 표기되는 환경을 위의 규정에서 정리하면 다음과 같다.

1) 음운론적 환경
 (1) 선행 어근 ; 모음으로 끝날 경우 그 받침으로 적는다.
 (2) 후행 어근의 첫소리
  ① 'ㄱ, ㄷ, ㅂ, ㅅ, ㅈ'이 된소리로 나는 경우
  ② 'ㄴ, ㅁ' 앞에서 'ㄴ' 소리가 덧나는 경우
  ③ 모음 앞에서 'ㄴㄴ' 소리가 덧나는 경우
2) 형태론적 환경 ; 두 어근 중에서 적어도 하나가 고유어일 때

위 1)의 (1)은 사이시옷의 표기 위치가 선행 어근 마지막 음절의 받침임을 뜻한다. 즉 '냇가'로 적지 '내까'나 '내ㅅ가'로 적지 않는다. 1)의 (2)는 사이시옷 현상이 폐쇄음 [ㄷ]으로 실현됨을 뜻한다. 즉,

'내(川)-가(邊)' → [낻-가] → [낻까]
'내(川)-물(水)' → [낻-물] → [낸물]
'나무(木)-잎(葉)' → [나묻-잎] → [나묻-입] → [나묻-닙] → [나문닙]

에서 두 어근 사이에 추상적인 폐쇄음 [ㄷ]이 실현되어 표면적으로는 된소리로 나거나, 비음화되는 현상으로 발음되는 것이다. 따라서 사이시옷은 추상적 폐쇄음 [ㄷ]을 표기하는 'ㅅ'을 말한다.(제7항 참조) 이것은 또한 역사적으로 7종성법의 형성과도 관련된다.(제 I 부 3.1절 참조)

2)는 두 어근이 모두 한자일 경우에는 사이시옷을 표기하지 않음을 뜻하는데, 위 3.에서 여섯 개의 2음절 한자어에서는 예외적으로 사이시옷을 표기하도록 규정하고 있다. 따라서 다음의 경우에서는, 후행 어근의 첫소리가 된소리로 나더라도 사이시옷을 표기하지 않는다.

[관련예] 개수(個數) 대수(臺數) 도수(度數) 매수(枚數) 부수(部數) 이과(理科)
고가(高價) 대가(代價) 수가(酬價) 주가(株價) 제상(祭床) 초병(醋甁)
초점(焦點) 요점(要點) 내과(內科) 호수(戶數, 號數) 시가(時價, 市價)

위의 규정에서 제시하고 있는 사이시옷 용법을 간단히 요약하면 다음과 같다.(국어연구소(1988ㄱ;59-60) 참조)

① 개-구멍, 배-다리, 머리-말
② 개-똥, 허리-띠, 개-펄, 허리-춤

③ 개-값, 새(間)-길(路), 귀-병(病), 화(火)-김
④ 코(鼻)-날(線), 비(雨)-물(水), 패(牌)-말
⑤ 깨-잎, 뒤-윷, 가외(加外)-일, 보(洑)-일
⑥ 고(庫)-간(間), 퇴(退)-간(間), 회(回)-수(數)

위 ①은 후행 어근의 첫소리가 된소리로 되거나 'ㄴ' 첨가 현상이 없고, ②는 후행 어근의 첫소리가 본래 된소리이거나 거센소리이므로, 이 때에는 사이시옷을 표기하지 않는다.

[관련예] 반대쪽 뒤쪽 아래쪽 뒤뜰 갈비뼈 뒤편 아래편 위턱 뒤처리
뒤풀이 위층

③은 후행 어근의 첫소리가 된소리로 나고, ④는 'ㄴ'이, ⑤는 'ㄴㄴ'이 첨가되어 사이시옷을 적으며, ⑥은 2음절의 한자어로서 예외적으로 사이시옷을 적는 것이다.

[관련예] 미숫가루 횟가루 쇳가루 / 시멘트가루
단옷날 가윗날 대팻날 / 어린이날 어버이날 면도날
혼잣말 귀엣말 / 흉내말 반대말 풀이말
예삿일 허드렛일 / 농사일 회사일
빨랫줄 전깃줄 밧줄 / 철사줄 고무줄
찻길 기찻길 뱃길 / 자동차길

제31항 두 말이 어울릴 적에 'ㅂ' 소리나 'ㅎ' 소리가 덧나는 것은 소리대로 적는다.

1. 'ㅂ' 소리가 덧나는 것

댑싸리 (대ㅂ싸리)	멥쌀(메ㅂ쌀)	볍씨 (벼ㅂ씨)
입때 (이ㅂ때)	입쌀 (이ㅂ쌀)	접때(저ㅂ때)
좁쌀 (조ㅂ쌀)	햅쌀(해ㅂ쌀)	

2. 'ㅎ' 소리가 덧나는 것

머리카락(머리ㅎ가락)	살코기(살ㅎ고기)	수캐(수ㅎ개)
수컷(수ㅎ것)	수탉(수ㅎ닭)	안팎(안ㅎ밖)
암캐(암ㅎ개)	암컷(암ㅎ것)	암탉(암ㅎ닭)

[해설] **제31항**은 통시적으로는 설명되나, 공시적으로는 자음의 첨가 현상에 해당되는 것을 소리대로 적음을 규정한 것이다.

1.은 'ᄡᅡ리(荊), ᄡᆞᆯ(米), ᄡᅵ(種), ᄣᅢ(時)'와 같이 통시적으로 후행 어근이 'ㅂ'계 어두 자음군을 갖는 것이었는데, 현대 국어에서는 어두 자음군이 나타나지 않고 'ㅂ'이 선행 어근이 끝음절 받침으로 소리나는 현상이다.

[관련예] (부르-뜨다)부릅뜨다 (치-떠-보다)칩떠보다 (휘-싸다)휩싸다
(휘-쓸다)휩쓸다

2.는 통시적으로는 선행 어근(또는 접미사)이 '머리ㅎ(頭), 살ㅎ(肌), 수ㅎ(雄), 암ㅎ(雌), 안ㅎ(內)' 등의 'ㅎ' 종성 체언이었으나, 현대 국어에서는 'ㅎ'이 후행 어근의 첫소리를 거센소리로 변화시켜 주는 현상으로, 소리대로 적음을 규정한 것이다. 특히 접두사 '암-, 수-'가 결합하여 이루어진 단어가 상당수에 이르는데, 조건에 따라 그 표기가 달라지기도 한다.(「표준어 규정」(1988) 제7항 참조)

제5절 준 말

제32항 단어의 끝모음이 줄어지고 자음만 남은 것은 그 앞의 음절에 받침으로 적는다.

본말	준말	본말	준말
기러기야	기럭아	가지고, 가지지	갖고, 갖지
어제그저께	엊그저께	디디고, 디디지	딛고, 딛지
어제저녁	엊저녁		

[해설] 일반적으로 준말은 본말의 형태소 일부가 떨어져 줄어진 것을 이르는데, 대개 다음과 같은 것이 예상된다.

(1) 한 형태소의 내부가 줄어진 것 ;
기르마(鞍) → 길마 거우루(鏡) → 거울
담바귀(煙草) → 담배
(2) 두 형태소가 이어질 때 어느 한 쪽 (또는 양쪽)에서 줄어진 것 ;
① 단어의 형성에서
쓰레기-받기 → 쓰레받기 고지-감 → 곶감
여린-무 → 열무
② 조사, 어미의 첨가에서
나-는 → 난 그것은 → 그건 너-에게 → 네게
가지-고 → 갖고 디디지 → 딛지

또는 음절 사이의 축약이나 여러 낱말의 첫음절만 따서 결합하는 약호(略號)도 이에 해당된다.

제32항은 앞의 (2)와 같은 것으로 선행 형태소의 끝모음이 줄어지고 자음만 남을 때,

그 자음을 앞 음절의 받침으로 적음을 뜻한다. 예를 들면, '기러기-야(호격 조사)'에서 '기러기'의 끝모음 'ㅣ'가 줄어 '기러ㄱ'이 될 때, 남은 자음 'ㄱ'을 앞 음절 '러'의 받침으로 적어 '기럭'으로 쓴다는 것이다. 그런데 이 때에는 호격 조사가 '-아'가 붙어 결국 '기럭아'가 된다.

[관련예] 아기야 → 악아

'아기야'의 줄어진 형태는 '악아'가 되지만, '아가야'에서 호격 조사 '-야'가 줄어진 '아가'는 인정한다.

제33항 체언과 조사가 어울려 줄어지는 경우에는 준 대로 적는다.

본말	준말	본말	준말
그것은	그건	너는	넌
그것이	그게	너를	널
그것으로	그걸로	무엇을	뭣을/무얼/뭘
나는	난	무엇이	뭣이/무에
나를	날		

[해설] **제33항**은 체언과 조사가 어울릴 때의 줄어지면 줄어진 대로 적음을 규정한 것이다. 이 때에는 다음과 같은 여러 유형이 있다.

1) 조사만 줄어지는 것 ;
나-는 → 난 누구는 → 누군 저기-를 → 저길
2) 체언이 줄어지는 것 ;
① 음절 축약이 나타나는 경우
이것-이 → (이거이) → 이게 무엇이 → (무어이) → 무에
무엇-이 → 뭣이 무엇-을 → 뭣을
② 조사가 변이형 '-ㄹ로'로 나타나는 경우
이것-으로 → (이거로) → 이걸로
무엇-으로 → (무어로) → 무얼로
3) 체언과 조사가 모두 줄어지는 것 ;
이것-은 → 이건 무엇을 → 무얼 → 뭘

제34항 모음 'ㅏ, ㅓ'로 끝난 어간에 '-아/-어, -았-/-었-'이 어울릴 적에는 준 대로 적는다.

본말	준말		본말	준말
가아	가		가았다	갔다
나아	나		나았다	났다
타아	타		타았다	탔다
서어	서		서었다	섰다
켜어	켜		켜었다	켰다
펴어	펴		펴었다	폈다

[**붙임**1] 'ㅐ, ㅔ' 뒤에 '-어, -었-'이 어울려 줄 적에는 준 대로 적는다.

본말	준말		본말	준말
개어	개		개었다	갰다
내어	내		내었다	냈다
베어	베		베었다	벴다
세어	세		세었다	셌다

[**붙임**2] '하여'가 한 음절로 줄어서 '해'로 될 적에는 준 대로 적는다

본말	준말		본말	준말
하여	해		하였다	했다
더하여	더해		더하였다	더했다
흔하여	흔해		흔하였다	흔했다

[해설] 국어에서 모음이 연이어 나타날 때에는 모음 충돌(hiatus) 회피 현상에 따라 탈락(deletion)되거나, 축약(contraction)되는 현상이 있다.

제34항은 어간이 모음'ㅏ, ㅓ'로 끝난 것에 어미 '-았-/-었-' 또는 '-아/-어' 등이 모음조화에 따라 어울릴 때, 동일 모음이 겹쳐 충돌을 일으켜 하나가 탈락되는 것은 탈락된 대로 적어야 함을 규정한 것이다. 따라서 이 규정의 본문은 '어울릴 적에는 준 대로 적는다.'라고 했으므로, 의무적인 규정에 해당되어 준말로만 적어야 한다.

[관련예] (따-아서)*따아서/따서 (따-아도)*따아도/따도 (따-았다)*따았다/땄다
(뜨-어서)*떠어서/떠서 (뜨-어도)*떠어도/떠도 (뜨-었다)*떠었다/떴다
(건너-어)*건너어/건너 (건너-어서)*건너어서/건너서
(건너-었다)*건너었다/건넜다

그러나 'ㅅ'불규칙 용언의 경우 'ㅅ'이 줄어진 경우에는 어미'-았-/-었-'이나 '-아/-어'가 줄지 않는다.(제18항 참조)

[관련예] 낫다 : (낫-아)나아/*나 (낫-아도)나아도/*나도 (낫-았다)나았다/*났다
젓다 : (젓-어)저어/*저 (젓-어도)저어도/*저도 (젓-었다)저었다/*젔다

[붙임1]은 어간이 모음 'ㅐ, ㅔ'로 끝난 것에 모음 조화에 따라 어미가 '-었-, -어' 등이 올 때, 준 대로 적을 수 있음을 규정한 것이다. 따라서 이것은 '줄 적에는 준 대로 적는다.'라고 규정한 것이므로 의무적인 것이 아니다.

[관련예] (매-어)매어/매 (매-어라)매어라/매라 (매-었다)매었다/맸다
(떼-어)떼어/떼 (떼-어라)떼어라/떼라 (떼-었다)떼었다/뗐다

[붙임2]는 어말 '하-'가 '-여'불규칙에 해당되는데(제18항 참조), '하여'가 '해'로 줄 때에는 준 대로 적을 수 있음을 규정한 것이다. 이것도 역시 의무적인 것이 아니다.

[관련예] (하-아)하여/해 (하-았다)하였다/했다 (하-아도)하여도/해도

제35항 모음 'ㅗ, ㅜ'로 끝난 어간에 '-아/-어, -았-/-었-'이 어울려 'ㅘ/ㅝ, ㅘㅆ/ㅝㅆ'으로 될 적에는 준 대로 적는다.

본말	준말	본말	준말
꼬아	꽈	꼬았다	꽜다
보아	봐	보았다	봤다
쏘아	쏴	쏘았다	쐈다
두어	둬	두었다	뒀다
쑤어	쒀	쑤었다	쒔다
주어	줘	주었다	줬다

[붙임1] '놓아'가 '놔'로 줄 적에는 준 대로 적는다.

[붙임2] 'ㅚ' 뒤에 '-어, -었-'이 어울려 'ㅙ, ㅙㅆ'으로 될 적에도 준 대로 적는다.

본말	준말	본말	준말
괴어	괘	괴었다	괬다
되어	돼	되었다	됐다
뵈어	봬	뵈었다	뵀다
쇠어	쇄	쇠었다	쇘다
쐬어	쐐	쐬었다	쐤다

제36항 'ㅣ' 뒤에 '-어'가 와서 'ㅕ'로 줄 적에는 준 대로 적는다.

본말	준말	본말	준말
가지어	가져	가지었다	가졌다
견디어	견뎌	견디었다	견뎠다
다니어	다녀	다니었다	다녔다
막히어	막혀	막히었다	막혔다
버티어	버텨	버티었다	버텼다
치이어	치여	치이었다	치였다

[해설] 위의 두 규정은 모음 충돌(hiatus) 회피 현상에서 나타나는 모음 축약이 일어날 때 축약된 대로 적을 수 있음을 규정한 것이다.(수의적 규정)

제35항은 원순 모음 'ㅗ, ㅜ'로 끝난 어간에 '-았-/-었-'이나 '-아/-어'가 어울릴 때, 'ㅗ, ㅜ'가 반모음 'w'로 되고 다시 한 음절로 줄 때('ㅗ, ㅜ'의 반모음화)에는 준 대로 적을 수 있음을 규정한 것이다.

[관련예] (보-아)보아/봐 (보-아서)보아서/봐서 (보-았다)보았다/봤다
(미루-어)미루어/미뤄 (미루-어서)미루어서/미뤄서
(미루-었다)미루었다/미뤘다

그런데 '오다'의 경우는 관용에 따로 준 대로 적는다.

(오-아)*오아/와 (오-아서)*오아서/와서 (오-았다)*오았다/왔다

그리고 '푸다'는 'ㅜ'불규칙 현상에 따라 적는다.(제18항 참조)

(푸-어)*푸어/퍼 (푸-어서)*푸어서/퍼서 (푸-었다)*푸었다/펐다

[붙임1]은 '놓다'가 'ㅎ' 불규칙에 해당되지 않지만, '아'가 이어질 때 'ㅎ'이 탈락되고 한 음절로 줄어지는 것은 준 대로 적을 수 있음을 규정한 것이다.(제18항 참조)

[관련예] (놓-고)놓고 (놓-아라)놓아라/놔라 (놓-아)놓아/놔
(놓-지)놓지 (놓-았다)놓았다/놨다

[붙임2]는 어간의 끝모음 'ㅚ'에 '-었-, -어-'가 이어질 때 '왜, 왰'으로 줄 때에는 준 대로 적을 수 있음을 규정한 것이다.

[관련예] (되-어)되어/돼 (되-어라)되어라/돼라 (되-었다)되었다/됐다
(쐬-어)쐬어/쐐 (쐬-어라)쐬어라/쐐라 (쐬-었다)쐬었다/쐤다

그러나 이런 형식은 관용에 따르는 것이므로, 다음의 경우는 해당되지 않는다.

(되)뇌다 : (되)뇌어/*(되)놰 (되)뇌어라/*(되)놰라 (되)뇌었다/*(되)뇄다
외다 : 외어/*왜 외어라/*왜라 외었다/*왰다

제36항은 평순 모음 'ㅣ'로 끝난 어간에 '-었-' 또는 '-어'가 어울릴 때, 'ㅣ'가 반모음 'j'로 되고 한음절로 줄 경우('ㅣ'의 반모음화)에는 준 대로 적을 수 있음을 규정한 것이다.

[관련예] (구기-어)구기어/구겨 (구기-어라)구기어라/구겨라
(구기-었다)구기었다/구겼다

그리고 피·사동 접미사 '-이-, -히-, -기-, -리-'가 결합된 파생어의 경우에도 이에 해당된다

[관련예] (입히-어)입히어/입혀 (입히-어라)입히어라/입혀라
(입히-었다)입히었다/입혔다

제37항 'ㅏ, ㅕ, ㅗ, ㅜ, ㅡ'로 끝난 어간에 '-이-'가 와서 각각 'ㅐ, ㅖ, ㅚ, ㅟ, ㅢ'로 줄 적에는 준 대로 적는다.

본말	준말	본말	준말
싸이다	쌔다	누이다	뉘다
펴이다	폐다	뜨이다	띄다
보이다	뵈다	쓰이다	씌다

제38항 'ㅏ, ㅗ, ㅜ, ㅡ' 뒤에 '-이어'가 어울려 줄어질 적에는 준 대로 적는다.

본말	준말		본말	준말	
싸이어	쌔어	싸여	뜨이어	띄어	
보이어	뵈어	보여	쓰이어	씌어	쓰여
쏘이어	쐬어	쏘여	트이어	틔어	트여
누이어	뉘어	누여			

[해설] **제37항**은 'ㅏ, ㅕ, ㅗ, ㅜ, ㅡ'로 끝난 어근에 접미사 '-이-'가 와서 'ㅐ, ㅖ, ㅚ, ㅟ, ㅢ'로 줄어지는 것(간음화, 間音化)은 준 대로 적음을 규정한 것이다.

[관련예] (쏘-이다)쏘이다/쐬다 (트-이다)트이다/틔다

제38항은 'ㅏ, ㅗ, ㅜ, ㅡ'로 끝난 어근에 접미사 '-이-'가 오고 다시 어미 '-어'가 어울릴 때, 어근과 접미사가 줄거나 접미사와 어미가 줄 때에는 준 대로 적을 수 있음을 규정한 것이다.(제36항 참조) 따라서 세 가지 표기형이 가능하다.

[관련예] (보-이-어)보이어/뵈어/보여 (트-이-어)/트이어/틔어/트여

그러나 '뜨이어'는 '띄어'로 줄 수 있으나, 관용상 '뜨여'로 줄지 않는 것으로 처리한다.

[관련예] (뜨-이-어 쓰기)*뜨이어쓰기/띄어쓰기/*뜨여쓰기
(뜨-이-어 놓다)*뜨이어놓다/띄어놓다/*뜨여놓다

그리고 사동 접미사 '-이우-'가 결합될 경우에도 위 규정대로 처리한다.

[관련예] (타-이우-다)태우다 (자-이우-다)재우다 (쓰-이우-다)씌우다

제39항 어미 '-지' 뒤에 '않-'이 어울려 '-잖-'이 될 적과 '-하지' 뒤에 '않-'이 어울려 '-찮-'이 될 적에는 준 대로 적는다.

본말	준말	본말	준말
그렇지 않은	그렇잖은	만만하지 않다	만만찮다
적지 않은	적잖은	변변하지 않다	변변찮다

[해설] 어미 '-지'와 '-치'('하지'의 준말)가 부정의 보조 용언 '않-과 어울리면, '-지'와 '-치'의 모음 '이'가 반모음 'j'로 되고 다시 음절이 축약되어, 결국 '쟎'과 '챦'이 된다.(제36항 참조) 그러나 줄어진 형태가 한 단어처럼 다루어지므로, 소리대로 '잖'과 '찮'으로 적도록 한 것이다.

[관련예] (남부럽지 않다)*남부럽쟎다/남부럽잖다
(대단하지 않다)*대단챦다/대단찮다
(만만하지 않다)*만만챦다/만만찮다

그런데 한 단어로 줄어질 것인지의 여부의 판별은 임의적일 수 있으므로, **제39항**은 '-지 않-'과 '-치 않-'이 '잖, 찮'으로 줄어지는 경우는 모두 줄어진 대로 적도록 규정한 것이다. 이것은 표기상의 혼란을 막기 위한 것이다.

[관련예] (두렵지 않다)*두렵잖다/두렵잖다
(많지 않다)*많잖다/많잖다
(심심하지 않다)*심심찮다/심심찮다
(편안하지 않다)*편안찮다/편안찮다

제40항 어간의 끝음절 '하'의 'ㅏ'가 줄고 'ㅎ'이 다음 음절의 첫소리와 어울려 거센소리로 될 적에는 거센소리로 적는다.

본말	준말	본말	준말
간편하게	간편케	다정하다	다정타
연구하도록	연구토록	정결하다	정결타
가하다	가타	흔하다	흔타

[**붙임**1] 'ㅎ'이 어간의 끝소리로 굳어진 것은 받침으로 적는다.

않다	않고	않지	않든지
그렇다	그렇고	그렇지	그렇든지
아무렇다	아무렇고	아무렇지	아무렇든지
어떻다	어떻고	어떻지	어떻든지
이렇다	이렇고	이렇지	이렇든지
저렇다	저렇고	저렇지	저렇든지

[**붙임**2] 어간의 끝음절 '하'가 아주 줄 적에는 준 대로 적는다.

본말	준말	본말	준말
거북하지	거북지	넉넉하지 않다	넉넉지 않다
생각하건대	생각건대	못하지 않다	못지않다
생각하다 못해	생각다 못해	섭섭하지 않다	섭섭지 않다
깨끗하지 않다	깨끗지 않다	익숙하지 않다	익숙지 않다

[**붙임**3] 다음과 같은 부사는 소리대로 적는다.

결단코 결코 기필코 무심코 아무튼 요컨대
필연코 하마터면 하여튼 한사코 정녕코

[해설] **제40항**은 어간 끝음절 '하'에서 'ㅏ'가 줄고 'ㅎ'만 남을 때, 'ㅎ'이 후행 첫소리를 거센소리로 바꾸게 되는데, 이 때 소리대로 적음을 규정한 것이다.

실제로 남은 'ㅎ'의 표기는 다음의 세 가지가 가능하다.(제30항 참조)

(본말)	①	②	③
가하다	가ㅎ다	갛다	가타
흔하다	흔ㅎ다	흖다	흔타
무심하다	무심ㅎ다	무싦다	무심타

여기서 ①은 'ㅎ'을 한 음절로 적는 것으로, 자음이 독립적으로 음절을 구성하지 못하는 국어의 특성과 음절 단위로 모아쓰는 한글 표기 원칙에 어긋난다. ②는 앞 음절의 받침으로 적는 것으로 '무싦다'의 '싦'은 쓰이지 않는 'ㅁㅎ'겹받침을 사용해야 한다는 부담이 있다. ③은 실질 형태소는 원형을 밝힘으로써 의미 파악은 쉬울 것이나, 형식 형태소(어미)의 모양이 달라진다. 그런데 제40항은 ③을 채택한 것으로, 실질적 의미를 담고 있는 실질 형태소의 원형을 밝히는 것과 아울러 현실음을 소리대로 쓰는 방법을 조화시킨 것이라 할 수 있다.

이것은 다른 어미에서도 마찬가지이다.

[관련예] (가(可)하다 부(否)하다)가타부타 (실망하게)실망케 (청하건대)청컨대
당하지(당치) (건립하고자)건립코자 (실행하도록)실행토록

[**붙임**1]은 준말로 굳어진 것은 관용을 따름을 규정한 것으로, 이에 해당되는 것은 '않다'와 그 밖의 지시형용사들이다.

[관련예] (아니하다)않다/*안타 (아니하고)않고/*안코
(이러하다)이렇다/*이러타 (이러하고)이렇고/*이러코
(그러하다)그렇다/*그러타 (그러하고)그렇고/*그러코
(아무러하다)아무렇다/*아무러타 (아무러하고)아무렇고/*아무러코
(어떠하다)어떻다/*어떠타 (어떠하고)어떻고/*어떠코

[**붙임**2]는 어간 끝음절 '하-'가 아주 줄어질 경우 준대로 적음을 규정한 것이다. 이때에는 어미의 첫소리가 된소리로 난다.

[관련예] (깨끗하지 않다)깨끗지 않다/깨끗잖다 (못하지 않다)못지 않다/못잖다
(섭섭하지 않다)섭섭지 않다/섭섭잖다

[**붙임**3]은 어원적 형태는 용언의 활용형과 관련되지만, 실제로는 완전히 부사로 굳어진 것이므로 소리대로 적음을 규정한 것이다.(제19항 붙임2, 3 참조)

[관련예] (결단하고)결단코 (결하고)결코 (기필하고)기필코

(무심하고)무심코 (맹세하고)맹세코 (기어하고)기어코
단연코 정녕코 한사코 예컨대 요컨대 원컨대 하마터면 여하튼
하여튼 아무튼

특히 위의 '여하튼, 하여튼, 아무튼'은 '여핳든, 하옇든, 아뭏든'으로 표기하지 않는데, 그것은 '여핳다, 하옇다, 아뭏다' 등이 형성되지 않기 때문이다 ('어떻든(지), 아무렇든(지)'와 비교)

[관련예] *여핳다 : (*여핳-든)*여핳든/여하튼
*하옇다 : (*하옇-든)*하옇든/하여튼
*아뭏다 : (*아뭏-다)*아뭏든/아무튼
어떻다 : (어떻-든)어떻든/*어떠튼
아무렇다 : (아무렇-든)아무렇든/*아무러튼

또한 체언과 결부되는 '이토록, 그토록, 저토록, 열흘토록, 종일토록' 등도 소리대로 적는다.

제 5 장 띄어쓰기

제 1 절 조사

제41항 조사는 그 앞말에 붙여 쓴다.
꽃**이** 꽃**마저** 꽃**밖에** 꽃**에서부터** 꽃**으로만**
꽃**이나마** 꽃**이다** 꽃**입니다** 꽃**처럼** 어디**까지나**
거기**도** 멀리**는** 웃고**만**

[해설] 한글 맞춤법에서는 앞의 총칙 제2항에서 '문장의 각 단어는 띄어 씀을 원칙으로 한다.'라고 그 대원칙을 단어별 띄어쓰기로 규정하고 있다.

제41항은 조사가 의존 형태소이므로 앞말에 붙여 씀을 규정한 것이다.(학교 문법에서는 9품사 체계로 하여 조사를 단어로 설정하지만, 형태론적으로는 의존적인 것이다.) 이

것은 조사가 겹치거나 어미 뒤에 붙는 경우에도 마찬가지이다.

[관련예] 학교에서만이라도　여기서부터입니다　들어가기는커녕
아시다시피　옵니다그려　"알았다."라고

제 2 절　의존 명사, 단위를 나타내는 명사 및 열거하는 말 등

제42항 의존 명사는 띄어 쓴다.

아는 **것**이 힘이다.　나도 할 **수** 있다.
먹을 **만큼** 먹어라.　아는 **이**를 만났다.
네가 뜻한 **바**를 알겠다.　그가 떠난 **지**가 오래다.

[해설] 의존 명사는 형태론적으로는 명사의 범주에 포함되어 어느 정도의 자립성을 갖지만, 통사론적으로는 관형어의 수식이 필수적이어서 자립성이 없는, 일종의 준자립어이다. 따라서 단어별 띄어쓰기의 원칙에 따라 의존 명사도 앞의 꾸미는 말과 띄어 쓰도록 규정한 것이다.(북한의 「조선말 규범집」(1988)에서는 붙여 쓰도록 규정하고 있다.)

그런데 동일 형태가 의존 명사 외에도 쓰이는 예에서는 주의를 요한다.

[관련예] '들'　; 남자들 / 여자들 (접미사)
쌀, 보리, 콩, 조, 기장 들은 오곡이라 한다. (의존 명사)
'뿐'　; 남자뿐이다 / 너뿐만 아니라 (접미사)
만나기만 했을 뿐이다. (의존 명사)
'대로'　; 양심대로 / 마음대로 (조사)
본 대로 느낀 대로 말했다. (의존 명사)
'만큼'　; 나도 너만큼 할 수 있다. (조사)
먹을 만큼 먹었다. (의존 명사)
'만'　; 나만 좋아한다 / 나만 못하다. (조사)
떠난 지 1년 만에 돌아왔다. (의존 명사)
'지'　; 그가 아픈지도 모르겠다. (어미의 일부)
비가 온 지도 몇 달이 되었다. (의존 명사)
'데'　; 비가 오는데 어디에 가니? (어미의 일부)
이것은 약을 짓는 데 쓰인다. (의존 명사)

제43항 단위를 나타내는 명사는 띄어 쓴다.

한 **개**	차 한 **대**	금 서 **돈**
소 한 **마리**	옷 한 **벌**	열 **살**
조기 한 **손**	연필 한 **자루**	버선 한 **죽**
집 한 **채**	신 두 **켤레**	북어 한 **쾌**

다만, 순서를 나타내는 경우나 숫자와 어울리어 쓰이는 경우에는 붙여 쓸 수 있다.

두**시** 삼십**분** 오**초**	제일**과**	삼**학년**	육**층**
1446**년** 10**월** 9**일**	2**대대**	16**동** 502**호**	**제**1어학실습실
80**원**	10**개**	7**미터**	

[해설] 수량의 단위를 나타내는 의존 명사(단위성 의존 명사)는 명사에 따라 달리 선택되어 분류사(classifier)라고도 한다.(남기심 · 고영근, 1993;78 참조) 그리고 이것은 일반적으로 수량 규정 대상 명사와 수관형사 등과 함께 나타나서, '수량 규정 대상 명사 - 수관형사 - 단위성 의존 명사'의 구조를 이룬다. **제43항**은 이 때 세 단어는 모두 띄어 씀을 규정하고 있다.

[관련예] 나무 한 그루　금 서 돈　토끼 두 마리　물 한 모금　흙 한 줌
　　　　풀 한 포기　김 두 톳　벼 석 섬　쌀 두 말

다만은 관형사와 의존 명사의 구성이 차례를 나타내거나(즉, 서수이거나), 수량 표시가 아라비아 숫자로 된 경우는 붙여 쓸 수 있도록 허용하는 것이다.

[관련예] 제일 편 → 제일편　　제이 장 → 제이장
　　　　(제)이십칠 대 → 이십칠대　　제구십이 차 → 구십이차
　　　　(제)일 학년 → 일학년　　(제)삼 층 → 삼층
　　　　(제)16 통 → 16통　　(제)23 번지 → 23번지

또 연월일, 시각 등도 붙여 쓸 수 있다. 그러나 수효(양)을 나타내는 '(개)년, 개월, 일(간), 시간' 등은 띄어 쓰는데, 의존 명사가 아라비아 숫자 뒤에 오면 모두 붙여 쓸 수 있다.

[관련예] 일천구백팔십팔 년 사 월 십육 일 → 일천구백팔십팔년 사월 십육일
　　　　삼 (개)년 육 개월 이십 일(간) 체류하였다.
　　　　3년 6개월 20일간, 30원, 56마일

제44항 수를 적을 적에는 '만(萬)' 단위로 띄어 쓴다.
십이억 삼천사백오십육만 칠천팔백구십팔
12억 3456만 7898

[해설] **제44항**은 수(數)의 띄어쓰기는 십진법에 따라, 또는 천(千) 단위로도 가능하지만, 관습에 따라 만(萬) 단위로 띄어 쓰도록 규정한 것이다. 그러므로 '만, 억(億), 조(兆), 경(京), 해(垓), 자(秭)' 등의 단위별로 띄어 쓰게 된다.

[관련예] 123,456,789 (일억 이천삼백사십오만 육천칠백팔십구)
(1억 2345만 6789)

그러나 금액을 적을 때는 사고의 방지를 위해 모두 붙여 쓰는 것이 관례이다.

[관련예] 일금;일억이천삼백사십오만육천칠백팔십구원정

제45항 두 말을 이어 주거나 열거할 적에 쓰이는 다음의 말들은 띄어 쓴다.

국장 **겸** 과장
청군 **대** 백군
이사장 **및** 이사들
사과, 배 **등속**
열 **내지** 스물
책상, 걸상 **등**이 있다.
사과, 배, 귤 **등등**
부산, 광주 **등지**

[해설] 위의 **제45항**에서 제시된 예에서 '겸'은 '임도 볼 겸 뽕도 딸 겸'처럼 본래 의존 명사이며, '대'도 의존 명사의 하나로 두 명사를 잇는 역할을 한다. '내지, 및'은 '혹은, 또는'과 같이 단어를 이어 주는 접속 부사이다. 그리고 '등, 등등, 등속, 등지'는 고유어 '들'과 같이 열거하는 뜻을 지닌 의존 명사이다. 따라서 이들은 모두 앞 또는 뒤의 말과 띄어 쓴다.

[관련예] 3 대 2
이것 또는 저것
사과, 배, 귤 들이 있다.
여기 혹은 저기

제46항 단음절로 된 단어가 연이어 나타날 적에는 붙여 쓸 수 있다.
좀더 큰것 이말 저말 한잎 두잎

[해설] 단어별 띄어쓰기에 의하면 위는 '그 때 그 곳, 좀 더 큰 것, 이 말 저 말, 한 잎 두 잎'처럼 띄어 써야 한다. 그런데 띄어쓰기가 지나치면 시각적 부담을 주고 오히려 의미 파악을 어렵게 하므로, '그때 그곳, 좀더 큰것'처럼 단음절 단어가 이어질 때 붙여 씀을 허용하는 것이다. 그러나 단음절의 단어라 하더라도 의미적인 관계가 자연스러운 경우, 즉 관형사와 명사, 부사와 부사가 이어질 때로 한정된다.

[관련예] 이집 저집/*이 집저 집　　한잔 술/*한 잔술
좀더 큰 것/*좀 더큰 것　　더 큰 이 새 집/*더큰 이새 집

또 부사와 부사가 이어질 때에도 의미적인 유형이 동일해야 한다.(남기심・고영근, 1993;175-180 참조)

[관련예] 더 못 간다/*더못 간다　　꽤 안 온다/*꽤안 온다
늘 더 먹는다/*늘더 먹는다

위에서 '더'는 정도를, '안'은 부정을, '늘'은 빈도를 뜻하는 것으로 의미 유형에서 서로 다르므로 붙여 쓸 수 없다.

제 3 절　보조 용언

제47항 보조 용언은 띄어 씀을 원칙으로 하되, 경우에 따라 붙여 씀도 허용한다.(ㄱ을 원칙으로 하고, ㄴ을 허용함.)

ㄱ	ㄴ
불이 꺼져 **간다.**	불이 꺼져**간다.**
내 힘으로 막아 **낸다.**	내 힘으로 막아**낸다.**
어머니를 도와 **드린다.**	어머니를 도와**드린다.**
그릇을 깨뜨려 **버렸다.**	그릇을 깨뜨려**버렸다.**
비가 올 **듯하다.**	비가 올**듯하다.**
그 일은 할 **만하다.**	그 일은 할**만하다.**
일이 될 **법하다.**	일이 될**법하다.**
비가 올 **성싶다.**	비가 올**성싶다.**
잘 아는 **척한다.**	잘 아는**척한다.**

다만, 앞말에 조사가 붙거나 앞말이 합성 동사인 경우, 그리고 중간에 조사가 들어갈 적에는 그 뒤에 오는 보조 용언은 띄어 쓴다.

잘도 놀아만 **나는구나!**	책을 읽어도 **보고…**
네가 덤벼들어 **보아라.**	이런 기회는 다시없을 **듯하다.**
그가 올 듯도 **하다.**	잘난 체를 **한다.**

[해설] 보조 용언은 본용언 뒤에 붙어 특별한 뜻을 더하여 도우면서, 본용언과 함께 서술어가 된다.(남기심·고영근, 1993;120-127 참조) 보조 용언은 형태론적으로 자립성이 인정되지만, 통사적으로는 본용언에 의존되는 일종의 준자립어이다. 따라서 **제47항**에서 단어별 띄어쓰기에 따라 띄어 쓰는 것이 원칙이지만, 의존적인 성격을 고려하여 붙여 쓸 수 있도록 허용하는 것이다.(이것은 의존 명사의 띄어쓰기와 구분된다.)

다만은 다음의 세 가지 경우에서는 붙여쓰기가 허용되지 않음(즉, 띄어 써야 함)을 규정한다.

① 본 용언에 조사가 붙는 경우 ; 조사에 의해 본용언과 보조용언이 분명히 구분된다.

[관련예] 먹어도 본다/*먹어도본다　가고만 싶다/*가고만싶다
읽어는 준다/*읽어는준다

② 본용언이 합성 동사인 경우 ; 서술어가 길어진 구성이 된다.

[관련예] 집어넣어 버렸다/*집어넣어버렸다
뛰어올라가고 있다/*뛰어올라가고있다

③ 보조 용언의 중간에 조사가 들어갈 경우 ; 보조 용언의 어근 '양, 척, 체, 만, 법, 듯' 등이 의존 명사의 기능을 한다.

[관련예] 떠날 듯도 싶다/*떠날듯도싶다
화를 낼 만도 하다(*화를 낼만도하다)

그리고 보조용언이 거듭될 때에는 첫번째의 것만 붙여 쓸 수 있도록 제한된다.

[관련예] 읽어 볼 만하다/읽어볼 만하다/*읽어볼만하다
도와 주고 싶지 않았다/도와주고 싶지 않았다/*도와주고싶지않았다

제 4 절 고유 명사 및 전문 용어

제48항 성과 이름, 성과 호 등은 붙여 쓰고, 이에 덧붙는 호칭어, 관직명 등은 띄어 쓴다.

김양수(金良洙) 서화담(徐花潭) 채영신 씨
최치원 선생 박동식 박사 충무공 이순신 장군

다만, 성과 이름, 성과 호를 분명히 구분할 필요가 있을 경우에는 띄어 쓸 수 있다.

남궁억/남궁 억 독고준/독고 준 황보지봉(皇甫芝峰)/황보 지봉

[해설] 성(姓)은 혈통(血統)을 표시하며 보통 명사의 성격을 띠고 이름(名)은 개별적인 고유 명사이어서, 별개의 단어로 설정될 수 있다. 그러나 우리의 성이 거의 한 음절로 되어 있어 한 단어로 인식되지 않고, 전통적으로 성과 이름을 붙여 써 온(한자로 된 이름의 경우) 관례에 따라 붙여 쓰기로 한 것이다. 호(號)와 자(字)도 성과 붙여 쓴다.

[관련예] 김철수(金喆洙) 정송강(鄭松江; 호) 이태백(李太白; 자)
유버들(柳 ——)

그러나 호칭어나 관직명은 띄어 쓴다.

[관련예] 김철수 씨(김 씨) 김 선생 철수 군

다만 두 음절로 된 성과 같은 경우, 성과 이름(또는 호)을 분명히 구분하기 위해서는 띄어 쓸 수 있다.

[관련예] 남궁인/남궁 인 황보관/황보 관

제49항 성명 이외의 고유 명사는 단어별로 띄어 씀을 원칙으로 하되, 단위별로 띄어 쓸 수 있다.(ㄱ을 원칙으로 하고, ㄴ을 허용함.)

ㄱ	ㄴ
대한 중학교	대한중학교
한국 대학교 사범 대학	한국대학교 사범대학

제50항 전문 용어는 단어별로 띄어 씀을 원칙으로 하되, 붙여 쓸 수 있다. (ㄱ을 원칙으로 하고, ㄴ을 허용함.)

ㄱ	ㄴ
만성 골수성 백혈병	만성골수성백혈병
중거리 탄도 유도탄	중거리탄도유도탄

[해설] **제49항**은 단어별 띄어쓰기가 원칙이나, 고유 명사의 경우 단위별로 띄어 씀

을 허용한 것이다.

[관련예] 부산 외국어 대학교 인문 사회 대학 국어 국문 학과
부산외국어대학교 인문사회대학 국어국문학과

그리고 '부속, 직속, 병설, 산하' 등이 보통 명사일 때는 띄어 쓰지만, 고유 명사로 쓰인 경우는 붙여 쓸 수 있다.

[관련예]	한국 대학교 부설 국어 연구소	한국대학교 부설 국어연구소
	한국 대학교 부속 고등 학교	한국대학교 부속고등학교
	한국 대학교 병설 유치원	한국대학교 병설유치원

제50항은 여러 개의 단어로 이루어진 전문 용어의 경우 원칙은 단어별로 띄어 써야 하지만, 하나의 개념을 나타내는 하나의 단어로 굳어진 것이므로 붙여 쓸 수 있도록 규정한 것이다.

[관련예]	모음 조화	모음조화
	방사성 등위 원소	방사성등위원소
	두 팔 들어 가슴 벌리기	두팔들어가슴벌리기

그러나 다음과 같이 관형사형으로 된 관형어와 접속 조사에 의한 단어의 연결이 나타나는 경우는 붙여 쓸 수 없다.

[관련예] 쓸모 있는 주머니 만들기 (관형어미의 관형이)
바닷말과 물고기 기르기 (접속조사)

■■ 보 충 ■■

한글 맞춤법은 단어별 띄어쓰기를 원칙으로 하면서, 몇몇의 경우에는 붙여 쓸 수 있도록 허용하고 있다. 다음에서는 관용적으로 붙여 쓰이는 경우의 예를 보이기로 한다. (이은정, 1988;120-121 참조)

(1) 둘 이상의 낱말이 결합하여 한 개 낱말처럼 익어진 것은 붙여 쓴다.

값없다	고사이(고새)	곧이곧대로	관계없다	관계치않다
그사이(그새)	꿈같다	난데없이	남의집살이	덧없다
되지못하다	두말말고	두말없이	떡먹듯이	뜬구름(浮雲)

뜬소문	마지못해	맛없다	맛있다	맥없다
먼눈팔다	먼빛으로	멋없다	멋있다	밥먹듯이
버릇없다	번개같다	별수없다	보다못해	보잘것없다
불꽃같다	불일듯이	상관없다	스스럼없다	시름없다
쏜살같다	쓸데없다	알은체하다	어느새	어안이벙벙하다
어이없다	어쩌고저쩌고	어쭙잖다	어처구니없다	얽히고설키다
여봐란듯이	요다음(요담)	요사이(요새)	요즈음(요즘)	
이다음(이담)	이즈음(이즘)	작은아버지	작은어머니	
재미없다	재미있다	쥐뿔같다	쥐죽은듯하다	철딱서니없다
철없다	콩볶듯하다	큰아버지	큰어머니	터무니없다
하다못해	하루같이	하릴없다	하잘것없다	한결같다
한눈팔다	허물없다	흉허물없다	힘쓰다	힘주다

(2) '-디, -고, -나' 등으로 이어져서 뜻이 강조되는 말도 붙여 쓴다.

가깝디가깝다	깊디깊다	되디되다	두고두고	떫디떫다
머나먼	멀고멀다	시디시다	쓰디쓰다	울고불고
자디잘다	짜디짜다	차디차다	크고큰	크나큰
하고많다				

(3) 대립적인 뜻을 가진 두 낱말이 결합하여 하나의 낱말처럼 익어진 것도 붙여 쓴다. 대립적인 뜻, 곧 상대적 개념이란 대체로 반의어(反意語)의 관계를 말하는 것이지만, 예컨대 '붉으락푸르락(붉다/푸르다)'을 반의어 결합으로 보기 어려운 것과 같은 예외도 있다. 여기서는 관용상 대립적인 뜻의 낱말이 결합된 구조로 이루어지는 것들을 보인다

가나오나	가로세로	가타부타	권커니자커니
되고말고	들고나다	들락날락하다	들쭉날쭉하다
보나마나	본체만체하다	붉으락푸르락	엎치락뒤치락하다
여기저기	오나가나	오다가다	오락가락하다
오르락내리락하다	왔다갔다하다	요리조리	이러나저러나
이러니저러니	이러쿵저러쿵하다	이렇다저렇다	이리저리
자나깨나	주거니받거니	주고받기	

제6장 그 밖의 것

제51항 부사의 끝 음절이 분명히 '이'로만 나는 것은 '-이'로 적고, '히'로만 나거나 '이'나 '히'로 나는 것은 '-히'로 적는다.

1. '이'로 나는 것

가붓이	깨끗이	나붓이	느긋이	둥긋이
따뜻이	반듯이	버젓이	산뜻이	의젓이
가까이	고이	날카로이	대수로이	번거로이
많이	적이	헛되이	겹겹이	번번이
일일이	집집이	틈틈이		

2. '히'로만 나는 것

극히 급히 딱히 속히 작히 족히 특히 엄격히 정확히

3. '이, 히'로 나는 것

솔직히	가만히	간편히	나른히	무단히
각별히	소홀히	쓸쓸히	정결히	과감히
꼼꼼히	심히	열심히	급급히	답답히
섭섭히	공평히	능히	당당히	분명히
상당히	조용히	간소히	고요히	도저히

[해설] 부사화 접미사 '-이, -히'에 의해 파생된 부사는 어근과 접미사의 원형을 밝혀 적는다.(제19, 20항, 제25항 2.참조) 그런데 **제51항**은 접미사 '-이'와 '-히'를 발음을 중심으로 구분하여 표기한다는 것이다. 이것은 모호한 점이 없지 않으며, 쓰는 사람에 따라 일치하지 못하는 현상이 일어날 수도 있다. 부사화 접미사 '-이' 또는 '-히'의 구분은 대체로 다음과 같이 설명된다.

(1) '-이'로 적는 것 ;

① 어근의 끝 음절 받침이 'ㅅ'인 경우

[관련예] 나긋나긋이 남짓이 다소곳이 떳떳이 뚜렷이 버젓이 번듯이
어렴풋이 지긋이 빠듯이

② 어근이 'ㅂ'불규칙 형용사인 경우

[관련예] 가벼이 괴로이 기꺼이 너그러이 반가이 부끄러이 부드러이
새로이 쉬이 외로이 즐거이 조심스러이/조심스레(제37항 참조)

③ 첩어 명사가 어근인 경우

[관련예] 간간이 겹겹이 곳곳이 길길이 나날이 몫몫이 번번이 뿔뿔이
알알이 샅샅이 알알이 줄줄이 앞앞이 짬짬이 틈틈이

④ 어근이 부사인 경우

[관련예] 곰곰이 더욱이 생긋이 오뚝이 일찍이 히죽이

⑤ '하다'가 붙지 않는 용언이 어근인 경우

[관련예] 같이 헛되이 굳이 깊이 많이 높이 적이(제25항 2.참조)

⑥ '하다'가 붙는 용언이 어근인 경우(일부의 특이한 현상)

[관련예] 높직이 멀찍이 깊숙이 빽빽이 두둑이 느지막이 그윽이

(2) '-히'로 적는 것

① '하다'가 붙는 어근인 경우('ㅅ'받침 제외)

[관련예] 고요히 골똘히 과감히 꼼꼼히 마땅히 가히 감히 극히 속히
나란히 나른히 대단히 도저히 망연히 능히 딱히 급히 뻔히
무단히 알뜰히 열심히 정확히 부지런히 고스란히 족히

② '하다'가 붙는 어근으로 준말인 경우

[관련예] (익숙히→)익히 (특별히→)특히

③ 어근의 본뜻이 유지되지 않는 경우

[관련예] 작히

제52항 한자어에서 본음으로도 나고 속음으로도 나는 것은 각각 그 소리에 따라 적는다.

본음으로 나는 것	속음으로 나는 것
승낙(承諾)	수락(受諾), 쾌락(快諾), 허락(許諾)
만난(萬難)	곤란(困難), 논란(論難)
안녕(安寧)	의령(宜寧), 회령(會寧)
분노(忿怒)	대로(大怒), 희로애락(喜怒哀樂)

토론(討論)	의논(議論)
오륙십(五六十)	오뉴월, 유월(六月)
목재(木材)	모과(木瓜)
십일(十日)	시방정토(十方淨土), 시왕(十王), 시월(十月)
팔일(八日)	초파일(初八日)

[해설] 속음(俗音)은 한자가 본음(本音)대로 발음되지 않고 관용적으로 발음되는 것을 말하는데, 이 경우 소리대로 적음을 규정한 것이다.

[관련예] 보리(菩提)/제공(提供) 도량(道場)/장소(場所)
보시(布施)/공포(公布) 본댁(本宅),시댁(媤宅)/자택(自宅)
모란(牡丹)/단심(丹心) 통찰(洞察)/동굴(洞窟)
사탕(砂糖),설탕(雪糖)/당분(糖分)

제53항 다음과 같은 어미는 예사소리로 적는다.(ㄱ을 취하고, ㄴ을 버림.)

ㄱ	ㄴ	ㄱ	ㄴ
-(으)ㄹ거나	-(으)ㄹ꺼나	-(으)ㄹ지니라	-(으)ㄹ찌니라
-(으)ㄹ걸	-(으)ㄹ껄	-(으)ㄹ지라도	-(으)ㄹ찌라도
-(으)ㄹ게	-(으)ㄹ께	-(으)ㄹ지어다	-(으)ㄹ찌어다
-(으)ㄹ세	-(으)ㄹ쎄	-(으)ㄹ지언정	-(으)ㄹ찌언정
-(으)ㄹ세라	-(으)ㄹ쎄라	-(으)ㄹ진대	-(으)ㄹ찐대
-(으)ㄹ수록	-(으)ㄹ쑤록	-(으)ㄹ진저	-(으)ㄹ찐저
-(으)ㄹ시	-(으)ㄹ씨	-올시다	-올씨다
-(으)ㄹ지	-(으)ㄹ찌		

다만, 의문을 나타내는 다음 어미들은 된소리로 적는다.

-(으) ㄹ까? -(으)ㄹ꼬? -(스)ㅂ니까? -(으)리까? -(으)ㄹ쏘냐?

[해설] '-(으)ㄹ걸, -(으)ㄹ게'는 통시적으로는 관형형 어미 'ㄹ' 뒤에 의존 명사가 붙는 구성으로 된소리 현상이 나타난다. 그러나 오늘날에는 하나의 굳어진 어미로 처리하는데, '-ㄹ' 뒤의 된소리는 예사소리로 표기하므로, 이에 따르는 것이다. 또한 '-(으)ㄴ걸, -는걸' 등과의 형태적 평형성을 유지하도록 하기 위해서도 '-(으)ㄹ걸, -(으)ㄹ게' 등도 모두 예사소리로 적도록 하는 규정이다.

[관련예] 집에 갈 것. 집에 갈걸.
집에 가는걸.
집에 간걸.
집에 갈게.

그러나 의문형 어미는 관용에 따라 된소리로 적는다.

[관련예] -(으)ㄹ까 -(으)ㄴ가 -는가
-나이까 -더이까 -리까 -습디까

제54항 다음과 같은 접미사는 된소리로 적는다. (ㄱ을 취하고, ㄴ을 버림.)

ㄱ	ㄴ	ㄱ	ㄴ
심부름꾼	심부름군	귀때기	귓대기
익살꾼	익살군	볼때기	볼대기
일꾼	일군	판자때기	판잣대기
장꾼	장군	뒤꿈치	뒷굼치
지게꾼	지겟군	이마빼기	이맛배기
때깔	땟갈	코빼기	콧배기
성깔	성갈	겸연쩍다	겸연적다

[해설] **제54항**은 된소리로 나는 접미사는 소리대로 된소리로 적음을 규정한 것이다. 따라서 이들은 접미사이므로 사이시옷과 관련되지 않는다.(제30항 참조)

[관련예] 나무꾼/*나뭇군 사기꾼/*사깃군 낚시꾼/*낚싯군 맛깔/*맛갈
나무때기/*나뭇대기 뒤꿈치/*뒷굼치 앞꿈치/*앞굼치 때깔/*땟깔
널판때기/*널판대기

그런데 '-배기/-빼기'는 구분된다.

① 된소리로 나는 경우 ; '-빼기'로 적는다.

[관련예] 고들빼기 대갈빼기 곱빼기

② 예사소리로 나는 경우 ; '-배기'로 적는다.

[관련예] 귀퉁배기 나이배기 육자배기 주정배기

③ 한 형태소 안에서 된소리로 나는 경우 ; '-배기'로 적는다.(제5항 다만, 참조)

[관련예] 뚝배기 탁배기

'-적다/-쩍다'도 된소리로 나는 경우는 '-쩍다'로, 예사소리로 나는 경우는 '-적다'로 적는다.

[관련예] 멋쩍다 별미쩍다(別味~) 열퉁적다 해망쩍다

그러나 합성어에서는 된소리로 나도 원형을 밝혀 적는다.(제27항 참조)

[관련예] 맛적다

제55항 두 가지로 구별하여 적던 다음 말들은 한 가지로 적는다. (ㄱ을 취하고, ㄴ을 버림.)

ㄱ	ㄴ
맞추다(입을 맞춘다. 양복을 맞춘다.)	마추다
뻗치다(다리를 뻗친다. 멀리 뻗친다.)	뻐치다

[해설] 종전의 통일안에서 구분해서 표기하여 그 경계가 불분명하던 것을 하나로 통합하여 적도록 한 것이다.

[관련예] 양복을 맞추다(*마추다) 옷을 맞추다(*마추다)
입을 맞추다 차례를 맞추다
힘이 뻗치다(*뻐치다) 다리를 뻗치다

제56항 '-더라, -던'과 '-든지'는 다음과 같이 적는다.

1. 지난 일을 나타내는 어미는 '-더라, -던'으로 적는다. (ㄱ을 취하고, ㄴ을 버림.)

ㄱ	ㄴ
지난겨울은 몹시 춥더라.	지난겨울은 몹시 춥드라.
깊던 물이 얕아졌다.	깊든 물이 얕아졌다.
그렇게 좋던가?	그렇게 좋든가?
그 사람 말 잘하던데!	그 사람 말 잘하든데!
얼마나 놀랐던지 몰라.	얼마나 놀랐든지 몰라.

2. 물건이나 일의 내용을 가리지 아니하는 뜻을 나타내는 조사와 어미는 '(-)든지'로 적는다. (ㄱ을 취하고, ㄴ을 버림.)

ㄱ	ㄴ
배든지 사과든지 마음대로 먹어라.	배던지 사과던지 마음대로 먹어라.
가든지 오든지 마음대로 해라.	가던지 오던지 마음대로 해라.

[해설] 회상의 선어말 어미 '-더-'가 결합한 형식과 내용을 가리지 않는 선택의 조사 또는 어미 '-든지'를 구별하여 적음을 규정한 것이다.

[관련예] 내가 살던 고향
집이 꽤 크더구나.
열심히 했던들
가든지 말든지 마음대로 하려무나.
크든(지) 작든(지) 관계 없다.
배든(지) 사과든(지) 어느 것이어도 좋다.

다음과 같은 경우에는 인용 표현과 구별하여 적어야 한다.

[관련예] 그 사람이 온대(*온데).
그 사람이 뭐라고 하데(*하대)?
그 사람이 뭐라고 하던데(*하던대), 잘 모르겠더라.

제57항 다음 말들은 각각 구별하여 적는다.

가름	둘로 가름
갈음	새 책상으로 갈음하였다.
거름	풀을 썩힌 거름
걸음	빠른 걸음
거치다	영월을 거쳐 왔다.
걷히다	외상값이 잘 걷힌다.
걷잡다	걷잡을 수 없는 상태
겉잡다	겉잡아서 이틀 걸릴 일
그러므로(그러니까)	그는 부지런하다. 그러므로 잘 산다.
그럼으로(써)(그렇게 하는 것으로)	그는 열심히 공부한다. 그럼으로(써) 은혜에 보답한다.

노름	노름판이 벌어졌다.
놀음(놀이)	즐거운 놀음
느리다	진도가 너무 느리다.
늘이다	고무줄을 늘인다.
늘리다	수출량을 더 늘린다.
다리다	옷을 다린다.
달이다	약을 달인다.
다치다	부주의로 손을 다쳤다.
닫히다	문이 저절로 닫혔다.
닫치다	문을 힘껏 닫쳤다.
마치다	벌써 일을 마쳤다.
맞히다	여러 문제를 더 맞혔다.
목거리	목거리가 덧났다.
목걸이	금목걸이, 은목걸이
바치다	나라를 위해 목숨을 바쳤다.
받치다	우산을 받치고 간다. 책받침을 받친다.
받히다	쇠뿔에 받혔다.
밭치다	술을 체에 밭친다.
반드시	약속은 반드시 지켜라.
반듯이	고개를 반듯이 들어라.
부딪치다	차와 차가 마주 부딪쳤다.
부딪히다	마차가 화물차에 부딪혔다.
부치다	힘이 부치는 일이다. / 편지를 부친다.
	논밭을 부친다. / 빈대떡을 부친다.
	식목일에 부치는 글 / 회의에 부치는 안건
	인쇄에 부치는 원고 / 삼촌 집에 숙식을 부친다.
붙이다	우표를 붙인다. / 책상을 벽에 붙였다.
	흥정을 붙인다. / 불을 붙인다.

	감시원을 붙인다.	조건을 붙인다.
	취미를 붙인다.	별명을 붙인다.

시키다　　일을 시킨다.
식히다　　끓인 물을 식힌다.

아름　　세 아름 되는 둘레
알음　　전부터 알음이 있는 사이
앎　　앎이 힘이다.

안치다　　밥을 안치다.
앉히다　　윗자리에 앉힌다.

어름　　두 물건의 어름에서 일어난 현상
얼음　　얼음이 얼었다.

이따가　　이따가 오너라.
있다가　　돈은 있다가도 없다.

저리다　　다친 다리가 저린다.
절이다　　김장 배추를 절인다.

조리다　　생선을 조린다. 통조림, 병조림
졸이다　　마음을 졸인다.

주리다　　여러 날을 주렸다.
줄이다　　비용을 줄인다.

하노라고　　하노라고 한 것이 이 모양이다.
하느라고　　공부하느라고 밤을 새웠다.

-느니보다(어미)　　나를 찾아오느니보다 집에 있거라.
-는 이보다(의존 명사)　　오는 이가 가는 이보다 많다.

-(으)리만큼(어미)　　나를 미워하리만큼 내가 그에게 잘못한 일이 없다.
-(으)ㄹ 이만큼(의존 명사)　　찬성할 이도 반대할 이만큼이나 많을 것이다.

-(으)러(목적)　　공부하러 간다.
-(으)려(의도)　　서울 가려 한다.

-(으)로서(자격)	사람으로서 그럴 수는 없다.
-(으)로써(수단)	닭으로써 꿩을 대신했다.
-(으)므로(어미)	그가 나를 믿으므로 나도 그를 믿는다.
(-ㅁ, -음)으로(써)(조사)	그는 믿음으로(써) 산 보람을 느꼈다.

[해설] **제57항**은 발음이 같거나 유사하여 혼동할 수 있는 것을 구별여야 함을 보이고 있다. 이것은 그 용법에 따라 기억해 두어야 할 것이다.

[참고] 앞에서는 현행「한글 맞춤법」(1988)의 각 규정에 대해 상세한 해설을 피하고, [관련예]와 함께 간단히 해설을 붙인 것이다. 그리고 나머지는 강의의 여백으로 남겨 두었다. 따라서 어휘의 용례와 관련되는 **제57항**과 다음의 <부록>의 문장 부호에 대한 해설은 넣지 않았다. 이를 포함하여 구체적인 해설은 국어 연구소(1988ㄱ), 이은정(1988), 이희승·안병희(1989), 崔泰榮(1989) 등을 참조할 수 있다.

그리고 국어 연구소(1987)과 유목상(1988)은「한글 맞춤법」(1988)에 관한 전반적인 해설이며, 이응백(1989)는 종전의 맞춤법 규정과 다른점을 정리한 것이다. 종전의 맞춤법 규정에 대해서는 이희승(1959)를 참조할 수 있다. 남북한 맞춤법의 차이는 金敏洙(1989), 권인한(1994), 이은정(1992)를 참조할 수 있는데, 문법적 측면을 고려한 것으로는 고영근(1993, 1994)를 참조할 수 있다.

또한 최근에 이르러 현행「한글 맞춤법」(1988)에 대한 비판적 평가와 개선 방안이 제시되고 있다. 이에 대해서는 이현복(1996), 임홍빈(1996), 김하수(1996)과 이들을 모아 출판한 이현복 외(1997), 그리고 연규동(1998) 등을 참조할 수 있다. 그리고 일부 표현이 현실 언어생활에 맞게 수정된 현행 규정은 국립국어원 누리집(http://www.korean.go.kr)에서 확인할 수 있다.

〈부 록〉

문장 부호

문장 부호는 글에서 문장의 구조를 드러내거나 글쓴이의 의도를 전달하기 위하여 사용하는 부호이다. 문장 부호의 이름과 사용법은 다음과 같이 정한다.

1. 마침표(.)

(1) 서술, 명령, 청유 등을 나타내는 문장의 끝에 쓴다.

예 젊은이는 나라의 기둥입니다. 예 제 손을 꼭 잡으세요.

예 집으로 돌아갑시다. 예 가는 말이 고와야 오는 말이 곱다.

[붙임 1] 직접 인용한 문장의 끝에는 쓰는 것을 원칙으로 하되, 쓰지 않는 것을 허용한다.(ㄱ을 원칙으로 하고, ㄴ을 허용함.)

예 ㄱ. 그는 "지금 바로 떠나자."라고 말하며 서둘러 짐을 챙겼다.
ㄴ. 그는 "지금 바로 떠나자"라고 말하며 서둘러 짐을 챙겼다.

[붙임 2] 용언의 명사형이나 명사로 끝나는 문장에는 쓰는 것을 원칙으로 하되, 쓰지 않는 것을 허용한다.(ㄱ을 원칙으로 하고, ㄴ을 허용함.)

예 ㄱ. 목적을 이루기 위하여 몸과 마음을 다하여 애를 씀.
ㄴ. 목적을 이루기 위하여 몸과 마음을 다하여 애를 씀

예 ㄱ. 결과에 연연하지 않고 끝까지 최선을 다하기.
ㄴ. 결과에 연연하지 않고 끝까지 최선을 다하기

예 ㄱ. 신입 사원 모집을 위한 기업 설명회 개최.
ㄴ. 신입 사원 모집을 위한 기업 설명회 개최

예 ㄱ. 내일 오전까지 보고서를 제출할 것.
ㄴ. 내일 오전까지 보고서를 제출할 것

다만, 제목이나 표어에는 쓰지 않음을 원칙으로 한다.

예 압록강은 흐른다 예 꺼진 불도 다시 보자

예 건강한 몸 만들기

(2) 아라비아 숫자만으로 연월일을 표시할 때 쓴다.

예 1919. 3. 1. 예 10. 1.~10. 12.

(3) 특정한 의미가 있는 날을 표시할 때 월과 일을 나타내는 아라비아 숫자 사이에 쓴다.

예 3.1 운동 예 8.15 광복

[붙임] 이때는 마침표 대신 가운뎃점을 쓸 수 있다.

예 3·1 운동 예 8·15 광복

(4) 장, 절, 항 등을 표시하는 문자나 숫자 다음에 쓴다.

예 가. 인명 예 ㄱ. 머리말

예 Ⅰ. 서론 예 1. 연구 목적

[붙임] '마침표' 대신 '온점'이라는 용어를 쓸 수 있다.

2. 물음표(?)

(1) 의문문이나 의문을 나타내는 어구의 끝에 쓴다.

예 점심 먹었어? 예 이번에 가시면 언제 돌아오세요?

예 제가 부모님 말씀을 따르지 않을 리가 있겠습니까?

예 남북이 통일되면 얼마나 좋을까?

예 다섯 살짜리 꼬마가 이 멀고 험한 곳까지 혼자 왔다?

예 지금? 예 뭐라고?

예 네?

[붙임 1] 한 문장 안에 몇 개의 선택적인 물음이 이어질 때는 맨 끝의 물음에만 쓰고, 각 물음이 독립적일 때는 각 물음의 뒤에 쓴다.

예 너는 중학생이냐, 고등학생이냐?

예 너는 여기에 언제 왔니? 어디서 왔니? 무엇하러 왔니?

[붙임 2] 의문의 정도가 약할 때는 물음표 대신 마침표를 쓸 수 있다.

예 도대체 이 일을 어쩐단 말이냐.

예 이것이 과연 내가 찾던 행복일까.

다만, 제목이나 표어에는 쓰지 않음을 원칙으로 한다.

예 역사란 무엇인가 예 아직도 담배를 피우십니까

(2) 특정한 어구의 내용에 대하여 의심, 빈정거림 등을 표시할 때, 또는 적절한 말을 쓰기 어려울 때 소괄호 안에 쓴다.

예 우리와 의견을 같이할 사람은 최 선생(?) 정도인 것 같다.

예 30점이라, 거참 훌륭한(?) 성적이군.

예 우리 집 강아지가 가출(?)을 했어요.

(3) 모르거나 불확실한 내용임을 나타낼 때 쓴다.

예 최치원(857~?)은 통일 신라 말기에 이름을 떨쳤던 학자이자 문장가이다.

예 조선 시대의 시인 강백(1690?~1777?)의 자는 자청이고, 호는 우곡이다.

3. 느낌표(!)

(1) 감탄문이나 감탄사의 끝에 쓴다.

예 이거 정말 큰일이 났구나! 예 어머!

[붙임] 감탄의 정도가 약할 때는 느낌표 대신 쉼표나 마침표를 쓸 수 있다.

예 어, 벌써 끝났네. 예 날씨가 참 좋군.

(2) 특별히 강한 느낌을 나타내는 어구, 평서문, 명령문, 청유문에 쓴다.

예 청춘! 이는 듣기만 하여도 가슴이 설레는 말이다.

예 이야, 정말 재밌다! 예 지금 즉시 대답해!

예 앞만 보고 달리자!

(3) 물음의 말로 놀람이나 항의의 뜻을 나타내는 경우에 쓴다.

예 이게 누구야! 예 내가 왜 나빠!

(4) 감정을 넣어 대답하거나 다른 사람을 부를 때 쓴다.

예 네! 예 네, 선생님!

예 흥부야! 예 언니!

4. 쉼표(,)

(1) 같은 자격의 어구를 열거할 때 그 사이에 쓴다.

예 근면, 검소, 협동은 우리 겨레의 미덕이다.

예 충청도의 계룡산, 전라도의 내장산, 강원도의 설악산은 모두 국립 공원이다.

예 집을 보러 가면 그 집이 내가 원하는 조건에 맞는지, 살기에 편한지, 망가진 곳은 없는지 확인해야 한다.

예 5보다 작은 자연수는 1, 2, 3, 4이다.

다만, (가) 쉼표 없이도 열거되는 사항임이 쉽게 드러날 때는 쓰지 않을 수 있다.

예 아버지 어머니께서 함께 오셨어요.

예 네 돈 내 돈 다 합쳐 보아야 만 원도 안 되겠다.

(나) 열거할 어구들을 생략할 때 사용하는 줄임표 앞에는 쉼표를 쓰지 않는다.

예 광역시: 광주, 대구, 대전……

(2) 짝을 지어 구별할 때 쓴다.

예 닭과 지네, 개와 고양이는 상극이다.

(3) 이웃하는 수를 개략적으로 나타낼 때 쓴다.

예 5, 6세기 　　예 6, 7, 8개

(4) 열거의 순서를 나타내는 어구 다음에 쓴다.

예 첫째, 몸이 튼튼해야 한다.

예 마지막으로, 무엇보다 마음이 편해야 한다.

(5) 문장의 연결 관계를 분명히 하고자 할 때 절과 절 사이에 쓴다.

예 콩 심은 데 콩 나고, 팥 심은 데 팥 난다.

예 저는 신뢰와 정직을 생명과 같이 여기고 살아온바, 이번 비리 사건과는 무관하다는 점을 분명히 밝힙니다.

예 떡국은 설날의 대표적인 음식인데, 이걸 먹어야 비로소 나이도 한 살 더 먹는다고 한다.

(6) 같은 말이 되풀이되는 것을 피하기 위하여 일정한 부분을 줄여서 열거할 때 쓴다.

예 여름에는 바다에서, 겨울에는 산에서 휴가를 즐겼다.

(7) 부르거나 대답하는 말 뒤에 쓴다.

예 지은아, 이리 좀 와 봐. 　　예 네, 지금 가겠습니다.

(8) 한 문장 안에서 앞말을 '곧', '다시 말해' 등과 같은 어구로 다시 설명할 때 앞말 다음에 쓴다.

예 책의 서문, 곧 머리말에는 책을 지은 목적이 드러나 있다.

예 원만한 인간관계는 말과 관련한 예의, 즉 언어 예절을 갖추는 것에서 시작된다.

예 호준이 어머니, 다시 말해 나의 누님은 올해로 결혼한 지 20년이 된다.

예 나에게도 작은 소망, 이를테면 나만의 정원을 가졌으면 하는 소망이 있어.

(9) 문장 앞부분에서 조사 없이 쓰인 제시어나 주제어의 뒤에 쓴다.

예 돈, 돈이 인생의 전부이더냐?

예 열정, 이것이야말로 젊은이의 가장 소중한 자산이다.

예 지금 네가 여기 있다는 것, 그것만으로도 나는 충분히 행복해.

예 저 친구, 저러다가 큰일 한번 내겠어.

예 그 사실, 넌 알고 있었지?

(10) 한 문장에 같은 의미의 어구가 반복될 때 앞에 오는 어구 다음에 쓴다.

예 그의 애국심, 몸을 사리지 않고 국가를 위해 헌신한 정신을 우리는 본받아야 한다.

(11) 도치문에서 도치된 어구들 사이에 쓴다.

예 이리 오세요, 어머님. 예 다시 보자, 한강수야.

(12) 바로 다음 말과 직접적인 관계에 있지 않음을 나타낼 때 쓴다.

예 갑돌이는, 울면서 떠나는 갑순이를 배웅했다.

예 철원과, 대관령을 중심으로 한 강원도 산간 지대에 예년보다 일찍 첫눈이 내렸습니다.

(13) 문장 중간에 끼어든 어구의 앞뒤에 쓴다.

예 나는, 솔직히 말하면, 그 말이 별로 탐탁지 않아.

예 영호는 미소를 띠고, 속으로는 화가 치밀어 올라 잠시라도 견딜 수 없을 만큼 괴로웠지만, 그들을 맞았다.

[붙임 1] 이때는 쉼표 대신 줄표를 쓸 수 있다.

예 나는 — 솔직히 말하면 — 그 말이 별로 탐탁지 않아.

예 영호는 미소를 띠고 — 속으로는 화가 치밀어 올라 잠시라도 견딜 수 없을 만큼 괴로웠지만 — 그들을 맞았다.

[붙임 2] 끼어든 어구 안에 다른 쉼표가 들어 있을 때는 쉼표 대신 줄표를 쓴다.

예 이건 내 것이니까 — 아니, 내가 처음 발견한 것이니까 — 절대로 양보할 수 없다.

(14) 특별한 효과를 위해 끊어 읽는 곳을 나타낼 때 쓴다.

예 내가, 정말 그 일을 오늘 안에 해낼 수 있을까?

예 이 전투는 바로 우리가, 우리만이, 승리로 이끌 수 있다.

(15) 짧게 더듬는 말을 표시할 때 쓴다.

예 선생님, 부, 부정행위라니요? 그런 건 새, 생각조차 하지 않았습니다.

[붙임] '쉼표' 대신 '반점'이라는 용어를 쓸 수 있다.

5. 가운뎃점(·)

(1) 열거할 어구들을 일정한 기준으로 묶어서 나타낼 때 쓴다.

예 민수 · 영희, 선미 · 준호가 서로 짝이 되어 윷놀이를 하였다.

예 지금의 경상남도·경상북도, 전라남도·전라북도, 충청남도·충청북도 지역을 예부터 삼남이라 일러 왔다.

(2) 짝을 이루는 어구들 사이에 쓴다.

예 한(韓)·이(伊) 양국 간의 무역량이 늘고 있다.

예 우리는 그 일의 참·거짓을 따질 겨를도 없었다.

예 하천 수질의 조사·분석

예 빨강·초록·파랑이 빛의 삼원색이다.

다만, 이때는 가운뎃점을 쓰지 않거나 쉼표를 쓸 수도 있다.

예 한(韓) 이(伊) 양국 간의 무역량이 늘고 있다.

예 우리는 그 일의 참 거짓을 따질 겨를도 없었다.

예 하천 수질의 조사, 분석

예 빨강, 초록, 파랑이 빛의 삼원색이다.

(3) 공통 성분을 줄여서 하나의 어구로 묶을 때 쓴다.

예 상·중·하위권　　예 금·은·동메달

예 통권 제54·55·56호

[붙임] 이때는 가운뎃점 대신 쉼표를 쓸 수 있다.

예 상, 중, 하위권　　예 금, 은, 동메달

예 통권 제54, 55, 56호

6. 쌍점(:)

(1) 표제 다음에 해당 항목을 들거나 설명을 붙일 때 쓴다.

예 문방사우: 종이, 붓, 먹, 벼루

예 일시: 2014년 10월 9일 10시

예 흔하진 않지만 두 자로 된 성씨도 있다.(예: 남궁, 선우, 황보)

예 올림표(♯): 음의 높이를 반음 올릴 것을 지시한다.

(2) 희곡 등에서 대화 내용을 제시할 때 말하는 이와 말한 내용 사이에 쓴다.

예 김 과장: 난 못 참겠다.

예 아들: 아버지, 제발 제 말씀 좀 들어 보세요.

(3) 시와 분, 장과 절 등을 구별할 때 쓴다.

예 오전 10:20(오전 10시 20분)

예 두시언해 6:15(두시언해 제6권 제15장)

(4) 의존명사 '대'가 쓰일 자리에 쓴다.

예 65:60(65 대 60) 예 청군:백군(청군 대 백군)

[붙임] 쌍점의 앞은 붙여 쓰고 뒤는 띄어 쓴다. 다만, (3)과 (4)에서는 쌍점의 앞뒤를 붙여 쓴다.

7. 빗금(/)

(1) 대비되는 두 개 이상의 어구를 묶어 나타낼 때 그 사이에 쓴다.

예 먹이다/먹히다 예 남반구/북반구

예 금메달/은메달/동메달

예 (   )이/가 우리나라의 보물 제1 호이다.

(2) 기준 단위당 수량을 표시할 때 해당 수량과 기준 단위 사이에 쓴다.

예 100미터/초 예 1,000원/개

(3) 시의 행이 바뀌는 부분임을 나타낼 때 쓴다.

예 산에 / 산에 / 피는 꽃은 / 저만치 혼자서 피어 있네

다만, 연이 바뀜을 나타낼 때는 두 번 겹쳐 쓴다.

예 산에는 꽃 피네 / 꽃이 피네 / 갈 봄 여름 없이 / 꽃이 피네 // 산에 / 산에 / 피는 꽃은 / 저만치 혼자서 피어 있네

[붙임] 빗금의 앞뒤는 (1)과 (2)에서는 붙여 쓰며, (3)에서는 띄어 쓰는 것을 원칙으로 하되 붙여 쓰는 것을 허용한다. 단, (1)에서 대비되는 어구가 두 어절 이상인 경우에는 빗금의 앞뒤를 띄어 쓸 수 있다.

8. 큰따옴표(“ ”)

(1) 글 가운데에서 직접 대화를 표시할 때 쓴다.

예 “어머니, 제가 가겠어요.”
“아니다. 내가 다녀오마.”

(2) 말이나 글을 직접 인용할 때 쓴다.

예 나는 “어, 광훈이 아니냐?” 하는 소리에 깜짝 놀랐다.

예 밤하늘에 반짝이는 별들을 보면서 “나는 아무 걱정도 없이 가을 속의 별들을 다 헬

듯합니다."라는 시구를 떠올렸다.

예 편지의 끝머리에는 이렇게 적혀 있었다.
"할머니, 편지에 사진을 동봉했다고 하셨지만 봉투 안에는 아무것도 없었어요."

9. 작은따옴표(' ')

(1) 인용한 말 안에 있는 인용한 말을 나타낼 때 쓴다.

예 그는 "여러분! '시작이 반이다.'라는 말 들어 보셨죠?"라고 말하며 강연을 시작했다.

(2) 마음속으로 한 말을 적을 때 쓴다.

예 나는 '일이 다 틀렸나 보군.' 하고 생각하였다.

예 '이번에는 꼭 이기고야 말겠어.' 호연이는 마음속으로 몇 번이나 그렇게 다짐하며 주먹을 불끈 쥐었다.

10. 소괄호(( ))

(1) 주석이나 보충적인 내용을 덧붙일 때 쓴다.

예 니체(독일의 철학자)의 말을 빌리면 다음과 같다.

예 2014. 12. 19.(금)

예 문인화의 대표적인 소재인 사군자(매화, 난초, 국화, 대나무)는 고결한 선비 정신을 상징한다.

(2) 우리말 표기와 원어 표기를 아울러 보일 때 쓴다.

예 기호(嗜好), 자세(姿勢) 예 커피(coffee), 에티켓(étiquette)

(3) 생략할 수 있는 요소임을 나타낼 때 쓴다.

예 학교에서 동료 교사를 부를 때는 이름 뒤에 '선생(님)'이라는 말을 덧붙인다.

예 광개토(대)왕은 고구려의 전성기를 이끌었던 임금이다.

(4) 희곡 등 대화를 적은 글에서 동작이나 분위기, 상태를 드러낼 때 쓴다.

예 현우: (가쁜 숨을 내쉬며) 왜 이렇게 빨리 뛰어?

예 "관찰한 것을 쓰는 것이 습관이 되었죠. 그러다 보니, 상상력이 생겼나 봐요." (웃음)

(5) 내용이 들어갈 자리임을 나타낼 때 쓴다.

예 우리나라의 수도는 (   )이다.

예 다음 빈칸에 알맞은 조사를 쓰시오.

민수가 할아버지( ) 꽃을 드렸다.

(6) 항목의 순서나 종류를 나타내는 숫자나 문자 등에 쓴다.

예 사람의 인격은 (1) 용모, (2) 언어, (3) 행동, (4) 덕성 등으로 표현된다.

예 (가) 동해, (나) 서해, (다) 남해

11. 중괄호({ })

(1) 같은 범주에 속하는 여러 요소를 세로로 묶어서 보일 때 쓴다.

예 주격 조사 { 이 / 가 }

예 국가의 성립 요소 { 영토 / 국민 / 주권 }

(2) 열거된 항목 중 어느 하나가 자유롭게 선택될 수 있음을 보일 때 쓴다.

예 아이들이 모두 학교{에, 로, 까지} 갔어요.

12. 대괄호([ ])

(1) 괄호 안에 또 괄호를 쓸 필요가 있을 때 바깥쪽의 괄호로 쓴다.

예 어린이날이 새로 제정되었을 당시에는 어린이들에게 경어를 쓰라고 하였다.[윤석중 전집(1988), 70쪽 참조]

예 이번 회의에는 두 명[이혜정(실장), 박철용(과장)]만 빼고 모두 참석했습니다.

(2) 고유어에 대응하는 한자어를 함께 보일 때 쓴다.

예 나이[年歲] 예 낱말[單語]

예 손발[手足]

(3) 원문에 대한 이해를 돕기 위해 설명이나 논평 등을 덧붙일 때 쓴다.

예 그것[한글]은 이처럼 정보화 시대에 알맞은 과학적인 문자이다.

예 신경준의 ≪여암전서≫에 "삼각산은 산이 모두 돌 봉우리인데, 그 으뜸 봉우리를 구름 위에 솟아 있다고 백운(白雲)이라 하며 [이하 생략]"

예 그런 일은 결코 있을 수 없다.[원문에는 '업다'임.]

13. 겹낫표(『 』)와 겹화살괄호(≪ ≫)

책의 제목이나 신문 이름 등을 나타낼 때 쓴다.

예 우리나라 최초의 민간 신문은 1896년에 창간된 『독립신문』이다.

예 『훈민정음』은 1997년에 유네스코 세계 기록 유산으로 지정되었다.

예 ≪한성순보≫는 우리나라 최초의 근대 신문이다.

예 윤동주의 유고 시집인 ≪하늘과 바람과 별과 시≫에는 31편의 시가 실려 있다.

[붙임] 겹낫표나 겹화살괄호 대신 큰따옴표를 쓸 수 있다.

예 우리나라 최초의 민간 신문은 1896년에 창간된 "독립신문"이다.

예 윤동주의 유고 시집인 "하늘과 바람과 별과 시"에는 31편의 시가 실려 있다.

14. 홑낫표(「 」)와 홑화살괄호(〈 〉)

소제목, 그림이나 노래와 같은 예술 작품의 제목, 상호, 법률, 규정 등을 나타낼 때 쓴다.

예 「국어 기본법 시행령」은 「국어 기본법」에서 위임된 사항과 그 시행에 필요한 사항을 규정함을 목적으로 한다.

예 이 곡은 베르디가 작곡한 「축배의 노래」이다.

예 사무실 밖에 「해와 달」이라고 쓴 간판을 달았다.

예 <한강>은 사진집 ≪아름다운 땅≫에 실린 작품이다.

예 백남준은 2005년에 <엄마>라는 작품을 선보였다.

[붙임] 홑낫표나 홑화살괄호 대신 작은따옴표를 쓸 수 있다.

예 사무실 밖에 '해와 달'이라고 쓴 간판을 달았다.

예 '한강'은 사진집 "아름다운 땅"에 실린 작품이다.

15. 줄표(—)

제목 다음에 표시하는 부제의 앞뒤에 쓴다.

예 이번 토론회의 제목은 '역사 바로잡기 — 근대의 설정 —'이다.

예 '환경 보호 — 숲 가꾸기 —'라는 제목으로 글짓기를 했다.

다만, 뒤에 오는 줄표는 생략할 수 있다.

예 이번 토론회의 제목은 '역사 바로잡기 — 근대의 설정'이다.

예 '환경 보호 — 숲 가꾸기'라는 제목으로 글짓기를 했다.

[붙임] 줄표의 앞뒤는 띄어 쓰는 것을 원칙으로 하되, 붙여 쓰는 것을 허용한다.

16. 붙임표(-)

(1) 차례대로 이어지는 내용을 하나로 묶어 열거할 때 각 어구 사이에 쓴다.

예 멀리뛰기는 도움닫기-도약-공중 자세-착지의 순서로 이루어진다.

예 김 과장은 기획-실무-홍보까지 직접 발로 뛰었다.

(2) 두 개 이상의 어구가 밀접한 관련이 있음을 나타내고자 할 때 쓴다.

예 드디어 서울-북경의 항로가 열렸다.

예 원-달러 환율 예 남한-북한-일본 삼자 관계

17. 물결표(~)

기간이나 거리 또는 범위를 나타낼 때 쓴다.

예 9월 15일~9월 25일 예 김정희(1786~1856)

예 서울~천안 정도는 출퇴근이 가능하다.

예 이번 시험의 범위는 3~78쪽입니다.

[붙임] 물결표 대신 붙임표를 쓸 수 있다.

예 9월 15일-9월 25일 예 김정희(1786-1856)

예 서울-천안 정도는 출퇴근이 가능하다.

예 이번 시험의 범위는 3-78쪽입니다.

18. 드러냄표(˙)와 밑줄(____)

문장 내용 중에서 주의가 미쳐야 할 곳이나 중요한 부분을 특별히 드러내 보일 때 쓴다.

예 한글의 본디 이름은 훈민정음이다.

예 중요한 것은 왜 사느냐가 아니라 어떻게 사느냐이다.

예 지금 필요한 것은 지식이 아니라 실천입니다.

예 다음 보기에서 명사가 아닌 것은?

[붙임] 드러냄표나 밑줄 대신 작은따옴표를 쓸 수 있다.

예 한글의 본디 이름은 '훈민정음'이다.

예 중요한 것은 '왜 사느냐'가 아니라 '어떻게 사느냐'이다.

예 지금 필요한 것은 '지식'이 아니라 '실천'입니다.

예 다음 보기에서 명사가 '아닌' 것은?

19. 숨김표(○, ×)

(1) 금기어나 공공연히 쓰기 어려운 비속어임을 나타낼 때, 그 글자의 수효만큼 쓴다.

예 배운 사람 입에서 어찌 ○○○란 말이 나올 수 있느냐?

예 그 말을 듣는 순간 ×××란 말이 목구멍까지 치밀었다.

(2) 비밀을 유지해야 하거나 밝힐 수 없는 사항임을 나타낼 때 쓴다.

예 1차 시험 합격자는 김○영, 이○준, 박○순 등 모두 3명이다.

예 육군 ○○ 부대 ○○○ 명이 작전에 참가하였다.

예 그 모임의 참석자는 김×× 씨, 정×× 씨 등 5명이었다.

20. 빠짐표(□)

(1) 옛 비문이나 문헌 등에서 글자가 분명하지 않을 때 그 글자의 수효만큼 쓴다.

예 大師爲法主□□賴之大□薦

(2) 글자가 들어가야 할 자리를 나타낼 때 쓴다.

예 훈민정음의 초성 중에서 아음(牙音)은 □□□의 석 자다.

21. 줄임표(……)

(1) 할 말을 줄였을 때 쓴다.

예 "어디 나하고 한번……." 하고 민수가 나섰다.

(2) 말이 없음을 나타낼 때 쓴다.

예 "빨리 말해!"

"……."

(3) 문장이나 글의 일부를 생략할 때 쓴다.

예 '고유'라는 말은 문자 그대로 본디부터 있었다는 뜻은 아닙니다. …… 같은 역사적 환경에서 공동의 집단생활을 영위해 오는 동안 공동으로 발견된, 사물에 대한 공동의 사고방식을 우리는 한국의 고유 사상이라 부를 수 있다는 것입니다.

(4) 머뭇거림을 보일 때 쓴다.

예 "우리는 모두…… 그러니까…… 예외 없이 눈물만…… 흘렸다."

[붙임 1] 점은 가운데에 찍는 대신 아래쪽에 찍을 수도 있다.

예 "어디 나하고 한번......" 하고 민수가 나섰다.

예 "실은...... 저 사람...... 우리 아저씨일지 몰라."

[붙임 2] 점은 여섯 점을 찍는 대신 세 점을 찍을 수도 있다.

예 "어디 나하고 한번…." 하고 민수가 나섰다.

예 "실은... 저 사람... 우리 아저씨일지 몰라."

[붙임 3] 줄임표는 앞말에 붙여 쓴다. 다만, (3)에서는 줄임표의 앞뒤를 띄어 쓴다.

[표준어 규정](1988)

일러두기

1. 이 '표준어 규정'은 개정된 표준어 규정에 따라 작성된 것이다.
2. 이 규정은 '제1부 표준어 사정 원칙'과 '제2부 표준 발음법'으로 나누어지며, 표준어 사정 원칙은 3장으로, 표준 발음법은 7장으로 구성되어 있다.
3. 예시어에는 접사와 어미도 포함되어 있다.
4. 예시어를 '표준어 모음'에 실을 때에는 필요한 경우 재사정할 수 있다.
5. 문법 체계 및 용어는 '학교 문법 용어'(문교부 제정)를 따랐다.
6. 의미의 혼동을 줄 우려가 있는 경우에 한하여 한자를 병기하였다.
7. '다만'과 [붙임]은 다음과 같은 경우에 썼다.
   다만 : 규정의 본문에 해당하지 않는 예외 사항을 제시하는 경우
   [붙임] : 규정의 본문에 포함하여 설명하기 어려운 사항을 보충할 경우
8. 이 규정의 표기 및 문장 부호의 사용은 개정된 '한글 맞춤법'에 따랐다.

제1부 표준어 사정 원칙

제1장 총 칙

제1항 표준어는 교양 있는 사람들이 두루 쓰는 현대 서울말로 정함을 원칙으로 한다.
제2항 외래어는 따로 사정한다.

[해설] **제1장** '총칙'은 표준어 규정의 대상과 방법을 제시하는 대원칙이다.

제1항은 표준어 사정(査定)의 세 가지 기준의 조건을 명시한 것으로, 종전의 「조선어 표준말 모음」(1936)의 기준과 대조하면 다음과 같다.(제Ⅰ부 4.3.2절 참조)

	사회적 조건	시대적 조건	지역적 조건
(1936)	중류 사회	현재	서울
(1988)	교양 있는 사람들	현대	서울

사회적 조건으로서의 '교양 있는 사람들'은 그 적용 범위를 구체적으로 단정하기는 어려우나 '문화적 지식을 갖고 있는 점잖은 사람들' 정도로 풀이된다. 이렇게 표준어를 '교양 있는 사람들'이 쓰는 말로 정하는 것은 표준어가 국어 생활의 통일에 목표가 있는 것이기도 하지만, 국어 생활의 본보기 역할도 맡는 것으로 보기 때문이다. 따라서 특수한 언어 집단에서 통용되는 은어(隱語)와 저속한 비속어(卑俗語)는 표준어에 포함되지 않는다.

시대적 조건으로서의 '현대'는 언어의 역사성에 비추어 현대 국어가 표준어가 됨을 뜻한다. 그러나 아직 언어 대중의 언어 습관에 익숙해지지 않은 신조어(新造語)는 현대 국어의 어휘이기는 해도 표준어에 포함되지 않는다. 그리고 표준어를 여러 형태들 중에서 가장 합리적인 형태 하나를 정하는 것이 바람직하지만, 합리성과 함께 전통성과 현실성을 고려해야 하므로 때로는 복수 표준어도 가능하다.

지역적 조건으로서의 '서울'은 정치, 문화의 중심지로 언어 방사(放射)의 중심이 되어, 서울말이 지역을 초월하여 한 언어사회의 공통적인 의사 소통의 수단이 되는 것임을 뜻한다. 그러나 전에는 서울 지역에서는 쓰이지 않고 특정 지방에서만 쓰였으나 지금은 널리 쓰이는 것은 표준어에 포함된다. 또한 본래 서울 지역에서는 쓰이지 않는 말은 특정 지역에서 쓰이는 말을 선정하여 표준어로 삼기도 한다.

제2항은 국어 속에 쓰이는 외래어에 관한 문제로, 이것은 「외래어 표기법」(1986)에 따로 규정되어 있다.(제1부 5장 참조)

제 2 장 발음 변화에 따른 표준어 규정

제 1 절 자음

제3항 다음 단어들은 거센소리를 가진 형태를 표준어로 삼는다.(ㄱ을 표준어로 삼고, ㄴ을 버림.)

ㄱ	ㄴ	비고
끄나풀	끄나불	
나팔-꽃	나발-꽃	
녘	녁	동~, 들~, 새벽~, 동틀~
부엌	부억	
살-쾡이	삵-괭이	
칸	간	1. ~막이, 빈~, 방 한~ 2. '초간삼간, 윗간'의 경우에는 '간'임.
털어-먹다	떨어-먹다	재물을 다 없애다.

제4항 다음 단어들은 거센소리로 나지 않는 형태를 표준어로 삼는다.(ㄱ을 표준어로 삼고, ㄴ을 버림.)

ㄱ	ㄴ	비고
가을-갈이	가을-카리	
거시기	거시키	
분침	푼침	

[해설] **제2장**은 발음의 변화로 인하여 달라진 형태가 굳어져 쓰이는 것은 달라진 형

태를 표준어로 삼는 것을 규정하고 있다. 그러나 어원(語源) 의식이 분명히 남아 있는 것은 본래의 형태를 인정하고 있다.

제3항은 거센소리로 바뀐 것을 표준어로 인정하는 것이다.

[관련예] *끄나불/끄나풀 (나발(喇叭)-꽃)*나발꽃/나팔꽃
(삵-괭이)*삵괭이/살쾡이 (빈-간(間))*빈간/빈칸

그런데 **제4항**은 어원 의식이 남아 있어, 예사소리로 된 것을 표준어로 인정한 것이다.

[관련예] (가을(秋)-갈이(耕))가을갈이/*가을카리 (분(分)-침(針))분침/*푼침

제5항 어원에서 멀어진 형태로 굳어져서 널리 쓰이는 것은, 그것을 표준어로 삼는다.(ㄱ을 표준어로 삼고, ㄴ을 버림.)

ㄱ	ㄴ	비 고
강낭-콩	강남-콩	
고삿	고샅	겉~, 속~
사글-세	삭월-세	'월세'는 표준어임.
울력-성당	위력-성당	떼를 지어서 으르고 협박 하는 일

다만, 어원적으로 원형에 더 가까운 형태가 아직 쓰이고 있는 경우에는, 그것을 표준어로 삼는다.(ㄱ을 표준어로 삼고, ㄴ을 버림.)

ㄱ	ㄴ	비 고
갈비	가리	~구이, ~찜, 갈빗-대
갓모	갈모	1. 사기 만드는 물레 밑 고리 2. '갈모'는 갓 위에 쓰는, 유지로 만든 우비
굴-젓	구-젓	
말-곁	말-겻	
물-수란	물-수랄	
밀-뜨리다	미-뜨리다	
적-이	저으기	적이-나, 적이나-하면
휴지	수지	

[해설] **제5항**은 어원의 기준에 따라 원형의 어원 의식이 멀어진 것은 멀어져 쓰이는

형태를 표준어로 삼음을 규정한 것이다.

[관련예] (강남(江南)-콩)*강남콩/강낭콩 (삭월(朔月)-세(貰))*삭월세/사글세
(위(威)-력(力)-성(成)-당(黨))*위력성당/울력성당 *근두박질/곤두박질
*기급하다(氣急~)/기겁하다 *내흉(內凶)/내숭 *무겁활량/무겁한량
*물앵도(~櫻桃)/물앵두

그러나 **다만**은 어원 의식이 남아 있는 것은 원형에 더 가까운 것을 표준어로 삼음을 규정하고 있다.

[관련예] (적(少)-이)적이/*저으기 (휴(休)-지(紙))휴지/*수지
상좌(上佐)/*상재(上~) 상창(上唱)/*상청(上~)
설랑은/*설라믄 여염집(閭閻~)/*옘집
수모(手母)/*수무(手~) 채송화(菜松花)/*채숭화
흠집(欠~)/*험집 퍅성(愎性)/*팩성(~性)

第6항 다음 단어들은 의미를 구별함이 없이, 한 가지 형태만을 표준어로 삼는다.(ㄱ을 표준어로 삼고, ㄴ을 버림.)

ㄱ	ㄴ	비 고
돌	돐	생일, 주기
둘-째	두-째	'제 2, 두 개째'의 뜻
셋-째	세-째	'제 3, 세 개째'의 뜻
넷-째	네-째	'제 4, 네 개째'의 뜻
빌리다	빌다	1. 빌려주다, 빌려 오다. 2. '용서를 빌다'는 '빌다'임

다만, '둘째'는 십 단위 이상의 서수사에 쓰일 때에 '두째'로 한다.

ㄱ	ㄴ	비 고
열두-째		열두 개째의 뜻은 '열둘째'로
스물두-째		스물두 개째의 뜻은 '스물둘째'로

[해설] **제6항**은 종래의 규정에서는 둘로 나뉘어 있었으나, 잘 구별되지 않는 것을 하나로 통일한 것이다.

[관련예] *첫돐/첫돌 첫째 *두째/둘째 *세째/셋째 *네째/넷째 다섯째

여섯째 *빌어(借用)오다/빌려오다 빌려가다

다만은 '둘째'가 십 단위 이상의 서수사와 쓰일 때 '두째'로 발음되는 것을 표준어로 삼은 것이다.

[관련예] 열두째 스물두째 서른두째 마흔두째

제7항 수컷을 이르는 접두사는 '수-'로 통일한다.(ㄱ을 표준어로 삼고, ㄴ을 버림.)

ㄱ	ㄴ	비 고
수-꿩	수-퀑, 숫-꿩	'장끼'도 표준어임.
수-나사	숫-나사	
수-놈	숫-놈	
수-사돈	숫-사돈	
수-소	숫-소	'황소'도 표준어임.
수-은행나무	숫-은행나무	

다만 1. 다음 단어에서는 접두사 다음에서 나는 거센소리를 인정한다. 접두사 '암-'이 결합되는 경우에도 이에 준한다.(ㄱ을 표준어로 삼고, ㄴ을 버림.)

ㄱ	ㄴ	비 고
수-캉아지	숫-강아지	
수-캐	숫-개	
수-컷	숫-것	
수-키와	숫-기와	
수-탉	숫-닭	
수-탕나귀	숫-당나귀	
수-톨쩌귀	숫-돌쩌귀	
수-퇘지	숫-돼지	
수-평아리	숫-병아리	

다만 2. 다음 단어의 접두사는 '숫-'으로 한다.(ㄱ을 표준어로 삼고, ㄴ을 버림.)

ㄱ	ㄴ	비 고
숫-양	수-양	
숫-염소	수-염소	
숫-쥐	수-쥐	

[해설] **제7항**은 '수-'가 현대 국어에서는 '암-'과 함께 접두사로 쓰이므로, '접두사 파생어는 접두사와 어근의 원형을 밝혀 쓴다'(「한글 맞춤법」(1988) 제27항 참조)는 원칙에 따라 '수'로 씀을 규정한 것이다. 이것을 '숫'으로 쓰면 '수'가 어근이되는 합성어에 해당되고, 'ㅅ'은 사이시옷과 같은 표기가 되어 불합리하다. 그러나 '수'는 이른바 'ㅎ' 종성체언에 해당되므로 현대 국어에서 후행 체언의 첫소리가 파열음일 때에는 거센소리로 나는데, **다만1**은 이것을 인정한 것을 표준어로 삼음을 규정한 것이다. 그리고 후행 체언이 'ㅈ'일 때에는 된소리로 나고, 'ㅣ' 선행 이중 모음일 때에는 'ㄴ'첨가 현상이 나타나는데, 이것을 일종의 사이시옷 현상으로 처리한 것이다.

따라서 '수(雄)-'는 후행 어근의 첫소리의 조건에 따라 다음과 같이 세 가지 방식으로 설명된다.

① '수'로 표기하고 후행 어근의 첫소리에 변화가 없는 경우 ; 이때의 후행 어근의 첫소리는 예사소리 계열이 없거나, 본래 된소리 또는 거센소리일 경우에 해당된다.

[관련예] 수노루 수막새 수말 수사슴 수술(수-꽃술) 수꿩 수은행나무

② '수'로 표기하고 후행 어근의 첫소리가 거센소리로 되는 경우 ; 이때의 후행 어근의 첫소리는 거센소리 계열이 있는 'ㄱ, ㄷ, ㅂ'의 파열음으로 한정된다.

[관련예] 수캐 수퇘지 수평아리 수탉

③ '숫'으로 표기하고 후행 어근의 첫소리가 된소리로 되거나, ㄴㄴ이 첨가되는 경우 ; 이 때의 후행 어근의 첫소리는 'ㅈ'이거나 'ㅣ' 선행 이중 모음인 경우에 해당된다.

[관련예] 숫쥐 숫양 숫염소

그런데 이 규정을 철저히 따르기는 어렵다. 따라서 국립국어원에서 발간한 국어사전에서는 수컷을 이르는 접두사는 '수-'로 통일한다는 본문에 따르되, [다만 1]과 [다만 2]에서 고시(告示)된 열두 단어를 제외하고는 '개미, 거미, 나비, 늑대, 모기, 벌[蜂], 범[虎], 사슴, 산양(山羊), 여우, 오리, 용(龍), 이리, 자라, 할미새' 등은 '수개미, 수거미, 수나비, 수늑대, 수모기, 수벌, 수범, 수사슴, 수산양, 수여우, 수오리, 수용, 수이리, 수자라, 수할미새'를 표준어로 삼았다.

제 2 절 모음

제8항 양성모음이 음성모음으로 바뀌어 굳어진 다음 단어는 음성모음 형태를 표준어로 삼는다.(ㄱ을 표준어로 삼고, ㄴ을 버림.)

ㄱ	ㄴ	비 고
깡충-깡충	깡총-깡총	큰말은 '껑충껑충'임.
-둥이	-동이	←童-이. 귀-, 막-, 선-, 쌍-, 검-, 바람-, 흰-
발가-숭이	발가-송이	센말은 '빨가숭이', 큰말은 '벌거숭이, 뻘거숭이'임.
보퉁이	보통이	
봉죽	봉족	←奉足. ~꾼, ~들다
뻗정-다리	뻗장-다리	
아서, 아서라	앗아, 앗아라	하지 말라고 금지하는 말
오뚝-이	오똑-이	부사도 '오뚝-이'임.
주추	주초	←柱礎. 주춧-돌

다만, 어원 의식이 강하게 작용하는 다음 단어에서는 양성모음 형태를 그대로 표준어로 삼는다.(ㄱ을 표준어로 삼고, ㄴ을 버림.)

ㄱ	ㄴ	비 고
부조(扶助)	부주	~금, 부좃-술
사돈(査頓)	사둔	밭~, 안~
삼촌(三寸)	삼춘	시~, 외~, 처~

[해설] 양성모음과 음성모음은 어떤 주어진 위치에서 상호 선택에 제한이 이루어지는 경우가 있는데, 이것을 모음 조화라 한다.(「한글 맞춤법」(1988) 제16항 참조) **제8항**은 본래 양성모음이었던 것이 음성모음으로 바뀌어 바뀐 것을 표준어로 삼음을 규정한 것이다.

[관련예] *깡총깡총/깡충깡충(<껑충껑충) *오똑오똑/오뚝오뚝(<우뚝우뚝)
*발가송이/발가숭이(<벌거숭이) (막-동(童)이)*막동이/막둥이
(그러나 '쌍동(雙童)밤, 쌍동(雙童)아들'로 쓴다.) *문동이/문둥이
*앗아/아서 *앗아라/아서라 *오돌오돌/오들오들 *우둘우둘/우들우들

*심술(心術)통이/심술퉁이 *미련통이/미련퉁이 *호로로/호르르

그러나 **다만**에서처럼 어원 의식이 작용되는 경우에는 본래대로 양성모음으로 표준어를 삼는다.

[관련예] 깡총하다/*깡충하다 담쏙/*담쑥 밤송이/*밤숭이
해발쪽하다/*해발쭉하다

제9항 'ㅣ'역행동화 현상에 의한 발음은 원칙적으로 표준 발음으로 인정하지 아니하되, 다만 다음 단어들은 그러한 동화가 적용된 형태를 표준어로 삼는다.(ㄱ을 표준어로 삼고, ㄴ을 버림.)

ㄱ	ㄴ	비 고
-내기	-나기	서울-, 시골-, 신출-, 풋-
냄비	남비	
동댕이-치다.	동당이-치다	

[**붙임**1] 다음 단어는 'ㅣ'역행동화가 일어나지 아니한 형태를 표준어로 삼는다.(ㄱ을 표준어로 삼고, ㄴ을 버림.)

ㄱ	ㄴ	비 고
아지랑이	아지랭이	

[**붙임**2] 기술자에게는 '-장이', 그 외에는 '-쟁이'가 붙는 형태를 표준어로 삼는다.(ㄱ을 표준어로 삼고, ㄴ을 버림.)

ㄱ	ㄴ	비 고
미장이	미쟁이	
유기장이	유기쟁이	
멋쟁이	멋장이	
소금쟁이	소금장이	
담쟁이-덩굴	담장이-덩굴	
골목쟁이	골목장이	
발목쟁이	발목장이	

[해설] **제9항**은 원칙적으로 'ㅣ'모음 역행동화를 표준어로 인정하지 않음을 규정한 것이

다. 따라서 'ㅣ'모음 역행동화가 나타나는 '*호랭이(<-호랑이), *멕이(<-먹이), *쥑이다(<-죽이다)' 등은 비표준어이고, 같은 이유에서 [**붙임**1]의 '아지랭이'도 비표준어이다.

[관련예] *애기/아기 *애비/아비 *홀애비/홀아비

그러나 위의 '-내기, 냄비, 동댕이치다'는 'ㅣ'모음 역행동화된 것을 표준어로 삼는다.

[관련예] *꼬창이/꼬챙이 *빨강이/빨갱이 *알박이/알백이

그런데 [**붙임**2]는 접미사 '-장이'와 '-쟁이'를 구별하여 표준어로 정하고 있는데, '-장이'는 어원상 '장인(匠人)'의 뜻이 남아 있는 것을 지칭하고, '-쟁이'는 그러한 어원 의식이 남아 있지 않은 것을 지칭하도록 구별한 것이다.

[관련예] 대장장이 도배장이 옹기장이 양복장이 땜장이 갓장이
토기(土器)장이
허풍쟁이 양복쟁이 골목쟁이 욕쟁이 갓쟁이 관상쟁이 소리쟁이
손목쟁이 소금쟁이 골목쟁이 담쟁이 침쟁이 고집쟁이 심술쟁이
안경쟁이 난봉쟁이 요술쟁이 멋쟁이 꾀쟁이 마술쟁이 무식쟁이
욕심쟁이

제10항 다음 단어는 모음이 단순화한 형태를 표준어로 삼는다.(ㄱ을 표준어로 삼고, ㄴ을 버림.)

ㄱ	ㄴ	비 고
괴팍-하다	괴퍅-하다/괴팩-하다	
-구먼	-구면	
미루-나무	미류-나무	←美柳~
미륵	미력	←彌勒. ~보살, ~불, 돌~
여느	여늬	
온-달	왼-달	만 한 달
으레	으례	
케케-묵다	켸켸-묵다	
허우대	허위대	
허우적-허우적	허위적-허위적	허우적-거리다

[해설] **제10항**은 단모음화된 것을 표준어로 인정함을 규정한 것이다.(「한글 맞춤법」(1988) 제8항 참조)

[관련예] (괴퍅(乖愎)-하다)*괴팍하다/괴팍하다 *왼달/온달(온종일, 온밤)
(미류(美柳)-나무)*미류나무/미루나무
(의(依)-례(例))*의례/으레 *여늬/여느

제11항 다음 단어에서는 모음의 발음 변화를 인정하여, 발음이 바뀌어 굳어진 형태를 표준어로 삼는다.(ㄱ을 표준어로 삼고, ㄴ을 버림.)

ㄱ	ㄴ	비 고
-구려	-구료	
깍쟁이	깍정이	1. 서울~, 알~, 찰~ 2. 도토리, 상수리등의 받침은 '깍정이'임.
나무라다	나무래다	
미수	미시	미숫-가루
바라다	바래다	'바램(所望)'은 비표준어임.
상추	상치	~쌈
시러베-아들	실업의 아들	
주책	주착	←主着. ~망나니, ~없나
지루-하다	지리-하다	←支離
튀기	트기	
허드레	허드래	허드렛-물, 허드렛-일
호루라기	호루루기	

[해설] **제11항**은 언중(言衆)의 발음 습관에 의해 발음이 변한 형태가 널리 쓰이게 된 것을 표준어로 정함을 규정한 것이다. 즉 어원적 형태가 인식되지 않으면서 발음 형태가 굳어져 널리 쓰이면 변한 것을 표준어로 삼는 것이다.

[관련예] 바라다 - 바람(希望) 나무라다 - 나무람(叱責)

제12항 '웃-' 및 '윗-'은 명사 '위'에 맞추어 '윗-'으로 통일한다.(ㄱ을 표준어로 삼고, ㄴ을 버림.)

ㄱ	ㄴ	비 고
윗-넓이	웃-넓이	
윗-눈썹	웃-눈썹	
윗-니	웃-니	
윗-당줄	웃-당줄	
윗-덧줄	웃-덧줄	
윗-도리	웃-도리	
윗-동아리	웃-동아리	준말은 '윗동'임
윗-막이	웃-막이	
윗-머리	웃-머리	
윗-목	웃-넓이	
윗-몸	웃-몸	~운동
윗-바람	웃-바람	
윗-배	웃-배	
윗-벌	웃-벌	
윗-변	웃-변	수학 용어
윗-사랑	웃-사랑	
윗-세장	웃-세장	
윗-수염	웃-수염	
윗-입술	웃-입술	
윗-잇몸	웃-잇몸	
윗-자리	웃-자리	
윗-중방	웃-중방	

다만 1. 된소리나 거센소리 앞에서는 '위-'로 한다.(ㄱ을 표준어로 삼고 ㄴ을 버림.)

ㄱ	ㄴ	비 고
위-짝	웃-짝	
위-쪽	웃-쪽	
위-채	웃-채	
위-층	웃-층	
위-치마	웃-치마	
위-턱	웃-턱	~구름[上層雲]
위-팔	웃-팔	

다만 2. '아래, 위'의 대립이 없는 단어는 '웃-'으로 발음되는 형태를 표준어로 삼는

다.(ㄱ을 표준어로 삼고, ㄴ을 버림.)

ㄱ	ㄴ	비 고
웃-국	윗-국	
웃-기	윗-기	
웃-돈	윗-돈	
웃-비	윗-비	~걷다
웃-어른	윗-어른	
웃-옷	윗-옷	

[해설] **제12항**은 명사 '위'가 다른 어근과 함께 합성어를 이룰 때, 사이시옷의 규정을 적용하여 표준어를 정함을 규정한 것이다.(「한글 맞춤법」(1988) 제30항 참조) 즉 '위'는 어근으로서 합성명사를 이루는 요소가 되므로 'ㅅ'을 받쳐 적는 것이다.(이것은 앞의 제7항의 접두사 '수-'의 경우와 대조된다.) 그런데 사이시옷 규정에서 보듯 후행 어근의 첫소리가 된소리이거나 거센소리이면 'ㅅ'을 받쳐 적지 않게 된다.([**다만**1]) 또한 구성 요소가 어근으로서의 '위'가 아니라 접두사로 인식되는 경우에는 전통적으로 굳어진 '웃-'으로 형태를 고정하여 표준어로 삼는다.([**다만**2])

따라서 '윗-, 위-, 웃-'은 다음과 같이 구별된다.

① '위(上)'가 본래의 의미를 실현할 때에는 '윗-'으로 적는다. ; 이 경우에는 '아래(下)'와 의미적인 대립이 나타난다.

[관련예] (위의 본문 참조)

② ①의 조건이라도 후행 어근의 첫소리가 된소리 또는 거센소리이면 '위-'로 적는다.

[관련예] (위의 다만 1. 참조)

③ ①의 조건이 이루어지지 않을 때에는 '웃-'으로 적는다. ; 이 경우에는 '아래(下)'와 의미적인 대립이 나타나지 않는다.

[관련예] (위의 다만 2. 참조)

제13항 한자 '구(句)'가 붙어서 이루어진 단어는 '귀'로 읽는 것을 인정하지 아니하고, '구'로 통일한다.(ㄱ을 표준어로 삼고, ㄴ을 버림.)

ㄱ	ㄴ	비 고
구법(句法)	귀법	
구절 (句節)	귀절	
구점 (句點)	귀점	
결구 (結句)	결귀	
경구 (警句)	경귀	
경인구 (警人句)	경인귀	
난구 (難句)	난귀	
단구 (短句)	단귀	
단명구 (短命句)	단명귀	
대구 (對句)	대귀	~법(對句法)
문구 (文句)	문귀	
성구 (成句)	성귀	~어(成句語)
시구 (詩句)	시귀	
어구 (語句)	어귀	
연구 (聯句)	연귀	
인용구 (引用句)	인용귀	
절구 (絶句)	절귀	

다만, 다음 단어는 '귀'로 발음되는 형태를 표준어로 삼는다.(ㄱ을 표준어로 삼고, ㄴ을 버림.)

ㄱ	ㄴ	비 고
귀-글	구-글	
글-귀	글-구	

[해설] **제13항**은 '句'의 경우 한자음이 '귀'에서 '구'로 변한 것은 변한 것을 표준어로 삼는 것을 규정한 것이다.(「한글 맞춤법」(1988) 제52항 참조) 그리고 **다만**은 어원 의식이 작용하지 않으며 발음 형태도 '귀'로 굳어진 것은 굳어진 대로 표준어로 삼음을 뜻한다.

제 3 절 준말

제14항 준말이 널리 쓰이고 본말이 잘 쓰이지 않는 경우에는, 준말만을 표준어로 삼는다.(ㄱ을 표준어로 삼고, ㄴ을 버림.)

ㄱ	ㄴ	비　고
귀찮다	귀치 않다	
김	기음	~매다
똬리	또아리	
무	무우	~강즙, ~말랭이, ~생채, 가랑~, 갓~, 왜~, 총각~
미다	무이다	1. 털이 빠져 살이 드러나다. 2. 찢어지다.
뱀	배암	
뱀-장어	배암-장어	
빔	비음	설~, 생일~
샘	새암	~바르다, ~바리
생-쥐	새앙-쥐	
솔개	소리개	
온-갖	온-가지	
장사-치	장사-아치	

제15항 준말이 쓰이고 있더라도, 본말이 널리 쓰이고 있으면 본말을 표준어로 삼는다.(ㄱ을 표준어로 삼고, ㄴ을 버림.)

ㄱ	ㄴ	비　고
경황-없다	경-없다	
궁상-떨다	궁-떨다	
귀이-개	귀-개	
낌새	낌	
낙인찍다	낙-하다/낙-치다	
내왕-꾼	냉-꾼	
돗-자리	돗	
뒤웅-박	뒝-박	
뒷물-대야	뒷-대야	
마구-잡이	막-잡이	
맵자-하다	맵자다	모양이 제격에 어울리다.
모이	모	
벽-돌	벽	
부스럼	부럼	정월 보름에 쓰는 '부럼'은 표준어임.
살얼음-판	살-판	

ㄱ	ㄴ	비 고
수두룩-하다	수둑-하다	
암-죽	암	
어음	엄	
일구다	일다	
죽-살이	죽-살	
퇴박-맞다	퇴-맞다	
한통-치다	통-치다	

[**붙임**] 다음과 같이 명사에 조사가 붙은 경우에도 이 원칙을 적용한다.(ㄱ을 표준어로 삼고, ㄴ을 버림.)

ㄱ	ㄴ	비 고
아래-로	알-로	

[해설] 준말(略語)은 형태를 구성하는 음운론적 구성요소의 일부가 생략, 또는 축약되어 간략하게 된 것이다. **제14항**은 준말과 본말의 사용 빈도수(또는 분포)에서 준말이 널리 쓰이는 경우 준말을 표준어로 삼음을 규정한 것이다.

> [관련예] *무우/무 *장사아치/장사치(그러나 '동냥아치, 벼슬아치'는 그대로 표준어이다.) *얼마어치/얼마치 *멍구럭/구럭 *복생선(~生鮮)/복 *지딱총(紙~銃)/딱총(~銃)

그리고 **제15항**은 사용 빈도수에서 본말이 널리 쓰이는 경우에는 본말을 표준어로 삼음을 규정한 것이다.

> **제16항** 준말과 본말이 다 같이 쓰이면서 준말의 효용이 뚜렷이 인정되는 것은, 두 가지를 다 표준어로 삼는다.(ㄱ은 본말이며, ㄴ은 준말임.)

ㄱ	ㄴ	비 고
거짓-부리	거짓-불	작은말은 '가짓부리, 가짓불임.
노을	놀	저녁~
막대기	막대	
망태기	망태	
머무르다	머물다	┐ 모음 어미가 연결될 때에는
서두르다	서둘다	│ 준말의 활용형을 인정하지
서투르다	서툴다	┘ 않음.

석새-삼베	석새-베	
시-누이	시-뉘/시-누	
오-누이	오-뉘/오-누	
외우다	외다	외우며, 외워 : 외며, 외어
이기죽-거리다	이죽-거리다	
찌꺼기	찌끼	'찌꺽지'는 비표준어임.

[해설] **제16항**은 준말과 본말의 사용 빈도수가 비슷하여 둘 다 널리 쓰일 경우에는 두 가지 모두 표준어로 삼음을 규정한 것이다. 이 경우는 준말이 본말에 비해 간략한 형태로서의 효용성은 지니고 있어야 한다.

[관련예] 노을/놀(그러나 '*무우/무') 마음/맘 다음/담 머무르다/머물다
서두르다/서둘다 서투르다/서툴다 가지다/갖다 골짜기/골짝
가래질꾼/가래꾼 나방이/나방 너울지다/놀지다 눈싸움/눈쌈
돈지갑(~紙匣)/지갑(紙匣) 동강이/동강 번연히/번히 지렛대/지레
복어(~魚)/복 움막집(~幕~)/움막(~幕) 이면치레/면치레

그런데 '머무르다/머물다' 등은 모음으로 시작되는 어미가 연결될 때에는 준말의 형태를 인정하지 않는다.

[관련예] 머무르고/머물고 머물렀다/*머물었다 머물러/*머물어
서두르고/서둘고 서둘렀다/*서둘었다 서둘러/*서둘어
서투르고/서툴고 서툴렀다/*서툴었다 서툴러/*서툴어

제 4 절 단수 표준어

제17항 비슷한 발음의 몇 형태가 쓰일 경우, 그 의미에 아무런 차이가 없고 그 중 하나가 더 널리 쓰이면, 그 한 형태만을 표준어로 삼는다.(ㄱ을 표준어로 삼고, ㄴ을 버림.)

ㄱ	ㄴ	비 고
거든-그리다	거등-그리다	1. 거든하게 거두어 싸다. 2. 작은말은 '가든-그리다'임.
구어-박다	구워-박다	사람이 한 군데서만 지내다.
귀-고리	귀엣-고리	
귀-띔	귀-틤	

귀-지	귀에-지	
까딱-하면	까땍-하면	
꼭두-각시	꼭둑-각시	
내색	나색	감정이 나타나는 얼굴빛
내숭-스럽다	내흉-스럽다	
냠냠-거리다	얌냠-거리다	냠냠-하다
냠냠-이	얌냠-이	
너 〔四〕	네	~돈, ~말, ~발, ~푼,
넉 〔四〕	너/네	~냥, ~되, ~섬, ~자
다다르다	다닫다	
댑-싸리	대-싸리	
더부룩-하다	더뿌룩-하다/듬뿌룩-하다	
-던	-든	선택, 무관의 뜻을 나타내는 어미는 '-든'임.
-던가	-든가	가-든(지) 말-든(지) 보-든(가) 말-든(가)
-던걸	-든걸	
-던고	-든고	
-던데	-든데	
-던지	-든지	
-(으)려고	-(으)ㄹ려고/-(으)ㄹ라고	
-(으)려야	-(으)ㄹ려야/-(으)ㄹ래야	
망가-뜨리다	망그-뜨리다	
멸치	며루치/메리치	
반빗-아치	반비-아치	'반빗' 노릇을 하는 사람. 찬비(饌婢). '반비'는 밥 짓는 일을 맡은 계집종
보습	보십/보섭	
본새	뽄새	
봉숭아	봉숭화	'봉선화'도 표준어임.
뺨-따귀	뺌-따귀/뺨-따구니	'뺨'의 비속어임.
뻐개다[斫]	뻐기다	
뻐기다[誇]	뻐개다	뽐내다
사자-탈	사지-탈	
상-판대기	쌍-판대기	
서[三]	세/석	~돈, ~말, ~발, ~푼
석[三]	세	~냥, ~되, ~섬, ~자

설령(設令)	서령	
-습니다	-읍니다	먹습니다, 갔습니다, 없습니다, 있습니다 모음 뒤에는 '-ㅂ니다'임.
시름-시름	시늠-시늠	
씀벅-씀벅	썸벅-썸벅	
아궁이	아궁지	
아내	안해	
어-중간	어지-중간	
오금-팽이	오금-탱이	
오래-오래	도래-도래	돼지 부르는 소리
-올시다	-올습니다	
옹골-차다	공골-차다	
우두커니	우두머니	작은 말은 '오도카니'임.
잠-투정	잠-투세/잠-주정	
재봉-틀	자봉-틀	발~, 손~
짓-무르다	짓-물다	
짚-북데기	짚-북세기	'짚북더기'도 비표준어임.
쪽	짝	편(便). 이~, 그~, 저~ 다만, '아무짝'은 '짝'임.
천장(天障)	천정	'천정부지(天井不知)'는 '천정'임.
코-맹맹이	코-맹녕이	
흉-업다	흉-헙다	

[해설] **제17항**은 발음의 규칙성이 적용되지 않으면서, 비슷한 발음의 몇 형태가 쓰이는 경우, 그 중 사용 빈도가 높은 한 가지를 표준어로 삼음을 규정한 것이다.

[관련예]

기겁하다/*기급하다(氣急~)	재/*자	꺼풀/*거풀
시시콜콜히/*지지콜콜이	고인돌/*괸돌	꼬꼬댁/*꼬끼댁
밉살스럽다 /*밉둥스럽다	내숭/*내흉(內凶)	고추/*꼬치
오그랑쪽박/*오그랑족박	가웃/*아웃	네/*녜
곰살갑다/*곰살곱다	널 판때기/*널판대기	엄살/*옴살
지지랑물/*기지랑물	흠집(欠~)/*험집	찬칼/*창칼
지지난해/*저지난해	옴짝달싹/*옴쭉달싹	쿵더쿵/*쿵덕쿵
꼼짝달싹/*옴쭉달싹	제비초리/*제비추리	뭣하다/*뭘하다
으스대다/*으시대다	딸깍발이/*딸각발이	조리개/*조르개
의뭉하다/*우멍하다	-을런가/*-을런고	

제 5 절 복수 표준어

제18항 다음 단어는 ㄱ을 원칙으로 하고, ㄴ도 허용한다.

ㄱ	ㄴ	비 고
네	예	
쇠-	소-	-가죽, -고기, -기름, -머리, -뼈
괴다	고이다	물이~, 밑을~.
꾀다	꼬이다	어린애를~, 벌레가~.
쐬다	쏘이다	바람을~.
죄다	조이다	나사를~.
쬐다	쪼이다	볕을~.

[해설] **제18항**은 비슷한 발음의 두 형태가 발음의 차이가 일반적인 국어 음운규칙으로 설명되면서 두 형태가 모두 사용 빈도가 높아 널리 쓰이면, 원칙에 대한 허용으로서 모두 표준어로 삼음을 규정한 것이다.

[관련예] 굄/고임/*괴임 굄새/고임새/*괴임새
(그리고 「한글 맞춤법」(1988) 제37항 참조)

제19항 어감의 차이를 나타내는 단어 또는 발음이 비슷한 단어들이 다 같이 널리 쓰이는 경우에는, 그 모두를 표준어로 삼는다.(ㄱ, ㄴ을 모두 표준어로 삼음.)

ㄱ	ㄴ	비 고
거슴츠레-하다	게슴츠레-하다	
고까	꼬까	~신, ~옷
교기(驕氣)	갸기	교만한 태도
구린-내	쿠린-내	
꺼림-하다	께름-하다	
나부랭이	너부렁이	

[해설] **제19항**은 어감(語感)의 차이가 나타나는 것이어서 별개의 단어라 할 수 있는 것이지만, 어원적으로 동일성이 파악되고 어감의 차이가 아주 적은 것으로 보아 복수

표준어로 삼음을 규정한 것이다. 이 때의 어감이란 음질(音質) 또는 말투의 차이로 생기는 말이 주는 느낌으로, 대소(大小), 강약(强弱), 명암(明暗) 등이 이에 포함된다.

[관련예] 더미씌우다/다미씌우다　들쑥날쑥/들쭉날쭉　아지직/오지직
살긋하다/샐긋하다　어화둥둥/어허둥덩　어유/어이구
오삭오삭/오슬오슬　씰긋하다/샐긋하다　상소리/쌍소리
아련하다/오련하다　질근질근/질겅질겅　아유/아이고
자옥하다/자욱하다　조랑조랑/조롱조롱　안개비/가랑비
지그럭거리다/찌그럭거리다　드문드문/뜨문뜨문

제 3 장　어휘 선택의 변화에 따른 표준어 규정

제 1 절　고어

제20항 사어(死語)가 되어 쓰이지 않게 된 단어는 고어로 처리하고, 현재 널리 사용되는 단어를 표준어로 삼는다.(ㄱ을 표준어로 하고, ㄴ을 버림.)

ㄱ	ㄴ	비　고
난봉	봉	
낭떠러지	낭	
설거지-하다	설겆다	
애달프다	애닯다	
오동-나무	머귀-나무	
자두	오얏	

[해설] **제3장**은 발음과는 관계없이 한 가지 뜻을 나타내는 몇 개의 어휘가 있을 때, 어떤 기준에 의해 표준어를 정할 것인가를 규정한 것이다.

제20항은 사어(死語), 즉 전에는 쓰였으나 오늘날에는 쓰이지 않게 된 말은 고어(古語)로 처리하고, 그에 대해 현재 널리 사용되는 말을 표준어로 삼음을 규정한 것이다.

[관련예] (난(難)-봉(捧))난봉/*봉　(*설겆다->*설겆-이)*설겆이/설거지

*오얏/자두('오얏 리(李)'는 고어의 화석(化石))
*애닯다/애달프다(그러나 '가엾다/가엽다, 섧다/서럽다, 여쭙다/여쭈다'는 복수 표준어이다.(다음의 제26항 참조))
*계오다/지다 *수이/쉬 *수이여기다/쉬이여기다 *아웃/가웃

제 2 절 한자어

제21항 고유어 계열의 단어가 널리 쓰이고 그에 대응되는 한자어 계열의 단어가 용도를 잃게 된 것은, 고유어 계열의 단어만을 표준어로 삼는다.(ㄱ을 표준어로 삼고, ㄴ을 버림.)

ㄱ	ㄴ	비 고
가루-약	말-약	
구들-장	방-돌	
길품-삯	보행-삯	
까막-눈	맹-눈	
꼭지-미역	총각-미역	
나뭇-갓	시장-갓	
늙-다리	노닥다리	
두껍-닫이	두껍-창	
떡-암죽	병-암죽	
마른-갈이	건-갈이	
마른-빨래	건-빨래	
메-찰떡	반-찰떡	
박달-나무	배달-나무	
밥-소라	식-소라	큰 놋그릇
사래-논	사래-답	묘지기나 마름이 부쳐먹는 땅
사래-밭	사래-전	
삯-말	삯-마	
성냥	화곽	
솟을-무늬	솟을-문	
외-지다	벽-지다	
움-파	동-파	
잎-담배	잎-초	
잔-돈	잔-전	
조-당수	조-당죽	
죽데기	피-죽	'죽더기'도 비표준어

지겟-다리	목-발	지게 동발의 양쪽 다리
짐-꾼	부지-군(負持-)	
푼-돈	분전/푼전	
흰-말	백-말/부루-말	'백마'는 표준어임
흰-죽	백-죽	

제22항 고유어 계열의 단어가 생명력을 잃고 그에 대응되는 한자어 계열의 단어가 널리 쓰이면, 한자어 계열의 단어를 표준어로 삼는다.(ㄱ을 표준어로 삼고, ㄴ을 버림.)

ㄱ	ㄴ	비 고
개다리-소반	개다리-밥상	
겸-상	맞-상	
고봉-밥	높은-밥	
단-벌	홑-벌	
마방-집	마바리-집	馬房-
민망-스럽다/면구-스럽다	민주-스럽다	
방-고래	구들-고래	
부항-단지	뜸-단지	
산-누에	멧-누에	
산-줄기	멧-줄기/멧-발	
수-삼	무-삼	
심-돋우개	불-돋우개	
양-파	둥근-파	
어질-병	어질-머리	
윤-달	군-달	
장력-세다	장성-세다	
제석	젯-돗	
총각-무	알-무/알타리-무	
칫-솔	잇-솔	
포수	총-댕이	

[해설] **제2절**은 동일한 뜻을 나타내는 어휘로서 한자어 계열과 고유어 계열이 병립(竝立)할 때, 그 중 사용 빈도가 높아 널리 쓰이는 것을 표준어로 삼음을 규정한 것이다.

[관련예] *갑화(~火)/도깨비불 *대접문(~紋)/대접무늬 *생갈이(生~)/애벌갈이
*매줏집(賣酒~)/술집 *반미콩(飯米~)/밥밑콩 *상량대(上樑~)/마룻대
*양골뼈(陽骨~)/양지머리뼈 *두텁단자(~團子)/두텁떡

제21항은 고유어 계열의 어휘를, **제22항**은 한자어 계열의 어휘를 표준어로 삼음을 규정하고 있다.

[관련예] *괴좆나무/구기자나무(枸杞子~) *메토끼/산토끼(山~)
*잎전/엽전(葉錢)

제 3 절 방언

제23항 방언이던 단어가 표준어보다 더 널리 쓰이게 된 것은, 그것을 표준어로 삼는다. 이 경우, 원래의 표준어는 그대로 표준어로 남겨 두는 것을 원칙으로 한다. (ㄱ을 표준어로 삼고, ㄴ도 표준어로 남겨 둠.)

ㄱ	ㄴ	비 고
멍게	우렁쉥이	
물-방개	선두리	
애-순	어린-순	

제24항 방언이던 단어가 널리 쓰이게 됨에 따라 표준어이던 단어가 안 쓰이게 된 것은, 방언이던 단어를 표준어로 삼는다.(ㄱ을 표준어로 삼고, ㄴ을 버림.)

ㄱ	ㄴ	비 고
귀밑-머리	귓-머리	
까-뭉개다	까-무느다	
막상	마기	
빈대-떡	빈자-떡	
생인-손	생안-손	준말은 '생-손'임.
역-겹다	역-스럽다	
코-주부	코-보	

[해설] **제3절**은 어느 특정 지역이나 사회 계층의 방언이었던 어휘가 사용 빈도가 높아졌을 때, 그 어휘를 표준어로 삼음을 규정한 것이다.

제23항은 방언이었던 어휘를 표준어로 삼는데, 전에 표준어이었던 어휘도 버리지 않고 표준어로 남겨 둠을 규정한 것이다. 이 때의 어휘들은 학술 용어로서 어느 정도의

세력을 유지하고 있는 특징이 있다. 반면에 **제24항**은 방언이었던 어휘를 표준어로 삼고, 전에 표준어이었던 것을 비표준어로 처리하고 있다. 즉 표준어가 방언이었던 어휘로 대체되는 것이다.

제 4 절 단수 표준어

제25항 의미가 똑같은 형태가 몇 가지 있을 경우, 그 중 어느 하나가 압도적으로 널리 쓰이면, 그 단어만을 표준어로 삼는다.(ㄱ을 표준어로 삼고, ㄴ을 버림.)

ㄱ	ㄴ	비 고
-게끔	-게시리	
겸사-겸사	겸지-겸지/겸두-겸두	
고구마	참-감자	
고치다	낫우다	병을-.
골목-쟁이	골목-자기	
광주리	광우리	
괴통	호구	자루를 박는 부분
국-물	멀-국/말-국	
군-표	군용-어음	
길-잡이	길-앞잡이	'길라잡이'도 표준어임.
까치-발	까치-다리	선반 따위를 받치는 것
꼬창-모	말뚝-모	꼬챙이로 구멍을 뚫으면서 심는 모
나룻-배	나루	나루[津]는 표준어임.
납-도리	민-도리	
농-지거리	기롱-지거리	다른 의미의 '기롱지거리'는 표준어임.
다사-스럽다	다사-하다	간섭을 잘하다.
다오	다구	이리-.
담배-꽁초	담배-꼬투리/담배-꽁치/담배-꽁추	
담배-설대	대-설대	
대장-일	성냥-일	
뒤져-내다	뒤어-내다	
뒤통수-치다	뒤꼭지-치다	
등-나무	등-칡	

등-때기	등-떠리	'등'의 낮은 말
등잔-걸이	등경-걸이	
떡-보	떡-충이	
똑딱-단추	딸꼭-단추	
매-만지다	우미다	
먼-발치	먼-발치기	
며느리-발톱	뒷-발톱	
명주-붙이	주-사니	
목-메다	목-맺히다	
밀짚-모자	보릿짚-모자	
바가지	열-바가지/열-박	
바람-꼭지	바람-고다리	튜브의 바람을 넣는 구멍에 붙은 쇠로 만든 꼭지
반-나절	나절-가웃	
반두	독대	그물의 한 가지
버젓-이	뉘연-히	
본-받다	법-받다	
부각	다시마-자반	
부끄러워-하다	부끄리다	
부스러기	부스럭지	
부지깽이	부지팽이	
부항-단지	부항-항아리	부스럼에서 피고름을 빨아내기 위해 부항을 붙이는 데 쓰는 자그마한 단지
붉으락-푸르락	푸르락-붉으락	
비켜-덩이	옆-사리미	김맬 때 흙덩이를 옆으로 빼내는 일, 또는 그 흙덩이
빙충-이	빙충-맞이	작은말로 '뱅충이'
빠-뜨리다	빠-치다	'빠트리다'도 표준어임.
뻣뻣-하다	왜긋다	
뽐-내다	느물다	
사로-잠그다	사로-채우다	자물쇠나 빗장 따위를 반 정도만 걸어 놓다.
살-풀이	살-막이	
상투-쟁이	상투-꼬부랑이	상투 튼 이를 놀리는 말
새앙-손이	생강-손이	
샛-별	새벽-별	
선-머슴	풋-머슴	

섭섭-하다	애운-하다	
속-말	속-소리	국악 용어 '속소리'는 표준어임.
손목-시계	팔목-시계/팔뚝-시계	
손-수레	손-구루마	'구루마'는 일본어임.
쇠-고랑	고랑-쇠	
수도-꼭지	수도-고동	
숙성-하다	숙-지다	
순대	골집	
술-고래	술-꾸러기/술-부대/-보/술-푸대	
식은-땀	찬-땀	
신기-롭다	신기-스럽다	
쌍동-밤	쪽-밤	
쏜살-같이	쏜살-로	
아주	영판	
안-걸이	안-낚시	씨름 용어
안다미-씌우다	안다미-시키다	제가 담당할 책임을 남에게 넘기다.
안쓰럽다	안-슬프다	
안절부절-못하다	안절부절-하다	
앉은뱅이-저울	앉은-저울	
알-사탕	구슬-사탕	
암-내	곁땀-내	
앞-지르다	따라-먹다	
애-벌레	어린-벌레	
얕은-꾀	물탄-꾀	
언뜻	펀뜻	
언제나	노다지	
얼룩-말	워라-말	
얼룩-말	워라-말	
열심-히	열심-으로	
열어-제치다	열어-젖뜨리다	
입-담	말-담	
자배기	너벅지	
전봇-대	전선-대	
쥐락-펴락	펴락-쥐락	

-지만	지만서도	← 지마는
짓고-땡	지어-땡/짓고-땡이	
짧은-작	짜른-작	
찹-쌀	이-찹쌀	
청대-콩	푸른-콩	
칡-범	갈-범	

[해설] 제4절은 발음에 따른 변형이 설정되지 않는, 뜻이 같은 몇 형태의 어휘가 쓰일 경우, 그 중 사용 빈도가 높아 널리 쓰이는 하나를 표준어로 삼음을 규정한 것이다. (제2장 제4절의 단수 표준어는 발음의 변형과 관련되는 것이다.)

[관련예] *가리워지다/기리어지다 *들치다/들추다 *강밥/눌은밥 *날물/썰물
*깔딱거리다/딸꾹거리다 *게꼬리/게꽁지 *계오다/지다 *꾸다/뀌다
*생금스럽다/새삼스럽다 *싸리문/사립문 *간해/지난해 *주렵/주접
*핀둥이주다/핀잔주다 *턱받기/턱받이 *덧구두/덧신 *잇살/잇몸
*솔개미/*솔갱이/솔개 *푸나무/풋나무 *지천/지청구 *마치/망치
*나부라기/나부랑이 *검은깨/주근깨 *뒷개/설거지 *첫물/맏물
*곱수머리/곱슬머리 *깐보다/깔보다 *뜸질/찜질 *짐대/돛대
*옴쭉달싹/꼼짝달싹 *홀치다/훑이다 *회춤/골목 *내나/일껏
*잘량하다/알량하다 *부시다/부수다 *썩정이/삭정이
*아랫동강이/종아리 *조개볼/보조개 *고두밥/지에밥
*가스라기/가시랭이 *누룽지/눌은밥 *좀나무/떨기나무
*깨보숭이/깨소금 *언나/어린아이 *갱조개/가막조개
*바람꾼/바람둥이 *외통목/외길목 *키장다리/키다리
*화숙(火~)/화전(火田) *구럭/망태기 *첩어미(妾~)/서모(庶母)
*-(으)니까니/-(으)니까 *꼭두머리/꼭대기
*사갓집(査家~)/사돈집(査頓~)

제 5 절 복수 표준어

제26항 한 가지 의미를 나타내는 형태 몇 가지가 널리 쓰이며 표준어 규정에 맞으면, 그 모두를 표준어로 삼는다.

복 수 표 준 어	비 고
가는-허리/잔-허리	
가락-엿/가래-엿	
가뭄/가물	
가엾다/가엽다	가엾어/가여워, 가엾은/가여운
감감-무소식/감감-소식	
개수-물/설거지-물	'설겆다'는 '설거지-하다'로
갱-엿/검은-엿	
-거리다/-대다	가물-, 출렁-
거위-배/횟-배	
것/해	내~, 네~, 뉘~
게을러-빠지다/게을러-터지다	
고깃-간/푸줏-간	'고깃-관, 푸줏-관, 다림-방'은 비표준어임.
곰곰/곰곰-이	
관계-없다/상관-없다	
교정-보다/준-보다	
구들-재/구재	
귀퉁-머리/귀퉁-배기	'귀퉁이'의 비어임.
극성-떨다/극성-부리다	
기세-부리다/기세-피우다	
기승-떨다/기승-부리다	
깃-저고리/배내-옷/배냇-저고리	
까까-중/중-대가리	
꼬까/때때/고까	~신, ~옷
꼬리-별/살-별	
꽃-도미/붉-돔	
나귀/당-나귀	
날-걸/세-뿔	윷판의 쨀밭 다음의 셋째 밭
내리-글씨/세로-글씨	
넝쿨/덩굴	'덩쿨'은 비표준어임.
녘/쪽	동~, 서~
눈-대중/눈-어림/눈-짐작	
느리-광이/느림-보/늘-보	

늦-모/마냥-모	←만이앙-모
다기-지다/다기-차다	
다달-이/매-달	
-다마다/-고말고	
다박-나룻/다박-수염	
닭의-장/닭-장	
댓-돌/툇-돌	
덧-창/겉-창	
독장-치다/독판-치다	
동자-기둥/쪼구미	
돼지-감자/뚱딴지	
되우/된통/되게	
두동-무니/두동-사니	윷놀이에서, 두 동이한테 어울려 가는 말
뒷-갈망/뒷-감당	
뒷-말/뒷-소리	
들락-거리다/들랑-거리다	
들락-날락/들랑-날랑	
딴-전/딴-청	
땅-콩/호-콩	
땔-감/땔-거리	
-뜨리다/-트리다	깨-, 떨어-, 쏟-
뜬-것/뜬-귀신	
마룻-줄/용총-줄	돛대에 매어 놓은 줄. '이어줄'은 비표준임.
마-파람/앞-바람	
만장-판/만장-중(滿場中)	
만큼/만치	
말-동무/말-벗	
매-갈이/매-조미	
매-통/목-매	
먹-새/먹음-새	'먹음-먹이'는 비표준어임.
멀찌감치/멀찌가니/멀찍이	
멱통/산-멱/산-멱통	
면-치레/외면-치레	
모-내다/모-심다	모-내기/모-심기
모쪼록/아무쪼록	
목판-되/모-되	
목화-씨/면화-씨	
무심-결/무심-중	

물-봉숭아/물-봉선화	
물-부리/빨-부리	
물-심부름/물-시중	
물추리-나무/물추리-막대	
물-타작/진-타작	
민둥-산/벌거숭이-산	
밑-층/아래-층	
바깥-벽/밭-벽	
바른/오른(右)	~손, ~쪽, ~편
발-모가지/발-목쟁이	'발목'의 비속어임.
버들-강아지/버들-개지	
벌레/버러지	'벌거지, 벌러지'는 비표준어임.
변덕-스럽다/변덕-맞다	
보-조개/볼-우물	
보통-내기/여간-내기/예사-내기	'행-내기'는 비표준어임.
볼-따구니/볼-퉁이/볼-때기	'볼'의 비속어임.
부침개-질/부침-질/지짐-질	'부치개-질'은 비표준어임.
불똥-앉다/등화-지다/등화-앉다	
불-사르다/사르다	
비발/비용(費用)	
뾰두라지/뾰루지	
살-쾡이/삵	삵-피
삽살-개/삽사리	
상두-꾼/상여-꾼	'상도-꾼, 향도-꾼'은 비표준어임.
상-씨름/소-걸이	
생/새앙/생강	
생-뿔/새앙-뿔/생강-뿔	'쇠뿔'의 형용
생-철/양-철	1. '서양-철'은 비표준어임. 2. '生鐵'은 '무쇠'임.
서럽다/섧다	'설다'는 비표준어임.
서방-질/화냥-질	
성글다/성기다	
-(으)세요/-(으)셔요	
송이/송이-버섯	
수수-깡/수숫-대	
술-안주/안주	
-스레하다/-스름하다	거무-, 발그-
시늉-말/흉내-말	

시새/세사(細沙)	
신/신발	
신주-보/독보	
심술-꾸러기/심술-쟁이	
씁쓰레-하다/씁쓰름-하다	
아귀-세다/아귀-차다	
아래-위/위-아래	
아무튼/어떻든/어쨌든/하여튼/여하튼	
앉음-새/앉음-앉음	
알은-척/알은-체	
애-갈이/애벌-갈이	
애꾸눈-이/외눈-박이	'외대-박이, 외눈-퉁이'는 비표준어임.
양념-감/양념-거리	
어금버금-하다/어금지금-하다	
어기여차/어여차	
어림-잡다/어림-치다	
어이-없다/어처구니-없다	
어저께/어제	
언덕-바지/언덕-배기	
얼렁-뚱땅/엄벙-뗑	
여왕-벌/장수-벌	
여쭈다/여쭙다	
여태/입때	'여직'은 비표준어임.
여태-껏/이제-껏/입때-껏	'여지-껏'은 비표준어임.
역성-들다/역성-하다	'편역-들다'는 비표준어임.
연-달다/잇-달다	
엿-가락/엿-가래	
엿-기름/엿-길금	
엿-반대기/엿-자박	
오사리-잡놈/오색-잡놈	'오합-잡놈'은 비표준어임.
옥수수/강냉이	~떡, ~묵, ~밥, ~튀김
왕골-기직/왕골-자리	
외겹-실/외올-실/홑-실	'홑겹-실, 올-실'은 비표준어임.
외손-잡이/한손-잡이	
욕심-꾸러기/욕심-쟁이	
우레/천둥	우렛-소리/천둥-소리
우지/울-보	
을러-대다/을러-메다	

의심-스럽다/의심-쩍다	
-이에요/-이어요	
이틀-거리/당-고금	학질의 일종임.
일일-이/하나-하나	
일찌감치/일찌거니	
입찬-말/입찬-소리	
자리-옷/잠-옷	
자물-쇠/자물-통	
장가-가다/장가-들다	'서방-가다'는 비표준어임.
재롱-떨다/재롱-부리다	
제-가끔/제-각기	
좀-처럼/좀-체	'좀-체로, 좀-해선, 좀-해'는 비표준어임.
줄-꾼/줄-잡이	
중신/중매	
짚-단/짚-뭇	
쪽/편	오른~, 왼~
차차/차츰	
책-씻이/책-거리	
척/체	모르는~, 잘난~
천연덕-스럽다/천연-스럽다	
철-따구니/철-딱서니/철-딱지	'철-때기'는 비표준어임.
추어-올리다/추어-주다	'추켜-올리다'는 비표준어임.
축-가다/축-나다	
침-놓다/침-주다	
통-꼭지/통-젖	통에 붙은 손잡이
파자-쟁이/해자-쟁이	점치는 이
편지-투/편지-틀	
한턱-내다/한턱-하다	
해웃-값/해웃-돈	'해우-차'는 비표준어임.
혼자-되다/홀로-되다	
흠-가다/흠-나다/흠-지다	

[해설] **제5절**은 발음의 변형(變形) 관계가 설정되지 않는, 몇 형태의 어휘가 모두 사용 빈도가 높아 널리 쓰이는 경우, 모두를 표준어로 삼음을 규정한 것이다.(제2장 제5절의 복수 표준어는 발음의 변형이 설정되는 것이다.)

[관련예] -이에요/-이어요 -(으)세요/-(으)셔요(그러나 '*-읍니다/-습니다'에서 '*-읍니다'는 비표준어이다. - 앞의 제17항 참조)

우레(그러나 '*우뢰(雨雷)'가 아니다.)/천둥 간단없다(間斷~)/끊임없다
가려잡다/골라잡다 흙메(토산(土山)) 귓속말/귀엣말 간밤/지난밤
갈잎나무/떡갈나무 갯버들/땅버들 군기침/헛기침 각시/새색시
걷어쥐다/걷어잡다 공히(共~)/모두 검정콩/검은콩 돌기와/너새
고로(姑~)/그러므로 가엾다/가엽다 그물눈/그물코 섧다/서럽다
건건이/반찬(飯饌) -뜨리다/-트리다 여쭙다/여쭈다 멎다/멈추다
팔모(八~)/여덟모 너울지다/놀지다 냉국(冷~)/찬국 뒷골/뒤통수
동동걸음/종종걸음 댓돌(臺~)/섬돌 나무/떡갈나무 배냇니/젖니
두견새(杜鵑~)/소쩍새 뚱뚱이/뚱뚱보 초벌(初~)/애벌 꾀보/꾀쟁이
둘러쓰다/뒤집어쓰다 말개미/왕개미 손짐작/손어림 덮개/뚜껑
멧돼지/산돼지(山~) 땅덩어리/땅덩이 다슬기/대사리 판수/소경
들쑥날쑥/들쭉날쭉 등헤엄/송장헤엄 복어(~魚)/복 엄매/음매
망가지다/망그러지다 말거미/왕거미 백곰(白~)/흰곰 손때/손끝
발뒤꾸머리/발뒤꿈치 미친놈/미치광이 크낙새/골락새 어흥이/범
쓰레장판/쓰레받기 죽지뼈/어깨뼈 뒷마당/뒤뜰 늦장/늑장
울림(山~)/메아리 소낙비/소나기 앞마당/앞뜰 알약/환약
세로쓰기/내리쓰기 주꾸미/꼴뚜기 시골말/사투리 기장/길이
얼간이/얼간망둥이 엉키다/엉기다 여린뼈/물렁뼈 끝전/끝돈
금줄(禁~)/인줄(人~) 훗날(後~)/뒷날 왕매미/말매미 몰매/뭇매
부엌칼/식칼(食~) 제비꽃/오랑캐꽃 색깔(色~)/빛깔 야/애
생김치(生~)/날김치 얼룩말/얼럭말 세탁비누(洗濯~)/빨랫 비누
분지르다/부러뜨리다 사마귀/버마재비 소용없다(所用~)/쓸데없다
사거리(四~)/네거리 삯전(~錢)/삯돈 약수터(藥水~)/약물터(藥~)
별맛(別~)/별미(別味) 안개비/가랑비 전전달(前前~)/지지난달
소갈딱지/소갈머리 쇠죽솥/쇠죽가마 종중논(宗中~)종답(宗畓)
쇠족(~足)/쇠다리 왕파리/쉬파리 오색꾼(好色~)/색골(色骨)
실로(實~)/참으로 애끓다/애타다 호래자식(~子息)/호래아들
오라범댁(~宅)/올케 푸시시/부스스 구역나다(嘔逆~)/욕지기나다
신바람/어깨바람 풍구(風~)/풀무 채삼꾼(採蔘~)/심마니
왕벌/호박벌/말벌 -을진댄/-을진대 채소밭(菜蔬~)/남새밭
심보(心~)/마음보 들오리/물오리 기미채다(幾微~)/낌새채다
주살나다/뻔질나다 호랑나비/범나비 황철나무/백양(白楊)
저편(~便)/저쪽 널판때기/널판자(~板子)
꼽추/곱사등이 천덕구니(賤~)/천더기(賤~)/천덕꾸러기(賤~)
암만해도/아무리해도 돌림자(~字)/항렬자(行列字)
기어코(期於~)/기어이 대감굿(大監~)/대감놀이
용숫바람/회오리바람 과목밭(果木~)/과수원(果樹園)
풍석질(風席~)/풀무질 남자답다(男子~)/사내답다
마술쟁이(魔術~)/요술쟁이(妖術~) 대변보다(大便~)/뒤보다도토리
매양(每~)/번번이(番番~) 매해(每~)/매년(每年)

모래사장(~沙場)/모래톱	무식꾼(無識~)/무식쟁이
바깥양반(~兩班)/사랑양반(~兩班)	섬마섬마/따로따로따따로
야밤중(夜~中)/한밤중(~中)	심심파적(~破寂)/심심풀이
으끄러지다/으츠러지다/뭉개지다·	안집/안채/주인집(主人~)
오가피나무(五加皮~)/땅두릅나무/오갈피나무	

* 추가된 표준어 모음

1) 2011년 8월 추가된 표준어

○ 현재 표준어와 같은 뜻으로 추가로 표준어로 인정한 것(11개)

추가된 표준어	현재 표준어	추가된 표준어	현재 표준어
간지럽히다	간질이다	세간살이	세간
남사스럽다	남우세스럽다	쌉싸름하다	쌉싸래하다
등물	목물	토란대	고운대
맨날	만날	허접쓰레기	허섭쓰레기
묫자리	묏자리	흙담	토담
복숭아뼈	복사뼈		

○ 현재 표준어와 별도의 표준어로 추가로 인정한 것(25개)

추가된 표준어	현재 표준어	뜻 차이
~길래	~기에	~길래: '~기에'의 구어적 표현.
개발새발	괴발개발	'괴발개발'은 '고양이의 발과 개의 발'이라는 뜻이고, '개발새발'은 '개의 발과 새의 발'이라는 뜻임.
나래	날개	'나래'는 '날개'의 문학적 표현.
내음	냄새	'내음'은 향기롭거나 나쁘지 않은 냄새로 제한됨.
눈꼬리	눈초리	· 눈초리: 어떤 대상을 바라볼 때 눈에 나타나는 표정. 예) '매서운 눈초리' · 눈꼬리: 눈의 귀 쪽으로 째진 부분.
떨구다	떨어뜨리다	'떨구다'에 '시선을 아래로 향하다'라는 뜻 있음.
뜨락	뜰	'뜨락'에는 추상적 공간을 비유하는 뜻이 있음.
먹거리	먹을거리	먹거리: 사람이 살아가기 위하여 먹는 음식을 통틀어 이름.
메꾸다	메우다	'메꾸다'에 '무료한 시간을 적당히 또는 그럭저럭 흘러가게 하다.'라는 뜻이 있음
손주	손자(孫子)	· 손자: 아들의 아들. 또는 딸의 아들. · 손주: 손자와 손녀를 아울러 이르는 말.
어리숙하다	어수룩하다	'어수룩하다'는 '순박함/순진함'의 뜻이 강한 반면에, '어리숙하다'는 '어리석음'의 뜻이 강함.
연신	연방	'연신'이 반복성을 강조한다면, '연방'은 연속성을 강조.
휭하니	힁허케	힁허케: '휭하니'의 예스러운 표현.
걸리적거리다	거치적거리다	자음 또는 모음의 차이로 인한 어감 및 뜻 차이 존재
끄적거리다	끼적거리다	〃
두리뭉실하다	두루뭉술하다	〃

추가된 표준어	현재 표준어	뜻 차이
맨숭맨숭/ 맹숭맹숭	맨송맨송	〃
바둥바둥	바동바동	〃
새초롬하다	새치름하다	〃
아웅다웅	아옹다옹	〃
야멸차다	야멸치다	〃
오손도손	오순도순	〃
찌뿌둥하다	찌뿌듯하다	〃
추근거리다	치근거리다	〃

○ 두 가지 표기를 모두 표준어로 인정한 것(3개)

추가된 표준어	현재 표준어	추가된 표준어	현재 표준어
택견	태껸	짜장면	자장면
품새	품세		

2) 2014년 12월 추가된 표준어

○ 현재 표준어와 같은 뜻을 가진 표준어로 인정한 것(5개)

추가된 표준어	현재 표준어	추가된 표준어	현재 표준어
구안와사	구안괘사	삐지다	삐치다
굽신*	굽실	초장초	작장초
눈두덩이	눈두덩		

* '굽신'이 표준어로 인정됨에 따라, '굽신거리다, 굽신대다, 굽신하다, 굽신굽신, 굽신굽신하다' 등도 표준어로 함께 인정됨.

○ 현재 표준어와 뜻이나 어감이 차이가 나는 별도의 표준어로 인정한 것(8개)

추가 표준어	현재 표준어	뜻 차이
개기다	개개다	개기다: (속되게) 명령이나 지시를 따르지 않고 버티거나 반항하다. (※개개다: 성가시게 달라붙어 손해를 끼치다.)
꼬시다	꾀다	꼬시다: '꾀다'를 속되게 이르는 말. (※꾀다: 그럴듯한 말이나 행동으로 남을 속이거나 부추겨서 자기 생각대로 끌다.)
놀잇감	장난감	놀잇감: 놀이 또는 아동 교육 현장 따위에서 활용되는 물건이나 재료. (※장난감: 아이들이 가지고 노는 여러 가지 물건.)
딴지	딴죽	딴지: ((주로 '걸다, 놓다'와 함께 쓰여)) 일이 순순히 진행되지 못하도록 훼방을 놓거나 어기대는 것. (※딴죽: 이미 동의하거나 약속한 일에 대하여 딴전을 부림을 비유적으로 이르는 말.)

추가 표준어	현재 표준어	뜻 차이
사그라들다	사그라지다	사그라들다: 삭아서 없어져 가다. (※사그라지다: 삭아서 없어지다.)
섬찟*	섬뜩	섬찟: 갑자기 소름이 끼치도록 무시무시하고 끔찍한 느낌이 드는 모양. (※섬뜩: 갑자기 소름이 끼치도록 무섭고 끔찍한 느낌이 드는 모양.)
속앓이	속병	속앓이: 「1」속이 아픈 병. 또는 속에 병이 생겨 아파하는 일. 「2」겉으로 드러내지 못하고 속으로 걱정하거나 괴로워하는 일. (※속병: 「1」몸 속의 병을 통틀어 이르는 말. 「2」'위장병01'을 일상적으로 이르는 말. 「3」화가 나거나 속이 상하여 생긴 마음의 심한 아픔.
허접하다	허접스럽다	허접하다: 허름하고 잡스럽다. (※허접스럽다: 허름하고 잡스러운 느낌이 있다.)

* '섬찟'이 표준어로 인정됨에 따라, '섬찟하다, 섬찟섬찟, 섬찟섬찟하다' 등도 표준어로 함께 인정됨.

3) 2015년 12월 추가된 표준어

○ 복수 표준어: 현재 표준어와 같은 뜻을 가진 표준어로 인정한 것(4개)

추가 표준어	현재 표준어	비고
마실	마을	○ '이웃에 놀러 다니는 일'의 의미에 한하여 표준어로 인정함. '여러 집이 모여 사는 곳'의 의미로 쓰인 '마실'은 비표준어임. ○ '마실꾼, 마실방, 마실돌이, 밤마실'도 표준어로 인정함. (예문) 나는 아들의 방문을 열고 이모네 마실 갔다 오마고 말했다.
이쁘다	예쁘다	○ '이쁘장스럽다, 이쁘장스레, 이쁘장하다, 이쁘디이쁘다'도 표준어로 인정함. (예문) 어이구, 내 새끼 이쁘기도 하지.
찰지다	차지다	○ 사전에서 <'차지다'의 원말>로 풀이함. (예문) 화단의 찰진 흙에 하얀 꽃잎이 화사하게 떨어져 날리곤 했다.
-고프다	-고 싶다	○ 사전에서 <'-고 싶다'가 줄어든 말>로 풀이함. (예문) 그 아이는 엄마가 보고파 앙앙 울었다.

○ 별도 표준어: 현재 표준어와 뜻이 다른 표준어로 인정한 것(5개)

추가 표준어	현재 표준어	뜻 차이
꼬리연	가오리연	○ 꼬리연: 긴 꼬리를 단 연. ※ 가오리연: 가오리 모양으로 만들어 꼬리를 길게 단 연. 띄우면 오르면서 머리가 아래위로 흔들린다. (예문) 행사가 끝날 때까지 하늘을 수놓았던 대형 꼬리연도 비상을 꿈꾸듯 끊임없이 창공을 향해 날아올랐다.

추가 표준어	현재 표준어	뜻 차이
의론	의논	○ 의론(議論): 어떤 사안에 대하여 각자의 의견을 제기함. 또는 그런 의견. ※ 의논(議論): 어떤 일에 대하여 서로 의견을 주고 받음. ○ '의론되다, 의론하다'도 표준어로 인정함. (예문) 이러니저러니 의론이 분분하다.
이크	이키	○ 이크: 당황하거나 놀랐을 때 내는 소리. '이키'보다 큰 느낌을 준다. ※ 이키: 당황하거나 놀랐을 때 내는 소리. '이끼'보다 거센 느낌을 준다. (예문) 이크, 이거 큰일 났구나 싶어 허겁지겁 뛰어갔다.
잎새	잎사귀	○ 잎새: 나무의 잎사귀. 주로 문학적 표현에 쓰인다. ※ 잎사귀: 낱낱의 잎. 주로 넓적한 잎을 이른다. (예문) 잎새가 몇 개 남지 않은 나무들이 창문 위로 뻗어올라 있었다.
푸르르다	푸르다	○ 푸르르다: '푸르다'를 강조할 때 이르는 말. ※ 푸르다: 맑은 가을 하늘이나 깊은 바다, 풀의 빛깔과 같이 밝고 선명하다. ○ '푸르르다'는 '으불규칙용언'으로 분류함. (예문) 겨우내 찌푸리고 있던 잿빛 하늘이 푸르르게 맑아 오고 어디선지도 모르게 흙냄새가 뭉클하니 풍겨 오는 듯한 순간 벌써 봄이 온 것을 느낀다.

○ 복수 표준형: 현재 표준적인 활용형과 용법이 같은 활용형으로 인정한 것(2개)

추가 표준형	현재 표준형	비고
말아 말아라 말아요	마 마라 마요	○ '말다'에 명령형어미 '-아', '-아라', '-아요' 등이 결합할 때는 어간 끝의 'ㄹ'이 탈락하기도 하고 탈락하지 않기도 함. (예문) 내가 하는 말 농담으로 듣지 마/말아. 얘야, 아무리 바빠도 제사는 잊지 마라/말아라. 아유, 말도 마요/말아요.
노랗네 동그랗네 조그맣네 …	노라네 동그라네 조그마네 …	○ ㅎ불규칙용언이 어미 '-네'와 결합할 때는 어간 끝의 'ㅎ'이 탈락하기도 하고 탈락하지 않기도 함. ○ '그렇다, 노랗다, 동그랗다, 뿌옇다, 어떻다, 조그맣다, 커다랗다' 등등 모든 ㅎ불규칙용언의 활용형에 적용됨. (예문) 생각보다 훨씬 노랗네/노라네. 이 빵은 동그랗네/동그라네. 건물이 아주 조그맣네/조그마네.

4) 2016년 12월 추가된 표준어

○ 추가 표준어(4항목)

추가 표준어	현재 표준어	뜻 차이
걸판지다	거방지다	걸판지다 [형용사] ① 매우 푸지다. ¶ 술상이 걸판지다 / 마침 눈먼 돈이 생긴 것도 있으니 오늘 저녁은 내가 걸판지게 사지. ② 동작이나 모양이 크고 어수선하다. ¶ 싸움판은 자못 걸판져서 구경거리였다. / 소리판은 옛날이 걸판지고 소리할 맛이 났었지. 거방지다 [형용사] ① 몸집이 크다. ② 하는 짓이 점잖고 무게가 있다. ③ =걸판지다①.
겉울음	건울음	겉울음 [명사] ① 드러내 놓고 우는 울음. ¶ 꾹꾹 참고만 있다 보면 간혹 속울음이 겉울음으로 터질 때가 있다. ② 마음에도 없이 겉으로만 우는 울음. ¶ 눈물도 안 나면서 슬픈 척 겉울음 울지 마. 건울음 [명사] =강울음. 강울음 [명사] 눈물 없이 우는 울음, 또는 억지로 우는 울음.
까탈스럽다	까다롭다	까탈스럽다 [형용사] ① 조건, 규정 따위가 복잡하고 엄격하여 적응하거나 적용하기에 어려운 데가 있다. '가탈스럽다①'보다 센 느낌을 준다. ¶ 까탈스러운 공정을 거치다 / 규정을 까탈스럽게 정하다 / 가스레인지에 길들여진 현대인들에게 지루하고 까탈스러운 숯 굽기 작업은 쓸데없는 시간 낭비로 비칠 수도 있겠다. ② 성미나 취향 따위가 원만하지 않고 별스러워 맞춰 주기에 어려운 데가 있다. '가탈스럽다②'보다 센 느낌을 준다. ¶ 까탈스러운 입맛 / 성격이 까탈스럽다 / 딸아이는 사 준 옷이 맘에 안 든다고 까탈스럽게 굴었다. ※ 같은 계열의 '가탈스럽다'도 표준어로 인정함. 까다롭다 [형용사] ① 조건 따위가 복잡하거나 엄격하여 다루기에 순탄하지 않다. ② 성미나 취향 따위가 원만하지 않고 별스럽게 까탈이 많다.
실뭉치	실몽당이	실뭉치 [명사] 실을 한데 뭉치거나 감은 덩이. ¶ 뒤엉킨 실뭉치 / 실뭉치를 풀다 / 그의 머릿속은 엉클어진 실뭉치같이 갈피를 못 잡고 있었다. 실몽당이 [명사] 실을 풀기 좋게 공 모양으로 감은 뭉치.

○ 추가 표준형(2항목)

추가 표준형	현재 표준형	비고
엘랑	에는	○ 표준어 규정 제25항에서 '에는'의 비표준형으로 규정해 온 '엘랑'을 표준형으로 인정함. ○ '엘랑' 외에도 'ㄹ랑'에 조사 또는 어미가 결합한 '에설랑, 설랑, -고설랑, -어설랑, -질랑'도 표준형으로 인정함. ○ '엘랑, -고설랑' 등은 단순한 조사/어미 결합형이므로 사전 표제어로는 다루지 않음. (예문) 서울엘랑 가지를 마오. 교실에설랑 떠들지 마라. 나를 앞에 앉혀놓고설랑 자기 아들 자랑만 하더라.
주책이다	주책없다	○ 표준어 규정 제25항에 따라 '주책없다'의 비표준형으로 규정해 온 '주책이다'를 표준형으로 인정함. ○ '주책이다'는 '일정한 줏대가 없이 되는대로 하는 짓'을 뜻하는 '주책'에 서술격조사 '이다'가 붙은 말로 봄. ○ '주책이다'는 단순한 명사+조사 결합형이므로 사전 표제어로는 다루지 않음. (예문) 이제 와서 오래 전에 헤어진 그녀를 떠올리는 나 자신을 보며 '나도 참 주책이군' 하는 생각이 들었다.

제2부 표준 발음법

제1장 총칙

제1항 표준 발음법은 표준어의 실제 발음을 따르되, 국어의 전통성과 합리성을 고려하여 정함을 원칙으로 한다.

[해설] **제1장 제1항**은 국어의 표준 발음법에 대한 대원칙을 정한 것이다. 이것은 다음과 같이 해석된다.

근본 원칙 ; 표준어의 실제 발음을 따른다.
조건 ; 국어의 전통성과 합리성을 고려하여 정한다.

근본 원칙에서 표준어의 실제 발음은 표준어의 사정 원칙과 관련된다. 따라서 표준 발음법은 표준어 사정 원칙의 기준인 '교양 있는 사람들이 두루 쓰는 현대 서울말'의 발음에 따라 정하게 되는 것이다.

그러나 '현대 서울말'에서 실제의 발음이 여러 가지로 나타날 경우에는 국어의 전통성과 합리성의 조건에 따라 표준 발음을 정하게 된다. 전통성은 역사적인 국어의 발음 현상을 고려하는 조건으로, 예를 들면 음의 장단의 구별이 점점 사라지고 있으나 국어에서 음의 고저나 장단을 구별해 온 전통에 따라, 표준 발음법에 소리의 길이에 대한 규정을 포함하게 된다.(제6항 참조) 합리성은 국어의 음운(음성) 규칙 또는 법칙에 따라 표준 발음법을 정한다는 조건으로, 「한글 맞춤법」(1988)의 제1항의 '어법에 맞도록 함을 원칙으로 한다.'와 상통하는 것이다.

위와 같은 대원칙에 따라 다음에서 각각의 음운 현상에 대한 표준 발음법을 규정하게 된다.

제2장 자음과 모음

제2항 표준어의 자음은 다음 19 개로 한다.

ㄱ ㄲ ㄴ ㄷ ㄸ ㄹ ㅁ ㅂ ㅃ ㅅ ㅆ ㅇ ㅈ ㅉ ㅊ ㅋ ㅌ ㅍ ㅎ

제3항 표준어의 모음은 다음 21개로 한다.

ㅏ ㅐ ㅑ ㅒ ㅓ ㅔ ㅕ ㅖ ㅗ ㅘ ㅙ ㅚ ㅛ ㅜ ㅝ ㅞ ㅟ ㅠ ㅡ ㅢ ㅣ

제4항 'ㅏ ㅐ ㅓ ㅔ ㅗ ㅚ ㅜ ㅟ ㅡ ㅣ'는 단모음(單母音)으로 발음한다.

[붙임] 'ㅚ, ㅟ'는 이중모음으로 발음할 수 있다.

제5항 'ㅑ ㅒ ㅕ ㅖ ㅘ ㅙ ㅛ ㅝ ㅞ ㅠ ㅢ'는 이중모음으로 발음한다.

다만 1. 용언의 활용형에 나타나는 '져, 쪄, 쳐'는 [저, 쩌, 처]로 발음한다.

가지어→가져 [가저] 찌어→쪄 [쩌] 다치어→다쳐 [다처]

다만 2. '예, 례' 이외의 'ㅖ'는 [ㅔ]로도 발음한다.

계집 [계:집/게:집] 계시다 [계:시다/게:시다]
시계 [시계/시게](時計) 연계 [연계/연게](連繫)
몌별 [몌별/메별](袂別) 개폐 [개폐/개페](開閉)
혜택 [혜:택/헤:택](惠澤) 지혜 [지혜/지헤](智慧)

다만 3. 자음을 첫소리로 가지고 있는 음절의 'ㅢ'는 [ㅣ]로 발음한다.

늴리리 닁큼 무늬 띄어쓰기 씌어 틔어 희어 희떱다 희망 유희

다만 4. 단어의 첫음절 이외의 '의'는 [ㅣ]로, 조사 '의'는 [ㅔ]로 발음함도 허용한다.

주의 [주의/주이] 협의 [혀븨/혀비] 우리의 [우리의/우리에] 강의의 [강:의의/강:이에]

제3장 소리의 길이

제6항 모음의 장단을 구별하여 발음하되, 단어의 첫음절에서만 긴소리가 나타나는 것을 원칙으로 한다.

(1) 눈보라 [눈:보라] 말씨 [말:씨] 밤나무 [밤:나무] 많다 [만:타]
멀리 [멀:리] 벌리다 [벌:리다]

(2) 첫눈 [천눈] 참말 [참말] 쌍동밤 [쌍동밤] 수많이 [수:마니]
눈멀다 [눈멀다] 떠벌리다 [떠벌리다]

다만, 합성어의 경우에는 둘째 음절 이하에서도 분명한 긴소리를 인정한다.

반신반의 [반:신 바:늬/ 반:신 바:니] 재삼재사 [재:삼 재:사]

[**붙임**] 용언의 단음절 어간에 어미 '-아/-어'가 결합되어 한 음절로 축약되는 경우에도 긴소리로 발음한다.

보아→봐 [봐:] 기어→겨 [겨:] 되어→돼 [돼:]
두어→둬 [둬:] 하여→해 [해:]

다만, '오아→와, 지어→져, 찌어→쪄, 치어→쳐' 등은 긴소리로 발음하지 않는다.

제7항 긴소리를 가진 음절이라도, 다음과 같은 경우에는 짧게 발음한다.

1. 단음절인 용언 어간에 모음으로 시작된 어미가 결합되는 경우

감다 [감:따] - 감으니 [가므니] 밟다 [밥:따] - 밟으면 [발브면]
신다 [신:따] - 신어 [시너] 알다 [알:다] - 알아 [아라]

다만, 다음과 같은 경우에는 예외적이다.

끌다 [끌:다] - 끌어 [끄:러] 떫다 [떨:따] - 떫은 [떨:븐]
벌다 [벌:다] - 벌어 [버:러] 썰다 [썰:다] - 썰어 [써:러]
없다 [업:따] - 없으니 [업:쓰니]

2. 용언 어간에 피동, 사동의 접미사가 결합되는 경우

감다 [감:따] - 감기다 [감기다] 꼬다 [꼬:다] - 꼬이다 [꼬이다]
밟다 [밥:따] - 밟히다 [발피다]

다만, 다음과 같은 경우에는 예외적이다.

끌리다 [끌:리다] 벌리다 [벌:리다] 없애다 [업:쌔다]

[붙임] 다음과 같은 합성어에서는 본디의 길이에 관계없이 짧게 발음한다.

밀-물 썰-물 쏜-살-같이 작은-아버지

제4장 받침의 발음

제8항 받침소리로는 'ㄱ, ㄴ, ㄷ, ㄹ, ㅁ, ㅂ, ㅇ'의 7개의 자음만 발음한다.

제9항 받침 'ㄲ, ㅋ', 'ㅅ, ㅆ, ㅈ, ㅊ, ㅌ', 'ㅍ'은 어말 또는 자음 앞에서 각각 대표음 [ㄱ,ㄷ,ㅂ]으로 발음한다.

닦다 [닥따] 키읔 [키윽] 덮다 [덥따] 옷 [옫]
웃다 [욷:따] 있다 [읻따] 빚다 [빋따] 젖 [젇]
키읔과 [키윽꽈] 쫓다 [쫃따] 솥 [솓] 앞 [압]
뱉다 [밷:따] 꽃 [꼳]

제10항 겹받침 'ㄳ', 'ㄵ', 'ㄼ, ㄽ, ㄾ', 'ㅄ'은 어말 또는 자음 앞에서 각각 [ㄱ, ㄴ, ㄹ, ㅂ]으로 발음한다.

넋과 [넉꽈] 앉다 [안따] 여덟 [여덜] 넋 [넉]
넓다 [널따] 외곬 [외골] 핥다 [할따] 없다 [업:따] 값 [갑]

다만, '밟-'은 자음 앞에서 [밥]으로 발음하고, '넓-'은 다음과 같은 경우에 [넙]으로 발음한다.

(1) 밟다 [밥:따] 밟소 [밥:쏘] 밟지 [밥:찌] 밟는 [밥:는→밤:는]
밟게 [밥:께] 밟고 [밥:꼬]

(2) 넓-죽하다 [넙쭈카다] 넓-둥글다 [넙뚱글다]

제11항 겹받침 'ㄺ, ㄻ, ㄿ'은 어말 또는 자음 앞에서 각각 [ㄱ, ㅁ, ㅂ] 으로 발음한다.

닭 [닥] 흙과 [흑꽈] 맑다 [막따] 늙지 [늑찌]
삶 [삼:] 젊다 [점:따] 읊고 [읍꼬] 읊다 [읍따]

다만, 용언의 어간 말음 'ㄺ'은 'ㄱ' 앞에서 [ㄹ]로 발음한다.

맑게 [말께] 묽고 [물꼬] 얽거나 [얼거나]

제12항 받침 'ㅎ'의 발음은 다음과 같다.

1. 'ㅎ(ㄶ, ㅀ)' 뒤에 'ㄱ, ㄷ, ㅈ'이 결합되는 경우에는, 뒤 음절 첫소리와 합쳐서 [ㅋ, ㅌ, ㅊ]으로 발음한다.

놓고 [노코] 좋던 [조:턴] 쌓지 [싸치] 많고 [만:코]

않던 [안턴] 닳지 [달치]

[**붙임**1] 받침 'ㄱ(ㄺ), ㄷ, ㅂ(ㄼ), ㅈ(ㄵ)'이 뒤 음절 첫소리 'ㅎ'과 결합되는 경우에도, 역시 두 소리를 합쳐서 [ㅋ, ㅌ, ㅍ, ㅊ]으로 발음한다.

각하 [가카] 먹히다 [머키다] 밝히다 [발키다] 맏형 [마텽]

좁히다 [조피다] 넓히다 [널피다] 꽂히다 [꼬치다] 앉히다 [안치다]

[**붙임**2] 규정에 따라 'ㄷ'으로 발음되는 'ㅅ, ㅈ, ㅊ, ㅌ'의 경우에는 이에 준한다.

옷 한 벌 [오탄벌] 낮 한때 [나탄때] 꽃 한 송이 [꼬탄송이]

숱하다 [수타다[

2. 'ㅎ(ㄶ, ㅀ)' 뒤에 'ㅅ'이 결합되는 경우에는, 'ㅅ'을 [ㅆ]으로 발음한다.

닿소 [다:쏘] 많소 [만:쏘] 싫소 [실쏘]

3. 'ㅎ'뒤에 'ㄴ'이 결합되는 경우에는, [ㄴ]으로 발음한다.

놓는 [논는] 쌓네 [싼네]

[**붙임**] 'ㄶ, ㅀ' 뒤에 'ㄴ'이 결합되는 경우에는, 'ㅎ'을 발음하지 않는다.

않네 [안네] 않는 [안는] 뚫네 [뚤네→뚤레] 뚫는 [뚤는→뚤른]

* '뚫네 [뚤네→뚤레], 뚫는 [뚤는→뚤른]'에 대해서는 제 20항 참조

4. 'ㅎ(ㄶ, ㅀ)' 뒤에 모음으로 시작된 어미나 접미사가 결합되는 경우에는, 'ㅎ'을 발음하지 않는다.

낳은 [나은] 놓아 [노아] 쌓이다 [싸이다] 많아 [마:나]

않은 [아는] 닳아 [다라] 싫어도 [시러도]

제13항 홑받침이나 쌍받침이 모음으로 시작된 조사나 어미, 접미사와 결합되는 경우에는, 제 음가대로 뒤 음절 첫소리로 옮겨 발음한다.

깎아 [까까] 옷이 [오시] 있어 [이써] 낮이 [나지]

꽂아 [꼬자] 꽃을 [꼬츨] 쫓아 [쪼차] 밭에 [바테]

앞으로 [아프로] 덮이다 [더피다]

제14항 겹받침이 모음으로 시작된 조사나 어미, 접미사와 결합되는 경우에는, 뒤엣것만을 뒤 음절 첫소리에 옮겨 발음한다. (이 경우 'ㅅ'은 된소리로 발음함.)

넋이 [넉씨] 앉아 [안자] 닭을 [달글] 젊어 [절머]

곬이 [골씨] 핥아 [할타] 읊어 [을퍼] 값을 [갑쓸]

없어 [업:써]

제15항 받침 뒤에 모음 'ㅏ, ㅓ, ㅗ, ㅜ, ㅟ'들로 시작되는 실질 형태소가 연결되는 경우에는 대표음으로 바꾸어서 뒤 음절 첫소리로 옮겨 발음한다.

밭 아래 [바다래]　늪 앞 [느밥]　맛없다 [마덥따]　꽃 위 [꼬뒤]
젖어미 [저더미]　겉옷 [거돋]　헛웃음 [허두슴]
다만, '맛있다, 멋있다'는 [마싣따], [머싣따]로도 발음할 수 있다.
[붙임] 겹받침의 경우에는 그 중 하나만을 옮겨 발음한다.
넋 없다 [너겁따]　닭 앞에 [다가페]　값어치 [가버치]
값있는 [가빈는]

제16항 한글 자모의 이름은 그 받침 소리를 연음하되, 'ㄷ, ㅈ, ㅊ, ㅋ, ㅌ, ㅍ, ㅎ'의 경우에는 특별히 다음과 같이 발음한다.
디귿이 [디그시]　디귿을 [디그슬]　디귿에 [디그세]
지읒이 [지으시]　지읒을 [지으슬]　지읒에 [지으세]
치읓이 [치으시]　치읓을 [치으슬]　치읓에 [치으세]
키읔이 [키으기]　키읔을 [키으글]　키읔에 [키으게]
티읕이 [티으시]　티읕을 [티으슬]　티읕에 [티으세]
피읖이 [피으비]　피읖을 [피으블]　피읖에 [피으베]
히읗이 [히으시]　히읗을 [히으슬]　히읗에 [히으세]

제5장　소리의 동화

제17항 받침 'ㄷ, ㅌ(ㄾ)'이 조사나 접미사의 모음 'ㅣ'와 결합되는 경우에는, [ㅈ,ㅊ]으로 바꾸어서 뒤 음절 첫소리로 옮겨 발음한다.
곧이듣다 [고지듣따]　굳이 [구지]　미닫이 [미다지]
땀받이 [땀바지]　밭이 [바치]　벼훑이 [벼훌치]
[붙임] 'ㄷ' 뒤에 접미사 '히'가 결합되어 '티'를 이루는 것은 [치]로 발음한다.
굳히다 [구치다]　닫히다 [다치다]　묻히다 [무치다]

제18항 받침 'ㄱ(ㄲ, ㅋ, ㄳ, ㄺ), ㄷ(ㅅ, ㅆ, ㅈ, ㅊ, ㅌ, ㅎ), ㅂ(ㅍ, ㄼ, ㄿ, ㅄ)'은 'ㄴ, ㅁ' 앞에서 [ㅇ, ㄴ, ㅁ]으로 발음한다.
먹는 [멍는]　국물 [궁물]　깎는 [깡는]　키읔만 [키응만]
몫몫이 [몽목씨]　긁는 [긍는]　흙만 [흥만]　닫는 [단는]
짓는 [진:는]　옷맵시 [온맵씨]　있는 [인는]　맞는 [만는]

젖멍울 [전멍울] 쫓는 [쫀는] 꽃망울 [꼰망울] 붙는 [분는]
놓는 [논는] 잡는 [잠는] 밥물 [밤물] 앞마당 [암마당]
밟는 [밤:는] 읊는 [음는] 없는 [엄:는]

[**붙임**] 두 단어를 이어서 한 마디로 발음하는 경우에도 이와 같다.

책 넣는다 [챙넌는다] 흙 말린다 [홍말리다] 옷 맞추다 [온맏추다]
밥 먹는다 [밤멍는다] 값 매기다 [감매기다]

제19항 받침 'ㅁ, ㅇ'뒤에 연결되는 'ㄹ'은 [ㄴ]으로 발음한다.

담력 [담:녁] 침략 [침:냑] 강릉 [강능] 항로 [항:노]
대통령 [대:통녕]

[**붙임**] 받침 'ㄱ, ㅂ' 뒤에 연결되는 'ㄹ'도 [ㄴ]으로 발음한다.

막론 [막논→망논] 석류 [석뉴→성뉴] 협력 [협녁→혐녁]
법리 [법니→범니]

제20항 'ㄴ'은 'ㄹ'의 앞이나 뒤에서 [ㄹ]로 발음한다.

(1) 난로 [날:로] 신라 [실라] 천리 [철리] 광한루 [광:할루]
대관령 [대:괄령]

(2) 칼날 [칼랄] 물난리 [물랄리] 줄넘기 [줄럼끼] 할는지 [할른지]

[**붙임**] 첫소리 'ㄴ'이 'ㅀ', 'ㄾ' 뒤에 연결되는 경우에도 이에 준한다.

닳는 [달른] 뚫는 [뚤른] 핥네 [할레]

다만, 다음과 같은 단어들은 'ㄹ'을 [ㄴ]으로 발음한다.

의견란 [의:견난] 임진란 [임:진난] 생산량 [생산냥]
결단력 [결딴녁] 공권력 [공꿘녁] 동원령 [동:원녕]
상견례 [상견녜] 횡단로 [횡단노] 이원론 [이:원논]
입원료 [이붠뇨] 구근류 [구근뉴]

제21항 위에서 지적한 이외의 자음동화는 인정하지 않는다.

감기 [감:기](× [강:기]) 옷감 [옫깜](× [옥깜])
있고 [읻꼬](× [익꼬]) 꽃길 [꼳낄](× [꼭낄])
젖먹이 [전머기](× [점머기]) 문법 [문뻡](× [뭄뻡])
꽃밭 [꼳빧](× [꼽빧])

제22항 다음과 같은 용언의 어미는 [어]로 발음함을 원칙으로 하되, [여]로 발음함도

허용한다.

되어 [되어/되여]　　피어 [피어/피여]

[**붙임**] '이오, 아니오'도 이에 준하여 [이요, 아니요]로 발음함을 허용한다.

제 6 장　된소리되기

제23항 받침 'ㄱ(ㄲ, ㅋ, ㄳ, ㄺ), ㄷ(ㅅ, ㅆ, ㅈ, ㅊ, ㅌ), ㅂ(ㅍ, ㄼ, ㄿ, ㅄ)' 뒤에 연결되는 'ㄱ, ㄷ, ㅂ, ㅅ, ㅈ'은 된소리로 발음한다.

국밥 [국빱]　깎다 [깍따]　넋받이 [넉빠지]　삯돈 [삭똔]

닭장 [닥짱]　칡범 [칙뻠]　뻗대다 [뻗때다]　옷고름 [옫꼬름]

있던 [읻떤]　꽂고 [꼳꼬]　꽃다발 [꼳따발]　낯설다 [낟썰다]

밭갈이 [받까리]　솥전 [솓쩐]　곱돌 [곱똘]　덮개 [덥깨]

옆집 [엽찝]　넓죽하다 [넙쭈카다]　읊조리다 [읍쪼리다]　값지다 [갑찌다]

제24항 어간 받침 'ㄴ(ㄵ), ㅁ(ㄻ)' 뒤에 결합되는 어미의 첫소리 'ㄱ, ㄷ, ㅅ, ㅈ'은 된소리로 발음한다.

신고 [신:꼬]　껴안다 [껴안따]　앉고 [안꼬]　얹다 [언따]

삼고 [삼:꼬]　더듬지 [더듬찌]　닮고 [담:꼬]　젊지 [점:찌]

다만, 피동, 사동의 접미사 '-기-'는 된소리로 발음하지 않는다.

안기다　감기다　굶기다　옮기다

제25항 어간 받침 'ㄼ, ㄾ' 뒤에 결합되는 어미의 첫소리 'ㄱ, ㄷ, ㅅ, ㅈ'은 된소리로 발음한다.

넓게 [널께]　핥다 [할따]　훑소 [훌쏘]　떫지 [떨:찌]

제26항 한자어에서, 'ㄹ'받침 뒤에 연결되는 'ㄷ, ㅅ, ㅈ'은 된소리로 발음한다.

갈등 [갈뜽]　발동 [발똥]　절도 [절또]　말살 [말쌀]

불소 [불쏘](弗素)　일시 [일씨]　갈증 [갈쯩]　물질 [물찔]

발전 [발쩐]　몰상식 [몰쌍식]　불세출 [불쎄출]

다만, 같은 한자가 겹쳐진 단어의 경우에는 된소리로 발음하지 않는다.

허허실실 [허허실실](虛虛實實)　절절-하다 [절절하다](切切-)

제27항 관형사형 '-(으)ㄹ' 뒤에 연결되는 'ㄱ, ㄷ, ㅂ, ㅅ, ㅈ'은 된소리로 발음한다.

할 것을 [할꺼슬] 갈 데가 [갈떼가] 할 바를 [할빠를]
할 수는 [할쑤는] 할 적에 [할쩌게] 갈 곳 [갈꼳]
할 도리 [할또리] 만날 사람 [만날싸람]

다만, 끊어서 말할 적에는 예사소리로 발음한다.

[**붙임**] '-(으)ㄹ'로 시작되는 어미의 경우에도 이에 준한다.

할걸 [할껄] 할밖에 [할빠께] 할세라 [할쎄라]
할수록 [할쑤록] 할지라도 [할찌라도] 할지언정 [할찌언정]
할진대 [할찐대]

제28항 표기상으로는 사이시옷이 없더라도, 관형격 기능을 지니는 사이시옷이 있어야 할(휴지가 성립되는) 합성어의 경우에는, 뒤 단어의 첫소리 'ㄱ, ㄷ, ㅂ, ㅅ, ㅈ'을 된소리로 발음한다.

문-고리 [문꼬리] 눈-동자 [눈똥자] 신-바람 [신빠람]
산-새 [산쌔] 손-재주 [손째주] 길-가 [길까]
물-동이 [물똥이] 발-바닥 [발빠닥] 굴-속 [굴:쏙]
술-잔 [술짠] 바람-결 [바람껼] 그믐-달 [그믐딸]
아침-밥 [아침빱] 잠-자리 [잠짜리] 강-가 [강까]
초승-달 [초승딸] 등-불 [등뿔] 창-살 [창쌀]
강-줄기 [강쭐기]

제 7 장 소리의 첨가

제29항 합성어 및 파생어에서, 앞 단어나 접두사의 끝이 자음이고 뒤 단어나 접미사의 첫음절이 '이, 야, 여, 요, 유'인 경우에는, 'ㄴ'음을 첨가하여 [니, 냐, 녀, 뇨, 뉴]로 발음한다.

솜-이불 [솜:니불] 홑-이불 [혼니불] 막-일 [망닐]
삯-일 [상닐] 맨-입 [맨닙] 꽃-잎 [꼰닙]
내복-약 [내:봉냑] 한-여름 [한녀름] 남존-여비 [남존녀비]
신-여성 [신녀성] 색-연필 [생년필] 직행-열차 [지캥녈차]
늑막-염 [능망념] 콩-엿 [콩녇] 담-요 [담:뇨]

눈-요기 [눈뇨기] 영업-용 [영엄뇽] 식용-유 [시공뉴]
백분-율 [백뿐뉼] 밤-윷 [밤:뉻]

다만, 다음과 같은 말들은 'ㄴ'음을 첨가하여 발음하되, 표기대로 발음할 수 있다.

이죽-이죽 [이중니죽/이주기죽] 야금-야금 [야금냐금/야그먀금]
검열 [검:녈/거:멸] 욜랑-욜랑 [욜랑뇰랑/욜랑욜랑]
금융 [금늉/그뮹]

[**붙임**1] 'ㄹ' 받침 뒤에 첨가되는 'ㄴ'음은 [ㄹ]로 발음한다.

들-일 [들:릴] 솔-잎 [솔립] 설-익다 [설릭따]
물-약 [물략] 불-여우 [불려우] 서울-역 [서울력]
물-엿 [물렫] 휘발-유 [휘발류] 유들-유들 [유들류들]

[**붙임**2] 두 단어를 이어서 한 마디로 발음하는 경우에도 이에 준한다.

한 일 [한닐] 옷 입다 [온닙따] 서른 여섯 [서른녀섣]
3연대 [삼년대] 먹은 엿 [머근녇] 스물 여섯 [스물려섣]
할 일 [할릴] 잘 입다 [잘립따] 먹을 엿 [머글렫]
1연대 [일련대]

다만, 다음과 같은 단어에서는 'ㄴ(ㄹ)'음을 첨가하여 발음하지 않는다.

6·25 [유기오] 3·1절 [사밀쩔] 송별-연 [송:벼련]
등-용문 [등용문]

제30항 사이시옷이 붙은 단어는 다음과 같이 발음한다.

1. 'ㄱ, ㄷ, ㅂ, ㅅ, ㅈ'으로 시작하는 단어 앞에 사이시옷이 올 때에는 이들 자음만을 된소리로 발음하는 것을 원칙으로 하되, 사이시옷을 [ㄷ]으로 발음하는 것도 허용한다.

   냇가 [내:까/낻:까] 샛길 [새:낄/샏:낄] 빨랫돌 [빨래똘/빨랟똘]
   콧등 [코뜽/콛뜽] 깃발 [기빨/긷빨] 대팻밥 [대:패빱/대:팯빱]
   햇살 [해쌀/핻쌀] 뱃속 [배쏙/밷쏙] 뱃전 [배쩐/밷쩐]
   고갯짓 [고개찓/고갣찓]

2. 사이시옷 뒤에 'ㄴ, ㅁ'이 결합되는 경우에는 [ㄴ]으로 발음한다.

   콧날 [콛날→콘날] 아랫니 [아랟니→아랜니]
   툇마루 [퇻:마루→퇸:마루] 뱃머리 [밷머리→밴머리]

3. 사이시옷 뒤에 '이'음이 결합되는 경우에는 [ㄴㄴ]으로 발음한다.

   베갯잇 [베갣닏→베갠닏] 뒷윷 [뒫:뉻→뒨:뉻] 깻잎 [깯닙→깬닙]
   나뭇잎 [나묻닙→나문닙] 도리깻열 [도리깯녈→도리깬녈]

[참고] 앞에서는 현행 「표준어 규정」(1988)에 관해 간략히 해설을 덧붙인 것이다. 그리고 나머지는 강의의 여백으로 남겨 두었다. 즉 '제1부 표준어 사정 원칙'에 관한 해설은 다루었으나, '제2부 표준 발음법'은 총칙만 해설했다. 그것은 나머지 부분은 규정 자체로도 이해할 수 있을 것으로 생각되기 때문이기도 하다. 좀더 구체적이고 상세한 해설은 국어 연구소(1988ㄴ), 이은정(1988), 이희승·안병희(1989) 등을 참조할 수 있다.

또한 1990년 9월에 사정 공표된 '표준어 모음'은 여기에서 직접 다루지는 않았으나, 해당 [관련예]에 어느 정도 제시되어 있다. 이에 대해서는 국어 연구소(1990)과 대한교과서 주식회사(1991)에서 자료와 함께 金周弼(1990)의 해설을 참조할 수 있다.

[외래어 표기법](1986)

제 1 장 표기의 기본 원칙

제1항 외래어는 국어의 현용 24자모만으로 적는다.
제2항 외래어의 1음운은 원칙적으로 1기호로 적는다.
제3항 받침에는 'ㄱ, ㄴ, ㄹ, ㅁ, ㅂ, ㅅ, ㅇ'만을 쓴다.
제4항 파열음 표기에는 된소리를 쓰지 않는 것을 원칙으로 한다.
제5항 이미 굳어진 외래어는 관용을 존중하되, 그 범위와 용례는 따로 정한다.

[해설] **제1장**은 외래어 표기법의 기본 원칙을 규정한 것이다.(제Ⅰ부 5.3.2절 참조).

제1항은 외래어의 표기에서 새로운 문자나 부호를 사용하지 않고, 현재 국어의 표기에 쓰이는 한글 자모 24개만을 사용한다는 규정이다.(「한글 맞춤법」(1988) 제4항 참조)

외래어는 외국어의 어휘를 빌려 국어의 일부로 쓰는 말로서, 국어의 문맥 속에서 국어식으로 발음되며 때로는 그 본래의 뜻이 변해가면서 국어의 일부로 쓰인다.(제Ⅰ부 5.1.1절 참조) 이러한 외래어를 표기하기 위해 국어의 현용 24자모 외에 특별한 글자나 기호를 만들어서까지 그 원음을 충실하게 표기할 필요는 없다.(즉 음소 표기를 한다는 것이다. 제Ⅰ부 5.1.2절 참조) 그리고 새로운 기호의 제정은 그것을 별도로 익혀야 하는 무리한 부담을 주는 것이 되며, 그러한 표기가 잘 지켜지기를 기대하기도 어렵다. 그것은 외래어의 표기는 일부 전문가들만을 위한 것이 아니라, 일상의 언어 생활을 기반으로 하는 것이기 때문이다.

제2항은 원칙적으로 외래어의 1음운은 한글의 1기호로 적는 것을 뜻한다. 외래어의 1음운은 1기호로 적어야(one letter per phoneme의 원리에 충실해야) 기억과 표기가 용이할 것이다. 그러나 음운 체계의 차이에 의해 외국어의 1음운이 그 음성 환경에 따라서 국어의 여러 소리에 대응되는 불가피한 경우에는 1음운 1기호의 원칙이 적용되기 어렵다. 이러한 경우에는 1음운 1기호의 대응이 불가능하므로, '원칙적으로'라는 단서를 붙인 것이다.

제3항은 외래어 표기에서 받침에는 'ㄱ, ㄴ, ㄹ, ㅁ, ㅂ, ㅅ, ㅇ'의 7개만을 씀을 뜻한다. 이것은 외래어라고 할지라도 국어의 말음 규칙을 적용한다는 뜻이다. 국어에서는, 예컨대 '잎이'[이피], '잎으로'[이프로] 등과 같은 형태음소적인 현상이 있기 때문에 위의 일곱 글자 이외의 것도 받침으로 쓰이나, 외래어는 그러한 형태음소적인 현상이 나타나

지 않는다. 예를 들어 'book'은 '붘'으로도 표기할 수 있지만 '붘이'[부키], '붘을'[부클]이라 하지 않고 '북이'[부기], '북을'[부글]이라 하는 것이 보통이다. 따라서 '붘'으로 표기할 필요가 없고, 말음 규칙에 따라 '북'으로 표기하는 것이다.

그런데 국어의 'ㅅ'받침은 단독으로는 'ㄷ'으로 발음되지만 모음 앞에서는 'ㅅ'으로 발음되는 변동 현상이 있는데 이것은 외래어에도 그대로 적용된다. 예를 들어 'racket'은 [라켇]으로 발음되지만, '라켓이'[라케시], '라켓을'[라케슬]로 변동하는 점이 국어와 같다. 그러므로 'ㅅ'에 한하여 말음(末音) 규칙에도 불구하고 'ㄷ'이 아닌 'ㅅ'을 받침으로 쓰게 한 것이다.

제4항은 파열음 표기에는 원칙적으로 된소리를 쓰지 않음을 뜻한다. 이것은 유성과 무성의 대립이 있는 파열음을 표기할 때 유성 파열음은 평음(ㅂ, ㄷ, ㄱ)으로, 무성 파열음은 격음(ㅍ, ㅌ, ㅋ)으로 적기로 한 것이다.(제 I 부 5.2.5절 참조) 그러나 언어에 따라 무성 파열음이 격음에 가까운 경우도 있고 된소리에 가까운 경우도 있다. 영어의 무성 파열음은 된소리보다 격음에 가깝고, 프랑스어나 일본어의 무성 파열음은 격음보다 된소리에 가깝다. 이렇게 조금씩 차이는 있지만 무성 파열음은 격음 한 가지로만 표기하기로 한 것이다. 그 까닭은 같은 무성 파열음을 언어에 따라 어떤 때는 격음으로 어떤 때는 된소리로 적는다면, 규정이 대단히 번거로워질 뿐만 아니라 일관성이 없는 것이 되기 때문이다. 따라서 간결성과 체계성을 살려서 어느 한 가지로 통일하여 표기하는 것이 바람직하다.

국어에서는 된소리가 격음에 비해서 그 기능 부담량이 훨씬 적다. 사전을 펼쳐 보면 된소리로 된 어휘가 얼마되지 않는 것을 알 수 있다. 또 외래어에 된소리 표기를 허용하면 국어에서 쓰이지 않는 '빡, 쀼, 뛔, 꼐' 등과 같은 음절들을 써야 하며 인쇄 작업에도 많은 지장을 초래한다. 격음의 경우에도 이렇게 국어에서 쓰이지 않는 음절이 생길 수 있는 것이 사실이나 된소리까지 쓰면 그러한 불합리와 부담을 가중시키게 될 것이다.

제5항은 관용적으로 이미 굳어진 외래어는 관용을 존중하여 표기를 인정하되, 그 범위와 용례는 따로 정함을 뜻한다. 외래어는 그 차용 경로가 다양하다. 문자를 통해서 들어오기도 하고, 귀로 들어서 차용되는 것도 있으며, 원어에서 직접 들여오는 것이 있는가 하면 제3국을 통해서 간접 차용되는 것도 있다. 또 오래 전부터 쓰여 온 것도 있고 최근에 들어온 것도 있다. '카메라(camera), 모델(model)' 같은 것은 철자를 로마자 읽기식으로 차용한 것이며, '펨프(pimp)' 같은 것은 귀로 들어서 들여 온 것이다.

이렇게 다양한 경로를 통해 들어온 외래어는 어떤 특정한 원칙만으로는 그 표기의 일관성을 기하기 어렵다. 예를 들어, [b, d, g]가 'ㅂ, ㄷ, ㄱ'으로 발음되고 있으나, 같은 [b, d, g]가 어느 경우(예; 'bus, gas' 등)에는 'ㅃ, ㄸ, ㄲ'으로 발음되고 있다. 또 같은 말이 두 가지로 발음되고 뜻도 달리 쓰이는 것이 있다. 'cut'은 '컷'이라고도 하고 '커트'라고도 하는데, 인쇄의 도판일 때에는 '컷'이라고 하고, 정구나 탁구공을 깎아서 치는 것을 '커트'라고 한다.

이러한 외래어 중 오랜 동안 쓰여 아주 굳어진 관용어는 그 관용을 인정하여 규정에 구애받지 않고 관용대로 적도록 하는 것이다. 다만, 그 관용의 한계를 어떻게 정하느냐 하는 것이 문제인데, 그것은 표준어를 사정하듯 하나하나 사정해서 정해야 할 것이다.

제2장 표기 일람표

외래어는 표 1~5에 따라 표기한다.

표 1. 국제 음성 기호와 한글 대조표

	자음		반모음		모음	
국제 음성 기호	한글: 모음앞	한글: 자음앞 또는 어말	국제 음성 기호	한글	국제 음성 기호	한글
p	ㅍ	ㅂ, 프	j	이*	i	이
b	ㅂ	브	ɥ	위	y	위
t	ㅌ	ㅅ, 트	w	오, 우*	e	에
d	ㄷ	드			ø	외
k	ㅋ	ㄱ, 크			ɛ	에
g	ㄱ	그			ɛ̃	앵
f	ㅍ	프			œ	외
v	ㅂ	브			œ̃	욍
θ	ㅅ	스			æ	애
ð	ㄷ	드			a	아
s	ㅅ	스			ɑ	아
z	ㅈ	즈			ɑ̃	앙
ʃ	시	슈, 시			ʌ	어
ʒ	ㅈ	지			ɔ	오
ts	ㅊ	츠			ɔ̃	옹

dz	ㅈ	즈			o	오
ʧ	ㅊ	치			u	우
ʤ	ㅈ	지			ə**	어
m	ㅁ	ㅁ			ɚ	어
n	ㄴ	ㄴ				
ɲ	니*	뉴				
ŋ	ㅇ	ㅇ				
l	ㄹ, ㄹㄹ	ㄹ				
r	ㄹ	르				
h	ㅎ	흐				
ç	ㅎ	히				
x	ㅎ	흐				

* [j], [w]의 '이'와 '오, 우', 그리고 [ɲ]의 '니'는 모음과 결합할 때 제 3장 표기 세칙에 따른다.
** 독일어의 경우에는 '에', 프랑스어의 경우에는 '으'로 적는다.

표 2. 에스파냐어 자모와 한글 대조표

	자모	한글		보기
		모음앞	자음앞어말	
자음	b	ㅂ	브	biz 비스, blandon 블란돈, braceo 브라세오
	c	ㅋ, ㅅ	ㄱ, 크	coleren 콜크렌, Cecilia 세실리아, coccion 콕시온, bistec 비스텍, dictado 딕타도
	c	ㅊ	-	chicharra 치차라
	ch	ㄷ	드	felicidad 펠리시다드
	f	ㅍ	프	fuga 푸가, fran 프란
	g	ㄱ, ㅎ	그	ganga 강가, geologia 헤올로히아, yungla 융글라
	h	-	-	hipo 이포, quehacer 케아세르
	j	ㅎ	-	ueves 후에베스, reloj 렐로
	k	ㅋ	크	kapok 카포크
	l	ㄹ, ㄹㄹ	ㄹ	acrar 라크라르, Lulio 룰리오, ocal 오칼
	ll	이*	-	ama 야마, lluvia 유비아
	m	ㅁ	ㅁ	memvrete 멤브레테
	n	ㄴ	ㄴ	noche 노체, flan 플란
	ñ	니*	-	ñoñez 뇨녜스, mañana 마냐나
	p	ㅍ	ㅂ, 프	pepsina 펩시나, plantón 플란톤
	q	ㅋ	-	quisquilla 키스키야

자음	r	ㄹ	르	rascador 라스카도르
	s	ㅅ	스	sastreria 사스테레리아
	t	ㅌ	트	tetraetro 테트라에트로
	v	ㅂ	-	viudedad 비우데다드
	x	ㅅ,	ㄱ스	xenón 세논, laxante 락산테, yuxta 육스타
	z	ㅅ	스	zagal 사갈, liquidez 리키데스
반모음	w	오, 우*	-	walkirias 왈키리아스
	y	이*	-	yungla 융글라
모음	a	아		braceo 브라세오
	e	에		reloj 렐로
	i	이		Lulio 룰리오
	o	오		ocal 오칼
	u	우		viudedad 비우데다드

* ll, y, n, w의 '이, 니, 오, 우'는 다른 모음과 결합할 때 합쳐서 1음절로 적는다.

표 3. 이탈리아어 자모와 한글 대조표

	자모	한 글		보 기
		모음앞	자음앞,어말	
자음	b	ㅂ	브	Bologna 볼로냐, bravo 브라보
	c	ㅋ, ㅊ	크	Como 코모, Sicilia 시칠리아, credo 크레도
	ch	ㅋ	-	Pinocchio 피노키오, cherubino 케루비노
	d	ㄷ	드	Dante 단테, drizza 드리차
	f	ㅍ	프	Firenze 피렌체, freddo 프레도
	g	ㄱ, ㅈ	그	Galileo 갈릴레오, Genova 제노바, gloria글로리아
	h	-	-	hanno 안노, oh 오
	l	ㄹ, ㄹㄹ	ㄹ	Milano 밀라노, largo 라르고, palco 팔코
	m	ㅁ	ㅁ	Macchiavelli 마키아벨리, mamma 맘마, Campanella 캄파넬라
	n	ㄴ	ㄴ	Nero 네로, Anna 안나, divertimento 디베르티멘토
	p	ㅍ	프	Pisa 피사, prima 프피마
	q	ㅋ	-	quanto 콴토, queto 퀘토
	r	ㄹ	르	Roma 로마, Marconi 마르코니
	s	ㅅ	스	Sorrento 소렌토, asma 아스마,sasso 사소
	t	ㅌ	트	Torino 트리노, tranne 트란네
	v	ㅂ	브	Vivace 비바체, manovra 마노브라
	z	ㅊ	-	nozze 노체, mancanza 만칸차

모 음	a e i o u	아 에 이 오 우	abituro 아비투로, capra 카프라 erta 에르타, padrone 파드로네 infamia 인파미아, manica 마니카 oblio 오블리오, poetica 포에티카 uva 우바, spuma 스푸마

표 4. 일본어의 가나와 한글 대조표

가나	한글	
	어두	어중, 어말
ア イ ウ エ オ	아 이 우 에 오	아 이 우 에 오
カ キ ク ケ コ	가 기 구 게 고	카 키 쿠 케 코
サ シ ス セ ソ	사 시 스 세 소	사 시 스 세 소
タ チ ツ テ ト	다 지 쓰 데 도	타 치 쓰 테 토
ナ ニ ヌ ネ ノ	나 니 누 네 노	나 니 누 네 노
ハ ヒ フ ヘ ホ	하 히 후 헤 호	하 히 후 헤 호
マ ミ ム メ モ	마 미 무 메 모	마 미 무 메 모
ヤ イ ユ エ ヨ	야 이 유 에 요	야 이 유 에 요
ラ リ ル レ ロ	라 리 루 레 로	라 리 루 레 로
ワ (イ) ウ (エ) ヲ	와 (이) 우 (에) 오	와 (이) 우 (에) 오
ン		ㄴ
ガ ギ グ ゲ ゴ	가 기 구 게 고	가 기 구 게 고
ザ ジ ズ ゼ ゾ	자 지 즈 제 조	자 지 즈 제 조
ダ ヂ ヅ デ ド	다 지 즈 데 도	다 지 즈 데 도
バ ビ ブ ベ ボ	바 비 부 베 보	바 비 부 베 보
パ ピ プ ペ ポ	파 피 푸 페 포	파 피 푸 페 포
キャ キュ キョ	갸 규 교	캬 큐 쿄
ギャ ギュ ギョ	갸 규 교	갸 규 교
シャ シュ ショ	샤 슈 쇼	샤 슈 쇼
ジャ ジュ ジョ	자 주 조	자 주 조
チャ チュ チョ	자 주 조	차 추 초
ヒャ ヒュ ヒョ	햐 휴 효	햐 휴 효
ビャ ビュ ビョ	뱌 뷰 뵤	뱌 뷰 뵤
ピャ ピュ ピョ	퍄 퓨 표	퍄 퓨 표
ミャ ミュ ミョ	먀 뮤 묘	먀 뮤 묘
リャ リュ リョ	랴 류 료	랴 류 료

표 5. 중국어의 발음 부호와 한글 대조표

성 모(聲母)

음의 분류	한어 병음 자모	주음 부호	한글
중순성重脣聲	b	ㄅ	ㅂ
	p	ㄆ	ㅍ
	m	ㄇ	ㅁ
순치성*	f	ㄈ	ㅍ
설첨성舌尖聲	d	ㄉ	ㄷ
	t	ㄊ	ㅌ
	n	ㄋ	ㄴ
	l	ㄌ	ㄹ
설근성舌根聲	g	ㄍ	ㄱ
	k	ㄎ	ㅋ
	h	ㄏ	ㅎ
설면성舌面聲	j	ㄐ	ㅈ
	q	ㄑ	ㅊ
	x	ㄒ	ㅅ
교설첨성翹舌尖聲	zh [zhi]	ㄓ	ㅈ [즈]
	ch [chi]	ㄔ	ㅊ [츠]
	sh [shi]	ㄕ	ㅅ [스]
	r [ri]	ㄖ	ㄹ [르]
설치성舌齒聲	z [zi]	ㄗ	ㅉ [쯔]
	c [ci]	ㄘ	ㅊ [츠]
	s [si]	ㄙ	ㅆ [쓰]

운 모(韻母)

음의 분류	한어병음 자모	주음 부호	한글
단운單韻	a	ㄚ	아
	o	ㄛ	오
	e	ㄜ	어
	ê	ㄝ	에
	yi (i)	ㄧ	이
	wu (u)	ㄨ	우
	yu (u)	ㄩ	위
복운複韻	ai	ㄞ	아이
	ei	ㄟ	에이
	ao	ㄠ	아오
	ou	ㄡ	어우
부성운附聲韻	an	ㄢ	안
	en	ㄣ	언
	ang	ㄤ	앙
	eng	ㄥ	엉
권설운*	er (r)	ㄦ	얼
제치류齊齒類	ya (ia)	ㄧㄚ	야
	yo	ㄧㄛ	요
	ye (ie)	ㄧㄝ	예
	yai	ㄧㄞ	야이
	yao (iao)	ㄧㄠ	야오
	you (iou,iu)	ㄧㄡ	유

음의분류		한어 병음 자모	주음 부호	한글
결합운모結合韻母		yan (ian)	ㄧㄢ	옌
		yin (in)	ㄧㄣ	인
		yang (iang)	ㄧㄤ	양
		ying (ing)	ㄧㄥ	잉
	합구류合口類	wa (ua)	ㄨㄚ	와
		wo (uo)	ㄨㄛ	워
		wai (uai)	ㄨㄞ	와이
		wei (iu)	ㄨㄟ	웨이 (우이)
		wan (uan)	ㄨㄢ	완
		wen (un)	ㄨㄣ	원 (운)
		wang (uang)	ㄨㄤ	왕
		weng (ong)	ㄨㄥ	웡 (웅)
	촬구류撮口類	yue(ue)	ㄩㄝ	웨
		yuan (uan)	ㄩㄢ	위안
		yun (un)	ㄩㄣ	윈
		yong (iong)	ㄩㄥ	융

[ ]는 단독 발음될 경우의 표기임. ( )는 자음이 선행할 경우의 표기임.

* 순치성(脣齒聲), 권설운(捲舌韻)

[해설] 일반적으로 외래어는 국제 음성 기호와 한글 대조표에 따라 표기하도록 하되, 중국어와 같이 국제 음성 기호를 쓰지 않거나 에스파냐어, 이탈리아어, 일본어와 같이 철자가 곧 음성기호의 역할을 하는 언어는 별도의 한글 대조표를 만들어서 그에 따라 표기하도록 하였다.

음성 기호의 배열은 자음과 모음으로 나누어서, 자음은 파열음, 마찰음, 비음, 유음, 후두음의 순서로, 그리고 이들은 다시 음성기관의 바깥쪽에서 발음되는 것으로부터 시작하여 안쪽에서 나는 소리의 순서로 배열하였다. 그리고 그것이 나타나는 자리, 곧 모음 앞, 자음 앞, 또는 어말(語末) 등의 위치에 따라 달리 표기될 수 있음을 보였다. 모음은 모음 사각도의 왼쪽 상부로부터 한 바퀴 돌아서 오른쪽 상부에 이르는 순서로 배열하되, 같은 자리에서 나는 평순 모음을 먼저 들고 원순 모음을 다음에 들었다.

제3장 표기 세칙

제1절 영어의 표기

표 1에 따라 적되, 다음 사항에 유의하여 적는다.

제1항 무성 파열음([p], [t], [k])

1) 짧은 모음 다음의 어말 무성 파열음([p], [t], [k])은 받침으로 적는다

보기 gap[gæp] 갭 cat[kæt] 캣 book[buk]북

2) 짧은 모음과 유음.비음([l], [r], [m], [n]) 이외의 자음 사이에 오는 무성 파열음([p], [t], [k])은 받침으로 적는다.

보기 apt[æpt] 앱트 setback[setbæk] 셋백 act[ækt] 액트

3) 위 경우 이외의 어말과 자음 앞의 [p], [t], [k]는 '으'를 붙여 적는다.

보기 stamp[stæmp] 스탬프 cape[keip] 케이프 nest[nest] 네스트 part[pɑːt] 파트 desk[desk] 데스크 make[meik] 메이크 apple[æpl] 애플 mattress[mætris] 매트리스

chipmunk[tʃipmʌŋk] 치프멍크　　sickness[siknis] 시크니스

제2항 유성 파열음([b], [d], [g])

어말과 모든 자음 앞에 오는 유성 파열음은 '으'를 붙여 적는다.

보기
bulb[bʌlb] 벌브　　land[lænd] 랜드
zigzag[zigzæg] 지그재그　　lobster[lɔbstə] 로브스터
kidnap[kidnæp] 키드냅　　signal[signəl] 시그널

[해설] **제3장**은 앞의 표 1에 따라 표기하더라도, 각 언어에서의 한 기호는 그것이 나타나는 위치(모음 앞, 자음 앞, 어말)에 따라 커다란 개별적 특수성이 있기 때문에 이 표기법의 범위 안에서 이러한 특수성을 살리기 위한 세부 규정을 둔 것이다.

제1절은 영어의 표기 원칙을 비교적 자세히 규정하고 있는데, 그것은 국제 음성 기호에 의해 표기되는 다른 언어를 영어의 표기 세칙에서 규정된 내용을 준용하게 함으로서 규정의 중복을 피하기 위한 것이다. 영어의 표기는 미국 영어에서 차용된 외래어는 미국식 발음을, 영국 영어에서 차용된 외래어는 영국식 발음을 제2장 표 1의 대조표와 이 제1절의 영어 표기 규정에 따라 표기한다. **제1항**의 1)과 2)는 무성 파열음 [p, t, k]가 짧은 모음과 유음, 비음 이외의 자음 사이에 올 경우의 규정이다. 둘 다 짧은 모음 다음의 [p, t, k]의 표기에 관한 것이므로, 한 조항으로 묶을 수도 있을 것이다.

제3항 마찰음([s], [z], [f], [v], [θ], [ð], [ʃ], [ʒ])

1) 어말 또는 자음 앞의 [s], [z], [f], [v], [θ], [ð]는 '으'를 붙여 적는다.

보기
mask[mɑːsk] 마스크　　jazz[dʒæz] 재즈
graph[græf] 그래프　　olive[ɔliv] 올리브
thrill[θril] 스릴　　bathe[beið] 베이드

2) 어말의 [ʃ]는 '시'로 적고, 자음 앞의 [ʃ]는 '슈'로, 모음 앞의 [ʃ]는 뒤따르는 모음에 따라 '샤', '섀', '셔', '셰', '쇼', '슈', '시'로 적는다.

보기
flash[flæʃ] 플래시　　shrub[ʃrʌb] 슈러브
shark[ʃɑːk] 샤크　　shank[ʃæŋk] 섕크
fashion[fæʃən] 패션　　sheriff[ʃerif] 셰리프
shopping[ʃɔpiŋ] 쇼핑　　shoe[ʃuː] 슈
shim[ʃim] 심

3) 어말 또는 자음 앞의 [ʒ]는 '지'로 적고, 모음 앞의 [ʒ]는 'ㅈ'으로 적는다.

보기 mirage[mirɑ:ʒ] 미라지 vision[viʒən]비전

제4항 파찰음([ts], [dz], [tʃ], [ʤ])

1) 어말 또는 자음 앞의 [ts], [ʤ]는 '츠', '즈'로 적고, [tʃ], [ʤ]는 '치','지'로 적는다.

보기 Keats[ki:ts] 키츠 odds[ɔdz] 오즈
switch[switʃ] 스위치 bridge[briʤ] 브리지
Pittsburgh[pitsbə:g] 피츠버그 hitchhike[hitʃhaik] 히치하이크

2) 모음 앞의 [tʃ], [ʤ]는 'ㅊ', 'ㅈ'으로 적는다

보기 chart[tʃa:t] 차트 virgin[və:rʤin] 버진

제5항비음([m], [n], [ŋ])

1) 어말 또는 자음 앞의 비음은 모두 받침으로 적는다.

보기 steam[sti:m] 스팀 corn[kɔ:n] 콘
ring[riŋ] 링 lamp[læmp] 램프
hint[hint] 힌트 ink[iŋk] 잉크

2) 모유과 모음 사이의 [ŋ]은 앞 음절의 받침 'ㅇ'으로 적는다.

보기 hanging[hæŋiŋ] 행잉 longing[lɔŋiŋ] 롱잉

제6항 유음([l])

1) 어말 또는 자음 앞의 [l]은 받침으로 적는다.

보기 hotel[houtel] 호텔 pulp[pʌlp] 펄프

2) 어중의 [l]이 모음 앞에 오거나, 모음이 따르지 않는 비음([m], [n]) 앞에 올 때에는 'ㄹㄹ'로 적는다. 다만, 비음([m], [n]) 뒤의 [l]은 모음 앞에 오더라도 'ㄹ'로 적는다.

보기 slide[slaid] 슬라이드 film[film] 필름
helm[helm] 헬름 swoln[swouln] 스월른
Hamlet[hæmlit] 햄릿 Henley[henli] 헨리

[해설] **제3항**의 3)은 [ʒ]는 '지'로 단일화하여 적을 수 있으나, 이렇게 하면 'vison[viʒən]'은 '비젼'이 되어야 한다. 그런데 국어에서는 '져'가 '저'로 발음될 뿐만 아니라, '쟈, 죠, 쥬, 챠, 쵸, 츄'가 단모음화되어 '자, 조, 주, 차, 초, 추'로 발음된다.(「표준어 규정」(1988) '제Ⅱ부 표준 발음법' 제5항 다만 1, 참조) 이것은 'ㅈ, ㅊ'이 이미 구개음이기 때문으로, 따라서 '쟈, 죠' 등의 표기는 무의미한 것이다. 국어의 맞춤법에서 '가

져, 다쳐' 같은 표기가 있지만, 그것은 이들이 각각 '가지어', '다치어'의 준말이라는 문법적 사실을 보이기 위한 표기에 불과하다.(「한글 맞춤법」(1988) 제36항 참조) **제4항**의 1)과 2)도 이와 같은 뜻으로 이해된다.

제7항 장모음

장모음의 장음은 따로 표기하지 않는다.

보기 team[tiːm] 팀 route[ruːt] 루트

제8항중모음([ai], [au], [ei], [ɔi], [ou], [auə])

중모음은 각 단모음의 음가를 살려서 적되, [ou]는 '오'로, [auə]는 '아워'로 적는다.

보기 time[taim] 타임 house[haus] 하우스
skate[skeit] 스케이트 oil[ɔil] 오일
boat[bout] 보트 tower[tauə] 타워

제9항반모음([w], [j])

1) [w]는 뒤따르는 모음에 따라 [wə], [wɔ], [wou]는 '워', [wa]는 '와', [wæ]는 '왜', [we]는 '웨', [wi]는 '위', [wu]는 '우'로 적는다.

보기 word[wəːd] 워드 want[wɔnt] 원트
woe[wou] 워 wander[wandə] 완더
wag[wæg] 왜그 west[west] 웨스트
witch[witʃ] 위치 wool[wul] 울

2) 자음 뒤에 [w]가 올 때에는 두 음절로 갈라 적되, [gw], [hw], [kw]는 한 음절로 붙여 적는다.

보기 swing[swiŋ] 스윙 twist[twist] 트위스트
penguin[peŋgwin] 펭귄 whistle[hwisl] 휘슬
quarter[kwɔːtə] 쿼터

3) 반모음 [j]는 뒤따르는 모음과 합쳐 '야', '얘', '여', '요', '유', '이'로 적는다. 다만, [d], [l], [n] 다음에 [jə]가 올 때에는 각각 '디어', '리어','니어'로 적는다.

보기 yard[jaːd] 야드 yank[jæŋk] 얭크
yearn[jəːn] 연 yellow[jelou] 옐로
yawn[jɔːn] 욘 you[juː] 유
year[jiə] 이어 battalion[bətæljən] 버탤리언
Indian[indjən] 인디언 union[juːnjən] 유니언

[해설] **제7항**에서는 장모음은 따로 표기하지 않는다고 규정하고 있다. 국어에도 '밤(栗):밤(夜), 눈(眼):눈(雪)'과 같이 장음의 유무에 따라 의미 분화가 이루어지는 예가 있으며, 장음으로 발음하지 않으면 뜻이 통하지 않은 한자어가 있는데 이를 표기에 반영하지는 않는다. 그것은 외래어의 장음을 표기하려면 장음 부호를 따로 만들어야 하는데, 이것은 국어의 현용 24자모 이외의 글자나 부호를 만들어 쓰지 않는다는 제1장 제1항의 정신에 어긋나기 때문이다. 물론 새로운 부호를 쓰지 않고 같은 모음을 겹쳐 적음으로써 장음 표기를 할 수는 있다. 그러나 이것은 별도의 음절을 이루는 것이므로 장음 표기로 적당하지 않다. 따라서 장음 표기 규칙은 아예 하지 않기로 한 것이며, 이 규정은 모든 외래어에 적용된다.

제8항 및 **제9항** 1)에서 [ou], [wou]의 [u]는 일종의 과도음으로 장음 표시에 가까운 것이므로, 역시 표기하지 않는 것이다.

제10항 복합어

1) 따로 설 수 있는 말의 합성으로 이루어진 복합어는 그것을 구성하고 있는 말이 단독으로 쓰일 때의 표기대로 적는다.

보기		
	cuplike[kʌplaik] 컵라이크	bookend[bukend] 북엔드
	headlight[hedlait] 헤드라이트	touchwood[tʌtʃwud] 터치우드
	sit-in[sitin] 싯인	bookmaker[bukmeikə] 북메이커
	flashgun[flæʃgʌn] 플래시건	topknot[tɔpnɔt] 톱놋

2) 원어에서 띄어 쓴 말은 띄어 쓴 대로 한글 표기를 하되 붙여 쓸 수도 있다.

보기 Los Alamos[lɔs æləmous] 로스 앨러모스/로스앨러모스
top class[tɔp klæs] 톱 클래스/톱클래스

[해설] **제10항**은 자립적인 어근으로 이루어진 복합어의 표기에 관한 규정이다. 1)은 독립하여 단독으로 쓰이는 말들이 모여서 하나의 복합어를 이루기는 했으나, 이를 한 말로 보아 표기를 하면 이들이 각각 단독으로 쓰일 때의 표기와 아주 달라지는 경우가 있어서, 단독으로 쓰일 때의 표기를 살려서 적도록 한 것이다. 예를 들면 'bookmaker[bukmeikə]'는 'book'과 'maker'가 합해서 이루어진 말인데, 이들이 단독으로 쓰일 때는 각각 '북'과 '메이커'로 표기된다. 그런데 [bukmeikə]는, 무성 파열음 [k]는 짧은 모음 뒤일지라도 비음 앞에서는 '으'를 붙여서 적기로 한 제1항 3)에 의해서 '부크메이커'가 된다. 즉 '북'이 '부크'로 나타나게 되어 표기에 변동이 생기는 것이다.

2)는 원어에서 이미 띄어 쓰고 있기 때문에 두 개의 단어가 모여서 된 것이 분명하게 인식되지만, 국어에 들어와서 마치 하나의 복합어처럼 인식되어 쓰이는 말들은 비록 원어에서는 띄어 쓰더라도 붙여 적을 수도 있도록 한 것이다. 그러나 이 때에도 원어에 충실하며 동시에 1)의 정신을 살려서 각각 단독으로 쓰일 때의 한글 표기를 유지하도록 한 것이다.

제 2 절 독일어의 표기

표 1을 따르고 제1절(영어의 표기 세칙)을 준용한다. 다만, 독일어의 독특한 것은 그 특징을 살려서 다음과 같이 적는다.

제1항[r]

1) 자음 앞의 [r]는 '으'를 붙여 적는다.

보기 Hormon[hɔrmoːn] 호르몬 Hermes[hɛrmɛs] 헤르메스

2) 어말의 [r]와 '-er[ər]'는 '어'로 적는다.

보기 Herr[hɛr] 헤어 Rszur[razuːr] 라주어
Tür[tyːr] 튀어 Ohr[oːr] 오어
Vater[faːtər] 파터 Schiller[ʃilər] 실러

3) 복합어 및 파생어의 선행 요소가 [R]로 끝나는 경우는 2)의 규정을 준용한다.

보기 verarbeiten[fɛrarbaitən] 페어아르바이텐
zerknirschen[tsɛrknirʃən] 체어크니르셴
Fürsorge[fyːrzorgə] 퓌어조르게
Vorbild[foːrbilt]포어빌트
außerhalb[ausərhalp] 아우서할프
Urkunde[uːrkundə] 우어쿤데
Vaterland[faːtərlant] 파터란트

[해설] 영어의 경우와 같이 표 1(국제 음성 기호와 한글 대조표)에 따라 적는 것을 원칙으로 한다. 따라서 제1절(영어의 표기세칙) 가운데 독일어에서도 적용될 수 있는 조항들을 그대로 따르도록 하면서, 독일어 표기에 특별히 필요한 것들만을 제2절의 표기 세칙으로 정하였다.

제1항은 [r]의 표기에 관한 규정이다. 표 1에 따르면 자음 앞 및 어말에서의 [r]는 모

두 '르'로 적게 되어 있는데, 독일어의 경우에는 자음 앞의 [r]는 표 1에 정해진 대로 '르'로 적는 반면, 어말의 [r]는 현실 발음을 반영하여 '어'로 적도록 둘로 나눈 것이다. 사전에서 [r]로 표기하고 있는 발음 가운데에는 현실적으로 모음으로 발음되는 것들이 많다. 이 모음을 표시할 때 'a'를 거꾸로 한 음성기호 [ɐ]를 쓰고 있는데, 이 [ɐ]는 '어'에 해당하는 것이다. 다만 실제의 표기에 있어서 혼돈하지 않도록 어말의 [r]와 그에 준하는 경우들만을 '어'로 적도록 제한한 것이다. 그리고 어말의 '-er[r]'를 '에르'로 적지 않고 '어'로 적기로 한 것도 같은 이유에서이다.

제2항 어말의 파열음은 '으'를 붙여 적는 것을 원칙으로 한다.

보기 Rostock[rɔstɔk] 로스토크 Stadt[ʃtat] 슈타트

제3항 철자 'berg', 'burg'는 '베르크', '부르크'로 통일해서 적는다.

보기 Heidelberg[haidəlbɛrk, -bɛrç] 하이델베르크
Hamburg[hamburk, -burç] 함부르크

[해설] **제2항**은 어말의 파열음에 관한 규정이다. 영어의 경우에는 어말 파열음의 표기가 상당히 복잡하게 규정되어 있지만, 독일어에서는 어말에 유성 파열음이 오는 일이 없기 때문에 '으'가 붙은 '크, 트, 프'로 적도록 규정한 것이다. **제3항**은 두 가지 발음이 있는 'berg, burg'에 대한 발음 선택을 나타낸 조항들이다. 'Heidelberg, Hamburg'를 각각 '하이델베르히, 함부르히'라 하지 않고, '하이델베르크, 함부르크'로 통일하여 적도록 한 것이다.

제4항[ʃ]

1) 어말 또는 자음 앞에서는 '슈'로 적는다.

보기 Mensch[menʃ] 멘슈 Mischling[miʃliŋ] 미슐링

2) [y], [ø] 앞에서는 'ㅅ'으로 적는다.

보기 Schüler[ʃy:lər] 쉴러 schön[ʃø:n] 쇤

3) 그 밖의 모음 앞에서는 뒤따르는 모음에 따라 '샤, 쇼, 슈' 등으로 적는다.

보기 Schatz[ʃats] 샤츠 schon[ʃo:n] 숀
Schule[ʃu:lə] 슐레 Schelle[ʃɛlə] 셸레

제5항[ɔy]로 발음되는 [äu], [eu]는 '오이'로 적는다.

보기 läuten[lɔytən] 로이텐 Fräulein[frɔylain] 프로일라인
Europa[ɔyro:pa]오이로파 Freundin[frɔyndin] 프로인딘

[해설] **제4항**은 마찰음 [ʃ]에 관한 조항들이다. 영어의 경우와 다른 점은 어말의 [ʃ]를 '슈'로 적도록 한 점이다. 또한 원순 전설 모음 [y], [ø] 앞의 [ʃ]는 [s]와 구별하여 적을 수 없기 때문에, 'ㅅ'으로 적기로 한 것이다.

제 3 절 프랑스어의 표기

표 1에 따르고 제1절(영어의 표기 세칙)을 준용한다. 다만, 프랑스어의 독특한 것은 그 특징을 살려서 다음과 같이 적는다.

제1항파열음([p], [t], [k] ; [b], [d], [g])

1) 어말에서는 '으'를 붙여서 적는다.

보기		
	soupe[sup] 수프	tête[tɛt] 테트
	avec[avɛk] 아베크	baobab[baɔbab] 바오바브
	ronde[rɔ̃:d] 롱드	bague[bag] 바그

2) 구강 모음과 자음 사이에 오는 무성 파열음('구강모음+무성 파열음+무성 파열음 또는 무성 마찰음'의 경우)은 받침으로 적는다.

보기		
	septembre[sɛptɑ̃:br] 셉탕브르	apte[apt] 압트
	octobre[ɔktɔbr] 옥토브르	action[aksjɔ̃] 악시옹

[해설] 프랑스어도 독일어의 경우와 같이 표 1에 따르고 제1절을 준용하면서 프랑스어 특유의 것들만을 세칙으로 제시하고 있다.

제1항은 파열음에 관한 조항인데, 1)에서는 어말의 파열음은 모두 '으'를 붙여 적도록 하고 있다. 독일어의 경우와 같은 규정이지만 프랑스어에는 유성음의 [b], [d], [g]가 어말에 올 수 있다는 점이 다르다. 2)무성파열음 [p], [t], [k]를 받침 'ㅂ, ㅅ, ㄱ'으로 적어야 하는 경우를 밝히고 있다.

제2항마찰음([ʃ], [ʒ])

1) 어말과 자음 앞의 [ʃ], [ʒ]는 '슈', '주'로 적는다.

보기		
	manche[mɑ̃:ʃ] 망슈	piege[pjɛ:ʒ] 피에주
	acheter[aʃte] 아슈테	degeler[deʒle] 데줄레

2) [ʃ]가 [ə], [w]앞에 올 때에는 뒤따르는 모음과 합쳐 '슈'로 적는다.

보기		
	chemise[ʃəmi:z] 슈미즈	chevalier[ʃəvalje] 슈발리에

choix[ʃwa] 슈아 chouette[ʃwɛt] 슈에트

3) [ʃ]가 [y], [œ], [ø] 및 [j], [ɥ] 앞에 올 때에는 'ㅅ'으로 적는다.

보기		
	chute[ʃyt] 쉬트	chuchoter[ʃyʃɔte] 쉬쇼테
	pêcheur[pɛʃœːr] 페셰르	shunt[ʃœːt] 쇵트
	facheux[faʃø] 파쇠	chien[ʃjɛ̃] 시앵
	chuinter[ʃɥɛ̃te] 쉬앵테	

[해설] **제2항**은 마찰음 [ʃ], [ʒ]에 관한 조항이다. 1)에서는 어말과 자음 앞의 [ʃ], [ʒ]를 '슈','주'로 적도록 하고 있는데, 이것은 독일어의 경우와 같고 영어와 다르게 규정된 조항들이다. 2)는 프랑스어 특유의 경우를 규정한 것으로 [ʃ]가 [ə], [w]에 연결될 때에는 그 모음 또는 반모음과 합쳐 '슈'로 적을 것을 규정하였다. 3)은 독일어의 경우와 유사한 것으로 원순 전설 모음 앞의 [ʃ]를 'ㅅ'으로 적도록 하고 있다. 다만 한 가지 특이한 것은 반모음 [j], [ɥ]와의 결합에서 그 앞에 오는 [ʃ]도 [s]와 구별 없이 'ㅅ'으로 적게 한다는 점이다.

제3항비자음([ɲ])

1) 어말과 자음 앞의 [ɲ]는 '뉴'로 적는다.

보기		
	campagne[kãpaɲ] 캉파뉴	dignement[diɲmã] 디뉴망

2) [ɲ]가 '아, 에, 오, 우' 앞에 올 때에는 뒤따르는 모음과 합쳐 각각 '냐, 녜, 뇨, 뉴'로 적는다.

보기		
	saignant[sɛɲã] 세냥	peigner[peɲe] 페녜
	agneau[aɲo] 아뇨	mignon[miɲɔ̃] 미뇽

3) [ɲ]가 [ə], [w] 앞에 올 때에는 뒤따르는 소리와 합쳐 '뉴'로 적는다.

보기		
	lorgnement[lɔrɲəmã] 로르뉴망	baignorire[bɛɲwaːr] 베뉴아르

4) 그 밖의 [ɲ]는 'ㄴ'으로 적는다.

보기		
	magnifique[maɲifik] 마니피크	guignier[giɲje] 기니에
	gagneur[gaɲœːr] 가뇌르	montagneux[mɔ̃taɲø] 몽타뇌
	peignures[pɛɲyːr] 페뉘르	

[해설] **제3항**은 프랑스어 특유의 비자음 [ɲ]에 관한 조항인데, 앞의 항에서의 [ʃ], [ʒ]에 대한 처리 방법을 그대로 연장한 것이라 할 수 있다.

제4항반모음[j]

1) 어말에 올 때에는 '유'로 적는다.

보기	
Marseille[marsɛj] 마르세유	taille[ta:j] 타유

2) 모음 사이의 [j]는 뒤따르는 모음과 합쳐 '예, 얭, 야, 양, 요, 용, 유, 이' 등으로 적는다. 단, 뒷모음이 [ø], [œ]일 때에는 '이'로 적는다.

보기	
payer[peje] 페예	billet[bijɛ] 비예
moyen[mwajɛ̃] 무아얭	pleiade[plejad] 플레야드
ayant[ɛjɑ̃] 에양	noyau[nwajo] 누아요
crayon[krɛjɔ̃] 크레용	voyou[vwaju] 부아유
cueillir[kœji:r] 쾨이르	aieul[ajœl] 아이욀
aieux[ajø] 아이외	

3) 그 밖의 [j]는 '이'로 적는다.

보기	
hier[jɛ:r] 이에르	Montesquieu[mɔ̃tɛskjø] 몽테스키외
champion[ʃɑ̃pjɔ̃] 샹피옹	diable[djɑ:bl] 디아블

제5항반모음[w]

[w]는 '우'로 적는다.

보기	
alouette[alwɛt] 알루에트	douane[dwan] 두안
quoi[kwa] 쿠아	toi[twa] 투아

[해설] **제4항**과 **제5항**은 각각 반모음 [j]와 반모음 [w]에 관한 조항들인데, 그 내용이 특이하다. 즉 반모음 [w]는 모두 '우'로 적게 되어 있어서 특수하기는 해도 매우 간단한 반면에, 반모음 [j]의 경우에는 '유'로 적을 경우 다음에 오는 모음과 합쳐 '야, 요, 유' 등으로, 또는 '이'로 적을 경우도 있는데, 그 조건들이 아주 복잡한 것이다.

제 4 절 에스파냐어의 표기

표 2에 따라 적되, 다음과 같은 특징을 살려서 적는다.

제1항gu, qu

gu, qu는 i, e 앞에서는 각각 'ㄱ, ㅋ'으로 적고, o 앞에서는 '구, 쿠'로 적는다. 다만 a 앞에서는 그 a와 합쳐 '과, 콰'로 적는다.

보기 guerra 게라 queso 케소
Guipuzcoa 기푸스코아 quisquilla 키스키야
antiguo 안티구오 Quorum 쿠오룸
Nicaragua 니카라과 Quarai 콰라이

제2항같은 자음이 겹치는 경우에는 겹치지 않은 경우와 같이 적는다.
단, -cc-는 'ㄱㅅ'으로 적는다.

보기 carrera 카레라 carretera 카레테라
accion 악시온

제3항c, g
c와 g 다음에 모음 e와 i가 올때에는 c는 'ㅅ'으로, g는 'ㅎ'으로 적고, 그 외는 'ㅋ'과 'ㄱ'으로 적는다.

보기 Cecilia 세실리아 cifra 시프라
georgico 헤오르히코 giganta 히간타
coquito 코키토 gato 가토

제4항x
x가 모음 앞에 오되, 어두일 때에는 'ㅅ'으로 적고, 어중일 때에는 'ㄱㅅ'으로 적는다.

보기 xilofono 실로포노 laxante 락산테

제5항l
어말 또는 자음 앞의 l은 받침 'ㄹ'로 적고, 어중의 l이 모음 앞에 올 때에는 'ㄹㄹ'로 적는다.

보기 ocal 오칼 colcren 콜크렌
blandon 블란돈 Cecilia 세실리아

제6항nc, ng
c와 g 앞에 오는 n은 받침 'ㅇ'으로 적는다.

보기 blanco 블랑코 yungla 융글라

[해설] 표 1에 따르는 것이 아니라 표 2에 따라 적도록 되어 있다. 표 2는 에스파냐어 자모와 한글 대조표이다. 이 대조표를 따르되, 그 표에 대한 추가적인 설명을 표기 세칙

으로 삼고 있다. 다만 주의할 것은 에스파냐 본국의 발음을 표준으로 하였기 때문에 남미의 발음 습관은 여기서 고려되지 않았다는 점이다.

제1항은 'gu, qu'가 모음 앞에 올 때의 적는 법을 알려 주는 조항이고, **제2항**은 겹친 자음은 간편을 위하여 하나의 자음으로 적는 원칙을 제시한 항목이다. **제3항**과 **제4항**에서는 'c, g' 및 'x'가 각각 다음에 오는 모음의 차이 또는 그 위치의 차이에 따라 발음이 달라지는 것을 지적한 것이고, **제5항**은 'l' 소리를 국어가 받아들일 때의 일반적인 사항에 관한 것이며, **제6항**은 n이 c나 g 앞에서 역행 동화에 의하여 [ŋ]으로 발음되는 것을 'ㅇ'으로 적어야 함을 말해 주고 있다.

제 5 절 이탈리아어의 표기

표 3에 따르고, 다음과 같은 특징을 살려서 적는다.

제1항gl

i 앞에서는 'ㄹㄹ'로 적고, 그 밖의 경우에는 '글ㄹ'로 적는다.

보기 paglia 팔리아 egli 엘리
gloria 글로리아 glossa 글로사

제2항gn

뒤따르는 모음과 합쳐 '냐', '녜', '뇨', '뉴', '니'로 적는다.

보기 montagna 몬타냐 gneiss 녜이스
gnocco 뇨코 gnu 뉴

제3항sc

sce는 '셰'로, sci는 '시'로 적고, 그 밖의 경우에는 '스ㅋ'으로 적는다.

보기 crescendo 크레셴도 scivolo 시볼로
Tosca 토스카 scudo 스쿠도

제4항 같은 자음이 겹쳤을 때에는 겹치지 않은 경우와 같이 적는다. 다만, -mm-, -nn-의 경우는 'ㅁㅁ', 'ㄴㄴ'으로 적는다.

보기 Puccini 푸치니 buffa 부파
allegretto 알레그레토 carro 카로

	rosso 로소	mezzo 메초
	gomma 곰마	bisnonno 비스논노

제5항 c, g

1) c와 g는 e, i 앞에서 각각 'ㅊ', 'ㅈ'으로 적는다.

보기	cenere 체네레	genere 제네레
	cima 치마	gita 지타

2) c와 g 다음에 ia, io, iu가 올 때에는 각각 '차, 초, 추', '자, 조, 주'로 적는다.

보기	caccia 카차	micio 미초
	ciuffo 추포	giardino 자르디노
	giorno 조르노	giubba 주바

제6항 qu

qu는 뒤따르는 모음과 합쳐 '콰, 퀘, 퀴' 등으로 적는다. 다만, o 앞에서는 '쿠'로 적는다.

보기	soqquadro 소콰드로	quello 퀠로
	quieto 퀴에토	quota 쿠오타

제7항 l, ll

어말 또는 자음 앞의 l, ll은 받침으로 적고, 어중의 l, ll이 모음 앞에 올 때에는 'ㄹㄹ'로 적는다.

보기	sol 솔	polca 폴카
	Carlo 카를로	quello 퀠로

[해설] 에스파냐어의 표기와 같이 독자적인 자모 대조표(표 3)를 기준으로 한다.

제1항은 'gl'이 'i' 앞에서 'ㄹㄹ'로 발음됨과 관련한 조항이고, **제2항**은 'gn'이 [ɲ]의 음가를 가진다는 것을 밝히는 조항이다. **제3항**과 **제5항**은 'sc'와 'c, g'가 각각 다음에 오는 모음의 차이에 따라 발음이 달라짐을 지적한 항목이다. **제4항**에서는 에스파냐어의 경우와 같이 표기의 간편화를 위하여 겹친 자음은 하나로 적는 원칙을 확인하고 있다. 다만 '-mm-, -nn-'에 대해서만은 'ㅁㅁ, ㄴㄴ'을 용인하는 것이 에스파냐어의 경우와는 다르다. **제6항**은 'qu'를 [kw-]로 적는 방법을 말한 것인데, 'quo'는 예외로 인정하고 있다. **제7항**은 ' l '에 관한 규정이다.

제 6 절 일본어의 표기

표 4에 따르고, 다음 사항에 유의하여 적는다.

제1항 촉음(促音) [ッ]는 'ㅅ'으로 통일해서 적는다.

보기 サッポロ 삿포로 トットリ 돗토리 ヨッカイチ 욧카이치

제2항 장모음

장모음은 따로 표기하지 않는다.

보기 キュウシュウ(九州) 규슈 ニイカタ(新潟) 니카타
トウキョウ(東京) 도쿄 オオサカ(大阪) 오사카

[해설] **제1항**은 일본어의 촉음 [ッ]는 'ㅅ'으로 통일해서 적기로 한 것이다. 이것은 순음 앞에서는 'ㅂ', 설단음이나 구개음 앞에서는 'ㅅ'([ㄷ]), 연구개음 앞에서는 'ㄱ'으로 표기할 수도 있겠으나, 국어의 'ㅅ'받침은 그 뒤에 따르는 자음의 종류에 따라서 'ㅂ, ㄷ, ㄱ'으로 변동하는 성질이 있으므로 굳이 명문화할 필요가 없다.

제2항은 장음을 따로 표기하지 않기로 한 것이다.(제1장 제1항, 제3장 제1절 제7항 참조)

제 7 절 중국어의 표기

표 5에 따르고, 다음 사항에 유의하여 적는다.

제1항 성조는 구별하여 적지 아니한다.

제2항 'ㅈ, ㅉ, ㅊ'으로 표기되는 자음(ㄐ, ㄓ, ㄗ, ㄑ, ㄔ, ㄘ) 뒤의 'ㅑ, ㅖ, ㅛ, ㅠ' 음은 'ㅏ, ㅔ, ㅗ, ㅜ'로 적는다.

보기 ㄐㄧㄚ 쟈→자 ㄐㄧㄝ 졔→제

[해설] 표 5에 따르도록 되어 있는데, 표 5는 주음 부호와 한글 대조표라 명명되어 있지만, 실제로 한음 병어 자모 및 웨이드식 로마자까지를 부기한 것이다.

중국어의 표기에서는 일체의 예외를 인정하지 않고 오로지 표기법만 따르도록 하고

있다는 데 특징이 있다. **제1항**은 성조의 차이를 표기하지 않는다고 되어 있는데, 이는 다른 언어들에 대해서 장모음의 표기를 하지 않는다는 규정과 맥을 같이 하는 것으로, 외래어 표기에 있어 일체의 운율적 특질의 표기를 배제한다는 원칙을 확인한 것이라 할 수 있다.

제2항은 국어의 발음에서 구별되지 않는 '자'와 '쟈', '조'와 '죠' 등을 '자'와 '조' 등으로 통일하여 적음으로써 표기를 간편하게 하려는 조항이다.

제4장 인명, 지명 표기의 원칙

제1절 표기 원칙

제1항 외국의 인명, 지명의 표기는 제1장, 제2장, 제3장의 규정을 따르는 것을 원칙으로 한다.

제2항 제3장에 포함되어 있지 않은 언어권의 인명, 지명은 원지음을 따르는 것을 원칙으로 한다.

보기 Ankara 앙카라 Gandhi 간디

제3항 원지음이 아닌 제3국의 발음으로 통용되고 있는 것은 관용을 따른다.

보기 Hague 헤이그 Caesar 시저

제4항 고유 명사의 번역명이 통용되는 경우 관용을 따른다.

보기 Pacific Ocean 태평양 Black Sea 흑해

[해설] **제4장**은 외국의 인명, 지명도 일반 외래어 표기 규정을 바탕으로 하여 적어야 하는 것이 당연하지만, 그것들이 고유 명사이기 때문에 생겨나는 여러 문제들에 대한 표기 기준을 제시한 것이다.

제1항은 외국의 인명, 지명도 외래어이기 때문에 제1장, 제2장, 제3장의 여러 규정을 따라야 한다는 규정을 제시하였고, **제2항**에서는 이 외래어 표기법에 그 표기 기준이 밝혀져 있지 않은 언어권의 인명, 지명도 각기 해당 언어 고유의 발음을 반영하여 적어야

한다는 원칙을 밝힌 것이다. 다만 원지음을 알기 어려울 때는 매체 언어(예컨대, 영어, 프랑스어 등)의 발음에 따라 표기할 수 있다.

그런데 **제3항**과 **제4항**은 관용을 인정하는 경우를 다루고 있다. 원지음을 따르는 것이 원칙이지만, 실제로는 제삼국의 발음으로 통용되고 있는 인명이나 지명은 그 관용을 인정하는 것이 제3항의 내용이고, 발음에 의한 수용이 아니고 번역에 의해서 수용되고 있는 것도 그 관용을 따른다는 것이 제4항의 내용이다.

제 2 절 동양의 인명, 지명 표기

제1항 중국 인명은 과거인과 현대인을 구분하여 과거인은 종전의 한자음대로 표기하고, 현대인은 원칙적으로 중국어 표기법에 따라 표기하되, 필요한 경우 한자를 병기한다.

제2항 중국의 역사 지명으로서 현재 쓰이지 않는 것은 우리 한자음대로 하고, 현재 지명과 동일한 것은 중국어 표기법에 따라 표기하되, 필요한 경우 한자를 병기한다.

제3항 일본의 인명과 지명은 과거와 현대의 구분 없이 일본어 표기법에 따라 표기하는 것을 원칙으로 하되, 필요한 경우 한자를 병기한다.

제4항 중국 및 일본의 지명 가운데 한국 한자음으로 읽는 관용이 있는 것은 이를 허용한다.

보기		
	東京 도쿄, 동경	京都 교토, 경도
	黃河 황허, 황하	臺灣 타이완, 대만

[해설] 여기서 동양이라 하는 것은 중국과 일본을 말한다. 역사적으로 우리와 오랜 세월 밀접한 관계를 가져 왔다는 사실과 함께 한자 문화권의 나라들이라는 특수한 사정이 이들 두 나라의 인명과 지명 표기에 대한 특별한 기준이 추가된 것이다.

중국이나 일본의 인명, 지명에 대해서는 우리의 한자음으로 읽는 것이 우리 나라의 오랜 관행이었다. 그러나 이 전통은 원지음을 존중한다는 지금의 외래어 표기법의 기본 태도와 상충될 뿐만 아니라, 현실적으로도 원지음의 도전을 받고 있다. 따라서 제2절은 전통은 전통대로 살리고 현실은 현실대로 수용하면서, 양자 간의 마찰을 줄이기 위해 마련된 것이다.

제1항과 **제2항**은 중국에 관한 조항이고, **제3항**은 일본에 관한 것인데, 일본의 인명과 지명은 과거와 현대의 구분 없이 원지음에 따라 표기하는 것을 원칙으로 하는 한편, 중국에 대해서는 과거와 현대를 구분하여 한국 한자음과 원지음이라는 다른 기준으로 적도록 하고 있다. 이러한 규정은 균형을 잃은 것 같이 보일지 모르지만, 이것 역시 우리의 현실을 반영한 것이라 할 수 있다. 중국의 인명, 지명은 고전을 통하여 우리의 현실 속에 융화되어 우리 한자음으로 읽는 전통이 서 있지만, 일본의 경우에는 그러한 인명, 지명이 있다 해도 그 수가 극히 제한되어 있기 때문에 중국의 경우에 비례할 만한 규정을 둘 처지가 못 된다. 일본의 인명, 지명으로서 꼭 우리 한자음만으로 표기해야 할 것이 있다면, 제1장 제5항의 규정에 의하여 관용어로 특별히 사정해야 할 것이다.

중국 인명에 대한 과거와 현대의 구분은 대체로 종래와 같이 신해혁명(辛亥革命)을 분기점으로 한다. 다만 현대인이라 하더라도 우리 한자음으로 읽는 관행이 있는 인명에 대해서는 '장개석(蔣介石), 모택동(毛澤東)'과 같은 표기를 관용으로 허용할 수 있을 것이다. 이것은 지명의 경우 '상해(上海), 황하(黃河)'를 허용하는 것과도 통한다.

제4항은 중국 및 일본의 지명 가운데 한국 한자음으로 읽는 관용이 있는 것은 이를 허용하고 '東京'은 '도쿄, 동경'으로, '臺灣'은 '타이완, 대만' 등으로 적도록 하였다. 같은 중국 지명이라고 하더라도 '哈爾濱'같은 것은 원지음대로 '하얼빈'이라 하고 '합이빈'이라 하지도 않으며, 일본 지명의 '鹿兒島'를 '가고시마'라고 하지 '녹아도'라고 하지 않으나, 이런 사실에도 불구하고 한국 한자음으로 읽어온 전통을 살리고자 한 것이다.

제2절의 또 하나의 특징은 필요한 경우 한자를 병기하여 혼동을 피하게 한 점이다.

제 3 절 바다, 섬, 강, 산 등의 표기 세칙

제1항 바다는 '해(海)'로 통일한다.

| 보기 | 홍해, 발트해, 아라비아해

제2항 우리나라를 제외하고 섬은 모두 '섬'으로 통일한다.

| 보기 | 타이완섬, 코르시카섬 (우리나라 : 제주도, 울릉도)

제3항 한자 사용 지역(일본, 중국)의 지명이 하나의 한자로 되어 있을 경우, '강', '산', '호', '섬' 등은 겹쳐 적는다.

| 보기 | 온타케산(御岳) 주장강(珠江)

도시마섬(利島) 하야카와강(早川)
위산산(玉山)

제4항 지명이 산맥, 산, 강 등의 뜻이 들어 있는 것은 '산맥', '산', '강' 등을 겹쳐 적는다.

보기		
	Rio Grande 리오그란데강	Monte Rosa 몬테로사산
	Mont Blanc 몽블랑산	Sierra Madre 시에라마드레산맥

[해설] **제3절**은 지명 표기에서 생기는 부수적인 문제들에 대한 세부적 규정들을 제시한 것이다.

바다는 '해'(海)로 통일하고(**제1항**), 섬은 '도'와 '섬'으로 구분 표기하도록 했다.(**제2항**)

제3항은 한자를 기준으로 하나의 글자로 된 산이나 강 이름이 일반적인 것이 아니기 때문에, 일반적인 명칭을 따라 겹쳐 적도록 한 것이다.

제4항은 관용에 관계되는 항목이라 할 수 있을 것이다. 예를 들어, 'Mont blanc'의 경우 'Mont'이 '산'이라는 뜻이지만, '몽블랑' 전체의 고유 명사로 생각하는 것이 현실이므로, 거기에 다시 '산'을 붙여 '몽블랑산'이라 하고, 'Rio Grande'의 경우에도 'Rio'가 이미 '강'을 뜻하는 것이지만, '리오그란데'까지를 강의 이름으로 하고 거기에 다시 '강'자를 붙인다는 것이다.

[참고] 현행 「외래어 표기법」(1986)에 관한 해설은 국어 연구소(1986)과 이것을 옮겨 실은 이은정(1988), 대한교과서주식회사(1991)을 참조할 수 있다. 앞의 해설은 위의 참고문헌을 바탕으로 비교적 간략하고 평이하게 기술한 것이다.

★ 외래어 표기 용례

〈 A 〉

acacia	아카시아	academy	아카데미
accelerator	액셀러레이터	accent	악센트
accepter	억셉터	accessory	액세서리
accordion	아코디언	ace	에이스
acetone	아세톤	acetylene	아세틸렌
action	액션	adapter	어댑터
advantage	어드벤티지	aerobic dance	에어로빅 댄스
after service	애프터 서비스	Ainu	아이누
air conditioner	에어컨(디셔너)	airspray	에어스프레이
album	앨범	alcohol	알코올
algorism	알고리즘	alibi	알리바이
alkali	알칼리	Allergie	알레르기
all-in-one	올인원	almond	아몬드
alpha(α)	알파	alphabet	알파벳
Altai	알타이	aluminium	알루미늄
amalgam	아말감	amateur	아마추어
amateurism	아마추어리즘	ambulance	앰뷸런스
amino acid	아미노(산)	ammonium	암모늄
amoeba	아메바	amplifier	앰프(앰플리파이어)
analogue	아날로그	anchor	앵커
anemone	아네모네	angle	앵글
Anglo-Saxon	앵글로색슨	Angora	앙고라
animation	애니메이션	animism	애니미즘
announcer	아나운서	antenna	안테나
Apache	아파치	apartment	아파트
Apollo	아폴로	apostrophe	아포스트로피
apron	에이프런	Arab	아랍
arabesque	아라베스크	Arbeit	아르바이트
arc	아크	arcade	아케이드
arch	아치	area	에어리어
Arya	아리아(족)	ASEAN	아세안
ASPAC	아스팍	asphalt	아스팔트

aspirin	아스피린	assembly	어셈블리
atelier	아틀리에	audio	오디오
aurora	오로라	autobicycle	오토바이
automation	오토메이션		

〈 B 〉

Babel	바벨(탑)	baby powder	베이비 파우더
back	백	backhand	백핸드
back mirror	백미러	backup	백업
bacon	베이컨	bacteria	박테리아
badge	배지	badminton	배드민턴
bag	백	baking powder	베이킹 파우더
balance	밸런스	balcony	발코니
ball	볼	ballad	발라드
ballet	발레	ball point pen	볼펜
Balt	발트(족)	banana	바나나
band	밴드	Bantu	반투(족)
bar	바	barbecue	바비큐
bargain sale	바겐 세일	barometer	바로미터
baroque	바로크	barrel	배럴
barricade	바리케이드	bartender	바텐더
base	베이스	BASIC	베이식
basket	바스켓	Basque	바스크(족)
bass	배스	bat	배트
battery	배터리	batting	배팅
bazar	바자	BCG	비시지
beach parasol	비치 파라솔	beam	빔
beef cutlet	비프 커틀릿	beefsteak	비프스테이크
beige	베이지	bell	벨
belt	벨트	bench	벤치
benzene	벤젠	Berkshire	버크셔
best seller	베스트 셀러	beta(β)	베타
bikini	비키니	bill	빌
billboard	빌보드	binder	바인더
biscuit	비스킷	bit	비트
bite	바이트	black box	블랙 박스
blacklist	블랙리스트	blend	블렌드

blind	블라인드	block	블록
blocker	블로커	blocking	블로킹
blouse	블라우스	blue jeans	블루진
blues	블루스	board	보드
boat	보트	body building	보디 빌딩
boiler	보일러	Bolsheviki	볼셰비키
bolt	볼트	bond	본드
bongo	봉고	bonnet	보닛
bonus	보너스	boom	붐
boomerang	부메랑	booster	부스터
boots	부츠	boss	보스
bound	바운드	bourgeois	부르주아
bourgeoisie	부르주아지	bowling	볼링
box	박스	boxing	복싱
boycott	보이콧	boy scout	보이 스카우트
bra	브라	brace	브레이스
Brahman	브라만	brain	브레인
brake	브레이크	brandy	브랜디
brass band	브라스 밴드	brassiere	브래지어
bridge	브리지	brooch	브로치
brush	브러시	buckle	버클
buffet	뷔페	building	빌딩
bulldozer	불도저	bumper	범퍼
bungalow	방갈로	bunker	벙커
Burberry	바바리	burner	버너
bus	버스	Bushman	부시먼(족)
business	비즈니스	butane	부탄
butter	버터	button	버튼
buyer	바이어	buzzer	버저
Byzantine	비잔틴		

〈 C 〉

cabaret	카바레	cabinet	캐비닛
cable	케이블	cable car	케이블카
cacao	카카오	caddie	캐디
café	카페	caffeine	카페인
cake	케이크	calcium	칼슘

call taxi	콜택시	calorie	칼로리
camera	카메라	cameraman	카메라맨
camp	캠프	campaign	캠페인
campfire	캠프파이어	camping	캠핑
campus	캠퍼스	canaria	카나리아
candela	칸델라	candy	캔디
canoe	카누	cantabile	칸타빌레
cantata	칸타타	canvas	캔버스
canzone	칸초네	cap	캡
capsule	캡슐	caramel	캐러멜
carat	캐럿	carbon	카본
carburetor	카뷰레터	card	카드
card section	카드 섹션	car ferry	카페리
carnation	카네이션	carnival	카니발
carol	캐럴	carpet	카펫
case	케이스	casino	카지노
cassette	카세트	castanets	캐스터네츠
castella	카스텔라	caster	캐스터
casual	캐주얼	catalog	카탈로그
catcher	캐처	catchphrase	캐치프레이즈
catharsis	카타르시스	Catholic	가톨릭
catsup	케첩	celery	셀러리
cell	셀	cello	첼로
cellophane	셀로판	Celt	켈트(족)
cement	시멘트	census	센서스
cent	센트	center	센터
centering	센터링	centimeter	센티미터
ceramic	세라믹	chain	체인
chalk	초크	chameleon	카멜레온
champagne	샴페인	champion	챔피언
chance	찬스	chandelier	샹들리에
channel	채널	chanson	샹송
chapel	채플	chaos	카오스
chart	차트	chassis	섀시
chauvinism	쇼비니즘	check	체크
checklist	체크리스트	cheese	치즈
cheetah	치타	chemise	슈미즈
chicle	치클	chimpanzee	침팬지

china	차이나	chip	칩
chocolate	초콜릿	cholera	콜레라
cholesterol	콜레스테롤	chorus	코러스
chou a la crème	슈크림	Christmas	크리스마스
cider	사이다	cigar	시가
cinemascope	시네마스코프	circle	서클
circuit	서킷	circus	서커스
claim	클레임	clarinet	클라리넷
classic	클래식	climax	클라이맥스
clinch	클린치	clip	클립
close-up	클로즈업	clover	클로버
club	클럽	clutch	클러치
coach	코치	coat	코트
cobalt	코발트	cobra	코브라
cocaine	코카인	cocktail	칵테일
cocoa	코코아	coconut	코코넛
code	코드	coffee	커피
coffeepot	커피포트	coffee shop	커피숍
cognac	코냑	coil	코일
cola	콜라	cold cream	콜드 크림
collar	칼라	colon	콜론
color television	컬러 텔레비전	colosseum	콜로세움
column	칼럼	columnist	칼럼니스트
combination	콤비(네이션)	combine	콤바인
comedian	코미디언	comedy	코미디
comic	코믹	Cominform	코민포름
comma	콤마	commission	커미션
communication	커뮤니케이션	compact	콤팩트
compass	컴퍼스	complex	콤플렉스
component system	컴포넌트 시스템	computer	컴퓨터
concert	콘서트	concours	콩쿠르
concrete	콘크리트	condenser	콘덴서
condition	컨디션	condom	콘돔
condominium	콘도(미니엄)	contact lens	콘택트 렌즈
container	컨테이너	conte	콩트
control	컨트롤	cookie	쿠키
cooking foil	쿠킹 포일	corn chip	콘칩
corner kick	코너킥	corset	코르셋

cosmos	코스모스	counselor	카운슬러
counter	카운터	coup d'état	쿠데타
coupon	쿠폰	course	코스
court	코트	cover	커버
cowboy	카우보이	cracker	크래커
crane	크레인	crank	크랭크
crayon	크레용	craypas	크레파스
cream	크림	cream soup	크림 수프
credit card	크레디트 카드	cresol	크레졸
crossbar	크로스바	cross-country	크로스컨트리
crystal	크리스털	cup	컵
curried rice	카레 라이스	curry	카레
cursor	커서	curtain	커튼
curve	커브	cushion	쿠션
cut	컷	cut	커트(탁구)
cycle	사이클	cylinder	실린더
cymbals	심벌즈		

〈 D 〉

dahlia	달리아	dam	댐
dance	댄스	dancer	댄서
dash	대시	data	데이터
début	데뷔	décadence	데카당스
deck	덱	deflation	디플레이션
delta(δ)	델타	design	디자인
designer	디자이너	desk	데스크
dessert	디저트	dessin	데생
détente	데탕트	deuce	듀스
dial	다이얼	diamond	다이아몬드
diesel	디젤	diesel engine	디젤 엔진
digital	디지털	dilemma	딜레마
disco	디스코	disk	디스크
diving	다이빙	docking	도킹
documentary	다큐멘터리	dollar	달러
domino	도미노	door	도어
doping	도핑	dot print	도트 프린트
double bass	더블 베이스	double play	더블 플레이

doughnut	도넛	down	다운
dozen	다스	draft	드래프트
drama	드라마	dress	드레스
dribble	드리블	drill	드릴
drive	드라이브	driver	드라이버
drop	드롭	drops	드롭스
drum	드럼	dry cleaning	드라이 클리닝
dry ice	드라이 아이스	duet	듀엣
dumping	덤핑	dump truck	덤프 트럭

〈 E 〉

earphone	이어폰	echo	에코
Edelweiss	에델바이스	eight	에이트
elbow	엘보	elevator	엘리베이터
elite	엘리트	embossing	엠보싱
emerald	에메랄드	encore	앙코르
energy	에너지	engagement	앙가주망
engine	엔진	engineer	엔지니어
enquête	앙케트	ensemble	앙상블
entropy	엔트로피	epée	에페
epilogue	에필로그	episode	에피소드
erg	에르그	error	에러
escalator	에스컬레이터	Eskimo	에스키모
Esperanto	에스페란토	essay	에세이
essence	에센스	ethyl	에틸
etiquette	에티켓	euphony	유포니
extra	엑스트라	eyeshadow	아이섀도

〈 F 〉

facsimile	팩시밀리	fade-in	페이드인
fade-out	페이드아웃	fan	팬
fanfare	팡파르	fascio	파쇼
fascism	파시즘	fascist	파시스트
fashion	패션	fault	폴트
feet	피트	feint	페인트
fencing	펜싱	fiction	픽션

field	필드	fieldwork	필드워크
figure skating	피겨 스케이팅	filament	필라멘트
file	파일	film	필름
finale	피날레	flamingo	플라밍고
flash	플래시	flat	플랫
floor	플로어	floppy disk	플로피 디스크
fly	플라이	folk dance	포크 댄스
folk song	포크 송	font	폰트
footwork	풋워크	forehand	포어핸드
fork	포크	format	포맷
forward	포워드	foul	파울
foundation	파운데이션	fraktsiya	프락치
free kick	프리킥	front	프런트
frontier	프런티어	frypan	프라이팬
fullback	풀백	fuse	퓨즈

〈 G 〉

gag	개그	gagman	개그맨
gallery	갤러리	gallon	갤런
game	게임	gamma(ɣ)	감마
gang	갱	gap	갭
gas	가스	gasoline	가솔린
gas range	가스 레인지	GATT	가트
gauge	게이지	gauze	거즈
gear	기어	genre	장르
Gipsy	집시	girdle	거들
girl scout	걸 스카우트	giro	지로
glamour	글래머	glass	글라스
glider	글라이더	glove	글러브
goal	골	goal in	골인
goalkeeper	골키퍼	goal kick	골킥
golf	골프	gondola	곤돌라
gong	공	gorilla	고릴라
Gothic	고딕	gown	가운
gram	그램	grand prix	그랑 프리
graph	그래프	graphic design	그래픽 디자인
greenbelt	그린벨트	grill	그릴
ground	그라운드	group	그룹

guard	가드	guerilla	게릴라
guide	가이드	Guinness Book	기네스 북
guitar	기타	gum	껌

〈 H 〉

hair drier	헤어 드라이어	hairstyle	헤어스타일
halfback	하프백	hall	홀
ham	햄	hamburger	햄버거
hammer	해머	handbag	핸드백
handball	핸드볼	handicap	핸디캡
handle	핸들	hardware	하드웨어
harmonica	하모니카	harmony	하모니
harp	하프	hat	해트
hatch	해치	headlight	헤드라이트
headphone	헤드폰	hearth	하스
heater	히터	heavy	헤비
helicopter	헬리콥터	helmet	헬멧
heroin	헤로인	hi-fi	하이파이
highlight	하이라이트	hiking	하이킹
hint	힌트	hippie	히피
hit	히트	hockey	하키
holder	홀더	hole	홀
home	홈	homeroom	홈룸
home run	홈런	hood	후드
hormone	호르몬	hostel	호스텔
hot dog	핫도그	hotel	호텔
hot line	핫라인	house	하우스
hula-hoop	훌라후프	humanism	휴머니즘
humor	유머	humorous	유머러스
hurdle	허들	hyphen	하이픈
Hysterie	히스테리		

〈 I 〉

icebox	아이스박스	ice	아이스크림
ice dancing	아이스 댄싱	idea	아이디어
Ideologie	이데올로기	image	이미지

imitation	이미테이션	inch	인치
incourse	인코스	index	인덱스
Indian	인디언	inflation	인플레(이션)
influenza	인플루엔자	ink	잉크
inkstand	잉크스탠드	insulin	인슐린
interchange	인터체인지	intern	인턴
interior	인테리어	interphone	인터폰
interpol	인터폴	interview	인터뷰
ion	이온	irony	아이러니
Islam	이슬람	italic	이탤릭
ivory	아이보리		

〈 J 〉

jacket	재킷	jackknife	잭나이프
jam	잼	jamboree	잼버리
jazz	재즈	jean	진
jeep	지프	jelly	젤리
jet	제트	jinx	징크스
jitterbug	지터버그/지르박	jod	요오드
jogging	조깅	journal	저널
journalist	저널리스트	judge	저지
juice	주스	jumbo	점보
jump	점프	jumper	잠바/점퍼
jungle	정글	junior	주니어

〈 K 〉

kangaroo	캥거루	Kapsel	캅셀
kent	켄트(지)	ketchup	케첩
key	키	khaki	카키
kick	킥	kilogram	킬로그램
kilometer	킬로미터	kiss	키스
knife	나이프	knit	니트
knock	노크	knockdown	녹다운
knockout	녹아웃	knot	노트
know-how	노하우	KO	케이오

〈 L 〉

label	라벨/레이블	lace	레이스
lambda(λ)	람다	lamp	램프
lantern	랜턴	lap	랩
laser	레이저	last spurt	라스트 스퍼트
Latin	라틴	lauan	나왕
lay-up shoot	레이업 슛	leadership	리더십
league	리그	leisure	레저
lemon	레몬	lens	렌즈
lesson	레슨	level	레벨
license	라이선스	light	라이트
lighter	라이터	lilac	라일락
line	라인	lingerie	란제리
linker	링커	lipstick	립스틱
list	리스트	liter	리터
litmus	리트머스	lobby	로비
lobbyist	로비스트	locker room	라커룸
log	로그	loop	루프
lounge	라운지	love	러브
lux	럭스		

〈 M 〉

macaroni	마카로니	magic ink	매직 잉크
magma	마그마	mahogany	마호가니
mammoth	매머드	manager	매니저
manhole	맨홀	manicure	매니큐어
mannequin	마네킹	manner	매너
mannerism	매너리즘	manteau	망토
marathon	마라톤	margarine	마가린
margin	마진	marihuana	마리화나
mark	마크	marketing	마케팅
marronnier	마로니에	mascot	마스코트
maser	메이저	mask	마스크
massage	마사지	masscommunication	매스컴(매스커뮤니케이션)
mass game	매스 게임	mass media	매스 미디어
master	마스터	mat	매트

mayonnaise	마요네즈	mechanism	메커니즘
medal	메달	medias	메리야스
medley	메들리	megaphone	메가폰
melodrama	멜로드라마	melody	멜로디
melon	멜론	memo	메모
menu	메뉴	mes	메스
message	메시지	meter	미터
methyl	메틸	mezzo soprano	메조 소프라노
microcomputer	마이크로컴퓨터	microfilm	마이크로필름
micron	미크론	microphone	마이크(로폰)
middle	미들	mile	마일
milk shake	밀크 셰이크	millimeter	밀리미터
mineral	미네랄	miniskirt	미니스커트
mink	밍크	minuet	미뉴에트
minus	마이너스	missa	미사
missile	미사일	mixer	믹서
model	모델	modernism	모더니즘
monitor	모니터	monkey spanner	멍키 스패너
monodrama	모노드라마	montage	몽타주
mook	무크	mosaic	모자이크
motive	모티브	motor	모터
motto	모토	mound	마운드
mouthpiece	마우스피스	mu(μ)	뮤
muffler	머플러	musical	뮤지컬

〈 N 〉

napkin	냅킨	narration	내레이션
NATO	나토	Nazis	나치스
Nazism	나치즘	necktie	넥타이
nectar	넥타	Negro	니그로
neon	네온	neon sign	네온 사인
net	네트	network	네트워크
neuron	뉴런	Neurose	노이로제
news	뉴스	nichrome	니크롬
nickel	니켈	nicotine	니코틴
nightclub	나이트클럽	nonfiction	논픽션
nonsense	난센스	note	노트
nozzle	노즐	nuance	뉘앙스

nu(v)	뉴	nude	누드
number	넘버	nylon	나일론

〈 O 〉

oasis	오아시스	offer	오퍼
offset	오프셋	offside	오프사이드
ohm(Ω)	옴	oil	오일
olive	올리브	olympic	올림픽
omega(ω)	오메가	omelet	오믈렛
one-piece	원피스	opera	오페라
operator	오퍼레이터	orange	오렌지
orang-utan	오랑우탄	orchestra	오케스트라
organ	오르간	oriental	오리엔탈
orientation	오리엔테이션	ounce	온스
out	아웃	oven	오븐
overcoat	오버코트	overlap	오버랩
overthrow	오버스로	ozone	오존

〈 P 〉

pace	페이스	pack	팩
package	패키지	pad	패드
page	페이지	Pagoda	파고다
paint	페인트	pajamas	파자마
palette	팔레트	pamphlet	팸플릿
pan	팬	panorama	파노라마
pansy	팬지	pantalon	판탈롱
panties	팬티	pao	빵
papyrus	파피루스	parade	퍼레이드
paradox	패러독스	parameter	파라미터
parasol	파라솔	parka	파카
partizan	빨치산/파르치산	partner	파트너
party	파티	pass	패스
pastel	파스텔	pathos	파토스/페이소스
pattern	패턴	payloader	페이로더
pechka	페치카	pedal	페달
pen	펜	penalty kick	패널티 킥
pence	펜스	PEN club	펜 클럽

penguin	펭귄	pennant	페넌트
penny	페니	pen pal	펜팔
percent	퍼센트	period	피리어드
personal computer	퍼스널 컴퓨터	phi(ϕ)	파이(피)
pianist	피아니스트	piano	피아노
pickup	픽업	picnic	피크닉
pie	파이	pilot	파일럿
piment	피망	pin	핀
pincette	핀셋	pinchers	펜치
pineapple	파인애플	pink	핑크
pipe	파이프	pipeline	파이프라인
pipet	피펫	piston	피스톤
pitcher	피처	pizza	피자
placard	플래카드	plankton	플랑크톤
plant	플랜트	plastic	플라스틱
platanus	플라타너스	platform	플랫폼
plot	플롯	plug	플러그
pocket	포켓	poclain	포클레인
pole	폴	polka	폴카
pomade	포마드	pool	풀
popcorn	팝콘	poplar	포플러
poplin	포플린	pop song	팝송
pose	포즈	post	포스트
poster	포스터	pound	파운드
powder	파우더	power	파워
premium	프리미엄	pride	프라이드
printer	프린터	prism	프리즘
privacy	프라이버시	processor	프로세서
producer	프로듀서	professional	프로(페셔널)
profile	프로필	program	프로그램
project	프로젝트	proletariat	프롤레타리아
propane	프로판	propeller	프로펠러
protestant	프로테스탄트	pudding	푸딩
pulp	펄프	puma	퓨마
pump	펌프	punch	펀치
pyramid	피라미드		

〈 Q 〉

quater	쿼터	queen	퀸
quiz	퀴즈	Quo Vadis	쿠오 바디스

〈 R 〉

race	레이스	racket	라켓
radar	레이더	radial	레이디얼
radiator	라디에이터	radio	라디오
rayon	레이온	reader	리더
realism	리얼리즘	rear car	리어카
rebound	리바운드	reception	리셉션
recital	리사이틀	record	레코드
recreation	레크리에이션	reed	리드
referee	레퍼리	register	레지스터
rehearsal	리허설	relay	릴레이
relief	릴리프	remicon	레미콘
Renaissance	르네상스	rendez-vous	랑데부
rent-a-car	렌터카	repertory	레퍼토리
report	리포트	reportage	르포(르타주)
resident	레지던트	resistance	레지스탕스
restaurant	레스토랑	rheumatism	류머티즘
rho(ρ)	로	rhythm	리듬
rhythmical	리드미컬	ribbon	리본
ring	링	rinse	린스
rival	라이벌	robot	로봇
rock	록	rocket	로켓
rock'n'roll	로큰롤	roman	로망
romance	로맨스	romantic	로맨틱
root	루트	rope	로프
rotary	로터리	rotation	로테이션
round	라운드	route	루트
royal jelly	로열 젤리	royalty	로열티
ruby	루비	rucksack	룩색
rugby	럭비	running shirts	러닝 셔츠/~샤쓰
rush	러시		

〈 S 〉

Sabotage	사보타주	sadism	사디즘
sadist	사디스트	safe	세이프
salad	샐러드	sale	세일
salesman	세일즈맨	salon	살롱
sample	샘플	sandal	샌들
sandbag	샌드백	sandwich	샌드위치
Sanskrit	산스크리트	Santa Claus	산타 클로스
sapphire	사파이어	sash	새시
sauce	소스	sausage	소시지
saxophone	색소폰	scalar	스칼라
scale	스케일	scarf	스카프
scenario	시나리오	scene	신
schedule	스케줄	score	스코어
Scotch tape	스카치 테이프	scout	스카우트
scrapbook	스크랩북	screen	스크린
scuba	스쿠버	seal	실
searchlight	서치라이트	season	시즌
seat	시트	second	세컨드
seesaw	시소	self-service	셀프서비스
seminar	세미나	sense	센스
sensor	센서	series	시리즈
serve	서브	service	서비스
set	세트	setter	세터
shadow	섀도	shamanism	샤머니즘
shampoo	샴푸	sharp pencil	샤프 펜슬
shawl	숄	shepherd	셰퍼드
Shia	시아	shilling	실링
shirts	셔츠/샤쓰	shock	쇼크
shoot	슛	shopping	쇼핑
show	쇼	shower	샤워
showmanship	쇼맨십	show window	쇼 윈도
shutter	셔터	shuttlecock	셔틀콕
sigma(σ)	시그마	sign	사인
signal	시그널	silhouette	실루엣
silk	실크	sine	사인
single	싱글	sink	싱크

siren	사이렌	situation	시추에이션
size	사이즈	skate	스케이트
sketch	스케치	ski	스키
skirt	스커트	skunk	스컹크
slate	슬레이트	slice	슬라이스
slide	슬라이드	slipper	슬리퍼
slogan	슬로건	slot	슬롯
slump	슬럼프	smog	스모그
snack	스낵	snap	스냅
snow tire	스노 타이어	socket	소켓
sofa	소파	software	소프트웨어
solo	솔로	sonata	소나타
soup	수프	space	스페이스
spaghetti	스파게티	spark	스파크
sparring	스파링	speaker	스피커
spectrum	스펙트럼	speed	스피드
sphinx	스핑크스	spike	스파이크
spin	스핀	sponge	스펀지
spoon	스푼	sports	스포츠
spotlight	스포트라이트	spot news	스폿 뉴스
sprayer	스프레이어	spring	스프링
sprinkler	스프링클러	sprinter	스프린터
spy	스파이	squeeze	스퀴즈
stadium	스타디움	staff	스태프
stamp	스탬프	stand	스탠드
standard	스탠더드	star	스타
start	스타트	steak	스테이크
steam	스팀	step	스텝
stereo	스테레오	stewardess	스튜어디스
stick	스틱	stop	스톱
story	스토리	stove	스토브
straight	스트레이트	stress	스트레스
strike	스트라이크	studio	스튜디오
style	스타일	Styropor	스티로폴
sunglass	선글라스	supermarket	슈퍼마켓
surfing	서핑	surrealism	쉬르리얼리즘
suspense	서스펜스	sweater	스웨터
swing	스윙	switch	스위치

symbol	심벌	symphony	심포니
symposium	심포지엄	syrup	시럽
system	시스템		

〈 T 〉

table	테이블	taboo	터부
tackle	태클	tag	태그
talent	탤런트	Talmud	탈무드
tango	탱고	tank	탱크
tap	탭	tape	테이프
target	타깃	taxi	택시
team	팀	teamwork	팀워크
technique	테크닉	telepathy	텔레파시
television	텔레비전	telex	텔렉스
tempo	템포	tennis	테니스
tenor	테너	tent	텐트
terminal	터미널	terrace	테라스
terrorist	테러리스트	text	텍스트
Thema	테마	These	테제
theta(Θ)	세타	thrill	스릴
throw	스로	ticket	티켓
tie	타이	tights	타이츠
tile	타일	timer	타이머
tip	팁	tire	타이어
title	타이틀	TNT	티엔티
toast	토스트	toe kick	토 킥
token	토큰	tollgate	톨게이트
tomato	토마토	top spin	톱스핀
toss	토스	total	토털
totemism	토테미즘	touch	터치
tournament	토너먼트	towel	타월
tower	타워	track	트랙
tractor	트랙터	trailer	트레일러
trainer	트레이너	transistor	트랜지스터
trap	트랩	tree	트리
triangle	트라이앵글	trick	트릭
trio	트리오	trophy	트로피

truck	트럭	trump	트럼프
trunk	트렁크	try	트라이
tube	튜브	tulip	튤립
tumbling	텀블링	Tungus	퉁구스
tunnel	터널	two-piece	투피스
type	타입	type	타이프(타자)
typist	타이피스트		

〈 U 〉

Umlaut	움라우트	UN	유엔
uniform	유니폼	union	유니언
unit	유닛	Universiade	유니버시아드
uppercut	어퍼컷	utility	유틸리티
utopia	유토피아		

〈 V 〉

vacance	바캉스	vaccine	백신
valve	밸브	vanilla	바닐라
varnish	니스/바니시	vaseline	바셀린
veil	베일	Venus	비너스
veranda	베란다	vice	바이스
video	비디오	vinyl	비닐
violin	바이올린	virus	바이러스
visa	비자	vision	비전
vitamin	비타민	volley	발리
volume	볼륨		

〈 W 〉

wagon	왜건	waiter	웨이터
waitress	웨이트리스	walkie-talkie	워키토키
walking	워킹	waltz	왈츠
warming up	워밍업	watt(ω)	와트
wedding dress	웨딩 드레스	weight training	웨이트 트레이닝
wheelchair	휠체어	whiskey	위스키

whistle	휘슬	white-collar	화이트 칼라
whiteshirts	와이셔츠/~샤쓰	wink	윙크
wiper	와이퍼	wire	와이어
wit	위트	wool	울
word processor	워드 프로세서	world cup	월드컵
wrestling	레슬링		

〈 X 〉

Xerox	제록스	x-ray	엑스레이
xylophone	실로폰		

〈 Y 〉

yacht	요트	yard	야드
yellow card	옐로 카드	yodel	요들
yoga	요가	yogurt	요구르트
Yorkshire	요크셔	youth hostel	유스 호스텔

〈 Z 〉

zero	제로	zigzag	지그재그
Zionism	시오니즘	zipper	지퍼
zone	존	zoom lens	줌 렌즈

[참고] 앞의 외래어 표기의 용례는 현행 「외래어 표기법」(1986)에 따라 표기된 국어 연구소(1988ㄷ)에서 발췌한 것이다. 이와 함께 더 자세한 것은 이은정(1988), 이희승 · 안병희(1989)에 실린 용례를 참조할 수 있다. 한편 북구권의 지명과 인명의 표기는 국립국어연구원(1995)를 참조할 수 있다.

그리고 현행 정서법 규정 중에서 현실의 언어생활에서 가장 오류가 많은 것 중의 하나가 외래어 표기에 관한 것이므로, 위의 용례에 대해서도 유의하여 알아 둘 필요가 있다.

[국어의 로마자 표기법](2000)

제 1 장 표기의 기본 원칙

> **제1항** 국어의 로마자 표기는 국어의 표준 발음법에 따라 적는 것을 원칙으로 한다.
>
> **제2항** 로마자 이외의 부호는 되도록 사용하지 않는다.

[해설] 제1장은 국어의 로마자 표기법의 기본 원칙을 규정한 것이다.(제Ⅰ부 6.1절 5)항 참조) **제1항**의 로마자 표기를 표준 발음에 따라 적는다는 원칙은 종전의 정자법, 즉 맞춤법에 따른 음소 표기에서 표음주의, 즉 음성 표기로 바뀐 것이다. 한글 맞춤법은 발음대로 적되 형태소를 밝히어 적음을 원칙으로 하고 있기 때문에 발음과 표기가 어긋나는 것이 많다. 예를 들면, '독립문(獨立門)'과 '종로(鐘路)'는 종전에 'Doglibmun'과 'Jongro'로 쓰기도 하였으나, 실제 발음은 [동님문]과 [종노]이다. 외국인에게는 맞춤법에 따른 표기보다 실지 발음을 그대로 적은 것이 더 타당하다. 그래서 이 규정은 표음주의적 원칙에 따라 국어의 표준 발음에 따라 'Dongnimmun'과 'Jongno'로 표기하도록 한 것이다.(국어의 표준 발음은 「표준어 규정」(1988)의 '제2부 표준 발음법'에 규정되어 있다.)

제2항은 로마자 이외의 새로운 부호를 사용하지 않음을 규정한 것이다. 로마자는 a부터 z까지의 26 글자인데, 한국어는 단모음 10개, 이중 모음 11개로 모음이 모두 21개 그리고 자음이 19개이다. 이렇게 한국어의 글자 수와 로마자의 글자 수는 다르기 때문에 로마자는 한국어를 적기에 적합하지 않다. 그런 로마자로 한국어를 적기 위해서는 특별한 수단이 필요하다. 모음의 경우에 로마자에는 a, e, i, o, u의 다섯 글자밖에 없지만 한국어에는 'ㅏ, ㅓ, ㅗ, ㅜ, ㅡ, ㅣ, ㅐ, ㅔ, ㅚ, ㅟ'의 10 모음이 있다.

그리하여 종전에는 'ㅓ, ㅡ'를 'ŏ, ŭ'로 하여 부호(반달표)를 붙여 쓰고, 자음의 경우에도 'ㅋ, ㅌ, ㅍ, ㅊ' 등을 각각 'k', t', p', ch'' 등으로 부호(어깨점)을 쓰도록 했다. 그러나 한국어는 고유의 문자인 한글이 있고 로마자는 제한적으로만 쓰이기 때문에 굳이 한국어에만 특유한 부호를 고집할 필요가 없다. 낯선 부호는 무슨 의미인지 이해할 수 없어 시각적으로 거부감을 줄 뿐 아니라 컴퓨터 등에서 사용하는 데 당장 문제를 낳기 때문에 없는 것이 좋다.

제2장 표기 일람

제1항 모음은 다음 각 호와 같이 적는다.

1. 단모음

ㅏ	ㅓ	ㅗ	ㅜ	ㅡ	ㅣ	ㅐ	ㅔ	ㅚ	ㅟ
a	eo	o	u	eu	i	ae	e	oe	wi

2. 이중 모음

ㅑ	ㅕ	ㅛ	ㅠ	ㅒ	ㅖ	ㅘ	ㅙ	ㅝ	ㅞ	ㅢ
ya	yeo	yo	yu	yae	ye	wa	wae	wo	we	ui

[**붙임** 1] 'ㅢ'는 'ㅣ'로 소리 나더라도 'ui'로 적는다.

보기 광희문 Gwanghuimun

[**붙임** 2] 장모음의 표기는 따로 하지 않는다.

제2항 자음은 다음 각 호와 같이 적는다.

1. 파열음

ㄱ	ㄲ	ㅋ	ㄷ	ㄸ	ㅌ	ㅂ	ㅃ	ㅍ
g, k	kk	k	d, t	tt	t	b, p	pp	p

2. 파찰음

ㅈ	ㅉ	ㅊ
j	jj	ch

3. 마찰음

ㅅ	ㅆ	ㅎ
s	ss	h

4. 비음

ㄴ	ㅁ	ㅇ
n	m	ng

5. 유음

ㄹ
r, l

[붙임 1] 'ㄱ, ㄷ, ㅂ'은 모음 앞에서는 'g, d, b'로, 자음 앞이나 어말에서는 'k, t, p'로 적는다.([ ] 안의 발음에 따라 표기함.)

보기 구미 Gumi 영동 Yeongdong 백암 Baegam
옥천 Okcheon 합덕 Hapdeok 호법 Hobeop
월곶[월곧] Wolgot 벚꽃[벋꼳] Beotkkot
한밭[한받] Hanbat

[붙임 2] 'ㄹ'은 모음 앞에서는 'r'로, 자음 앞이나 어말에서는 'l'로 적는다. 단, 'ㄹㄹ'은 'll'로 적는다.

보기 구리 Guri 설악 Seorak 칠곡 Chilgok
임실 Imsil 울릉 Ulleung 대관령[대괄령] Daegwallyeong

[해설] **제2장**은 국어의 로마자 표기에서 국어 음소와 로마자를 서로 대조하여 표로 제시하고 있다.(제1부 6.2.4절 참조)

제1항의 모음의 예는 앞의 설명과 같이 'ㅓ, ㅡ'를 종전에는 'o, u'에 반달표를 넣어 'ŏ, ŭ'로 표기하였는데, 각각 'eo, eu' 표기하도록 한 것이 특징이다. 또한 글자 'ㅢ'는 그 앞에 자음이 왔을 때에 [ㅣ]로만 발음하도록 표준 발음법에 규정되어 있어서, '희'는 [히]로만 발음한다. 그러나 로마자 표기를 할 때에는 '의' 자체가 'ui'이므로 '희'를 'hi'가 아닌 'hui'로 적도록 하였다. 표준 발음법을 따르는 것을 원칙으로 하였지만 어원 의식을 무시할 수 없기 때문에 예외를 인정한 것이다.

제2항은 자음에서의 가장 큰 문제가 'ㄱ, ㄷ, ㅂ' 등을 어떻게 표기하는가에 있음을 보여 준다. 이것은 자음 체계의 차이에서 비롯되는 것으로, 국어에는 유성음과 무성음의 구별이 없어서 'ㄱ, ㄷ, ㅂ'이 언제나 하나로 보이지만, 무성음과 유성음의 대립이 엄격히 존재하는 외국어에서는 '감기[kamgi], 단도[tando]' 등의 예에서의 'ㄱ, ㄷ'음이 두 가지로 구분되어 파악되는 것이다. 그리고 국어에선 'ㄱ'과 'ㅋ', 'ㄷ'과 'ㅌ'이 분명히 다른 음운이지만, 이러한 구별이 없는 외국어가 많이 있다. 따라서 이런 음운 구조의 차이를 어떻게 조절하느냐가 가장 문제가 되는 것이다.(제Ⅰ부 6.1절 5)항 참조)

종전에는 'ㄱ(k, g)-ㄲ(kk)-ㅋ(k'), ㄷ(t, d)-ㄸ(tt)-ㅌ(t'), ㅂ(p, b)-ㅃ(pp)-ㅍ(p')'의 체계로 되었으나, 이 규정은 'ㄱ(g, k)-ㄲ(kk)-ㅋ(k), ㄷ(d, t)-ㄸ(tt)-ㅌ(t), ㅂ(b, p)-ㅃ(pp)-ㅍ(p)'로 바꾼 것이다. 그런데 파찰음 'ㅈ(j), ㅉ(jj), ㅊ(ch)'로 대응된다. 특히 국어에서 받침 'ㄷ, ㅅ, ㅆ, ㅈ, ㅊ, ㅌ'은 어말에서 대표음 [ㄷ]으로 중화된다. 예를 들어, '곧, 옷, 젖, 빛, 밭'의 발음은 '[곧], [옫], [젇], [빋], [받]'이며, 이런 발음을 따라 표기하는 것이

다. 이것은 겹받침의 경우에도 마찬가지여서, 예를 들어 '삯', '여덟', '삶', '값' 등을 표기할 경우 이들의 발음은 '[삭], [여덜], [삼], [갑]'이므로 'sak, yeodeol, sam, gap'으로 적는다.

그리고 유성음 'ㄹ'을 'r, l' 두 가지 경우로 나누어 표기하도록 하였는데, 모음 앞에서는 'r', 자음 앞이나 어말에서는 'l'이 된다. 다만, 'ㄹㄹ'이 올 경우에는 'll'로 적는데, 따라서 '대관령[대괄령]'과 같은 경우는 'Daegwallyeong'이 된다.

제 3 장 표기상의 유의점

제1항 음운 변화가 일어날 때에는 변화의 결과에 따라 다음 각 호와 같이 적는다.

1. 자음 사이에서 동화 작용이 일어나는 경우

보기 백마[뱅마] Baengma 신문로[신문노] Sinmunno
종로[종노] Jongno 왕십리[왕심니] Wangsimni
별내[별래] Byeollae 신라[실라] Silla

2. 'ㄴ, ㄹ'이 덧나는 경우

보기 학여울[항녀울] Hangnyeoul 알약[알략] allyak

3. 구개음화가 되는 경우

보기 해돋이[해도지] haedoji 같이[가치] gachi
굳히다[구치다] guchida

4. 'ㄱ, ㄷ, ㅂ, ㅈ'이 'ㅎ'과 합하여 거센소리로 소리 나는 경우

보기 좋고[조코] joko 놓다[노타] nota
잡혀[자펴] japyeo 낳지[나치] nachi

다만, 체언에서 'ㄱ, ㄷ, ㅂ' 뒤에 'ㅎ'이 따를 때에는 'ㅎ'을 밝혀 적는다.

보기 묵호 Mukho 집현전 Jiphyeonjeon

[붙임] 된소리되기는 표기에 반영하지 않는다.

보기 압구정 Apgujeong 낙동강 Nakdonggang
죽변 Jukbyeon 낙성대 Nakseongdae
합정 Hapjeong 팔당 Paldang
샛별 saetbyeol 울산 Ulsan

[해설] 제3장은 구체적인 국어의 로마자 표기에서 유의할 점을 규정한 것이다.

제1항은 음운 변화가 일어날 때에는 변화된 결과에 따라 적는다는 것이다. 이것은 제1장 제1항의 기본 원칙에 따른 것이다. 다만, 된소리되기의 경우 예를 들어 '울산'이라 적지만 누구나 발음은 [울싼]이다. 발음에 따라 적는 원칙을 고수하면 'Ulssan'이 되어야 한다. 그러나 '울산'을 'Ulssan'으로 적어 온 전통이 없고 'Ulsan'으로 적어서 문제를 낳은 적도 없다. 그런데 발음이 명확하지 않은 경우도 많다. 예컨대 '당고개'의 경우 발음이 [당꼬개]인지 [당고개]인지 의견이 분분하여 가리기가 쉽지 않다. 그리하여 표기의 안정을 위하여는 발음이 희생되는 한이 있더라도 된소리되기는 표기에 반영하지 않기로 한 것이다.

제2항 발음상 혼동의 우려가 있을 때에는 음절 사이에 붙임표(-)를 쓸 수 있다.

보기				
	중앙	Jung-ang	반구대	Ban-gudae
	세운	Se-un	해운대	Hae-undae

[해설] **제2항**은 발음상 혼동의 우려가 있을 때나, 기타 분절의 필요가 있을 때는 '-'(붙임표)를 쓰게 한 것이다. 예를 들어, '해운대'를 'Haeundae'로 쓰면 '하은대'로 읽을 수도 있다. 이런 경우에 '해'와 '운' 사이에 붙임표를 넣어 'Hae-undae'로 쓸 수 있도록 하였다. 그리고 자음의 경우에도 'ㅇ'은 'ng'로 쓰기 때문에 다음에 모음이 이어 나오면 발음에 혼선이 생길 수 있다. '홍익'을 'Hongik'으로 적으면 '혼긱'으로 읽을 가능성이 있으므로 'Hong-ik'으로 쓸 수 있도록 한 것이다. 그러나 이는 의무 사항이 아니며, 굳이 음절 구분을 하고자 할 경우에만 붙임표를 넣고 일반적으로는 넣지 않는다.

제3항 고유 명사는 첫 글자를 대문자로 적는다.

보기				
	부산	Busan	세종	Sejong

[해설] **제3항**은 일반적으로 로마자를 문자로 쓰는 언어권에서 고유 명사는 첫 글자를 대문자로 적는데, 이러한 일반적 관례를 따른 것이다.

제4항 인명은 성과 이름의 순서로 띄어 쓴다. 이름은 붙여 쓰는 것을 원칙으로 하되 음절 사이에 붙임표(-)를 쓰는 것을 허용한다.(( )안의 표기를 허용함.)

보기 민용하 Min Yongha (Min Yong-ha)
송나리 Song Nari (Song Na-ri)

(1) 이름에서 일어나는 음운 변화는 표기에 반영하지 않는다.

보기 한복남 Han Boknam (Han Bok-nam)
홍빛나 Hong Bitna (Hong Bit-na)

(2) 성의 표기는 따로 정한다.

[해설] **제4항**은 성과 이름의 로마자 표기에 관한 것이다. 한국을 포함하여 중국이나 일본에서는 인명을 성과 이름의 순서로 쓴다. 로마자 표기의 경우 중국에서는 원칙적으로 성을 먼저 쓰는데, 일본은 그 반대이지만 최근에 성을 먼저 쓰려는 움직임도 있다. 이 규정에서는 한국 인명의 로마자 표기는 한국어에서의 순서대로 하는 것을 원칙으로 삼았다.

그리고 이름은 대개 두 글자인데 글자마다 의미가 있다. 특히 항렬을 따르는 경우가 많아서 두 글자를 구별하려는 경향도 있다. 이에 따라 이름은 음절 사이의 표시를 없애는 것을 원칙으로 하고, 굳이 표기하고자 하는 경우에 붙임표를 쓰도록 허용한 것이다. 또한 이름에서 일어나는 음운 변화는 표기에 반영하지 않는다. 예컨대 '복남[봉남]'이와 '봉남[봉남]'이를 발음이 같다고 해서 똑같이 'Bongnam'이라 적기는 어렵다. 특히 항렬이 존재하기 때문에 인명은 지명과 달리 글자 하나하나를 따로 표기하기로 한 것이다.

성(姓)은 표기법대로 따르라고 하기 어려운 경우가 많다. '이'는 'I', '오'는 'O', '우'는 'U'가 되는데 그렇게 쓰는 사람이 사실상 없는 형편이다. '김', '박'의 경우에도 'Gim', 'Bak'으로 쓰는 사람은 극소수에 불과하고, 'Kim', 'Park'으로 쓰는 사람이 대부분이다. 물론 표기법에 따르도록 하는 것이 제일 좋으나 오래도록 여권, 신용카드, 명함, 논문 등에서 써 온 것을 새롭게 바꾸게 하는 것은 거의 불가능에 가깝다. 그리하여 성의 표기는 관습을 인정할 필요가 있는 것이다. 또한 성의 표기는 어학자들만이 모여서 결정할 일이 아니고 해당 성씨에 속하는 이들을 포함한 폭 넓은 의견 수렴이 필요하기 때문에 앞으로 따로 정하기로 한 것이다.

제5항 '도, 시, 군, 구, 읍, 면, 리, 동'의 행정 구역 단위와 '가'는 각각 'do, si, gun, gu, eup, myeon, ri, dong, ga'로 적고, 그 앞에는 붙임표(-)를 넣는다. 붙임표(-) 앞뒤에서 일어나는 음운 변화는 표기에 반영하지 않는다.

보기 충청북도 Chungcheongbuk-do 제주도 Jeju-do

의정부시 Uijeongbu-si	양주군 Yangju-gun
도봉구 Dobong-gu	신창읍 Sinchang-eup
삼죽면 Samjuk-myeon	인왕리 Inwang-ri
당산동 Dangsan-dong	봉천 1동 Bongcheon 1(il)-dong
종로 2가 Jongno 2(i)-ga	퇴계로 3가 Toegyero 3(sam)-ga

[붙임] '시, 군, 읍'의 행정 구역 단위는 생략할 수 있다.

보기 청주시 Cheongju 함평군 Hampyeong 순창읍 Sunchang

[해설] **제5항**은 행정 구역 단위명을 고정시키고, 그 앞에 '-'를 넣어 붙여 쓴다는 것이다. 즉, '도'의 예로 보면 '충청북도(Chungcheongbuk-to), 제주도(Jeju-do)' 등으로 'to, do'의 두 가지 발음으로 나오지만, 'do' 하나로 고정시킨다는 뜻이다. '리'의 경우도 '상리'는 발음이 [상니]이고 '현리'는 [혈리], '하리'는 [하리]여서 별도의 규정이 없다면 각각 'Sang-ni', 'Hyeol-li', 'Ha-ri'가 된다. 이렇게 되면 '리'가 하나의 행정 구역 단위임을 이해하기 어렵기 때문에 발음상 괴리가 있더라도 모음 다음에 오는 'ㄹ'을 대표로 삼아 'ri'로 고정한 것이다. '면(面)'의 경우에도 붙임표 앞뒤에서 음운 변화가 일어날 수 있는데 음운 변화가 일어나더라도 표기에 반영하지 않는다.

제6항 자연 지물명, 문화재명, 인공 축조물명은 붙임표(-) 없이 붙여 쓴다.

보기

남산 Namsan	속리산 Songnisan
금강 Geumgang	독도 Dokdo
경복궁 Gyeongbokgung	무량수전 Muryangsujeon
연화교 Yeonhwagyo	극락전 Geungnakjeon
안압지 Anapji	남한산성 Namhansanseong
화랑대 Hwarangdae	불국사 Bulguksa
현충사 Hyeonchungsa	독립문 Dongnimmun
오죽헌 Ojukheon	촉석루 Chokseongnu
종묘 Jongmyo	다보탑 Dabotap

[해설] **제6항**은 자연 지물이나 문화재, 인공 축조물 등의 이름도 일반 명사 없이 모두 고유 명사로 보아 발음대로 표기함을 규정하고 있다. 예를 들면, '속리산, 불국사' 등을 'Songni Mt., Bulguk Temple'로 표기하지 않고, 발음대로 'Songnisan, Bulguksa'로

표기한다는 것이다.(그런데 관광지 등의 공공 용어에 대해서는 외국인들의 이해를 돕기 위해 'Hangang River', 'Hallasan Mountain', 'Yongdampokpo Falls', 'Hangyeryeong Pass' 등과 같이 영어 번역을 표기할 수 있도록 하였다. 또한 영어 번역은 'Seomjingang Riv.', 'Seoraksan Mtn.'처럼 약어로 쓸 수 있도록 하였다.) 그리고 행정 구역 단위는 그 목록이 확실히 정해져 있지만 자연 지물명이나 문화재명에서는 후행 요소가 어떤 것들인지 분명하지 않기 때문에 일률적으로 붙임표를 쓰지 않기로 한 것이기도 하다.

제7항 인명, 회사명, 단체명 등은 그동안 써 온 표기를 쓸 수 있다.

[해설] **제7항**은 관용적인 고유명사 표기와 관련된 것이다. 인명, 회사명, 단체명은 그동안 써 온 표기를 바꾸기가 대단히 어려운 경우가 많아서 그동안 써 온 표기를 그대로 쓰고자 할 경우에는 이를 허용한다는 것이다. 다만 이제 처음 표기를 시작하는 사람이나 회사, 단체는 이 표기법에 따르는 것이 원칙에 부합한다.

제8항 학술 연구 논문 등 특수 분야에서 한글 복원을 전제로 표기할 경우에는 한글 표기를 대상으로 적는다. 이때 글자 대응은 제2장을 따르되 'ㄱ, ㄷ, ㅂ, ㄹ'은 'g, d, b, l'로만 적는다. 음가 없는 'ㅇ'은 붙임표(-)로 표기하되 어두에서는 생략하는 것을 원칙으로 한다. 기타 분절의 필요가 있을 때에도 붙임표(-)를 쓴다.

보기

집 jib	짚 jip
밖 bakk	값 gabs
붓꽃 buskkoch	먹는 meogneun
독립 doglib	문리 munli
물엿 mul-yeos	굳이 gud-i
좋다 johda	가곡 gagog
조랑말 jolangmal	없었습니다 eobs-eoss-seubnida

[해설] **제8항**은 한글 복원을 염두에 두고 로마자 표기를 해야 하는 경우와 관련된다. 주로 언어학 학술 논문을 작성할 때나 전산 분야에서 그런 일이 있는데 대개 한국어 문장을 통째로 로마자로 적을 경우이다. 이런 경우에는 한글 맞춤법에 따라 적힌 대로 로마자 표기를 할 수밖에 없다. 엄밀한 의미의 전자법에서는 음가 없는 'ㅇ'도 기호를

배당해야 하는데 붙임표(-)를 쓰도록 하였다. 다만 단어 처음에서는 붙임표를 쓰지 않는 것을 원칙으로 한다. 또 '있습니다'의 경우 'issseubnida'가 되어 '잇씁니다'로 복원될 여지가 있으므로 '있'과 '습니다' 사이에 붙임표(-)를 쓸 수 있도록 하였다.

부 칙

① (시행일) 이 규정은 고시한 날부터 시행한다.

② (표지판 등에 대한 경과 조치) 이 표기법 시행 당시 종전의 표기법에 의하여 설치된 표지판(도로, 광고물, 문화재 등의 안내판)은 2005. 12. 31.까지 이 표기법을 따라야 한다.

③ (출판물 등에 대한 경과 조치) 이 표기법 시행 당시 종전의 표기법에 의하여 발간된 교과서 등 출판물은 2002. 2. 28.까지 이 표기법을 따라야 한다.

[참고] 현행 국어 정서법 중에서 가장 논란이 되고 있는 것이 바로 로마자 표기에 관한 것이다. 이에 관한 문제는 김세중(1991), 유만근(1985, 1986), 이상억(1982), 정희원(1977) 등을 참조할 수 있다. 그리고 로마자 표기법은 남북한 정서법의 통일에서도 우선적인 고려의 대상이 되는데, 이에 대해서는 송기중(1988, 1994)를 참조할 수 있다.

* 로마자 표기 용례

1. 행정 구역별 지명

서울특별시	Seoul	강서구	Gangseo-gu
부산광역시	Busan	금정구	Geumjeong-gu
대구광역시	Daegu	남구	Nam-gu
광주광역시	Gwangju	동구	Dong-gu
인천광역시	Incheon	동래구	Dongnae-gu
대전광역시	Daejeon	부산진구	Busanjin-gu
울산광역시	Ulsan	북구	Buk-gu
경기도	Gyeonggi-do	감만1동	Gamman 1(il)-dong
강원도	Gangwon-do	감만2동	Gamman 2(i)-dong
충청북도	Chungcheongbuk-do	감만동	Gamman-dong
충청남도	Chungcheongnam-do	대연1동	Daeyeon 1(il)-dong
전라북도	Jeollabuk-do	대연2동	Daeyeon 2(i)-dong
전라남도	Jeollanam-do	대연3동	Daeyeon 3(sam)-dong
경상북도	Gyeongsangbuk-do	문현1동	Munhyeon 1(il)-dong
경상남도	Gyeongsangnam-do	문현2동	Munhyeon 2(i)-dong
제주도	Jeju-do	용호동	Yongho-dong
거제시	Geoje-si	우암동	Uam-dong
김해시	Gimhae-si	고성군	Goseong-gun
마산시	Masan-si	남해군	Namhae-gun
밀양시	Miryang-si	합천읍	Hapcheon-eup
양산시	Yangsan-si	가야면	Gaya-myeon
진주시	Jinju-si	가회면	Gahoe-myeon
창원시	Changwon-si	대병리	Daebyeong-ri

2. 지명 (산, 섬, 강 등)

관악산	Gwanaksan	흑산도	Heuksando
구월산	Guwolsan	거제도	Geojedo
금강산	Geumgangsan	마라도	Marado
금정산	Geumjeongsan	한산도	Hansando
남산	Namsan	금강	Geumgang
소백산	Sobaeksan	낙동강	Nakdonggang
속리산	Songnisan	남강	Namgang
지리산	Jirisan	내린천	Naerincheon
한라산	Hallasan	대동강	Daedonggang
태백산맥	Taebaeksanmaek	두만강	Dumangang
대관령	Daegwallyeong	백마강	Baengmagang
박달재	Bakdaljae	소양강	Soyanggang
새재(조령)	Saejae(Joryeong)	압록강	Amnokgang
추풍령	Chupungnyeong	한강	Hangang
팔량치	Pallyangchi	백곡지	Baekgokji
한계령	Hangyeryeong	백록담	Baengnokdam
무릉 계곡	Mureung valley	백운 호수	Baegun lake
배내골	Baenaegol	벽골제	Byeokgolje
불영 계곡	Buryeong valley	산정 호수	Sanjeong lake
고수 동굴	Gosu cave	삼일포	Samilpo
관음굴	Gwaneumgul	삼지연	Samjiyeon
만장굴	Manjanggul	소양호	Soyangho
빌레못 동굴	Billemot cave	예당 저수지	Yedang reservoir
용연 동굴	Yongyeon cave	의림지	Uirimji
천동 동굴	Cheondong cave	주남 저수지	Junam reservoir
독도	Dokdo	비룡 폭포	Biryong falls
울릉도	Ulleungdo	천지연 폭포	Cheonjiyeon falls
백령도	Baengnyeongdo	희룡포	Huiryongpo
영종도	Yeongjongdo		

3. 지명(역, 다리, 공항 등)

자갈치	Jagalchi	김해 국제공항	Gimhae Int'l Airport
부산역	Busan Station	사천 공항	Sacheon Airport
초량	Choryang	제주 국제공항	Jeju Int'l Airport
부산진	Busanjin	잠수교	Jamsugyo
좌천동	Jwacheon-dong	한강 대교	Hangang bridge
범일동	Beomil-dong	한강 철교	Hangang railway bridge
범내골	Beomnaegol	구포교	Gupogyo
서면	Seomyeon	낙동강 대교	Nakdonggang bridge
부전동	Bujeon-dong	부산 영도교	Busan Yeongdogyo
양정	Yangjeong	거제교	Geojegyo
연제	Yeonje	남해 대교	Namhae bridge
연산동	Yeonsan-dong	광안리 해수욕장	Gwangalli beach
교대앞	Busan Nat'l Univ. of Education	다대포 해수욕장	Dadaepo beach
동래	Dongnae	송정 해수욕장	Songjeong beach
온천장	Oncheonjang	해운대 해수욕장	Haeundae beach
부산대앞	Busan Nat'l Univ.	동래 온천	Dongnae spa
노포동	Nopo-dong	해운대 온천	Haeundae spa
장산	Jangsan	마금산 온천	Mageumsan spa
해운대	Haeundae	부곡 온천	Bugok spa
동백	Dongbaek	거제 해금강	Geoje Haegeumgang
올림픽 공원	Olympic park	얼음골	Eoreumgol
민락	Millak	촉석루	Chokseongnu
광안	Gwangan	한려수도	Hallyeosudo
황령산	Hwangnyeongsan	한산도	Hansando
남천	Namcheon	화개장터	Hwagaejangteo
용연	Yongyeon	남산 공원	Namsan park
지게골	Jigegol	한강 공원	Hangang park
인천 국제공항	Incheon Int'l Airport	금강 공원	Geumgang park
울산 공항	Ulsan Airport	용두산 공원	Yongdusan park

4. 주요 문화재

범어사	Beomeosa	광한루	Gwanghallu
불국사	Bulguksa	금산사 미륵전	Geumsansa mireukjeon
내원사	Naewonsa	밀양 영남루	Miryang Yeongnamnu
대원사	Daewonsa	범어사 대웅전	Beomeosa daeungjeon
보리암	Boriam	해인사 장경판고	Haeinsa janggyeongpangyo
석남사	Seongnamsa	홍화문	Honghwamun
쌍계사	Ssanggyesa	감은사지 삼층 석탑	Gameunsaji samcheung seoktap
통도사	Tongdosa	범어사 삼층 석탑	Beomeosa samcheung seoktap
표충사	Pyochungsa	불국사 다보탑	Bulguksa Dabotap
해인사	Haeinsa	실상사 부도	Silsangsa budo
경복궁	Gyeongbokgung	금동 미륵 반가상	Geumdong mireuk bangasang
비원	Biwon	해인사 석조 여래 입상	Haeinsa seokjo yeorae ipsang
진주성	Jinjuseong	경주 석빙고	Gyeongju seokbinggo
도산 (서원)	Dosan	경주 첨성대	Gyeongju Cheomseongdae
소수 (서원)	Sosu	훈민정음	Hunminjeongeum
석굴암	Seokguram	금정산성	Geumjeongsanseong
안압지	Anapji	성읍 (민속마을)	Seongeup
하회탈	Hahoetal	하회 마을	Hahoe maeul

[참고] 앞의 로마자 표기 용례는 현실의 언어생활에서 많이 쓰이고 있는 로마자 표기의 예를 현행 「국어의 로마자 표기법」(2000)에 따라 표기하여 보인 것이다.

* 공공 용어의 영어 번역 및 표기 지침

(문체부 훈령 제279호, 2015.12.)

제1장 총 칙

제1조(목적) 이 지침은 공공 용어의 영어 번역 및 표기의 기본 원칙을 제시함으로써 국가 기관과 지방 자치 단체의 공공 용어 번역의 효율성을 꾀하고 표준화된 번역 용어가 사용되도록 하는 것이 목적이다.

제2조(용어의 정의) 이 지침에서 쓰인 용어의 뜻은 다음과 같다.

1. '로마자 표기'는 해당 용어의 발음을 로마자로 표기하는 것과 그 용어를 뜻한다.
2. '의미역(意味譯)'은 해당 용어의 의미를 살려 영어로 번역하는 것과 그 용어를 뜻한다.
3. '전부(前部) 요소'는 해당 용어에서 유래와 특징 등 개별성을 나타내는 앞부분을 뜻한다.
4. '후부(後部) 요소'는 해당 용어에서 유형과 실체 등 보편성을 나타내는 뒷부분을 뜻한다.

제3조(적용 범위) 이 지침은 교통, 관광, 문화 관련 분야 중 용어 통일이 필요한 공공 용어의 영어 번역 및 표기에 적용한다.

제2장 기본 지침

제4조(일반 원칙) 공공 용어의 영어 번역 및 표기의 일반 원칙은 다음과 같다.

1. 우리말 명칭의 로마자 표기는 「국어의 로마자 표기법」을 따르는 것을 원칙으로 한다.
2. 용어를 표제어로 사용할 경우 각 단어의 첫 글자는 대문자로, 나머지 글자는 소문자로 표기한다. 다만, 관사나 전치사는 첫 단어로 쓰이는 경우 외에는 전체를 소문자로 표기한다.
3. 약어는 사용하지 않는 것을 원칙으로 한다. 다만, 도로 표지판, 지도 등과 같이 표기상 공간 제약이 있는 경우에는 약어를 사용할 수 있다.
4. 용어의 일부로 쓰인 외국어는 영어권 국가에서 통용되는 형태로 표기한다.

제3장 세부 지침

제5조(자연 지명) '자연 지명'이란 산이나 강, 호수, 고개 등과 같은 자연 발생적인 지형 지물의 이름을 말한다.

1. 자연 지명은 우리말 명칭 전체를 로마자로 표기하고 후부 요소의 의미역을 제시하는 것을 원칙으로 한다. 이때, 의미역의 첫 글자는 대문자로 쓴다.

   예) 한강 Hangang River　　한라산 Hallasan Mountain
   용담폭포 Yongdampokpo Falls　　한계령 Hangyeryeong Pass

   다만, '독도'의 표기는 관보 제16030호(2005.6.28.)에 따른다.

2. 자연 지명을 도로 표지판, 지도 등 공간의 제약이 있는 곳에 표기할 경우에는 후부 요소의 의미역을 생략하거나 약어로 대체할 수 있다.

   예) 섬진강 Seomjingang / Seomjingang Riv.
   설악산 Seoraksan / Seoraksan Mtn.

제6조(인공 지명) '인공 지명'이란 건물, 항만, 공원 등과 같이 인공적인 구조물이나 시설물의 이름을 말한다.

1. 인공 지명은 전부 요소는 로마자로 표기하고 후부 요소는 의미역으로 제시하는 것을 원칙으로 한다.

   예) 광장 시장 Gwangjang Market　　보라매 초등학교 Boramae Elementary School

   다만, 후부 요소가 '○○교(橋)', '○○대교(大橋)'인 경우에는 우리말 명칭 전체를 로마자로 표기하고 후부 요소의 의미역을 제시한다.

   예) 경천교 Gyeongcheongyo Bridge　　광안대교 Gwangandaegyo Bridge

2. 인공 지명을 도로 표지판, 지도 등 공간의 제약이 있는 곳에 표기할 경우에는 후부 요소의 의미역을 약어로 대체할 수 있다.

   예) 평화 시장 Pyeonghwa Mkt.　　한밭 도서관 Hanbat Lib.

3. 해당 기관이 사용해 온 공식 영어 표기가 있는 경우에는 그 표기를 따른다.

   예) 플라자 호텔 The Plaza　　한국전력공사 Korea Electric Power Corporation

제7조(문화재명) '문화재명'이란 「문화재 보호법」에 따라 문화재로 지정되거나 등록된 문화재 명칭을 말한다. 문화재명은 문화재청의 「문화재 명칭 영문 표기 기준 규칙」에 따라 표기하는 것을 원칙으로 한다.

예) 숭례문 Sungnyemun Gate　　　다보탑 Dabotap Pagoda

제8조(도로명 및 행정 구역) '도로명'이란 행정자치부 「도로명 주소법」에 따라 도로 구간마다 부여된 이름을 말한다. '행정 구역'이란 행정 기관의 권한이 미치는 일정한 구역으로서 특별시, 광역시, 특별자치시, 도, 특별자치도, 시, 군, 구 등을 말한다.

1. 행정자치부의 「새 주소(도로명 주소) 업무 편람」에 따라 '대로, 로, 길(번길)'은 각각 '-daero, -ro, -gil(beon-gil)'로 표기한다.

   예) 세종대로 Sejong-daero　　누리로 Nuri-ro　　서간도길 Seogando-gil

   다만, '고속도로'는 'Expressway'로 표기한다.

   예) 서해안 고속도로 Seohaean Expressway

2. 도로명에 포함된 인공 지명은 제6조에서 정한 표기 원칙을 따르지 않고 인공 지명 전체를 로마자로 표기한다.

   예) 남산공원길 Namsangongwon-gil (o)　Namsan Park-gil (x)
   　　당진시장길 Dangjinsijang-gil (o)　　Dangjin Market-gil (x)

3. 행정 구역은 「국어의 로마자 표기법」에 따라 표기한다.

제9조(정거장명) '정거장명'이란 지하철·기차 역명과 버스 정류장명을 말한다.

1. 정거장명에 포함된 숫자는 「국어의 로마자 표기법」에 따른 로마자 표기를 소괄호 안에 넣어 제시할 수 있다.

   예) 영동 3교 Yeongdong 3(sam)-gyo　　　청계 4가 Cheonggye 4(sa)-ga

2. 문화재명 및 자연 지명이 정거장명으로 사용된 경우에는 의미역을 생략한다.

   예) 봉은사 Bongeunsa　　숭례문 Sungnyemun　　개화산 Gaehwasan

3. 정거장명에 포함된 '삼거리(세거리)', '사거리(네거리)', '오거리(댓거리)' 등은 로마자로만 표기하고 의미역은 제시하지 않는다.

   예) 신대방 삼거리 Sindaebang Samgeori　　가양 사거리 Gayang Sageori
   　　신정 네거리 Sinjeong Negeori

4. 정거장명에 포함된 '동문', '서문', '정문' 등은 의미역으로 제시한다.

   예) 경복궁 동문 Gyeongbokgung East Gate
   　　동작구청 정문 Dongjak-gu Office Main Gate
   　　봉은사, 코엑스 북문　Bongeunsa, COEX North Gate

5. 정거장명에 포함된 '앞', '입구' 등은 번역하지 않는다.

예) 효창 공원 앞 Hyochang Park　　　　대모산 입구 Daemosan

다만, 버스 정류장명에서 서로 다른 지점을 구별할 때에 한하여 '앞', '입구' 등을 의미역으로 제시할 수 있다.

예) 시청 City Hall　　　　　　시청 앞 City Hall Front

부 칙

(시행일) 이 훈령은 발령한 날부터 시행한다.

〈붙임〉　　　　　　주요 약어 목록

원어	약어	원어	약어
Academy	Acad.	Lake	Lk.
Administration	Admin.	Library	Lib.
Agency	Agcy.	Management	Mgmt.
Agricultural	Agric.	Market	Mkt.
Apartment	Apt.	Medical	Med.
Boulevard	Blvd.	Middle	Mid.
Bridge	Br.	Military	Mil.
Building	Bldg.	Mountain	Mtn.
Center	Ctr.	Museum	Mus.
Construction	Constr.	National	Nat'l
Cooperative	Co-op.	North	N.
Corporation	Corp.	Observatory	Obs.
Court	Ct.	Office	Off.
Department	Dept.	Park	Pk.
District	Dist.	Petroleum	Petro.
Division	Div.	Pharmacy	Pharm.
East	E.	Power	Pwr.
Elementary	Elem.	Primary	Prim.
Examination	Exam.	Public	Pub.
Exhibition	Exhibit.	Railroad	RR
Exposition	Expo.	River	Riv.
Express	Exp.	Road	Rd.
Expressway	Expwy.	School	Sch.
Geographic	Geog.	Science	Sci.
Government	Govt.	Service	Svc.
Headquarters	HQ	South	S.
Highway	Hwy.	Square	Sq.
Hospital	Hosp.	Station	Stn.
Incorporated	Inc.	Street	St.
Industrial	Ind.	Technology	Tech.
Information	Info.	Terminal	Term.
Institute	Inst.	University	Univ.
International	Int'l	Valley	Val.
Island	Is.	Vocational	Voc.
Junction	Jct.	West	W.

※ 마침표(.)와 아포스트로피(')는 약어 사용 시 표기하는 것이 원칙이나 도로 표지판에서는 생략한다.

참 고 문 헌

강동일 옮김(1995), 「문자의 역사」, 도서출판 새날.

고영근 편(1989), 「북한의 말과 글」, 을유문화사.

고영근(1993), 「우리말의 총체서술과 문법체계」, 一志社.

고영근(1994), 「통일시대의 語文硏究」, 길벗.

국립국어연구원(1992), 「북한의 국어 사전 분석(1)」, 국립국어연구원.

국립국어연구원(1995), 「외래어 표기 용례집」(북구권 지명·인명), 국립국어연구원.

국립국어연구원(1995), 「기본 외래어 용례집」, 국립국어연구원.

국립국어연구원(1996), 「국어의 로마자 표기 자료집」, 국립국어연구원.

국립국어연구원(1997), 「외래어 표기 용례집」, 국립국어연구원.

國語國文學會(1971), '國語正書法案', 「國語國文學」 52, 國語國文學會.

國語國文學會 編(1983), 「國語國文學會 三十年史」, 一潮閣.

국어심의위원회 외래어 표기 분과 위원회(1957), '한글의 로마자식 표기, 로마자의 한글식 표기 방법', 「國語國文學」 17, 國語國文學會.

국어 연구소(1984), '解說/국어 로마자 표기법', 「국어생활」 1.

국어 연구소(1985), '解說/外來語', 「국어생활」 2.

국어 연구소(1987), '해설/한글 맞춤법 및 표준어 개정안 주요 내용', 「국어생활」 9.

국어 연구소(1988ㄱ), 「한글 맞춤법 해설」, 국어 연구소.

국어 연구소(1988ㄴ), 「표준어 규정 해설」, 국어 연구소.

국어 연구소(1988ㄷ), 「외래어 표기 용례집」, 국어 연구소.

국어 연구소(1990), '자료 / 표준어 모음', 「국어생활」 22.

권인한(1994), '남북 맞춤법 어떻게 다른가', 「말글생활」 1, 말글社.

권종성(1987), 「문자학 개요」, 과학,백과사전 출판부.

김경훈(1989), '맞춤법과 실용문', 「서울 산업 대학 논문집」 30.

김동언 외(1988), '국어 순화의 바른 길(좌담)', 「국어생활」 14, 국어 연구소.

金文昌(1984), 「국어 문자 표기론」, 文學世界社.

金敏洙(1973), 「國語政策論」, 塔出版社.

金敏洙(1980), 「國語學史」 -全訂版-, 一潮閣.

金敏洙(1984), '외래어 표기에 관한 반성과 문제점', 「국어 순화 교육」(한국정신문화연구원, 1984).

金敏洙(1987), '國語表記法論爭史', 「국어생활」 9, 국어 연구소.

金敏洙(1988), '국어순화의 현실과 전망',「국어생활」14, 국어 연구소.

金敏洙(1989), '남북한의 현행 맞춤법, 표준어 문제', 「새국어교육」 45, 한국 국어교육연구회.

김석득(1984), '국어 순화에 대한 근원적 문제와 그 해결책', 「국어 순화 교육」 (한국정신문화연구원, 1984).

김세중(1991), '국어의 로마자 표기 문제', 「周時經學報」 8, 탑출판사.

김세중(1997), '국어의 로마자 표기 실태', 「새국어생활」 7-2, 국립국어연구원.

김정수(1989), '한글 풀어쓰기 운동', 「국어생활」 18, 국어 연구소.

金周弼(1990), "표준어 모음'의 심의 경위', 「국어생활」 22, 국어 연구소.

김진우(1985), 「언어 -그 이론과 응용-」, 탑출판사.

김하수(1996), '남북한 통합 맞춤법에 대한 구상', 「한국학과 생활문화」(제3회 동아시아 국제학술심포지엄 논문집).

김희보(1980), 「한글 바로 띄어쓰기」, 종로서적.

김희보(1988), 「한글 바로 쓰기」, 종로서적.

나찬연(2002), 「한글 맞춤법의 이해」, 월인.

南廣祐(1976), 「現代國語國字의 諸問題」, 一潮閣.

南廣祐(1984), '서울말의 발음 경향과 표준말 재사정(再査定) 시안의 문제점', 「국어 순화 교육」(한국정신문화연구원,1984).

南廣祐(1987), '현행 맞춤법의 원리와 문제점', 「국어생활」 9, 국어 연구소.

남기심(1988), '국어사전의 자모의 차례와 표제어의 배열순서에 관하여', 「사전 편찬학연구」 2, 연세대 사전편찬연구회.

남기심, 고영근(1993), 「표준 국어문법론」(개정판), 탑출판사.

노명완, 박영목, 권경안(1991), 「國語科 教育論」, 甲乙出版社.

대한교과서주식회사(1991), 「국어 어문 규정집」 -문교부 고시 문화부 공고-.

류영남(1986), 「우리글 적기의 바른 길」, 태화출판사(부산).

리의도(1983), '띄어쓰기 방법의 변해온 발자취', 「한글」 182, 한글 학회.

문교부(1984), 「대한 민국 주요 지명의 로마자 표기 용례집」 -Korean Gazetteer-, 문교부.

문화체육부(1997), '국어의 로마자 표기법 개정 공청회', 문화체육부.

미승우(1988), 「새 맞춤법과 표준어 해설」, 지학사.

민현식(1999), 「국어 정서법 연구」, 태학사.

朴甲洙(1984), 「우리말의 誤用과 醇化」, 한국방송사업단.

박갑수(1992), 「우리말, 바로 써야 한다(3)」, 집문당.

박갑수(1995), 「우리말, 바로 써야 한다(1, 2)」, 집문당.

박형익(1997), '한글의 로마자 표기법', 이현복 외(1997) 수록.

서울여자대학 국어순화운동부 편(1988), 「우리말 과 글 바로 쓰기」, 서울여자대학 출판부.

서정수(1988), '서구 외국말의 문제', 「국어생활」 14, 국어 연구소.

송기중(1988), '북한의 로마자 표기법', 「국어생활」 15, 국어 연구소.

송기중(1991), '세계의 문자와 한글', 「언어」 16-1, 한국언어학회.

송기중(1994), '한글의 로마자 표기법과 남북한 대화의 전망', 「말글생활」 1, 말글社.

송 민(1988), '국어에 대한 일본어의 간섭', 「국어생활」 14, 국어 연구소.

申昌淳(1977), '한글 맞춤법의 根據', 「文理大 論文集」 15, 釜山大學校.

申昌淳(1992), 「國語正書法研究」, 集文堂.

심재기(1985), 「한국 사람의 말과 글」, 志學社.

안병희(1988), '한글 맞춤법의 역사', 「국어생활」 13, 국어 연구소.

안상수(1996), '현대의 한글 글자꼴', 「새국어생활」 6-2, 국립국어연구원.

연규동(1998), 「통일시대의 한글 맞춤법」, 도서출판 박이정.

우형식(1993ㄱ), '국어 받침 표기 규정의 변천', 「우암어문논집」 3, 부산외대 국어국문학과.

우형식(1993ㄴ), '사이시옷 표기의 변천', 「외대어문논집」 9, 부산외대 어학연구소.

우형식(1993ㄷ), '서평; 李翊燮(1992),「國語表記法研究」(서울대 출판부)', 「周時經學報」 11, 탑출판사.

우형식(1998), '간판에 나타난 오류 표기 조사 연구', 「외대논총」 18-3, 부산외대.

우형식(1999), '형태 표기의 원리와 적용 범위, 「배달말」 25, 배달말학회.

우형식(2014), '국어 된소리 표기법의 변천 양상', 「우리말연구」 39, 우리말학회.

유만근(1985), '표준 한글 정밀표음과 로마자 맞춤법', 「언어」 10-1, 한국언어학회.

유만근(1986), 'On the transcribing of the chroneme in Korean', 「언어」 11-2, 한국언어학회.

유목상(1988), '"한글 맞춤법" 해설', 「국어생활」 13, 국어 연구소.

兪昌均(1982), 「訓民正音」(語文叢書 202), 螢雪出版社.

兪昌均(1993), 「國語學史」, 螢雪出版社.

李基文(1963), 「國語表記法의 歷史的 研究」, 韓國研究院.

李基文(1970),「開化期의 國文 研究」, 一潮閣.

李基文(1980), '맞춤법의 역사적 고찰', 「한국어 발전 연구」(유네스코 한국위원, 1980).

李基文(1983), '한글 맞춤법의 역사', 「韓國 語文의 諸問題」(李基文 외;1983), 一志社.

이기문(1996), '현대적 관점에서 본 한글', 「새국어생활」 6-2, 국립국어연구원.
李基文 외(1983), 「韓國 語文의 諸問題」, 一志社.
李基白(1988), 「國語國字論」, 韓國放送通信大學 出版部.
이민우(1988), 「새 맞춤법 표준어에 따른 바른말 사전」, 탑출판사.
이상억(1982), '한국어의 로마자 표기 '82',「언어」 7-1, 한국언어학회.
이오덕(1989), 「우리글 바로쓰기」, 한길사.
이은정(1988), 「한글 맞춤법 표준어 해설」, 대제각.
이은정(1992), 「남북한 어문규범(語文規範) 어떻게 다른가」, 국어문화사.
이응백(1987), '일정시대의 국어 표기법', 「국어생활」 9, 국어 연구소.
이응백(1988), '"표준어 규정" 해설', 「국어생활」 13, 국어 연구소.
이응백(1989), '달라진 "한글 맞춤법"과 "표준어"', 「국어교육」 65.66, 한국국어교육연구회.
李翊燮(1983), '한국어 표준어의 諸問題', 「韓國 語文의 諸問題」(李基文 외;1983), 一志社.
李翊燮(1985), '한글의 모아쓰기 방식의 表意性에 대하여', 「국어생활」 3, 국어 연구소.
李翊燮(1986), 「國語學槪說」, 學硏社.
李翊燮(1987), '音節末 表記 "ㅅ"과 "ㄷ"의 史的 考察', 「省谷論叢」 18.
李翊燮(1988), '국어 표준어의 형성과 변천', 「국어생활」 13, 국어 연구소..
李翊燮(1992), 「國語表記法硏究」, 서울大 出版部.
이익섭(1997), '로마자 표기법의 성격', 「새국어생활」 7-2, 국립국어연구원.
李翊燮, 任洪彬(1983), 「國語文法論」, 學硏社.
이현복(1996), '한글 맞춤법 평가와 개선안 - 자립성 강화를 위한 제언-', 「한국학과 생활문화」(제3회 동아시아 국제학술 심포지엄 논문집).
이현복 외(1997), 「한글 맞춤법, 무엇이 문제인가?」, 태학사.
이희승(1959), 「한글 맞춤법 통일안 강의」, 신구문화사.
이희승,안병희 공저(1989), 「한글 맞춤법 강의」, 신구문화사.
임홍빈(1996), '맞춤법 규정의 논리성과 명료성', 「한국학과 생활문화「(제3회 동아시아 국제학술 심포지엄 논문집).
田光鉉(1989), '國語 字母의 配列順序에 대하여', 「국어생활」 18, 국어 연구소.
전수태(1988), '북한 문화어의 한자어와 외래어', 「국어생활」 15, 국어 연구소.
전수태,최호철(1989), 「남북한 언어 비교」, 녹진.
정길남(1987ㄱ), '개화기 국어의 표기법에 대한 연구', 「국어생활」 9, 국어 연구소.
정길남(1987ㄴ), 「개화기 국역성서의 표기법과 문법형태」, 개문사.

정인승(1950), 「한글 강화」, 新丘文化社.

정희원(1997), '역대 주요 로마자 표기법 비교', 「새국어생활」 7-2, 국립국어연구원.

조선민주주의인민공화국 내각직속 국어사정위원회(1966), 「조선말규범집」, 사회과학원출판사.

조선민주주의인민공화국 사회과학원 언어학연구소(1971), 「<조선말규범집> 해설」, 사회과학출판사.

조선민주주의인민공화국 국어사정위원회(1988), 「조선말규범집」, 사회과학출판사.

조선어 학회(1945), 「사정한 조선어 표준말 모음」, 조선어 학회.

조재수(1984), 「국어 사전 편찬론」, 과학사.

池春洙(1986), '國語 表記史 硏究', 慶熙大 博士學位論文.

崔泰榮(1989), 「한글 맞춤법 강해」, 崇實大 出版部.

최현배(1942), 「글자의 혁명」, 정음사.

최현배(1959), '한글의 차례잡기에 관하여', 「한글」 124, 한글 학회.

최호철(1988), '북한의 맞춤법', 「국어생활」 15, 국어 연구소.

한국교열기자협회(1985), 「국어순화의 이론과 실제」, 一志社.

한글 학회(1971), 「한글 학회 50년사」, 한글 학회.

한글 학회(1989), 「한글 맞춤법 통일안」(1933-1980) -영인본-.

허 웅(1987), '15세기 국어 맞춤법', 「국어생활」 9, 국어 연구소.

허 웅(1988), '맞춤법, 표준말과 국어 생활', 「국어생활」 13, 국어 연구소.

洪允杓(1986), 「近代國語 表記法 硏究」, 高麗大 民族文化硏究所.

洪允杓(1987), '近代國語의 表記法' 「국어생활」 9, 국어 연구소.

洪允杓(1991), '한글의 문자론적 위상(토론)', 「언어」 16-1, 한국언어학회.

KBS 한국어연구회 편(1987), 「방송언어변천사」, 한국방송사업단.

Bloch, B. & Trager, G. L.(1942), *Outline of Linguistic Analysis*, Waverley Press, Baltimore.

Gelb, I. J.(1963), *A Study of Writing*(Rev.ed.), University of Chicago Press.

Jensen, H.(1970), *Sign, Symbol and Script -An Accout of Man's Efforts to write-*, George Allen and Unwin LTD, London.

Sampson, G.(1985), *Writing Systems : A Linguistic Introduction*, Stanford University Press.

Vachek, J.(1976), *Selected Writings in English and General Linguistics*, The Hague: Mouton.

Vachek,J.(1989), *Written Language Revisited*, Amsterdam:John Benjamins.

찾 아 보 기

〈부록〉

오용 표기 사례

다음은 생활 주변에서 찾은 오용된 표기 사례를 규정별로 묶은 것이다. 조사한 잘못된 표기를 먼저 제시하고 그에 대응되는 바른 표기와 관련 항목을 보이기로 한다. 잘못된 표기의 출처는 간략히 제시한다.

1. 「한글 맞춤법」(1988)에서 어긋난 것

잘못된 표기	바른 표기	출처	관련 항목
(서울)깍뚜기	깍두기	간판	5항
갑짜기	갑자기	잡지	5항
겸연쩍음	겸연적음	도서	5항
낚지볶음	낙지볶음	간판	5항
딱찌	딱지	간판	5항
떡뽂이	떡볶이	간판	5항
먹꺼리 (소주방)	먹거리	간판	5항
법썩	법석	잡지	5항
어물적	어물쩍	도서	5항
잠간	잠깐	도서	5항
절둑거리다	절뚝거리다	잡지	5항
게층	계층	잡지	8항
계시판	게시판	신문	8항
휴계소	휴게소	간판	8항
핑게있는 날	핑계있는 날	간판	8항
닐리리 맘보	늴리리 맘보	가요	9항
띠어쓰기	띄어쓰기	잡지	9항
잔듸	잔디	간판	9항
하니바람	하늬바람	도서	9항
년중무휴	연중무휴	광고	10항
백분률	백분율	신문	11항
사망율	사망률	잡지	11항
쌍용	쌍룡	간판	11항
선률	선율	도서	11항
저축율	저축률	잡지	11항
참여률	참여율	잡지	11항
출석율	출석률	잡지	11항
합격율	합격률	잡지	11항

고십란	고십난	신문	12항
극낙	극락	잡지	12항
어린이란	어린이난	신문	12항
쌕색	쌕쌕	광고	13항
쌉살하다	쌉쌀하다	광고	13항
하십시요	하십시오	광고	15항
점바기	점박이	광고	19항
비로서	비로소	잡지	19항
목아지	모가지	잡지	20항
바두기	바둑이	잡지	20항
잎파리	이파리	잡지	20항
달달이	다달이	도서	28항
반짓고리	반짇고리	잡지	29항
숫가락	숟가락	광고	29항
(원조) 갈비집	갈빗집	간판	30항
개벌	갯벌	광고	30항
계날	곗날	잡지	30항
나무가지	나뭇가지	잡지	30항
냇과	내과	간판	30항
댓가	대가	도서	30항
(오양떡) 방아간	방앗간	간판	30항
세방	셋방	신문	30항
아래마을	아랫마을	잡지	30항
욋과	외과	간판	30항
이사짐 (센터)	이삿짐	간판	30항
전세집	전셋집	광고	30항
차간	찻간	신문	30항
처가집	처갓집	광고	30항
촛점	초점	도서	30항
칼국수집	칼국숫집	간판	30항
후추가루	후춧가루	상품명	30항
회수	횟수	도서	30항
회집	횟집	간판	30항
햇쌀	햅쌀	광고	31항
아뭏든	아무튼	잡지	40항
가득이	가득히	도서	51항
가만이	가만히	도서	51항
각별이	각별히	도서	51항

겹겹히	겹겹이	도서	51항
솔직이	솔직히	도서	51항
짬짬히	짬짬이	잡지	51항
적히	적이	도서	51항
촉촉이	촉촉히	도서	51항
텁수룩이	텁수룩히	도서	51항
헛되히	헛되이	도서	51항
사랑을 할꺼야	사랑을 할거야	가요	53항
훼방군	훼방꾼	도서	53항
선녀와 나뭇군	나무꾼	가요	54항
낚싯꾼	낚시꾼	잡지	54항
(서울) 뚝빼기	뚝배기	간판	54항
맛쩍다	맛적다	도서	54항
잔소리군	잔소리꾼	도서	54항
(몽블랑) 마춤집	맞춤집	간판	55항

2. 「표준어 규정」(1988)에서 어긋난 것

잘못된 표기	바른 표기	출처	관련 항목
들녁	들녘	가요	3항
삭월세	사글세	광고	5항
세째	셋째	도서	6항
네째	넷째	도서	6항
돐사진	돌사진	간판	6항
숫개	수캐	도서	7항
숫너구리	수너구리	도서	7항
숫놈	수놈	잡지	7항
숫말	수말	도서	7항
숫병아리	수평아리	도서	7항
수쥐	숫쥐	도서	7항
숫파리	수파리	도서	7항
귀염동이	귀염둥이	잡지	8항
부주금	부조금	도서	8항
쌍동이	쌍둥이	도서	8항
오뚜기 분식	오뚝이	간판	8항
흰동이	흰둥이	도서	8항
개구장이	개구쟁이	간판	9항

거짓말장이	거짓말쟁	도서	9항
겁장이	겁쟁이	잡지	9항
대장쟁이	대장장이	잡지	9항
멋장이	멋쟁이	광고	9항
미쟁이	미장이	광고	9항
심술장이	심술쟁이	잡지	9항
옹기쟁이	옹기장이	잡지	9항
점장이	점쟁이	잡지	9항
미류나무	미루나무	동요	10항
으레	으레	잡지	10항
뜨개질	뜨게질	잡지	11항
미싯가루	미숫가루	간판	11항
(우리의) 바램	바람	잡지	11항
상치	상추	신문	11항
주시구료	주시구려	도서	11항
주착없음	주책없음	잡지	11항
지리하다	지루하다	도서	11항
트기	튀기	도서	11항
귀절	구절	도서	13항
인용귀	인용구	잡지	13항
무우	무	도서	14항
배암처럼	뱀처럼	도서	14항
부럼	부스럼	광고	15항
꼭둑각시	꼭두각시	간판	17항
설겆이	설거지	잡지	20항
애닯다	애달프다	도서	20항
우뢰	우레	도서	26항

3. 「외래어 표기법」(1986)에서 어긋난 것

잘못된 표기	바른 표기	출처	관련 항목
슈퍼마켙	슈퍼마켓	간판	제1장 3항
커피숖	커피숍	간판	3항
(명) 가라오께	가라오케	간판	4항
(가람) 까페	카페	간판	4항
(현대) 까운	가운	간판	4항
깐느 (영화제)	칸느	잡지	4항
꽁트	콩트	잡지	4항

나찌스	나치스	도서	4항
르까프 (신발)	르카프	상품명	4항
(바겐) 쎄일	세일	간판	4항
빠다코코낫	버터코코넛	상품명	4항
빠리 (미용실)	파리	간판	4항
빠이롯드	파일럿	도서	4항
빽미러	백미러	광고	4항
삐에로	피에로	가요	4항
(가마) 싸롱	살롱	간판	4항
(가고파) 싸우나	사우나	간판	4항
싸이렌	사이렌	신문	4항
(경남) 싸이클	사이클	간판	4항
싸인펜	사인펜	상품명	4항
써니텐	서니텐	상품명	4항
써비스	서비스	간판	4항
(윈드) 써핑	서핑	간판	4항
썬글라스	선글라스	잡지	4항
씨에로	시에로	상품명	4항
씨스템	시스템	상품명	4항
(대명) 씽크	싱크	간판	4항
(애플) 쨈	잼	상품명	4항
내프킨	냅킨	잡지	제3장 1절 1항
도너츠	노넛	간판	1항
드로프스	드롭스	상품명	1항
라케트	라켓	광고	1항
로케트 (배터리)	로켓	상품명	1항
(김영란) 메이컵	메이크업	간판	1항
스테프	스텝	잡지	1항
(강의) 테잎	테이프	광고	1항
포케트	포켓	잡지	1항
올겐	오르간	광고	2항
(칼라민) 로숀	로션	상품명	3항
리더쉽	리더십	잡지	3항
(왕자) 맨숀	맨션	광고	3항
밀크쉐이크	밀크셰이크	상품명	3항
아트비젼	아트비전	광고	3항
액숀	액션	잡지	3항
샷시	새시	신문	3항

쿠숀	쿠션	광고	3항
텔레비젼	텔레비전	광고	3항
(강경래) 패숀	패션	간판	3항
마요네스	마요네즈	상품명	5항
벤취	벤치	잡지	5항
브릿지	브리지	간판	5항
나이론 (상사)	나일론	간판	6항
(로얄) 제리	젤리	광고	6항
메로디	멜로디	도서	6항
메론바	멜론바	상품명	6항
바세린	바셀린	상품명	6항
브라인드	블라인드	광고	6항
브라우스	블라우스	광고	6항
파레트	팔레트	광고	6항
푸라스틱	플라스틱	광고	6항
(새학기) 노우트	노트	광고	7항
로오션	로션	광고	7항
마아가린	마가린	상품명	7항
보올	볼	도서	7항
보울링	볼링	간판	7항
자동차) 서어비스	서비스	간판	7항
스노우 (타이어)	스노	간판	7항
스커어트	스커트	도서	7항
아이섀도우	아이섀도	상품명	7항
앙케이트	앙케트	잡지	7항
오우버코트	오버코트	상품명	7항
쇼윈도우	쇼윈도	가요	7항
튜울립 (수영복)	튤립	간판	7항
플랫포옴	플랫폼	잡지	7항
넉다운	녹다운	도서	8항
넌센스	난센스	광고	8항
보우트	보트	신문	8항
쇼파	소파	광고	8항
웨딩샵	웨딩숍	간판	8항
쥬니어	주니어	잡지	8항
쥬스	주스	상품명	8항
쥴리엣	줄리엣	간판	8항
캐쥬얼	캐주얼	간판	8항

뉴앙스	뉘앙스	도서	9항
유니온베이	유니언베이	상품명	9항
인디안밥	인디언밥	상품명	9항
(송월) 타올	타월	상품명	9항